数字金融概论

主　编　刘永彪

副主编　李忠海　汪　浩

责任编辑：丁　芊
责任校对：孙　蕊
责任印制：王效端

图书在版编目（CIP）数据

数字金融概论/刘永彪主编；李忠海，汪浩副主编．—北京：中国金融出版社，2024.7
ISBN 978-7-5220-2447-9

Ⅰ.①数…　Ⅱ.①刘…②李…③汪…　Ⅲ.①数字技术—应用—金融业—研究—中国　Ⅳ.①F832-39

中国国家版本馆 CIP 数据核字（2024）第 111404 号

数字金融概论
SHUZI JINRONG GAILUN
出版发行　中国金融出版社
社址　北京市丰台区益泽路 2 号
市场开发部　（010）66024766，63805472，63439533（传真）
网 上 书 店　www.cfph.cn
（010）66024766，63372837（传真）
读者服务部　（010）66070833，62568380
邮编　100071
经销　新华书店
印刷　保利达印务有限公司
尺寸　185 毫米×260 毫米
印张　25
字数　428 千
版次　2024 年 7 月第 1 版
印次　2024 年 7 月第 1 次印刷
定价　68.00 元
ISBN 978-7-5220-2447-9

序

Preface

万物竞生，因缺有需。18世纪下半叶以来，即使技术创新、市场需求和产品革新等都已齐备，英国工业革命仍因缺乏畅通的融资渠道、丰富的资金来源、灵活的金融工具，并未能随改良的蒸汽机技术日益成熟而发生。诺贝尔奖获得者约翰·希克斯提出，“工业革命不得不等待金融革命”。正是商业交易日趋频繁和创新活动的规模总量不断攀升，来自社会经济部门的金融需求功能日益丰富、品类日益繁多、服务日益灵活，继而推动金融业成为现代经济的核心和商业社会的“血液”。纵观世界经济史和金融发展史，国际金融中心的变迁既是金融强国兴衰的重要标志，更是国家经济全球地位演变更替的必然结果。

“金融活，经济活；金融稳，经济稳。”党的十八大以来，习近平总书记高度重视金融在经济发展和社会生活中的重要作用，围绕做好金融工作发表一系列重要论述，强调“我们要深化对金融本质和规律的认识，立足中国实际，走出中国特色金融发展之路”。2023年10月30日至31日，中央金融工作会议在北京召开，擘画“加快建设金融强国”战略目标，明确“坚定不移走中国特色金融发展之路，加快建设中国特色现代金融体系”，要求“做好科技金融、绿色金融、普惠金融、养老金融、数字金融五篇大文章”。

习近平总书记系列重要讲话和重要论述与中央金融工作会议重大决策和战略目标，不仅为我国新时代新征程金融业高质量发展提供根本遵循，也为教育系统加强金融学科建设和金融人才培养提供根本指导。因此，围绕构建中国特色现代金融体系对数字金融专业人才培养的需求，开设核心课程、编撰核心教材、培育核心教学团队建设显得十分必要。

正是带着加快建设金融强国、构建中国特色现代金融体系、做好数字金融等五篇大文章等重大金融主题的“萦绕”，我欣喜地收到刘永彪教授编著的《数字金融概论》样稿，并迫不及待地阅读、品鉴。

一是选题立意较高。该书以习近平经济思想为根本遵循和理论指导，深入学习领悟“习近平总书记关于金融发展的重要论述”，较为务实地立足我国社会经济发展基础、遵循经济学理论逻辑和发展规律、顺应数字经济与现代金融融合发展趋势，着眼数字技术驱动和数据要素赋能“双重”作用维度，揭示金融机构、金融监管和金融业务等数字化转型背景、表现和模式，探讨新时代新征程我国数字金融理论逻辑、框架体系和发展实践。一方面，较为科学地廓清了我国数字金融分析框架和边界范畴，赓续和矫正了长期以来学术界和实务界纠缠不清“移动支付→金融科技→互联网金融或数字普惠金融”等演进逻辑和概念界定。另一方面，着眼加快建设“金融强国”战略目标，将金融机构、金融监管和金融业务等数字化转型暨数字金融，融入我国数字经济发展大局、数实融合发展趋势和数字中国建设战略过程。通过以上两方面的统筹组织和有机融合，该书较好地从传道、授业与解惑的视角，向读者阐释了“金融是实体经济的血脉，为实体经济服务是金融的天职”。

二是理论框架严谨。信息不对称问题既是现代金融理论关注的核心内容，也是金融机构、金融业务和金融监管聚焦的关键和重点，还是教材编撰和课程讲授的难点和堵点。让人欣慰的是，作者并没有遵循惯例将资产定价、信贷配给、风险管理等理论作为阐述重点，而是依托基础逻辑将数字技术驱动和数据要素赋能降低不对称的效能直接融入具体场景和典型案例过程之中，力争在不同板块、不同章节、不同业务等方面实现理论与应用相互融合。比如，在银行智能风控方面，该书通过选择典型案例阐释金融机构通过合规合法地获得海量数据实现精准“画像”，用以降低信息不对称、提高金融服务可得性和综合成本合理性。在保险产品营销方面，该书借助前端触达客户的“千人千面”画像和“私人订制”方案为客户提供高效、快捷、低成本的金融服务。在供应链金融方面，该书利用典型案例解释了“区块链 + 物联网 + 动产质押”应用于传统供应链金融的核心业务优势和未来巨大潜力。

三是篇章布局科学。与其他金融专业教材或书籍相比，数字金融暨金融数字化转型天然涵盖“业务经营、风险管理和金融监管”三方面内容。如果没有很好的观察视角将这些内容“串联”起来，很可能会把金融数字化转型写成一本案例集或宣传册，缺乏应有的学术深度和理论张力。令人惊喜的是，作者立足深厚的理论功底、实战经验和精深的学术洞察力，着眼数字技术驱动和数据要素赋能“双重”维度，将金融机构（业务）数字化、金融反欺诈（风险管理）和金融监管（科技）等贯穿起来，形成“理论逻辑自洽、篇章结构互补、业务模式独立”相辅相成、互为依存的整体。全书共分为三篇：第一篇主要是数字金融经济学逻辑和数字技术（支撑）基础，为后续章节讲述数字化转型提供理论基础和知识铺垫；第二篇主要利用第一篇的分析逻辑框架和技术知识储备，分别阐释银证保等金融机构数字、普惠金融和金融新业态等金融业务数字化及数字人民币；第三篇主要结合大数据时代金融风险防控和监管手段，阐述了数字金融反欺诈和数字金融监管。

四是体例编排妥帖。作为一本兼具学术性与应用性的本科教材，作者并没有遵循既有大多数教材“从理论到理论”或“以理论阐释为主”的写作体例，而是充分考虑到阅读诉求与学科交叉性和知识应用性的特征，力求“在强调理论性、逻辑性和严谨性的同时，突出生活贴近性、应用实践性、行文可读性”，主要体现在以下四个方面：第一，大多数章节开头部分的内容主要以生活中接触到的数字金融服务为引子，阐述日常生活中能够接触到的数字金融产品和数字金融服务；第二，大多数场景在编撰过程中都统筹平衡 C 端和 B 端部分的数字金融产品/服务应用，提升数字金融的可感知性、丰富感性认识；第三，涉及金融风险防范和管理的数字金融反欺诈作为独立章节，更是与作为消费者的在校大学生息息相关，如网络支付、网络借贷、消费金融等重点领域的反欺诈原理、技术、手段等；第四，对难以直接放入正文但又确实比较重要的内容，作者专门制作了附录用以展现我国数字金融发展大事记、数字金融发展重要政策文件、相关重要研究成果等。

21 世纪初互联网泡沫破裂后的涅槃重生，推动新一代信息技术迭代升级加快和场景应用提速，促使以移动支付为代表的金融科技从“线上到线下”广泛渗透，催生映射决策过程和实施行为的“数据足迹”不断积累，继而形成支撑精准画像的海量数据并驱动大数据时代全面到来，为我国数字金融发展和金融强国建设打开新的发展空间。正如作者在前言中所述，数字金融囿于发展时间相对较短、概念界定仍存一定分歧、实务界数字化转型仍在加速推进，难免会忽略一些较为重要但尚未引起足够重视的内容，也不可避免地在案例遴选和教学模式方面有待后续改进。例如，在内容覆盖方面，该书对当前已经兴起且未来不断发展壮大的养老金融着墨不多，希望能够在后续改版中得以增补。在教学模式方面，该书遴选了不少颇有价值的案例，但对案例剖析深度有待进一步深化，以及围绕案例开展后续的教学改革和社会实践等方面也期待有所改进。

“瑕不掩瑜”。作为国内数字金融教材的探路者和金融监管机构曾经的从业者，刘永彪教授带领团队围绕数字金融专业人才培养所做的努力值得赞扬和肯定。就个人阅读感受而言，我认为该书有助于帮助读者较为全面地了解我国数字金融发展背景和基本逻辑，理解金融机构、金融业务以及金融监管等数字化转型逻辑、表现、特征、模式和成效，继而对我国金融领域数字化实践和未来发展前景有着更加深刻的认识。借此机会，我非常愿意向国内经济学、金融学、经济管理类其他专业本科生，广大金融爱好者，跨专业自学和金融从业人员推荐此书。

是为序！

2024 年 4 月 25 日

前言

Foreword

一、基本背景

我国以2003年支付宝成功上线为标志，开启以“移动支付→金融科技→互联网金融→数字金融”为主线的、至今仍在继续的金融数字化转型发展之路。20余年来，金融业持续健康发展、规模体量日趋壮大，有力地支撑着我国社会经济不断进步、产业结构不断优化。2010年，我国国内生产总值（GDP）总量达到6.09万亿美元，首次超过日本，跃居世界第二位。2013年，我国第三产业增加值达到26.22万亿元，首次超过第二产业。2015年，我国金融业增加值达到5.75万亿元，占GDP比重首次突破8%。2023年，我国金融业增加值突破10万亿元大关，占GDP比重仍然维持在8%。因此，在全面建设社会主义现代化国家新征程中，金融已成为实体经济的重要支撑，是国家核心竞争力和国家安全的重要组成部分。

加快建设金融强国，既是新时代我国经济社会高质量发展的客观需要，更是全面建成社会主义现代化强国的必然要求。在数字中国全面建设和数字化转型加快推进的背景下，金融强国建设需要一流数字金融人才，而一流数字金融人才的培养离不开高水平专业数字金融教材。遗憾的是，对照“金融强国建设和一流数字金融人才培养”要求，目前我国仍然缺乏能够契合当前发展形势和专业需求的“高水平专业数字金融教材”，其中主要有以下三个方面的原因。

一是数字金融完整概念确定时间不长。金融数字化概念在国家层面正式提出是在2021年发布的《国民经济和社会发展第十四个五年规划和

2035年远景目标纲要》里，此前更多的是以“金融科技、互联网金融、数字普惠金融”等表述形式呈现。2022年，我国《“十四五”数字经济发展规划》完整提出“规范数字金融有序创新”，但这里的“数字金融”更像是“互联网金融”的另一种表述。直到2023年中央金融工作会议中，“数字金融”首次被写入正式文件，可以看出，这里“数字金融”内涵较此前的话语体系表述要更加丰富。

二是数字金融概念界定尚未达成一致。国内学术界对数字金融概念和内涵的界定尚未达成一致，甚至在不少学术研究中直接将金融科技或数字普惠金融的测算指标用来衡量数字金融。显然，这种测算指标体系弱化了“数字金融”范畴、低估了金融数字化对我国经济社会的影响，难以客观反映数字经济高质量发展和数实融合加快推进背景下我国金融数字化转型的“波澜壮阔”。

三是金融业数字化转型仍在加快推进。立足数字中国建设、数实融合推进和金融强国打造等，我国数字金融更侧重于体现为数字技术驱动和数据要素赋能双重作用下的金融数字化转型。但囿于我国数据要素市场发育不健全和数字技术安全体系不完善，如隐私保护、消费者权益和数据资产定价等，金融机构、金融业务和金融监管等转型尚处于探索过程，短期内仍然难以“定型”。

在此背景下，立足我国社会经济发展基础、遵循经济学理论逻辑和发展规律、顺应数字经济与现代金融融合发展趋势，理顺我国数字金融发展基本框架、廓清当前数字金融主要范畴边界，展现不同机构、不同层面、不同视角的金融数字化转型进展，成为新时代新征程“金融强国”建设背景下“合格”数字金融教材的基本要求。

为此，作者着眼于数字经济高质量发展和金融强国加快建设背景，立足2020年以来金陵科技学院数字经济核心团队主要研究基础，借鉴国内外知名专家学者围绕金融科技、互联网金融和数字普惠金融等相关成果，吸收银行、证券、保险等金融机构及相关金融业务监管部门数字化转型主要做法和代表性观点，重点围绕金融机构、金融业务、金融监管等数字化转型视角编撰本书。

与其他同类教材和专业书籍相比，本书内容既以中国数字金融发展实践为基础构建知识体系，同时又对学术界和实务界共识观点进行了深化并发展，还对一些尚未达成一致观点的内容进行了探索性阐释和思考。客观来说，对照“金融强国建设和一流数字金融人才培养”要求，本书应该可以作为编撰一本“高水平专业数字金融教材”的有益探索与实践。

二、篇章结构

本书立足我国数字经济核心特征和数实融合深度发展，着眼数字技术驱动和数据要素赋能“双重”维度，围绕金融机构、金融业务、金融监管等数字化转型视角构建数字金融体系，探讨了数字中国和金融强国建设背景下我国金融数字化转型动因、表现、特征、模式、典型案例及发展趋势。与此相对应，本书统筹数字经济暨数字化转型经济学逻辑和新一代信息技术暨金融科技支撑，围绕金融机构（银行、证券、保险）、金融业务（供应链金融、普惠金融）、金融监管（反欺诈和监管科技）等领域构建我国数字金融框架、探讨数字金融发展，并将全书内容划分为三篇共十一章。

第一篇为数字金融基础部分，由第一章、第二章、第三章构成，主要阐述数字金融概况、数字金融经济学逻辑及数字金融支撑技术基础。第二篇为金融数字化转型部分，由第四章至第九章组成。其中，第四章至第六章主要围绕银行、证券、保险等传统金融机构数字化转型展开阐述，呈现数字经济背景下我国传统金融机构数字化转型发展的基本概况、业务逻辑、典型场景和未来展望等。第七章为数字普惠金融，主要立足我国金融体系框架和普惠金融发展基础，阐释数字普惠金融概念、内容及我国发展数字普惠金融的重大意义。第八章为数字金融新业态，主要围绕我国金融市场中的新业态新模式展开，重点展现了数字技术赋能下供应链金融、物联网金融和绿色金融等新业态发展概况、技术支撑、运作模式和典型案例等。第九章为数字人民币，主要基于数字货币视角从概念界定、关键环节、发行与流通、清算流程和未来研发方向等方面，对我国数字货币的中国实践暨数字人民币运行的基本原理进行解析。第三篇为数字金融风险管理和监管部分，由第十章和第十一章构成，主要阐述大数据时代的数字金融反欺诈和数字金融监管。全书各部分内容既相互联系、有机结合，又相对独立、自成体系，教师在授课实践过程中可以根据课题安排和学生基础灵活调整讲授顺序、授课深度及社会实践安排。

三、教学安排

本书可以用作高等院校的“数字金融”“金融科技”等专业课程教材，也可以作为高等职业院校的“金融科技”等选修专业教材。教师可以根据教学计划和学生基础，统筹安排本书课堂讲授章节和学生自学章节；其中，第一章至第三章可以作为选读材料。对于 36 ~ 40 学时的课程，可以考虑讲授第四章至第十一章，其余章节可以选讲或安排学生自修（不做考试要求）；对于 40 ~ 48 学时的课程，可以考虑讲授第二章至第十一章，其余章节可以选讲或安排学生自修（不做考试要求）；对于 48 学时以上的课程，可以在本书全部内容的基础上，组织学生实地参观金融机构、了解数字化转型动态，或者邀请一线金融从业人员和监管人员讲授金融机构、金融业务、金融监管等数字化转型案例。

四、适用对象

本书适合国内经济学、金融学和经济管理类其他专业本科生作为教材使用，也可以作为广大金融爱好者跨专业自学和金融从业人员的参考书目。通过学习和阅读本书，读者可以较为全面地了解我国数字金融发展背景和基本逻辑，初步理解金融机构、金融业务和金融监管等数字化转型逻辑、表现、特征、模式和成效，继而运用书中介绍的专业知识和分析逻辑加深对我国金融领域数字化转型的认识。本书配有全套精致 PPT 授课资料，任课教师可以联系出版社或发邮件向作者索取（jit_szjrgl@163.com）。

目录

Contents

第一篇　数字金融基础

第二篇 金融数字化转型

第一篇

数字金融基础

第一章　数字金融概述

【学习目标】

1. 初步了解数字金融的概念、内涵与主要特性。

2. 能够理解数字金融与互联网金融、金融科技、普惠金融之间的区别与联系。

3. 能够比较清晰地概括数字支付、消费金融、银行数字化、券商数字化、保险数字化、数字人民币等的发展演进。

4. 能够比较全面地理解我国数字金融发展过程中面临的潜在挑战和重大机遇，并对我国数字金融发展前景形成较为清晰的认识。

第一节　走近数字金融

一、生活中的数字金融服务

（一）数字金融成为“柴米油盐”

数字金融产品或服务是指互联网及新型科技手段与传统金融服务相结合的新一代金融服务业态，包括网上支付、移动支付、网上银行、网上保险、网上基金等，按照业务类型可以划分为支付清算、融资筹资、投资管理等。北京大学国家发展研究院副院长黄益平曾撰文指出，中国数字金融可以追溯到2004年底支付宝的上线，但大家更愿意把2013年6月余额宝的上线看作我们数字金融发展的元年。

如果从2013年算起，数字金融概念在我国的发展也已经接近10年。直到今天，网上银行、手机银行整体的渗透率已经不亚于支付宝、微信等互联网支付平台，继而成为我国社会生活中不可或缺的重要组成部分。根据中国金融认证中心的调查报告，随着手机银行普及率的提高，国内手机银行用户数量快速增长，从2014年的6.7亿户增长到2019年的20.9亿户。

对于广大消费者来说，以移动支付为代表的数字金融服务已经成为日常生活中的“柴米油盐”，逐渐催生“离不开、绕不走”的重要组成部分。如线上存款、基金理财、手机转账、移动支付等，几乎直接贯穿于每个普通消费者每天的生活消费。根据中国金融认证中心的调查报告，2017—2021年，我国手机银行和网上银行个人用户渗透率从51%、51%分别提升至81%、63%（见图1-1），国内手机银行用户数早在2019年就突破了20亿户；5年内，企业网银和手机银行渗透率分别从75%、14%增长至86%、57%。

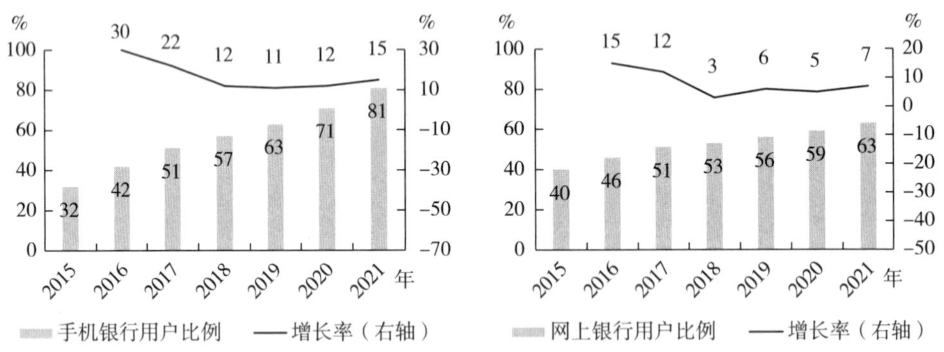

图1-1 2015—2021年全国个人手机银行和个人网银发展趋势

以国有大型商业银行为例，截至2023年6月末，工商银行个人手机银行客户规模达到4.88亿户（8月已超过5亿户），移动端MAU（Monthly Active User，月活客户数）超1.6亿户；建设银行个人手机银行用户数4.28亿户，MAU达1.56亿户；中国邮政储蓄银行手机银行客户达3.35亿户，MAU突破4900万户；中国银行手机银行客户数为2.45亿户，MAU为7367万户。这些数字背后，恰是一个个居民金融活动向线上迁移的过程，凸显了数字金融已经深入生活的方方面面。

（二）数字信贷全链条全流程贯通

数字信贷是指银行融合应用人工智能、区块链、云计算、大数据、物联网等数字技术重构升级流程的信贷服务。随着时代发展，银行信贷经历了传统阶段→电子化阶段→信息化阶段→数字化阶段的升级演变。

银行信贷传统模式，信贷审批流程普遍依赖线下手工，贷前尽调依靠客户经理实地走访，贷中放款审批依靠人力校验，贷后风险管理依靠人工筛选排查；银行信贷电子化阶段，银行应用计算机、移动互联网等计算机技术将信贷流程中基本的手工操作替代为计算机处理，信贷业务内部办理流程从线下转为线上；银行信贷信息化阶段，银行系统业务处理已实现全国联网，银行通过数据分析、关联数据关系对比、模型计算等进行信贷管理。

在银行数字化转型新阶段中，数字技术融合应用贯穿贷前、贷中、贷后信贷全流程。贷前尽调阶段，银行客户经理通过大数据快速、便捷地获取企业客户生产交易等信息、个人客户生活消费等信息并分析，提升贷前尽调准确性和工作效率；贷中审批放款阶段，银行授信审批人员通过模型分析预测实现对客户还款能力的精准评价和授信额度的准确计算；贷后风险预警管理阶段，银行风险管理人员通过物联网设备远程监控、大数据分析等及时预警客户风险状况，并及时进行风险处置管理（见图1-2）。

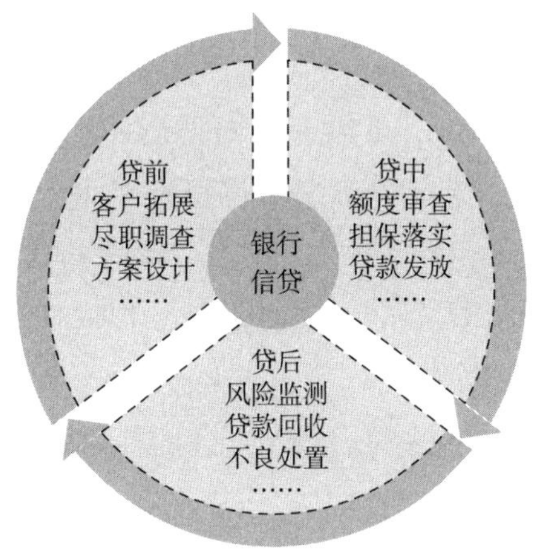

图1-2　银行信贷流程三阶段

通过融合应用数字技术和数据要素，银行数字信贷已接入“银税互动”“信易贷”等信用信息共享平台；工商银行已推出“经营快贷”产品，覆盖结算、跨境、医保等超过400个融资场景；邮政储蓄银行已打造线上小微易贷“N+3+2”模式，快速响应企业多样化融资需求。

（三）资金几分钟“流”入厂、棚、店

在传统金融信贷服务中，中小微企业、农户、个体小店等小微客户通常由于抵质押物不足、有效信息获取难、成本高等因素，面临“融资难、融资贵”的难题。相较而言，数字金融最大的优点是普惠性，[①] 其意义是用更高效便捷的方式实现资金融通，服务实体经济。在服务小微、“三农”等方面，数字金融能

① 黄益平，黄卓．中国的数字金融发展：现在与未来［J］．经济学（季刊），2018，17（4）．

够更精准地实现对小微客户的金融“滴灌”。

近年来，国有大型商业银行、股份制商业银行、城市商业银行、农村商业银行以及各地政府纷纷推出数字小微信贷产品和中小企业线上信贷平台。例如，中小企业线上信贷平台方面，贵州省推出中小企业信贷通，截至2023年4月末，已支持企业2233户，贷款金额为128.38亿元；郑州市推出中小微企业金融综合服务平台“郑好融”，截至2022年底，平台注册用户近12万户，授信金额超199.5亿元。在数字小微信贷产品方面，工商银行推出e企快贷、小企业周转贷款、经营快贷，农业银行推出账户e贷、首户e贷、抵押e贷，中国银行推出惠如愿·知惠贷、银税贷等。

以建设银行为例，针对诚信纳税优质小微企业推出“云税贷”，主要通过对小微企业近12个月的涉税信息进行大数据技术分析评价，采用全线上自助办理贷款；针对专精特新“小巨人”企业推出“善新贷”，企业可通过“建行惠懂你”App直接申请、签约额度、下款；针对能够提供优质抵押物、有重资产企业推出“抵押快贷”；专为持有烟草专卖许可证的便利超市打造“商叶云贷”；针对银联商户推出“商户云贷”等。2022年，“建行惠懂你”App累计访问量达2.1亿次，授信客户为199万户，授信金额为1.64万亿元；与2180户专精特新“小巨人”企业开展信贷业务，贷款余额为683.49亿元。App智能测算额度、线上支付、随借随还……金融活水正在以更顺畅的方式流向企业工厂、个体小店、田间地头。

（四）企业全流程“不见面”实现银行开户

银行数字化转型之前，新办企业开设银行账户必须由公司法人带着营业执照、身份证原件、公章、法人代表人名章、财务专用章、公司章程等，到银行柜台现场办理，若法人代表本人不能亲自到场办理业务，则需出具法人书面授权书等授权文件。经过银行预约、现场核查、资料审核等，企业银行账户开设可能耗时3~10天。

随着数字金融普及、数字技术应用，企业开办登记流程从线下转移至线上，企业银行开户实现全流程线上办理。以江苏省为例，江苏省市场监督管理局推出“全链通”，打造企业网上登记全程电子化、不见面审批服务模式，实现企业办照、刻章、开户、税务申报等开办事项“一网通办”；“全链通”平台与银行合作，推出银行开户智能身份认证服务，开创“政务+金融”服务新模式；企业登记申请电子营业执照和电子印章后，在线上进行银行开户智能身份认证，远程签约，无须前往银行柜台办理。

目前，农业银行在南通市137家营业网点均已开通银行开户智能身份认证服务，企业开户实现全流程“不见面”；江苏银行实现“全链通”线上预约就近网点，客户经理线下服务引导开户。

（五）数字货币成为“发工资”和贸易结算工具

数字货币最初是区块链技术的产物，随着技术发展，数字货币的概念逐步延伸，当前数字货币不局限于使用区块链技术产生的数字货币。我国官方意义上的数字货币是指央行发行的数字人民币（DC/EP，Digital Currency and Electronic Payment），具有国家信用，与法定货币等值。2020年4月，我国央行数字货币正式公开，并在深圳、苏州、雄安、成都试点使用。

目前，多地已推进用数字人民币发工资，并不断拓展数字人民币消费场景。例如，2022年3月，苏州市相城区以数字人民币方式发放重点产业高层次人才薪酬补贴，共计发放23.5万元；2022年7月，太仓市全市59个市级部门、8个区镇下属行政事业单位工作人员以及国有企业工作人员全额使用数字人民币代发工资；2022年8月，慈溪市财政局、金融发展服务中心等单位以数字人民币发放557名员工的7月部分工资；自2022年6月起，常熟市已累计试点以数字人民币发放行政机关事业单位、国资公司工资补贴超254万元，2023年5月，常熟市印发《关于实行工资全额数字人民币发放的通知》，常熟市在编公务员、事业人员、国资单位人员实行工资全额数字人民币发放。截至2023年4月，数字人民币试点范围已扩大到17个省市的26个地区，交易额突破千亿元。

数字人民币除了用于发工资、日常消费外，还应用在贸易结算中。一方面，数字人民币应用于大宗商品贸易结算领域，上海清算所基于大宗商品清算通业务架构和实践经验，会同商业银行和大宗商品现货平台创新推出数字人民币清结算服务；2023年6月，农业银行上线“清算通”数字人民币清结算功能，上线一周内累计结算数字人民币数亿元；7月，中国银行落地“清算通”全市场首单数字人民币跨行结算业务。另一方面，数字人民币参与跨境支付结算，2022年9月，央行数字人民币跨境支付结算项目——“货币桥”（m-CBDCBridge）正式落地，工商银行、农业银行、中国银行、建设银行、交通银行均参加了该项目。

二、数字金融服务基本特性

（一）综合成本更低

数字金融凭借大数据、云计算、人工智能等数字化技术极大地压降了传统金融的服务成本和业务成本，业务开展综合成本更低。一方面，相比传统金融机构线下铺设网点或扩展分支机构的人力投入、固定成本，数字金融通过数字技术实现线上业务办理，服务成本更低；另一方面，数字金融面对传统金融产品推广宣传效率低下、交易流程烦琐等痛点，运用大数据等数字技术实现精准营销，服务新用户的边际成本和获客成本更低。

（二）覆盖宽度更大

数字金融服务与产品办理突破了传统金融机构布局的地域限制，业务覆盖宽度更大。传统金融服务依靠布局线下网点和设立分支机构将常规金融服务落实到基层，基于成本和效益核算考虑，传统金融机构线下资源投放与区域人口密度和经济发展状况呈正比。与之相比，数字金融依靠互联网等数字技术和移动通信技术设施将产品服务覆盖至县、乡、镇、村级客户，业务办理基本上不受机构线下网点设置限制，客群覆盖宽度更大。

（三）服务对象更广

与传统金融相比，数字金融具备科技性与普惠性，服务对象集中于个人和小微企业。[①] 一方面，数字金融天然就具有服务对象普及化的目标和服务普惠金融的使命；另一方面，数字金融利用灵活应用大数据等数字技术使在传统金融机构信用评估受限的低收入群体和中小微企业满足获得金融服务的要求。数字金融服务和产品的推广在一定程度上拓宽了低收入群体和中小微企业参与信贷、投融资等金融活动的渠道。

（四）产品类型更多

与传统金融业务产品开发相比，数字金融能够充分利用新一代信息技术优势构建自主式、智能化、动态化的产品开发体系，最大限度地针对客户画像提供“私人定制”式的金融产品或服务。以智能投顾为例，财务管理专业机构通过运用人工智能技术，围绕客户投资需求提供“千人千面”的财富管理服务，使普通投资者也能享受到“个性化定制”的理财服务，可以实现基于自身约束条件下的最优理财目标或资产配置。

（五）ICT 集约度更高

随着大数据时代全面到来和数字经济快速发展，金融机构信息通信技术投入力度不断加大。一方面，信息通信技术投入规模庞大。具体来看，2022 年，六家国有大型商业银行技术投入金额均超百亿元。其中，工商银行科技投入金

---

① 陈中飞，江康奇．数字金融发展与企业全要素生产率［J］．经济学动态，2021（10）．

额达262.24亿元。另一方面，信息通信技术人才重要性日益凸显。比如，建设银行在年报中提到，金融科技人才工程被列为首个重大人才项目，着力推进“懂科技的管理人才”“懂业务的科技人才”“懂行情的市场化IT人才”人才队伍建设。

三、数字金融相关概念辨析

（一）数字金融的概念与内涵

作为现代经济体的重要组成部分，金融业与其他行业一样无疑也会成为新经济形态的重要内容。一方面，立足广义视角，数字金融是数字经济的重要组成部分，侧重表现为数字技术对金融业务的赋能，即传统金融机构利用大数据、人工智能、区块链等数字技术，对金融机构现有业务，如投资、融资、支付、理财及资产管理等，进行技术赋能和数字化转型；另一方面，基于狭义视角，数字金融可以界定为互联网金融经过“业务整改”及转型升级后的新型金融业态。

随着大数据时代的全面到来和数字经济的加速发展，数字金融日益渗透社会经济的方方面面，对日常生活、产业发展、科技创新及国际交往等影响日益深入且广泛。鉴于此，本书更倾向于采用广义视角界定数字金融，将其纳入数字经济重要组成即金融数字化发展范畴。其中，数字金融主要是金融机构或金融业务的数字化转型，实现营销、获客、产品、交易及风控等金融业全产业链的数字化转型。一方面，金融数字化可以看作数字经济时代数字金融发展的必然阶段，是传统金融机构或金融业务实现数字化转型发展的过程；另一方面，金融数字化是利用新兴技术在数字环境中连接与金融机构相关的人员、事物、组织、场景和主题，实现数据决策和智能交互，最终重塑金融机构价值。

（二）数字金融与互联网金融

互联网金融是指传统金融机构与互联网企业利用互联网技术和咨询通信技术实现资金融通、支付、投资和咨询中介服务的新型金融业务模式。从定义上来讲，互联网金融是一种在信息技术的推动下产生的新型金融中介，基于大数据和云计算进行信息生产和处理，将搜寻投资机会的成本分散于投资者之间的新型业务模式，主要包括互联网支付、网络借贷、股权众筹融资、互联网基金销售、互联网保险、互联网信托和互联网消费等多种金融业态。

与互联网金融“技术连接”引致的迭代升级相比，数字金融更侧重于强调数据要素驱动下带来的决策质量提升、经营效率提高和风险管理能力增强，其核心在于其中的数据要素作用和价值得以放大。一方面，正是互联网金融的快速发展和加速普及，能够支撑数字金融发展的数据资源，才得以不断产生并增值；另一方面，在数字金融日益发展壮大的同时，其内在的互联网属性特征得以不断强化，驱动数字金融更加广泛、深入，渗透社会生活的方方面面。与其说是比较数字金融和互联网金融之间的区别，不如说是将互联网金融作为数字金融发展的第一阶段。

（三）数字金融与金融科技

金融科技（Financial Technology，Fintech）是指由大数据、区块链、云计算、人工智能等新兴前沿技术带动，对金融市场以及金融服务业务供给产生重大影响的新兴业务模式、新技术应用、新产品服务等。2022 年，银行业持续推进数字化转型，金融科技投入金额持续增加，金融科技人才占比进一步提升，大数据、云计算、人工智能、区块链等科技在金融实务中得到广泛运用。[①] BCG 发布报告指出，目前全球金融科技行业收入为 2450 亿美元，到 2030 年，银行业金融科技将占全球所有银行估值的 25%。[②]

我国金融科技主要以互联网相关应用为主，涵盖数字支付、金融征信、数字货币、金融信息平台、互联网理财等领域。因此，金融科技是数字金融发展的第二阶段，金融科技将重点放在“科技”，即与金融创新相关的高新技术上。根据金融稳定理事会的定义，金融科技是基于大数据、云计算、人工智能、区块链等一系列技术创新，全面应用于支付清算、借贷融资、财富管理、零售银行、保险、交易结算六大金融领域的以技术驱动的金融创新。

（四）数字金融与普惠金融

普惠金融是指立足机会平等要求和商业可持续原则，以可负担的成本为有金融服务需求的社会各阶层和群体提供适当、有效的金融服务。[③] 普惠金融的概念最早于 2003 年由联合国提出，初衷在于应对金融排斥现象，[④] 目的是“能有效、全方位地为社会所有阶层和群体提供金融服务”。2016 年，G20 杭州峰会通过了国际社会首个普惠金融领域高级别的指引性文件——《二十国集团数字普惠金融高级原则》。

---

① 《中国科技信息》杂志社．不只是“金融”与“科技”的简单相加“金融科技”重塑产业发展未来［EB/OL］．［2023－07］．http：//www. biaozhunpaiming. com/articles/9085ee8eDcb463bb. html.

② 波士顿咨询，QED Investors. 2023 年全球金融科技：重塑金融未来（*Global Fintech* 2023：*Reimagining the Future of Finance*）［EB/OL］．［2023－06］．http：//baogaoting. com/artical/22925.

③ 推进普惠金融发展规划（2016—2020 年）［R］．国务院，2016.

④ 刘桂平．关于中国普惠金融发展的几个问题［J］．中国金融，2021（16）.

自党的十八届三中全会提出“发展普惠金融”以来，我国大力发展普惠金融，现已形成具有中国特色的普惠金融发展模式。截至2022年末，我国普惠型小微企业贷款余额达23.60万亿元，普惠贷款户数达5652万户，普惠贷款占人民币各项贷款余额的11%。随着大数据时代全面到来和数字经济加快发展，普惠金融数字化“底色”日益加深，促使普惠金融业务的数据集成度和信息通信技术集约度不断提升，形成具有数据驱动特色的“数字普惠金融”。因此，普惠金融与数字金融存在“天然”的内在联系，数字化转型推动普惠金融迈向数字普惠金融发展新阶段。2023年10月召开的中央金融工作会议明确将“做好科技金融、绿色金融、普惠金融、养老金融、数字金融五篇大文章”作为金融强国建设的重要组成部分。这不仅明确了普惠金融和数字金融的重要定位和战略目标，还进一步从政策层面廓清了普惠金融和数字金融之间的区别与联系。

第二节　我国数字金融发展概况

一、数字支付

在移动互联网时代，数字支付是指借助计算机、智能设备等硬件设施以及通信技术、人工智能、信息安全等数字科技手段实现的数字化支付方式，是现代支付体系的最新主导力量之一、最主要的创新方向及金融数字化转型的最基础领域。自2013年以来，我国数字支付发展迅速，逐渐成为金融数字化转型速度最快的领域。数据显示，2013—2021年，我国第三方支付移动支付交易规模从1.3万亿元快速增长到311万亿元，成为拉动我国第三方支付交易规模实现高速增长的最大引擎。其中，行业数字化支付渗透率达79.5%，月活规模超过8.5亿人。①

数字支付主要由“小额支付”的零售市场兴起，C（Consumer）端市场经过了由线上到线下，由PC端向移动端的不断变迁。随着移动互联网时代的全面渗透和加速拓宽，以二维码支付为主流的移动支付凭借其便捷性而蓬勃发展。对于金融机构来说，数字金融视角下的业务切入逻辑迅速调整为“以支付为手段、流量为入口、数字为目的，进而通过金融服务、精准营销等其他服务实现流量

---

① 中国数字人民币发展研究报告［C］//上海艾瑞市场咨询有限公司．艾瑞咨询系列研究报告（2021年第10期）．

和数据的变现”。因此，流量和数据是众多支付机构最为关注的要素和资产，也是当前及未来金融业务开展的主要入口和业务基础。尤其是随着数字技术加速渗透，数字支付正在迎来新的发展空间和创新趋势。比如：生物识别的发展为数字支付提供“天然密码”，让支付过程更加安全便利；物联网技术加快支付数字化演进，让万物均可支付；人工智能为海量的交易提供计算能力、智能分析能力，让数字支付更加安全、智能、人性化；区块链进一步保障交易的安全性，降低交易的信用成本。在此背景下，B（Business）端市场或将成为数字支付的新蓝海，其中包括打通企业信息流和资金流之间的“鸿沟”，改革企业营运资金管理方式、推动企业的数字化转型。

二、消费金融

作为互联网时代快速成长的金融业态，消费金融主要是金融机构面向个人消费所提供的信贷服务，且对用户信用额度的要求相对较低、审批速度相对较快、贷款期限相对较短。与其他金融业务相比，消费金融快速发展得益于移动互联网时代的大数据基础，成为支撑众多消费金融机构快速发展的重要新兴金融业务。迄今为止，我国消费金融已经历经多个发展阶段，逐渐成为面向 C 端较为成熟的数字金融业务之一。

2009—2016 年，我国消费金融以《消费金融公司试点管理办法》（原银监会发布）为标志，进入发展探索期；随着 2017 年叫停多种业务模式，我国消费金融开始整顿、规范不少“灰色”领域、出台设计隐私等数字安全法律法规，为下一阶段健康发展奠定坚实的制度基础。2020 年，新冠疫情暴发刺激了消费金融加速发展，推动我国消费金融行业步入高速发展期。数据显示，2021 年，全国消费金融行业 App 月活人数基本稳定在 4000 万以上，同比超过 10%。2021 年，全国主要持牌消费金融机构净利润均取得正增长。以招联、兴业、马上为代表的头部消费金融公司业绩更是喜人，分别实现在总资产、营收、净利润规模上持续领先。其中，资产规模超过 500 亿元、营业收入超过 80 亿元、净利润超过 10 亿元。未来，随着以人工智能、大数据、云计算、区块链等数字技术全面渗透，消费金融获客、风控、增信、资金管理等核心业务环节持续转型升级，将有力推动消费金融的产品创新、场景生态、智能风控、乡村振兴等领域业务创新和高质量发展。

三、银行数字化

作为最早受到“数字支付”等新兴金融冲击的金融机构，商业银行应当属于最早推动数字化转型的传统金融机构。基于“存、贷、汇”的业务特征，商业银行数字化转型的核心是线上化和智能化。与信息技术和数字技术发展相适应，我国商业银行数字化转型进程大致经历了业务自动化、银行电子化、银行数字化三大主要阶段。相比于前两个阶段，银行数字化阶段更具有一系列颠覆性特征，如金融服务在线化、服务内容定制化、组织结构扁平化等。尤其是随着移动互联网时代的全面到来，数字技术对金融机构的渗透程度达到前所未有的深度。例如，不少根植于互联网时代的民营银行，IT 技术人员占核心业务员工比重超过 60%。

除民营银行外，不少大型商业银行也纷纷重视数字技术布局，加大 IT 领域的业务投资规模。据不完全统计，截至 2023 年 4 月，已有 21 家商业银行成立了金融科技子公司，分别来自 5 家国有商业银行、9 家股份制商业银行、4 家城市商业银行、1 家农村商业银行、2 家省农村信用社联合社。[①] 最新披露的年报显示，全国大型银行金融科技领域的投入均有所加大。例如：在投入金额方面，工商银行 2021 年在科技投入方面超过 250 亿元，位列榜首；在投入占比方面，招商银行 2021 年信息科技投入超过 130 亿元，占该行营业收入的 4.37%，同比增长 11.58%。2022 年，人民银行和银保监会先后印发了《金融科技发展规划（2022—2025 年）》和《关于银行业保险业数字化转型的指导意见》，为银行业未来数字化转型提供了根本遵循和实施指南。面对银行业数字化转型新阶段与新挑战，在坚定落实监管部门战略部署的过程中，商业银行需要把握数字化阶段客观规律，聚焦数字化通用核心能力体系建设，激活数字化内生动能，进而逐步探索形成符合自身特色的数字化转型之路。

四、证券数字化

证券市场是完整的金融体系重要组成部分，以大数据、云计算、区块链、人工智能等为代表的数字技术日趋成熟，在推动金融业加快数字化转型的同时，也为证券行业探索“新业态、新模式”创造了条件，疫情防控催生金融服务线上化需求更是为证券行业数字化转型发展提供了契机。2021 年 10 月，证监会科技监管局组织相关部门编制的《证券期货业科技发展“十四五”规划》发布，主要阐明“十四五”时期证券期货业数字化转型和科技监管工作的指导思想、

---

① 九卦金融圈．发展战略变了？21 家银行系金融科技子公司全透视［EB/OL］．（2023－04－17）．https：//baijiahao. baidu. com/s？ id＝1763413956123109240&wfr＝spider&for＝pc.

工作原则及工作重点，提出一批具有标志性、前瞻性、全局性、基础性和针对性的重大战略举措，为新发展阶段证券期货业数字化转型发展提供纲领性指南。

随着数字化转型力度的增强和速度的加快，证券业数字化转型竞争“白热化”，促进券商加大 IT 投入并持续赋能证券业。数据显示，2021 年证券行业信息技术投入金额为 338.20 亿元，同比增长 28.7%。2017 年至今，证券行业在信息技术领域累计投入近 1200 亿元。不仅如此，证券服务作为金融领域用户主要功能之一，其活跃人数规模持续上升且用户黏性强，对数字化需求强烈，更是激发全国券商龙头“百舸争流”，不断用数字技术赋能核心业务、提升核心业务竞争力。2021 年，主要上市券商对金融科技投入的重视度有大幅攀升，其中华泰证券、中金公司、招商证券、海通证券和中信建投五家上市券商对金融科技的投入超过 10 亿元，而在 2020 年和 2021 年金融科技投入同比变动幅度上，中金公司达到了 105.3%。在金融科技人才数量上，华泰证券、东方财富、招商证券和中信建投四家券商研发人员数量超过 1000 人，其中东方财富的研发人员数量占总员工的比重高达 36.76%。随着 IT 投入加大，券商数字化转型的成效逐步凸显。例如，中金公司 2021 年通过数字化手段解放的生产力达到年化 20 万人/天，有些场景运营效率提升了 400%；中泰证券自研的集成办公平台蜂巢使用人数达 8000 余人，将 460 多项审批流程以及培训、考勤、邮件等功能全部移动化。

五、保险数字化

作为高度依赖数据积累的金融行业，数据产业及数据技术已成为行业核心生产资料和生产工具。因此，保险业（机构）数字化相比其他金融业务（机构）有着更加紧密的底层依赖逻辑，对数字技术赋能保险业务暨数字化转型有着更加深刻的理解。其中，保险数字化至少能够有助于应对客群变化挑战、重构保险价值链、突破传统营销等。2020 年被视为中国互联网保险的元年，各险企纷纷将数字化转型纳入公司战略，积极布局互联网保险渠道，对代理人团队进行科技赋能、优化人员结构。

由于行业地位不同和资源禀赋差异，我国保险机构主要呈现三类数字化转型策略。大型保险公司由于其数字化转型起步早、投资大，已获利于各自数字化转型的初期成果，目前正全面构建保险生态、拓展业务边界；中型保险公司尚处于“选择赛道、科技赋能”阶段，而小型保险公司受限于自身现状和能力，侧重围绕业务模式和保险场景进行体验优化。根据保险业协会前期调研数据，自 2018 年以来，保险行业信息科技累计投入达 941.85 亿元。截至 2020 年，行业信息科技正式员工数量超过2.6万人，占正式从业人员数量的2.51%。[①] 保险科技作为金融科技在保险业中的具体体现，在赋能行业高质量发展过程中发挥着越来越重要的作用。随着保险市场从高速发展进入高质量发展，保险的商业模式不断创新，传统的核心系统已无法满足当前的业务开展需要，保险公司内部业务效能及外部产业生态均需依托数字化能力实现创新升级和降本增效。2021年12月，《保险科技“十四五”发展规划》发布，提出推动行业实现信息技术投入占比超过1%、信息科技人员占比超过5%的目标；在服务能力方面，提出推动行业实现业务线上化率超过90%、线上化产品比例超过50%、线上化客户比例超过60%、承保自动化率超过70%、核保自动化率超过80%、理赔自动化率超过40%的目标；在创新应用方面，提出推动行业专利申请数量累计超过2万个的目标。

六、数字人民币

数字人民币是由中国人民银行发行的数字形式的法定货币，是人民币的电子版。2019年7月8日，国务院正式批准中国人民银行数字货币的研发，中国人民银行加快推进法定数字货币的研发步伐。根据《中国数字人民币的研发进展白皮书》，数字人民币官方定义为人民银行发行的数字形式的法定货币，由指定运营机构参与运营，以广义账户体系为基础，支持银行账户松耦合功能，与实物人民币等价并具有价值特征和法偿性。数字人民币的发行可归结为“一币，两库，三中心”，“一币”是指数字人民币，“两库”是指中国人民银行的发行库和商业银行的银行库，“三中心”是指由人民银行管理的登记中心、认证中心和大数据分析中心。

2019年末以来，中国人民银行在深圳、苏州、雄安、成都及北京冬奥会场景开展数字人民币试点。2020年11月，增加上海、海南、长沙、西安、青岛、大连作为试点地区。2022年4月初，中国人民银行公布第三批试点地区，为天津、重庆、广州、福州、厦门及浙江省承办亚运会的6个城市（杭州、宁波、温州、湖州、绍兴、金华）。北京和张家口则在2022年北京冬奥会、冬残奥会场景试点结束后转为试点地区。至此，数字人民币试点近3年，已形成15个省市的23个试点地区，涵盖华北、华东、华南、华中、西南、西北、东北地区。根据国务院新闻办公室数据，截至2021年12月31日，数字人民币试点场景已超过808.51万个，累计开立个人钱包2.61亿个，交易金额达876亿元。目前，

---

① 保险科技“十四五”发展规划［R］. 中国保险行业协会，2021.

数字人民币仍处于发展初期，主要应用于试点城市的小额零售场景。未来，试点城市将进一步增加，消费场景将从C端零售向B端和G端延伸，消费额度将从小额向大额支付扩展。随着数字人民币基础设施与数字政府基础设施的进一步对接，数字人民币将覆盖更多G端场景，如政府补贴、公积金缴纳、信用背书、社保税收等。在B端，数字人民币也在更多场景逐渐应用落地，如票据贴现、供应链管理等。2022年5月，青岛聚量融资租赁有限公司落地国内首单数字人民币应用场景下的融资租赁业务。

第三节　我国数字金融发展挑战、机遇与未来展望

一、我国数字金融发展面临的潜在挑战

（一）监管部门科技投入亟待增加

数字技术应用是一把“双刃剑”。一方面，金融与科技融合加深催生了新兴业务，创造了新市场空间，提升了金融服务实体经济效率。另一方面，金融与科技融合加大了网络安全和信息安全防控的难度，放大了金融系统风险，且安全风险具有更大的复杂性、多样性和传导性。与金融业务应用如火如荼地开展和数字技术多姿多彩地应用相比，我国金融监管部门的科技投入相对不足，使金融监管部门科技水平较落后于银证保等金融机构。在金融科技风险技防体系和合规科技监管体系建设方面，监管机构亟须运用大数据、云计算、人工智能等提高数字监管能力和金融风险技防能力，有效识别和防范金融业务开展过程中的信用风险、流动性风险、操作风险、法律风险、数据安全风险等，提升合规效率、降低合规成本。

（二）技术标准和安全规范需完善

金融科技与业务加速融合，推动金融科技守正创新、防范化解风险的关键是标准化、规划化和系统化。自2020年以来，我国陆续出台一批与金融数据相关的规范性制度和标准性文件，即《商业银行应用程序接口安全管理规范》《中国银保监会办公厅关于开展监管数据质量专项数据治理工作的通知》《网上银行系统信息安全通用规范》《金融分布式账本技术安全规范》《个人金融信息保护技术规范》等，以及《金融科技创新应用测试规范》《金融科技创新安全通用规范》《金融科技创新风险监控规范》等行业标准。对比数字技术快速渗透金融业务和数字金融新业态不断涌现，金融科技标准化、规范化工作及其应用仍然相

对滞后，亟须标准实施与加强监管相结合，利用标准、测评和认证等规范金融科技创新应用。

（三）平台垄断抑制行业创新活力

与传统技术的“马太效应”相雷同，以新一代信息技术为底色的数字技术同样存在“强者恒强”的正反馈机制，再加上我国金融业务自身蕴含的特许经营权垄断竞争基因，使数字金融更是存在“赢者通吃”的典型特征，继而造成一种事实上的“垄断式创新”模式。就当前发展阶段而言，除第三方支付处于寡头垄断市场外，数字金融其余主要领域大多属于垄断竞争市场。但随着海量数据的不断产生，越来越多的数据资源必然向更能承担相关数据收集、清洗、存储等固定费用的大型机构或平台公司集中，进而形成集聚海量数据并实际拥有数据控制权的数字金融领域“数据寡头”，并对大量拥有创新动能、创新意识和创新能力的中小机构和创业团队开展业务创新，形成难以逾越的、难以逆转的“数字鸿沟”。

（四）流通不畅阻碍数字金融发展

数据要素是数字金融深化发展的核心引擎。数据虽然具有普遍的使用价值，但只有通过市场交易，才能完成从资源到资产、再到资本的“变现”，达到数字经济的发展目标。“巧妇难为无米之炊”，对处于数字经济时代的金融机构而言，缺乏“充分且可用”的数据是阻碍数字金融业务正常开展的根本障碍。统计显示，我国每年全社会数据量增长约 40%，但真正被利用的数据增长率只有 5.4%。因此，“数据缺乏”根本原因并非数据量不够，而是数据要素流通不畅。由于数据要素的复杂性、多样性、动态性、隐私性和不确定性，加上我国数据交易体系不健全及数据产权制度、交易定价制度、收益分配制度、中介服务制度以及安全治理制度尚不完善，使数据要素流通不畅，阻碍数字金融持续健康发展。

二、我国数字金融发展面临的重大机遇

（一）数字经济加快发展

自“十三五”以来，我国数字经济对经济社会的创新引领作用不断增强，数据要素价值不断释放，数字化转型进程持续加快，数字经济规模跃上新台阶。从 2015 年的 18.6 万亿元增长到 2021 年的 45.5 万亿元，年均复合增长率达 13.6%；连续多年稳居世界第二位，数字经济占国内生产总值比重由 27% 提升至 39.8%，①

① 孙文轩，王建伟．我国数字经济规模超 45 万亿元，稳居世界第二［J］．中国信息化，2022（7）．

对经济增长的贡献更加凸显，成为具有全球影响力的数字经济大国。

（二）顶层设计日趋完善

2023 年 10 月，中央金融工作会议召开，首次提出“金融强国”战略目标，对我国当前和今后一个时期的金融工作作出全面部署。会议明确提出，高质量发展是全面建设社会主义现代化国家的首要任务，金融要为经济社会发展提供高质量服务。其中，明确“做好科技金融、绿色金融、普惠金融、养老金融、数字金融五篇大文章”。这不仅为我国发展数字金融提供了根本遵循和目标要求，还为加快数字金融发展指明了方向、确立了路径。

（三）数字立法日益健全

自 2020 年以来，我国提出“坚持法治国家、法治政府、法治社会一体建设，完善以宪法为核心的中国特色社会主义法律体系，加强重点领域、新兴领域、涉外领域立法，提高依法行政水平”。为加快数字经济发展，我国已经先后出台《网络安全法》《数据安全法》《个人信息保护法》等。“十四五”时期，我国互联网法治建设将从细化重点法律制度、协调整体立法体系、探索新技术、新应用立法等继续充实法律制度，日益健全数字立法。

（四）发展基础日益夯实

数字经济的持续健康发展，为数字金融高质量发展营造良好氛围、夯实基础。一方面，新型基础设施不断夯实。我国大力推进新一代信息基础设施，建成全球最大的光纤网络，移动宽带用户普及率达到 108%，建成开通 5G 基站 139.6 万个，占全球 5G 基站总数超 70%，5G 终端用户达 4.97 亿人。① 另一方面，我国深入推进制造业、服务业、农业等产业数字化转型，加快建设国家数字经济创新发展试验区，推动企业“上云用数赋智”，实现规模以上工业企业关键工序数控化率、经营管理数字化普及率和数字化研发设计工具普及率分别达 54.6%、69.8%、74.2%。②

三、我国数字金融发展演进主要趋势

（一）数字金融监管走向法治化、规范化和数智化

在金融数字化转型趋势下，金融监管层将进一步加强顶层设计，完善风险全覆盖的监管框架，完善相应的法律法规和标准规范体系，运用数字技术增强

---

① 国务院新闻办公室．“十三五”我国数字经济发展成效［J］．中国新闻发布（实务版），2022（2）．

② 黄洁，夏宜君．工业互联网“平台 +”生态体系发展与应用研究［J］．互联网天地，2021（8）．

监管的穿透性，监管沙盒试点持续推进，促进数字金融进入合规稳健、更加有序、创新发展的新时代。

（二）推动金融业务开展持牌运营、强化监管合规

强化反垄断和防止资本无序扩张、反对滥用市场支配地位，金融科技头部平台或将面临审查，有可能面临被拆分，非金融企业投资形成的金融控股公司将依法准入并被纳入统一监管。强监管持续推进，金融服务必须持牌经营，消费信贷业务的高杠杆模式将无法延续，联合贷款的放贷能力将大幅下降。

（三）数字技术加速金融数字化、提升核心竞争力

数字金融是技术驱动的金融创新，随着区块链、5G 等新技术加速金融科技深化发展，大数据、人工智能、区块链、云计算等底层技术的相互融合更加明显。金融科技将加速从信贷向保险、资管、证券等领域渗透，逐渐从线上向线下场景渗透，提升金融科技的应用广度和深度，推动更多传统业务场景和传统金融机构数字化转型。

（四）数据合规性驱动数字金融创新、释放新空间

监管机构会根据国家将要颁布的《个人信息保护法》《数据安全法》等新的法律，及时推出《个人金融信息（数据）保护试行办法》。更多的持牌个人征信机构将得到批准成立，规范个人信息的采集和使用，推动个人征信相关市场和业务的发展。随着政府数据开放共享的深入实施，国家政府数据统一开放平台的建成，金融领域将迎来政府数据开放的红利。

（五）数字人民币试点城市不断扩大、场景日益丰富

数字人民币的二元架构体系有利于央行实现穿透式监管并加强宏观经济的调控，打通 C/B/G 三端即零售端、企业端、政府端的多种应用场景。2020 年 11 月 1 日，习近平总书记在《求是》杂志上发表重要文章，指出要积极参与数字货币国际规则制定。“十四五”规划建议指出，稳妥推进数字货币研发，保障数字人民币研发工作继续稳步推进，试点城市和应用场景范围逐渐扩大。

（六）强化监管科技、搭建更加强大数字监管平台

中央和地方金融监管部门继续加强中央和地方金融监管协调机制建设，加强中央和地方在金融监管、风险处置、信息共享和消费者权益保护等方面的协作，着力构建常态化线上金融风险预警监测机制，运用监管科技持续提升跨部门、跨市场、跨业态、跨区域金融风险的识别、预警和处置能力，加强金融风险宏观监测和提高数据处理能力，形成监管科技对监管工作的有力支撑。

（七）完善数据体系等配套环境、夯实数字化基础

金融基础设施是金融体系的核心组成部分，是“四梁八柱”中的“柱”，金融体系的“底盘”。政府、行业协会应当合力搭建全社会统一的个人和企业征信平台，将更多的数字金融分支行业接入征信系统，健全数字金融发展的技术标准和规范，完善数据确权、定价和交易机制，为数字金融的持续健康发展奠定坚实的基础。

（八）防范“大而不能倒”风险、激活创新动力源

参照“大而不能倒”的系统性金融机构或金融控股集团监管方式，采取宏观审慎的方式对大型数字金融集团或金融科技（平台）公司进行监管迫在眉睫。一方面，参照传统金融机构监管的方式对其资本充足率、资产负债率、信息披露等提出更高更严的要求；另一方面，创新监控体系，实施创新性监管，建立健全大型金融科技公司的防火墙，防止风险的交叉和传递。

第四节　数字金融主要研究内容

一、数字金融与数字经济的区别与联系

20 世纪 90 年代，“数字经济”最早见于《数字经济：网络智能时代的前景与风险》，描述了互联网将如何改变世界各类事务的运行模式并引发若干新的经济形式和活动。《二十国集团数字发展与合作倡议》定义，数字经济是指以使用数字化的知识和信息作为关键生产要素、以现代信息网络作为重要载体、以信息通信技术的有效使用作为效率提升和经济结构优化的重要推动力的一系列经济活动。《“十四五”数字经济发展规划》提出，数字经济是继农业经济、工业经济之后的主要经济形态，以数据资源为关键要素，以现代信息网络为主要载体，以信息通信技术融合应用、全要素数字化转型为重要推动力，促进公平与效率更加统一的新经济形态。

作为数字经济时代的金融新业态新形势，数字金融既是数字经济的一部分，又与数字经济之间存在着天然的内在联系和共性特征。一方面，数字金融与数字经济均是以数据要素为核心资源，均存在对数据资源、数字新基建和信息通信技术的强依赖。另一方面，数字经济中的产业数字化本身就涵盖了金融业数字化转型，数据价值化最直接、最明显的体现就是数字金融机构及其业务对数据资源的开发利用和价值挖掘。与数字经济加快推动实体经济发展相类似，作

为数字经济时代的数字金融必须以“服务实体经济为天职”，为实体经济发展提供更高质量、更有效率的金融服务。一方面，数字金融通过数字技术和数据要素双轮驱动，构建风险投资、银行信贷、债券市场、股票市场等全方位多层次的金融支持服务体系，为加快建设世界一流企业提供支撑，助力培育有中国特色的世界一流现代金融企业。另一方面，大力发展数字普惠金融，更好地缓解金融排斥，提高金融普惠性，全面提升金融服务的可得性、使用度、有效性和可承受性。

二、本书学科体系上的基本逻辑与框架结构

本书立足我国数字经济发展实际，重点围绕金融领域的数字化转型展开研究和编写，兼顾数字技术（金融科技）、数字人民币、数字金融反欺诈及数字金融监管等前沿技术、风险管理和金融监管等内容。全书主要由三篇（共十一章）及附录构成，具体内容如下。

第一篇为数字金融基础部分，由第一章、第二章、第三章构成，主要阐述数字金融概述、数字金融经济学基础和数字金融信息技术基础。

第一章为数字金融概述，一方面从服务/产品、基本概念、发展脉络和国内外发展前景等方面进行展开，对数字金融形成鸟瞰式的、宏观层面的总体认识和理解；另一方面从学科体系、逻辑框架、主要特色和创新等方面，对数字金融主要内容进行归纳式的比较和阐释。以上两方面的内容阐释有助于对本书内容整体上的框架、内容和特色形成初步的整体性理解。

第二章为数字金融经济学逻辑基础，侧重从数字经济理论逻辑、数字经济现实基础和数字金融发展演进三个层面阐释新时代新征程我国数字金融发展的经济学基础。一方面，便于读者了解我国数字经济发展经济学逻辑和数字金融发展演进理论基础；另一方面，着眼于我国数实融合背景构建数字金融演进理论框架，为后续展开奠定较为夯实的经济学理论逻辑基础。

第三章为数字金融信息技术基础，主要基于金融机构视角遴选了互联网、大数据、人工智能、云计算、物联网、区块链等新一代信息技术，重点从基本概念、技术框架、技术应用特征、数字金融典型场景、未来应用演进趋势等方面进行阐释，揭示各类数字技术赋能信贷、保险、投资等金融业务的核心功能和典型场景，从而对金融机构数字化转型发展的技术支撑有基本认识。

第二篇为金融数字化转型部分，由第四章至第九章组成，主要围绕银行、证券、保险等传统金融机构数字化转型展开阐述，用以呈现数字经济背景下我

国传统金融机构数字化转型发展的基本概况、经济学逻辑、典型场景和未来展望等。

第四章为银行业数字化，一方面，立足我国银行业发展基础，从数字经济视角阐释银行业数字化转型的基本概念、经济学逻辑、信息技术支撑、关键举措与重点领域及主要问题与挑战；另一方面，着眼我国银行业数字化重点、难点，主要就客户经营、渠道生态、产品创新、业务运营、智能风控、合规管理等典型场景进行阐释，并对国内外银行业数字化发展进行比较和展望。以上两方面的内容阐释有助于对我国银行机构数字化转型的基本背景、重点领域和发展前景等形成概览式的认识和理解。

第五章为证券业数字化，一方面，从我国证券业发展基础出发，基于数字经济视角阐释证券业数字化转型的基本概念、经济学逻辑、信息技术支撑、关键举措与重点领域及主要问题与挑战；另一方面，结合我国证券业数字化重点难点，主要就业务运营、合规风控、经营管理、科技管理和安全管控等典型场景进行阐述，并对国内外证券业数字化发展进行比较和展望。以上两方面的内容阐释有助于对我国证券机构数字化转型的基本背景、重点领域和发展前景等形成概览式的认识和理解。

第六章为保险业数字化，一方面，立足我国保险业发展实际，结合数字经济视角阐释保险业数字化转型的基本概念、经济学逻辑、信息技术支撑、关键举措与重点领域及主要问题与挑战；另一方面，结合我国证券业数字化重点难点，主要就产品开发、市场营销、智能核保、移动理赔和客户服务等典型场景进行阐述并对国内外保险业数字化发展进行比较和展望。以上两方面的内容阐释，有助于对我国保险机构数字化转型的基本背景、重点领域和发展前景等形成总体的认识和理解。

第七章为数字普惠金融，主要立足我国金融体系框架和普惠金融发展基础，贯通银行信贷、财富管理和保险服务等多种金融服务，阐释数字普惠金融概念、内容及我国发展数字普惠金融的重大意义。在此基础上，从普惠金融发展逻辑和数字技术支撑出发，重点围绕共同富裕、乡村振兴、小微企业、弱势群体等方面，阐述数字普惠金融在我国的应用实践和典型场景，展望我国数字普惠金融发展前景。通过对以上内容的阐述，有助于较为全面地认识和理解我国数字普惠金融经济学逻辑、发展基础、重点方向及未来前景。

第八章为数字金融新业态，主要围绕我国金融市场中的新业态新模式展开，重点展现了数字技术赋能下的供应链金融、物联网金融和科技金融等新业态的发展概况、技术支撑、运作模式和典型案例等内容。在此基础上，对我国数字金融发展前景进行回顾、比较和展望。通过对以上内容的阐述，不仅有助于了解数字经济背景下我国金融市场业务创新和新业态发展，也有助于理解数字技术对金融业务创新和金融业发展的重要意义，还有助于对非传统金融业务的金融业务创新方向、路径有着更加深刻的体会和认识。

第九章为数字人民币，主要基于数字货币视角从概念界定、关键环节、发行与流通、清算流程和未来研发方向等方面，对我国数字货币的中国实践暨数字人民币运行的基本原理进行解析。在此基础上，主要结合生活消费、公共服务、企业商务、跨境贸易等多个场景，展现数字人民币钱包、推广试点及其效果，并着眼于数字中国建设、“双碳”战略实施和国际化战略部署等多个方面对数字人民币发展进行展望。通过对以上内容的阐释，既有助于认识数字人民币在我国的应用实践，也有助于理解数字技术赋能金融的巨大价值。

第三篇为数字金融风险管理和监管部分，由第十章、第十一章构成，主要阐述大数据时代的金融反欺诈和金融监管。

第十章为数字金融反欺诈，主要立足大数据时代的金融风险防范视角，重点阐释数字金融反欺诈的概念、领域及其重要意义。在此基础上，利用现代金融理论分析框架，揭示数字金融反欺诈的逻辑，探讨数字金融反欺诈的重要领域、技术支撑及主要挑战，重点展现了网络支付、网络借贷、消费金融、手机银行、供应链金融等典型场景的反欺诈应用实践，继而基于数字技术演进视角对我国数字金融反欺诈发展趋势及其前景提出展望。以上内容的阐述有助于更深入地认识和理解数字技术在风险管理领域的重要价值。

第十一章为数字金融监管，主要基于金融科技观测视角对数字金融监管的背景、概念、内涵及其重要意义进行深入阐述，揭示大数据时代数字金融监管的理论逻辑、主要手段、技术支撑和监管科技等核心内容，并分别结合银行、证券、保险及其他金融业务或场景领域监管的典型实例进行分析和阐释。在此基础上，对我国数字金融发展趋势和前景进行展望。以上内容的阐述，既有助于更深入地认识数字技术在金融监管利用的重要价值，也有助于理解监管科技对数字金融发展的重要意义。

附录是出于更加全面认识和深入了解我国数字金融发展演进而补充的内容。该部分主要由五个部分构成，即2003—2024年我国数字金融发展大事记，主要较为全面地回顾了自2003年以来我国数字金融发展历程，重点展现了自2019年以来我国数字金融发展过程中的重大决策、重要政策及里程碑事件；《党和国家机构改革方案》便于读者更加直观、真切地感受到涉及我国金融发展的重要政策文件及精神指示；“中央金融工作会议全文”，旨在展示我国金融强国建设和数字金融发展的重要文件，增强读者对我国金融业发展和数字金融前景的认识、了解；《防范化解金融风险增强服务实体经济能力》和《我国数字经济与实体经济融合发展的理论逻辑和关键路径》是核心团队近期研究成果，能够帮助读者更加深入地理解数字经济和金融数字化转型。

三、本书在数字金融学教学中的特色与创新

（一）坚定习近平经济思想的理论自信与理论自觉

自觉的十八大以来，习近平总书记高度重视金融在经济发展和社会生活中的重要地位和作用，就金融改革、金融开放、金融发展、金融安全等问题发表重要讲话，对做好金融工作作出一系列重要指示。2023 年 10 月，召开的中央金融工作会议将数字金融列为金融强国建设“五篇大文章”的重要内容，为推动我国金融高质量发展、开拓中国特色金融发展新境界奠定了坚实理论基础、提供了根本遵循。

本书坚定习近平经济思想的理论自信与理论自觉，全面以“习近平总书记关于金融发展的重要论述”为指导，锚定“金融强国”战略目标，落实“把握好金融服务实体经济的宗旨”，将数字技术赋能银行、证券、保险等传统金融机构暨金融业务作为主要内容；秉承“守住不发生系统性金融风险底线”，以数字金融反欺诈和数字金融监管突出金融风险管理重要地位；增强“增强金融供给侧结构性改革内生动力”，以数字金融新业态和数字人民币为特色丰富了金融供给侧要素；强化“坚持和加强党对金融工作的领导”，开辟专题篇章介绍我国金融业发展历程和《党和国家机构改革方案》。

（二）理论逻辑与应用实践有机融合式的编撰导向

无论是资产定价理论，还是信贷配给理论，其背后的核心都是金融交易主体之间的信息不对称。正是这种信息不对称，导致不同市场环境或交易条件的风险与收益之间存在多层次匹配。在大数据时代，以区块链、物联网、云计算、大数据、人工智能等新一代信息技术可能在降低信息不对称方面起到积极作用、具有重大价值。因此，推动金融业数字化转型有着严格的、自洽的理论逻辑作为基础支撑。

本书遵循理论逻辑与应用实践有机融合的编写理念，力争在不同板块、不同章节、不同业务等方面实现理论与应用相互融合。比如：在梳理数字金融发

展脉络方面，本书遵循大数据时代数字经济和实体经济融合发展的逻辑，构建了数字经济时代金融业数字化转型发展的分析框架，展现数字技术驱动下的数字金融发展图景并对未来演进进行了较为全面地展望和预判。在阐述银行业、保险业、证券业等传统金融机构业务转型过程及数字普惠金融章节，始终把数字化转型发展的经济学逻辑作为其中的重要内容；在数字金融反欺诈和数字金融监管章节，也将内在的经济学逻辑植入其中，统筹理论严谨性和应用实践性。

（三）数字技术与金融业务相辅相成型的篇章体例

与金融科技的概念和内涵相比，数字金融内容不仅更加丰富立体，而且更强调了技术与业务的相辅相成。一方面，新一代信息通信技术（Information Communication Technology，ICT）投入的确有助于提升劳动生产效率，改善金融机构经营绩效，发挥数字技术促进金融发展的“直接效应”；另一方面，ICT 投入深化了对数据要素的利用，创造了传统模式下难以直接获得的新知识增量并提高了决策效率和降低了业务成本，形成数字技术促进金融发展的“间接效应”。

为更好地体现数字技术促进金融发展的“双重”效应，本书强化数字技术与金融业务相辅相成型编撰体例，体现数字金融促进金融业务和金融业务牵引数字技术的演化模式。一方面，数字技术基础介绍各种主要的数字技术时，专门结合特定技术介绍其较为典型的应用场景。比如：在人工智能方面，重点介绍了智能风控、“千人千面”和量化交易等场景；在区块链方面，特别介绍了可信仓储、元宇宙、动产质押等场景。另一方面，数字金融新业态围绕特定数字技术与金融业务结合的典型场景，专题介绍了市场上广为接受的数字供应链金融、物联网金融和“数字 +”科技金融，为金融业务新业态打上了数字技术“烙印”。

（四）集生活贴近性与时代引领性于一体的嵌入式案例

金融活，经济活；金融稳，经济稳。经济兴，金融兴；经济强，金融强。实体经济是金融的根基，金融是实体经济的血脉，两者共生共荣。一方面，随着大数据时代全面到来和数字经济加快发展，数字金融已经全面渗透社会生活的方方面面；另一方面，随着数字技术不断进步及赋能金融业务，越来越多的数字金融领域创新必将成为引领科技不断创新和实体经济发展的新担当、新主角。

遵循数字经济发展逻辑、顺应数字金融演进规律，本书在强调理论性、逻辑性和严谨性的同时，突出生活贴近性、应用实践性、行文可读性，力争打造“集生活贴近性与时代引领性一体嵌入式”案例编撰风格。第一，在大多数章节中，开头部分的内容主要以生活中接触到的数字金融服务为引子，阐述日常生活中能够接触到的数字金融产品和数字金融服务。第二，在大多数场景编撰中，统筹平衡 C 端和 B 端部分的数字金融产品/服务应用，提升数字金融的可感知性、丰富感性认识。第三，在金融风险管理方面，数字金融反欺诈作为独立章节，更是与作为消费者的学生息息相关，如网络支付、网络借贷、消费金融等。

【课程思政】

作为数字经济时代的金融新业态新形势，数字金融既是数字经济的一部分，又与数字经济之间存在着天然的内在联系和共性特征。一方面，数字金融与数字经济均是以数据要素为核心资源，均存在对数据资源、数字新基建和信息通信技术的强依赖；另一方面，数字经济中的产业数字化本身就涵盖了金融业数字化转型，数据价值化最直接、最明显的体现就是数字金融机构及其业务对数据资源的开发利用和价值挖掘。

党的十八大以来，习近平总书记高度重视金融在经济发展和社会生活中的重要地位和作用，就金融改革、金融开放、金融发展、金融安全等问题发表重要讲话，对做好金融工作作出一系列重要指示。2023 年 10 月召开的中央金融工作会议将数字金融列为金融强国建设“五篇大文章”的重要内容，为推动我国金融高质量发展、开拓中国特色金融发展新境界奠定了坚实理论基础、提供了根本遵循。因此，我国数字金融必须以“服务实体经济为天职”，为实体经济发展提供更高质量、更有效率的金融服务。一方面，数字金融通过数字技术和数据要素双轮驱动，构建风险投资、银行信贷、债券市场、股票市场等全方位多层次的金融支持服务体系，为加快建设世界一流企业提供支撑，助力培育中国特色世界一流的现代金融企业；另一方面，大力发展数字普惠金融，更好地缓解金融排斥，提高金融普惠性，全面提升金融服务的可得性、使用度、有效性以及可承受性。

【产教融合】

在我国数字经济或数字化转型实践中，数字金融产品或服务，是指互联网及新型科技手段与传统金融服务相结合的新一代金融服务业态，包括网上支付、移动支付、网上银行、网上保险、网上基金等，按照业务类型可以划分为支付清算、融资筹资、投资管理等。可以说，数字金融已经渗透生活的方方面面、各行各业、点点滴滴。比如，数字金融成为“柴米油盐”，资金几分钟“流”入厂、棚、店，企业全流程“不见面”实现银行开户及数字货币成为“发工资”和贸易结算工具等。

在产教融合的人才培育和课堂教学实践中，数字金融服务的“综合成本更低”“覆盖宽度更大”“服务对象更广”“产品类型更多”“ICT 集约度更高”等特性，需要通过实地体验和现场调研予以深刻体验。比如，可以通过调研普惠金融产品，帮助学生认识和了解“覆盖宽度更大”。即数字金融依靠互联网等数字技术和移动通信技术设施将产品服务覆盖至县、乡、镇、村级客户，业务办理基本上不受机构线下网点设置限制，客群覆盖宽度更大。可以通过调研工商银行 App，带领学生认识和感知“产品类型更多”。即智能投顾财务管理专业机构通过运用人工智能技术，围绕客户投资需求提供“千人千面”的财富管理服务，使普通投资者也能享受到“个性化定制”的理财服务，可以实现基于自身约束条件下的最优理财目标或资产配置。

【本章小结】

本章为全书主要内容概述，重点阐释数字金融基本概念、主要表现、发展趋势和演进态势及全书篇章布局和内容编排。一方面，从服务/产品、基本概念、发展脉络及国内外发展前景等方面进行展开，对数字金融形成鸟瞰式的、宏观层面的总体认识和理解；另一方面，从学科体系、逻辑框架、主要特色及创新等方面，对数字金融主要内容进行归纳式的比较和阐释。通过以上两方面的内容阐释，有助于对本书内容整体上的框架、内容和特色形成初步的整体性理解。

【思考题】

1. 简述数字金融的概念、内涵、主要特性及其常见的业务形态。

2. 简述理解数字金融与互联网金融、金融科技、普惠金融之间的区别与联系。

3. 简述我国传统金融业务数字化转型暨代表性数字金融业务发展基本情况和主要表现。

4. 随着大数据时代全面到来，我国数字金融发展可能面临哪些方面的潜在挑战，请结合当下情境举例说明。

5. 随着数字经济时代全面渗透，我国数字金融发展可能迎来哪些新的重大机遇，请结合当下情境举例说明。

6. 请围绕数据开放、监管科技、平台垄断、数据安全及数字人民币等方面，阐释我国数字金融重点方向和发展前景。

【参考文献】

［1］保险科技“十四五”发展规划［R］. 中国保险行业协会，2021.

［2］波士顿咨询，QED Investors. 2023年全球金融科技：重塑金融未来（*Global Fintech 2023：Reimagining the Future of Finance*）［EB/OL］.［2023－06］. http：//baogaoting. com/artical/22925.

［3］陈中飞，江康奇. 数字金融发展与企业全要素生产率［J］. 经济学动态，2021（10）：82－99.

［4］国务院新闻办公室.“十三五”我国数字经济发展成效［J］. 中国新闻发布（实务版），2022（2）：45－46.

［5］黄洁，夏宜君. 工业互联网“平台＋”生态体系发展与应用研究［J］. 互联网天地，2021（8）：36－39.

［6］黄益平，黄卓. 中国的数字金融发展：现在与未来［J］. 经济学（季刊），2018，17（4）：1489－1502.

［7］刘桂平. 关于中国普惠金融发展的几个问题［J］. 中国金融，2021（16）：9－12.

［8］孙文轩. 王建伟：我国数字经济规模超45万亿元，稳居世界第二［J］. 中国信息化，2022（7）：18－19.

［9］推进普惠金融发展规划（2016—2020年）［R］. 国务院，2016.

［10］新IT重塑企业数字化转型（2022年）［R］. 中国信息通信研究院，2022.

［11］《中国科技信息》杂志社. 不只是“金融”与“科技”的简单相加“金融科技”重塑产业发展未来［EB/OL］.［2023－07］. http：//www. biaozhunpaiming. com/articles/9085ee8e0cb463bb. html.

［12］中国数字人民币发展研究报告［R］//上海艾瑞市场咨询有限公司. 艾瑞咨询系列研究报告（2021年第10期），2021：267－305.

第二章　数字金融经济学逻辑基础

【学习目标】

1. 初步了解我国数字经济的内涵、特征和经济学逻辑。

2. 初步了解我国数字经济及数字经济和实体经济融合发展的技术基础和数据支撑。

3. 能够基于数字经济和实体经济融合背景理解我国数字金融发展演进的经济学逻辑。

4. 能够较为全面地学习、掌握2023年中央金融工作会议精神，理解我国金融强国建设重要部署和数字金融发展重大机遇。

第一节　融入数据要素的内生增长理论框架：生产函数视角

一、生产函数视角下经济增长理论演进

随着ICT产业的持续发展，数据作为新兴的投入因素（并非必然是投入要素），越来越成为经济增长不可忽视的影响力量。从宏观经济学中长期增长理论模型的演化视角，推演数据及其产业的增长效应的理论逻辑，即在长期经济增长的理论模型中，数据整合、通信技术以及两者之间的结合很可能引致生产函数相关参数的变化，带来经济的更快速增长。在此过程中，经济增长文献陆续将知识、教育、研发活动、人力资本、产品创新等因素纳入以边际效益递增和完全竞争假设的一般均衡模型中，以便将这些因素的内生化、实现理论逻辑的自洽，为数字技术驱动和数据要素赋能实体经济提供经济学逻辑支撑。

（一）Solow 模型

Solow（1956）在哈罗德—多玛（Harrod-Domar）模型基础上，开创了新古

典经济增长理论模型，设定经济的总体生产函数为

$$Y = F(K, L)$$

并引用 C－D 生产函数，有

$$Y = A K^{\alpha} L^{1-\alpha}$$

由于资本服务（K）和劳动力（L）可以互相取代，该模型相当于将资本和劳动内生化，实现了对长期经济增长的自洽性逻辑解释。

（二）Romer 将知识内生化

Romer（1986）改进了 Solow（1956）模型，将知识作为内生变量，有

$$Y = K^{\alpha}(AL)^{1-\alpha}\overline{K}^{\gamma}$$

这里 $\overline{K}$ 是经济体中的平均资本存量（平均知识存量）。知识的溢出效应体现为 $\gamma > 0$。该文将 K 理解为知识，或知识与实体资本的综合体。因为知识难以完全保密，多少存在一些溢出效应，即一个经济体中平均的知识存量越高，单个厂商的生产率也就越高。在知识的溢出效应足够强的情况下，即当 $\alpha + \gamma > 1$ 时，经济总体的生产函数体现出知识边际收益递增的特征，从而使技术进步和经济增长即使在劳动效率 A 不变的情形下仍能得以持续。

（三）Lucas 将人力资本和教育纳入模型

紧随 Romer（1986）的另一篇内生增长理论的代表是 Lucas（1988）。Lucas 在该文中强调了人力资本积累（Learning by Schooling 和 Learning by Doing）对经济增长的影响。他假设经济个体可支配的总时间为 1 单位，分配其中的 L 至生产活动中，其余的 $(1 - L)$ 为接受教育的时间。Lucas 假设人力资本的积累函数为 $\Delta H = \delta(1 - L)H$，其中 H 为经济个体的人力资本，δ 是人力资本这一部门的生产率。

最终物品的生产函数则假设为 $Y = K^{\alpha}(HL)^{1-\alpha}\overline{H}^{\gamma}$，其中 $\overline{H}^{\gamma}$ 界定了人力资本的外部效应。Lucas 构建的两部门增长模型同样能导致内生经济增长，但其增长的源泉并非来自外部性或最终物品的生产函数中的规模收益递增，而是来自人力资本积累函数。即使将外部性去除（$\gamma = 0$），单从 $\Delta H = \delta(1 - L)H$ 就能看出：只要 $1 - L > 0$，人力资本就会不断增长，从而总产出 Y 和实体资本 K 都可以持续增长。

（四）Romer 将人力资本和知识资本同时纳入模型

人力资本的积累和知识的积累对经济增长都存在巨大的影响，但要想将人力资本和知识同时纳入一般均衡模型却是极其困难的。Romer（1990）实现了这一点。Romer 认为，经济增长体现在创新，即新的产品设计不断出现，这一行为

可以放在研发部门中，为了简便，他假设研发只需要研发人员（人力资本）参与即可：$\Delta A = \delta H_A A$，其中 A 为现有产品设计的总数，ΔA 为新的设计个数，H_A 表示研发部门研发人员数，δ 表示研发效率参数。这一生产函数表明新的设计个数与现有产品设计的总数成正比，因此研究开发是站在巨人肩膀上完成的。这里的 A 可以理解为存量知识资本，而 H_A 则是人力资本，由此，二者均被纳入模型。Jones（1995）通过舍去规模效应的假设，进而改进了 Romer（1990），得出了 $\Delta A = \delta H_A A^{\phi}$，其中，$0 < \phi < 1$，即保留了正外部性，改变了线性模型的规模效应假设，使模型更加贴近现实。

二、信息科技（ICT 产业）对经济增长模型的调整效应

现有文献对 ICT 产业经济（或数据）增长效应的量化一般采用以新古典增长理论为基础的增长核算模型。该模型的基本框架来源于 Jorgenson 和 Griliches（1967）的研究，是一种基于生产可能性边界的非参数估计方法，它将经济活动中的投入和产出有效地结合在一起，其基本假定在于：总产出由各类投资（I）和消费（C）组成，总投入由各类资本服务（K）和劳务服务（L）组成，总投入等于总产出（Jorgenson 和 Stiroch，1995；Jorgenson，2001）。

与生产可能性边界法不同，增长核算模型的另一种形式是将所有投入要素简化为总产出 Y 的总生产函数增长模型（Oliner 和 Siehel，2000；Colecchia 和 Shreyer，2002；Wong，2004；Wu，2008）。经济增长的来源无外乎两个：生产要素优化和生产率的提升。由此来看，就 ICT 生产部门而言，ICT 产品产出的大规模增加可以直接促进经济总产出的增长，另外，ICT 生产部门自身生产率的提高会带动整个经济生产率（TFP）的提升，从而推动经济增长。就 ICT 使用部门而言，ICT 产成品在被使用过程中必然会产生潜在的溢出效应，这种溢出效应能够间接促进非 ICT 部门的生产效率，进而拉动经济增长。引入数据或 ICT 产业，遵循了从生产要素优化和生产率提升视角观察模型的参数变化对增长模型的影响，以验证数据（即使在不作为投入要素的情况下）作为新兴因素影响增长理论模型的普遍性、自洽性和内生性。

（一）提高 Solow 模型中的生产率

笼统地讲，数据的整合可以提升 Solow 模型中的 A（一般意义上的生产率），进而提高产出 Y。尽管 Solow 模型中的 A 代表着一系列技术、制度等效率改进，因而并不能清晰地辨明所有影响 A 的因素，但 A 的普遍包容性本身意味着通信技术和数据共享等因素纳入 A 的极大概率。

（二）提升 Romer（1986）的知识及其溢出效应

ICT 有利于人力资本的积累和新知识的产生。便捷高效的数据共享和通信方式使人们可以进行实时的沟通与协调，从而提高工作效率、节约时间和成本，最终提升生产力。首先，数据的增加及其有效利用意味着知识的增加，即资本服务增加，进而提高产出 Y。其次，数据被多方利用和共享，本身意味着溢出效应，即提升了 γ，让“$\alpha + \gamma > 1$”成立的概率明显增加，进一步提高产出 Y。

（三）提高 Lucas 模型中“干中学”的效率

Lucas 模型中，$\Delta H = \delta(1 - L)H$。$\delta$ 是人力资本这一部门的生产率，这意味着知识的积累依赖于人们学习的效率，而数据的共享显然会提升人们互相传播知识和创意的速度和完整度，进而提升效率。即数据增加 δ，加快人力资本积累的速度。

（四）提升 Romer（1990）模型中的研发活动效率及规模效应

在改进版的 Romer（1990）模型中，$\Delta A = \delta H_A A^{\phi}$，即新产品设计的增长受限于研发效率 δ 和规模效应 ϕ。而数据的深度应用会大大节省研发活动的无谓劳动时间，进而加快研发速度，提升效率 δ，同时数据的积累也会带来原有设计成果更加标准化和系统化，能产生网络效应（Network Effect）的技术甚至具有递增的边际收益，进而加速成果的积累过程，即提升了规模效应 ϕ，引致 A 的增长，进而提高产出 Y。

从实证研究看，早期由于统计误测（Siegel 和 Griliches，1992；Gordon 和 Baily，1989）、技术迟滞（David，1990）、产值太小（Oliner 和 Siehel，1994）和溢出效应（Morrison 和 Siegel，1997）等，实证研究并未发现 ICT 对经济增长的正向效应。但随着 ICT 应用的普及、数据的更新以及实证方法的演进，进入 20 世纪 90 年代中后期，越来越多的学者证实 ICT 资本投入对经济增长和生产力的提升存在着显著的正面效应（Brynjolfsson 和 Hitt，1995；Jorgenson 和 Stiroch，2000）。

三、基本结论

回顾新古典宏观经济学中的生产函数模型演进，就是不断将新的要素以严谨的经济学逻辑纳入一般均衡分析中，使这些新要素不断地成为内生增长的决定性因素。实际上，经济增长理论模型的演化早就突破了知识、技术和教育等因素对经济增长的“限制”（将这些因素内生化），即从理论上验证了这些因素对于持续经济增长的支撑（事实上，随着算法模型的出现和成熟，更多维度的因素被纳入增长理论模型中，如产权保护、民主政治、宗教自由、金融深化、产业政策甚至平权法案等）。从宏观经济学中长期增长理论模型的演化视角，推演数据及其产业的增长效应的理论逻辑，即在长期经济增长的理论模型中，数据整合、通信技术以及两者之间的结合很可能引致生产函数相关参数的变化，带来经济的更快速增长。

一方面，数字技术的全面渗透和广泛应用，为数据要素驱动知识和人力资本积累提供了有力支撑。一是海量的数据要素不断驱动知识加速积累，并利用多维度知识自我积累效应，不断增加专业深度、拓宽覆盖广度和提高增量速度。二是人力资本通过教育和“干中学”实现积累，成为推动经济增长的“引擎”，如科研人员能够通过更加便捷的网络渠道、丰富的线上资源和快捷的在线反馈，加快专业知识学习、提升自身的人力资本。三是数据作为生产要素不断深化参与经济增长的动态过程，至少包括参与广度（开放性）、深度（颗粒度）、速度（实时性）、力度（多维度）四个方面，且这个动态过程没有止境、趋于无限深化过程。四是知识积累与人力资本积累相互促进并形成良性循环，更是成倍放大数据要素对知识和人力资本积累的推动作用，继而创造更多的“数据足迹”，形成更加宏大的海量数据并构建正反馈的自循环发展模式。

另一方面，尽管知识和人力资本在非竞争性和排他性方面存在显著不同，但二者的积累均能够对经济持续增长产生巨大的影响。随着大数据时代的到来和我国数字经济加速发展，海量的数据要素必将驱动知识和人力资本加快积累，推动创新水平不断提高和实体经济实现持续增长。第一，数据要素驱动明示知识和常规型默示知识加快知识积累进程，增强创新活力并推动实体经济增长。第二，数据要素推动人力资本加快积累，为挖掘“超常型默示知识”、增强原始创新能力奠定基础。第三，海量知识快速积累和高效率汇聚作用，有助于产生更多创新、激发更多价值。因此，数字经济与实体经济融合发展的微观机制是以数据生产要素为基础，驱动知识和人力资本加快积累，促进创新水平提升并推动经济实现内生增长。

第二节　我国数字经济发展现实基础支撑：技术与数据

一、数字经济视角下海量数据生成机制

《“十四五”数字经济发展规划》提出，数字经济是继农业经济、工业经济

之后的主要经济形态，以数据资源为关键要素，以现代信息网络为主要载体，以信息通信技术融合应用、全要素数字化转型为重要推动力，促进公平与效率更加统一的新经济形态。与传统的农业经济、工业经济相比，数字经济更加突出数据要素和数据资源的关注。一方面，数据资源是发展数字经济的关键要素，是加快构建新发展格局的新动力。宏观经济增长理论研究表明，数据与传统要素有机结合，能够显著提高资源配置效率和利用水平，发挥数据要素的战略资源作用和创新引擎功能。另一方面，全要素数字化转型为经济发展注入新的活力。通过对工业、农业和服务业进行全方位、全链条的改造，提高土地、劳动、技术、资本等其他要素的生产效率，能够发挥数字对经济发展的放大、叠加、倍增作用。

相较于传统意义上直接将既有素材转化为“数字”（比特）存储，大数据时代的数字化更侧重于对决策过程和行为结果的“数据足迹”追踪、记录、存储、管理和维护。随着物联网、大数据、云计算、区块链、人工智能等信息技术快速迭代，以决策过程和行为结果为中心的现实活动都可能历经“数字化→数据化→大数据→数据分析”过程从而转为数据，继而成为海量数据的重要组成和数据资源的重要内容，具体实现过程如图 2－1 所示。

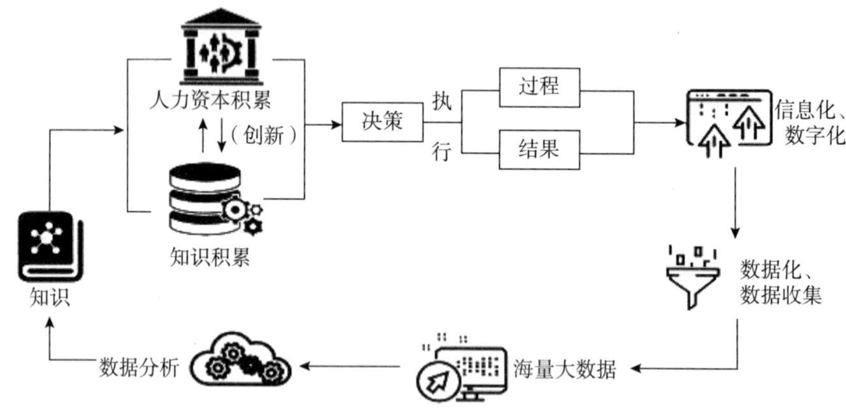

图 2－1　基于数据要素视角的知识形成过程

基于服务社会经济发展广义视角，知识可以界定为“为人类社会经济生产、生活和消费等提供支持”的信息总和。因而，海量数据和数据要素均有可能成为知识。随着越来越多的组织机构运营过程被以数字化方式记录，持续增长的大数据推动知识积累过程不断加速，形成差异维度大、复杂性高、更新频率快、涉及方面广的海量知识库，为知识积累自我增强和促进创新活动加速奠定更加夯实的数据资源基础。

二、支撑海量数据技术基础和成本要素

（一）形成海量数据数字技术机理

作为对决策过程和行为结果的数字化映射，海量数据并不会自然生成，更不会是一种石油资源的“天然存在”，而是一种需要利用人工或技术手段，历经获取、解析、存储、传输、流转等复杂处理过程后所得到的数字化形态。在数字经济时代到来前，仅有重要场景生成的重要数据才可能被记录下来，其他大多数“决策过程和行为结果”统统被“无情”地搁置不管。正因为如此，大多数中小微企业才会因“画像”不清晰而存在较大的不确定性，继而难以直接获得国家正规金融渠道的青睐，形成所谓的“融资少、融资贵、融资难”困境。随着以物联网、区块链、人工智能等为代表的新一代信息技术广泛应用，大量以互联网为载体的“决策过程和行为结果”可以被以较低成本记录下来，形成所谓的“数字足迹”[①] 并成为海量数据的重要来源。

围绕“获取→解析→存储→传输→流转”全流程全链条，新一代信息技术功能互补、有机融合、协同发展，共同形成支撑映射“决策过程和行为结果”的海量数据，如图 2－2 所示。其中，物联网核心是丰富数据来源渠道、扩大采集范围、提高数据精度；云计算核心是提升数据存储和计算能力，借助分布式计算和分布式存储发挥在资源整合、弹性伸缩方面的优势突破传统的本地存储与本地计算所面临的瓶颈约束；人工智能核心是提升数据算法的有效性，即通过智能算法和模型，实现在资产管理、授信融资、客户服务、精准营销、身份识别、风险防控等金融领域的智能化和自动化；区块链核心是保障数据安全、提升数据共享综合效率，利用分布式技术，实现金融数据数据共享的可信、可

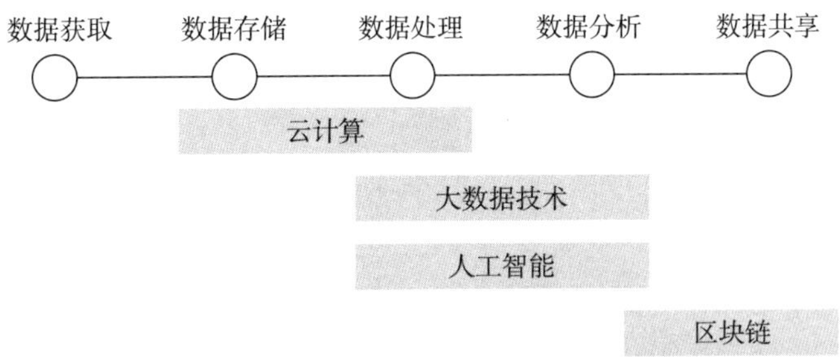

图 2－2　海量数据生成的数字技术基本逻辑

---

① 转引自黄益平、王勋（2022）。

靠、可追溯；大数据技术的核心是提升数据分析能力，即增量数据的洞察能力提升和存量数据的挖掘能力增强。

（二）形成海量数据数字技术成本演变

围绕数据要素“获取→解析→存储→传输→流转”及安全基础设施体系健全和产业生态体系完善，促成“数据要素”投入使用的经济性（成本下降）成为可能并继而形成“正反馈”机制，是海量数据动态生成、持续指数级增长的内生动力和核心动能。《关于数字经济发展情况的报告》[①] 提出，相比 2012 年，宽带网络平均下载速率提高近 40 倍，移动网络单位流量平均资费降幅超 95%。囿于统计复杂性和数据可得性，涉及“获取→解析→存储→传输→流转”全流程全链条成本变化动态很难准确刻画，但可以通过一些常见的代表性设备或服务成本变化予以间接佐证。

1. 数据传输

以企业用户端租用传输线路为例，2000 年，我国企业专线为 ISDN（综合服务数字网，简称一线通）。2023 年，我国企业租用专线为光纤接入。2000—2023 年，单位流量（每 G）综合费用从 12 元下降到 0.0004 元（左右），下降比例超过 99.99%。

2. 数据存储

以企业端购买存储介质成本为例，2000 年，每 G 容量约为 55 元；2023 年，每 G 容量下降到约为 1 元，单位存储（每 G）成本下降比例超过 98%。

3. 数据运算（处理）

以企业级 CPU 运算速度为参考，2000 年，PC 级服务器旗舰 CPU 中是英特尔奔腾 4 处理器（第 7 代 x86 微处理器），处理器速度范围在 1.3 ~ 3.8 GHz 之间。2023 年，PC 级服务器 CPU 中旗舰处理器为英特尔至强铂金 8490H，单个 CPU 最快能够执行每秒超过 300 亿次的运算。与 2000 年相比，2023 年单个 CPU 的单位运算成本下降超过 99%。

（三）我国海量数据市场空间[②]：数据交易规模

2022 年，中国大数据产业规模达 1.57 万亿元。同比增长 18.0%。其中，数据产量达 81ZB、同比增长 22.7%，约占全球数据总产量的 10.5%。数据资源供给能力和流通应用创新不断提升，数据要素正成为劳动力、土地、资本、技术

---

① https://baijiahao.baidu.com/s?id=1749653599993193415&wfr=spider&for=pc.

② 《2023 年中国数据交易市场研究分析报告》［弗若斯特沙利文（北京）咨询有限公司、头豹信息科技南京有限公司、大数据流通与交易技术国家工程实验室、上海数据交易所，2023］。

之外最先进、最活跃的新生产要素，催生数据交易市场规模快速扩大。2021—2022 年，全国数据交易行业市场规模由 617.6 亿元增至 876.8 亿元，年增长率约为 42.0%。预计未来 3～5 年内，中国数据交易市场仍旧能够保持较高速地增长，预测至 2025 年其市场规模有望增长至 2046.0 亿元，年复合增长率可达到 34.9%；到 2030 年中国数据行业市场规模有望达到 5155.9 亿元，2025—2030 年年复合增长率约为 20.3%（见图 2－3）。

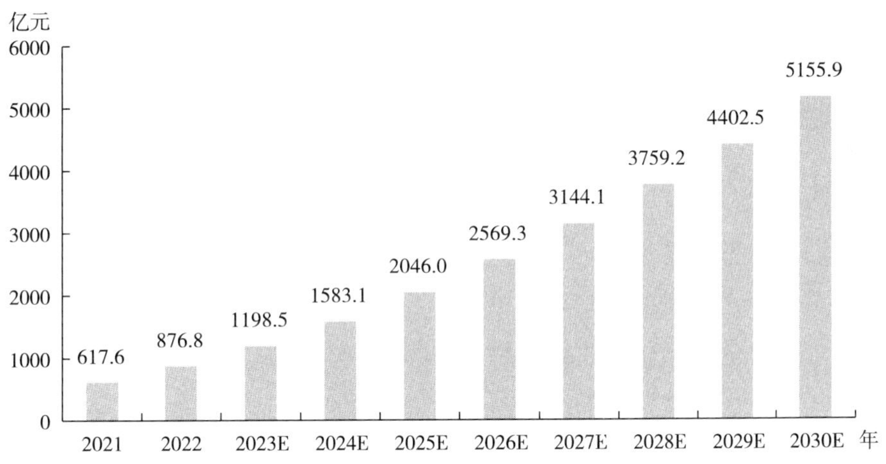

图 2－3　2021—2030 年全国数据交易行业市场规模预测

三、我国数字技术演进与海量数据展望

自“十三五”以来，我国大力推动数字中国建设和数字经济健康发展，形成并积累了海量数据资源。预计“十四五”时期，我国将构建数字经济发展“四梁八柱”，加快推动数字经济高质量发展，为数字经济与实体经济深度融合发展提供雄厚的支撑基础和有力的资源保障。

（一）全球领先的基础设施推动数字技术快速渗透[①]

2013 年 8 月，我国启动“宽带中国”战略，带动数字新基建掀起新一轮的发展热潮，大幅度、广泛地提升全国数字新基建发展水平。截至 2022 年 7 月，我国建成了全球最大的光纤和移动宽带网络，光缆线路长度从 2012 年的 1479 万千米增加到 2021 年的 5481 万千米，增长了 2.7 倍；许可的中低频段频率资源总量位居世界前列，累计建成开通 5G 基站达 196.8 万个；网络基础设施全面向

① 转引自《关于数字经济发展情况的报告》。

IPv6 演进升级，IPv6 活跃用户数达 6. 97 亿人。

与此同时，我国信息通信服务能力大幅提升，推动移动通信从“3G 突破”到“4G 同步”再到“5G 引领”有序跨越。截至 2022 年 7 月，全国互联网普及率从 2012 年的 42. 1% 提高到 2021 年的 73%，上网人数达 10. 32 亿人，移动电话用户总数达 16. 43 亿户，其中 5G 移动电话用户达 3. 55 亿户，约占全球的四分之三。我国数据中心机架总规模超过 590 万标准机架，建成 153 家国家绿色数据中心，行业内先进绿色中心电能使用效率降至 1. 1 单位左右，达到世界领先水平。建成一批国家新一代人工智能公共算力开放创新平台，以低成本算力服务支撑中小企业发展需求。

（二）“上云用数赋智”驱动产业大数据快速增长①

自 2020 年以来，我国深入推进企业“上云用数赋智”，加快推动工业互联网、数字商务、智慧农业发展，促进传统产业全方位、全链条转型升级。与此同时，大量产业化应用和场景化渗透，必将推动产业（工业）大数据指数级增长，继而带来海量的产业大数据。截至 2022 年 6 月底，我国工业企业关键工序数控化率、数字化研发设计工具普及率分别达 55. 7%、75. 1%，比 2012 年分别提升 31. 1 个和 26. 3 个百分点。截至 2022 年 7 月底，“5G + 工业互联网”建设项目超过 3100 个，形成一系列新场景、新模式、新业态。

与此同时，服务业和农业数字化水平明显提升。一方面，服务业数字化转型有序进行。我国电子商务交易额保持快速增长，由 2012 年的 8 万亿元增长至 2021 年的 42. 3 万亿元，年均增长 20. 3%。其中，电子商务、移动支付规模全球领先，网约车、网上外卖、数字文化、智慧旅游等市场规模不断扩大。另一方面，农业数字化转型稳步推进。2021 年，农作物耕种收综合机械化率超过 72%，农机应用北斗终端超过 60 万台套，产品溯源、智能灌溉、智能温室、精准施肥等智慧农业新模式得到广泛推广，大幅提高了农业生产效率。

（三）以政务部门为引领的数据资源加速开放应用

《国家数据资源调查报告（2021）》显示，2021 年，中国数据总量达到 6. 6ZB，同比增加 29. 4%，占全球数据总产量的 9. 9%，仅次于美国（16ZB），居全球第二位。近三年来，中国数据产量每年保持 30% 左右的增速。IDC 最新发布的 Global Data Sphere 2023 显示，中国数据量规模将从 2022 年的 23. 88ZB 增

① 转引自《关于数字经济发展情况的报告》。

长至2027年的76.6ZB，年均增长速度CAGR达到26.3%，为全球第一（见图2-4）。[①] 其中，政府、媒体、专业服务、零售、医疗、金融拥有更多的数据，预计带来更大数据资源开放，创造更多的商业价值和市场空间。

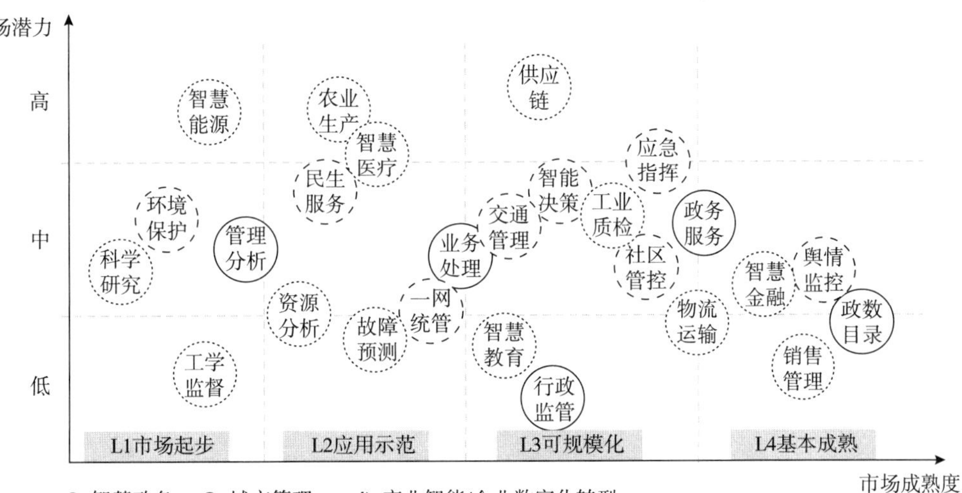

图2-4 数据云行业应用发展地图（IDC）

（四）不断完善的制度环境保障数据资源持续丰富

《“十四五”数字经济发展规划》明确要求“充分发挥数据要素作用”。2022年3月12日发布的《政府工作报告》首次将数字经济（数据要素）单独成段描述。12月，中央全面深化改革委员会第二十六次会议审议通过了《关于构建数据基础制度更好发挥数据要素作用的意见》，初步构建了数据基础制度体系的“四梁八柱”。2023年2月，中共中央、国务院印发《数字中国建设整体布局规划》。2024年1月，国家数据局会同有关部门制定《“数据要素×”三年行动计划（2024—2026年）》。

与此同时，上海、浙江、深圳等纷纷出台数据条例，为数据要素开发利用提供法制保障。2023年，浙江、广东、深圳、上海、江苏、山东、河北、重庆、黑龙江、四川、北京等出台地方立法，对公共数据产权、收集与归集、流通交易、监管治理、数据安全等方面进行了积极的探索和实践，最有代表性的是《上海市数据条例》《四川省数据条例》《北京市公共数据专区授权运营管理办法》《浙江省公共数据条例》。其中，《浙江省公共数据条例》是全国首部公共数据领域的地方性法规。

---

① https：//accesspath. com/report/5848403/.

第三节 数字金融：金融领域数实融合实践

一、我国数实融合内涵特征

（一）基本概念

1. 数字经济

2022年1月，国务院印发的《“十四五”数字经济发展规划》中提出，数字经济是继农业经济、工业经济之后的主要经济形态，以数据资源为关键要素，以现代信息网络为主要载体，以信息通信技术融合应用、全要素数字化转型为重要推动力，促进公平与效率更加统一的经济形态。[①] 与国外广泛流行的概念内涵相比，我国数字经济概念更加简洁、内涵更为丰富，即：（1）数据资源是发展数字经济的关键要素，是加快构建新发展格局的新动力；（2）现代信息网络是发展数字经济的主要载体；（3）信息通信技术融合应用已经成为经济发展的重要推动力；（4）全要素数字化转型为经济发展注入新的活力。[②]

2. 实体经济

与全社会剔除所谓“虚拟经济”总量之后的统计范畴相比，美联储更倾向于将实体经济界定为经济体中剔除房地产和金融业以外的所有行业总和，其主要原因在于，美国次贷危机主要发生于房地产市场和金融衍生领域。着眼我国正处于构建现代化产业体系、推进高质量发展的关键时期，实体经济需要能够契合“综合服务社会发展的功能定位和承载商品或服务的生产活动定位”的概念界定，即将实体经济宜界定为剔除因“空转、套利、投机”等行为而不产生实际社会价值之后的现代产业总和。与美国直接剔除“金融业、房地产业”的概念界定相比，我国对实体经济界定的范围更广、内容更丰富、更契合我国实际。[③]

3. 数实融合

“融合”是指几种不同事物合成一体，形成一种“你中有我、我中有你”

---

① 2021年6月3日，国家统计局发布了《数字经济及其核心产业统计分类（2021）》，文件指出，“数字经济是指以数据资源作为关键生产要素、以现代信息网络作为重要载体、以信息通信技术的有效使用作为效率提升和经济结构优化的重要推动力的一系列经济活动”。

② 国家发展和改革委员会.《“十四五”数字经济发展规划》学习问答［M］.北京：人民出版社，2022.

③ 在实证研究中，不少学者可能会采用美联储统计口径，但这并不足以否定我国“实体经济”概念界定，如《产业体系现代化先行的省级比较和对策建议》（决策咨询，浙江省工业和信息化研究院等）。

的、相互内嵌和包容的新形态。[①] 与之相适应，“融合发展”是若干种不同事物合成一体后的共同发展，呈现一种“你中有我、我中有你”的、相互内嵌和包容的演进态势。在数字经济和实体经济融合发展过程中，数字经济与实体经济之间会因产业基础、技术水平、应用场景等差异表现出三种不同形态。一是数字技术和数据要素赋能实体经济，促进实体经济全要素生产率提升、增强产业链供应链可靠性、健全现代化产业体系。二是高质量发展的实体经济以技术创新、科技服务、现代金融等支持数字经济进一步发展，推动数字技术渗透度更广、数据要素市场规模更大、数字治理程度更加深入、数字新基建更趋于完善。三是数字经济和实体经济相互作用过程中产生新业态新模式新场景，继而拓宽数字经济范畴、丰富数实融合内容、壮大实体经济规模（见图2－5）。

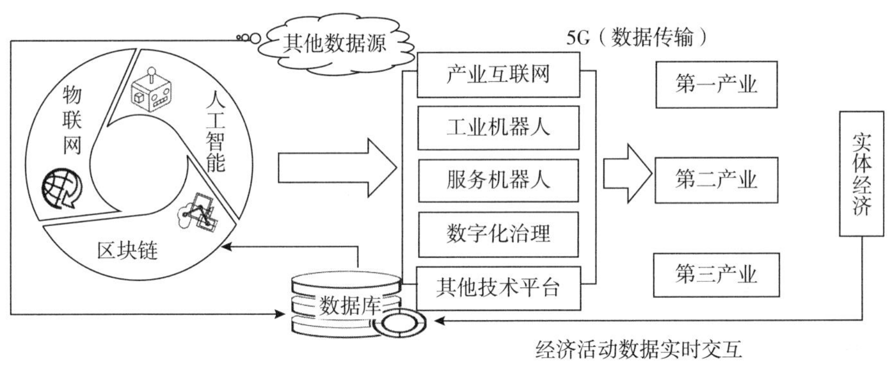

图2－5 数字经济与实体经济融合发展基本逻辑框架

（二）核心内涵

1. 内在统一

从统计测算看，数字经济主要涵盖数字产业化、产业数字化、数字化治理、数据价值化和数字新基建等。[②] 与数字经济相比，实体经济包括除不产生实际经

---

① “融合”在物理意义上是指熔成或如熔化那样融成一体，心理意义上是指不同个体或不同群体在一定的碰撞或接触之后，认知、情感或态度倾向融为一体。

② 该分类标准主要源于中国信息通信研究院历年发布的数字经济研究报告，但基于地方层面数字产业培育和基础设施建设工作差异，此处援引《南京推动数字经济高质量发展的探讨与思考》（江苏数字化转型发展研究基地，2023）研究报告观点，将新型基础设施内容从数字产业化中提取出来形成“数字新基建”。即数字产业化主要是指电子通信、软件信息、网络设备等数字经济核心产业，产业数字化主要是传统产业中涉及数字化转型的产业增量发展内容；数字化治理主要是指基于海量数据进行深度挖掘分析，逐步实现政府决策科学化、公共服务高效化、社会治理精准化、城市生活智能化等；数据价值化是指以数据资源化为起点，经历数据资产化、数据资本化，最终实现数据价值充分释放、应用赋能的经济过程；数字新基建是指为数字经济发展提出基础支撑和设施保障的新型基础设施，包括数字信息基础设施、数字融合基础设施、数字创新基础设施三大类。

济价值以外的三次产业中商品/服务生产活动，其中既囊括数字产业、传统产业及其数字化转型增量，又包括除此以外的三次产业。与实体经济相比，数字经济既涉及技术创新、产业发展和数据要素生产，也涵盖制度创新、机制优化和基础设施建设。一方面，从核心产业看，数字产业（化）主要以计算机制造业、通信设备制造业和软件信息业为主，仅仅涉及实体经济中三次产业的一部分。另一方面，从规模体量看，产业数字化约占数字经济八成以上并成为数字经济最重要组成部分。其中，产业数字化就是利用数字技术对实体经济中的三次产业进行全方位赋能，推动数字技术和传统产业融合发展。因此，数实融合既是数字经济发展壮大的现实需要，也是实体加快发展的必然结果，更是数字经济和实体经济高质量发展的内在统一。

2. 相辅相成

面临日益严峻的外部资源约束和“逆全球化”引致的“卡脖子”风险，我国实体经济亟须充分利用数字技术赋能和数据要素增值的“倍增”效应振兴实体经济、建设“四个强国”，数字经济理应发挥实体经济暨先进制造业的战略支撑作用增强产业链韧性、提升产业链水平。一方面，数字经济发展是以实体经济为基础和前提，没有实体经济的数字核心产业基础和传统产业场景牵引，数字经济就缺乏数字产业化的动力和产业数字化的空间，难以有效应对“卡脖子”风险。另一方面，实体经济发展是以数字经济为引擎和抓手，缺乏数字技术支撑、数据要素驱动和数字新基建保障，就难以推动实体经济提升全要素生产率，难以推动制造业实现从数量扩张向质量提高的战略性转变，难以把产业链关键环节的“根”留在国内。因而，数实融合既是新形势下数字经济和实体经济相辅相成的客观需要，也是数字经济赋能促进实体经济高质量发展的必然结果。

3. 多态转型

囿于数字技术成熟度、数据要素稠密度和技术赋能复杂度等综合差异，数实融合不可避免地形成分阶段、分层次、分领域转型发展。第一，立足微观企业主体，数实融合亟须统筹大型企业示范引领和中小企业专项支持，加快支持大型企业数字化转型和中小企业“上云用数赋智”。第二，立足中观行业层面，数实融合需要统筹第一、第二、第三产业等数字化转型诉求，重点提升农业生产、加工、销售、物流等各环节数字化水平，优先深入实施智能制造工程、纵深推进工业数字化转型，全面加快商贸、物流、金融等服务业数字化转型。第三，立足全国产业层面，加快深化全国重点园区和产业集群数字化转型，统筹推动共享制造平台在产业集群落地和规模化发展，探索以“虚拟”产业园区和产业集群为抓手创新跨区域、跨平台协同机制。随着大数据时代的全面到来和广泛渗透，数实融合必然呈现“覆盖面越来越广、渗透度越来越深、规模体量越来越大”的多业态转型发展。

（三）关键路径

1. 数字技术驱动

2021 年 10 月 18 日，习近平总书记在中共中央政治局第三十四次集体学习时指出，“要推动数字经济和实体经济融合发展，把握数字化、网络化、智能化方向，推动制造业、服务业、农业等产业数字化，利用互联网新技术对传统产业进行全方位、全链条的改造，提高全要素生产率，发挥数字技术对经济发展的放大、叠加、倍增作用。”因此，数字技术驱动是数字经济和实体经济融合过程中较早、较快能够体现实际成效的作用途径。

在理论研究方面，数字技术作为数字经济的核心引擎和数实融合的第一驱动，同样受到广泛关注。在宏观经济层面，信息通信技术（ICT）主要借助 ICT 资本投资及 ICT 部门生产率改善与 ICT 对传统产业部门赋能（信息化改造）实现全社会要素生产率提升和产业结构优化（渠慎宁，2017；郭美晨和杜传忠，2019）。在微观企业层面，以信息通信技术为代表的数字技术在工业企业数字化发展过程中应用场景更为丰富。一方面，企业借助数字技术推动生产要素、生产环节数字化，实现生产流程优化、生产效率提升（戚聿东和肖旭，2020）。另一方面，企业应用数字技术有助于拓宽与上下游合作伙伴协同范围、驱动与利益相关者协作深度，继而实现商业模式和业务领域创新（周文辉等，2018）。

2. 数据要素赋能

随着大数据时代到来和我国数字经济加速发展，海量数据有助于提升信息处理质量，加快明示知识和常规型默示知识快速积累进程。在宏观层面，海量数据资源有助于促使明示知识和常规型默示知识传播、交流和应用速度加快，巩固以引进消化吸收再创新和集成创新为特征的存量知识创新动能基础。有研究通过构建包含数字资本的内生经济增长模型，刻画了数字资本对经济增长的直接影响和溢出效应，并利用数字模拟方法发现了“数据资本的稳态增速高于其他类型资本及总产出的稳态增速”（徐翔和赵墨非，2020）。

在微观层面，数据资源直接以资产或资本形式进入生产经营环节，直接驱动企业改善工作流程、优化产品设计、提升运营效率。不少学者发现，数据要素资源开放、开发及挖掘等有助于提高企业全要素生产率等（彭远怀，2023；谢贤君和郁俊莉，2023；郑国强等，2023）。《中国数据要素市场发展报告（2021—2022）》通过估算2021年数据要素对部分行业发展的贡献程度，测度了数据要素化投入对各行业的产出弹性，参见表2－1。其中，数据要素对各个行业的产值具有较大差异。一方面，信息传输、软件和信息技术服务业产出对数据要素最为敏感，其数据要素投入产出弹性在2021年达到3.044，意味着当所有其他投入要素保持不变时，数据要素投入每增加1%时，信息传输、软件和信息技术服务业产出增加3%。另一方面，文化、体育和娱乐业产出对数据要素最不敏感，其数据要素产出弹性仅为0.0016。

表2－1　各行业数据要素化投入的产出弹性估算（2021年）

行业名称	对行业产出弹性
电力、热力、燃气及水生产和供应业	0.1014
交通运输、仓储和邮政业	0.0989
水利、环境和公共设施管理业	0.0027
教育行业	0.0084
文化、体育和娱乐业	0.0016
采矿业	0.0031
制造业	0.4643
建筑业	0.0048
信息传输、软件和信息技术服务业	3.0440
住宿和餐饮业	0.0021
居民服务、修理和其他服务业	0.0363
卫生和社会工作	0.5736
租赁和商务服务业	0.0295
科学研究和技术服务业	1.5699

资料来源：《中国数据要素市场发展报告（2021—2022）》。

3. 人力资本提升

与其他生产要素相比，人力资本和知识无疑能够满足“规模报酬”递增的条件，继而成为推动经济持续增长的动力。其中，内生增长理论便是利用生产函数设计上的创新，将经济增长集中于创新（新的产品设计不断出现），构建了同时纳入知识和人力资本的一般均衡模型，创造性地建立了知识和人力资本积累驱动创新、推动经济持续增长的理论逻辑。比如：人力资本通过教育和“干中学”实现积累，成为推动经济增长的“引擎”；科研人员能够通过更加便捷的网络渠道、丰富的线上资源和快捷的在线反馈，加快专业知识学习、提升自身的人力资本。

在数字技术广泛渗透和海量数据加速生成的背景下，数实融合加快发展必然推动人力资本水平不断提高，被学术界纳入宏观经济、区域经济和企业发展等研究范畴。其中，利用全国31个省（直辖市、自治区）2011—2020年观测样本，证实了数字经济有助于优化人力资本技能结构且存在区域、层级的异质性特征和空间溢出效应（王冬梅等，2023）。与此同时，数字经济能够借助推动企业人力资本升级和人力资本结构优化促进公司创新质量提升、引导企业优化人力资本结构、提高劳动投资效率和全要素生产率（李健等，2022；翟淑萍等，2022；江三良和李宁宁，2023）。

二、我国金融领域数实融合实践

（一）我国数字经济暨数实融合概况

1. 全球数字经济发展基本情况

《全球数字经济发展指数报告（TIMG 2023）》[①] 显示，自2013年以来，全球数字经济发展整体呈现上升趋势，TIMG指数的平均得分从2013年的5.33分上升至2021年的57.01分，增幅为26%。特别是在2018年之后，全球主要国家在数字经济方面的追赶态势越发明显，TIMG指数的全球中位数开始超过全球平均水平，并呈加速上升趋势。数字经济的快速发展主要由数字市场发展和数字基础设施建设所推动，数字技术和数字治理的提升相对缓慢。

从总指数来看，2021年，美国、新加坡、英国等是TIMG指数排名最高的国家，中国排在第8位。从细分指数来看，2021年，数字技术指数中美国、芬兰、瑞士是前3位国家（见表2－2）；数字基础设施指数中美国、新加坡、中国是全球排在前3位的国家；数字市场指数中美国、中国、英国全球排名最高。综合来看，一方面，中国在数字市场和数字基础设施领域优势较大，排名分别为第2位和第3位；另一方面，在数字技术和数字治理方面与美国、新加坡等国家相比还存在一定差距，排名为第15位和第41位。

---

① 中国社会科学院金融研究所，国家金融与发展实验室，中国社会科学出版社．全球数字经济发展指数报告（TIMG 2023）［R］．2023.

表 2－2　　TIMG 指数主要国家排名

排名	国家	TIMG 指数（2021）	TIMG 指数（2013）	相比 2013 年排名变化
1	美国	95.28	86.41	0
2	新加坡	87.55	75.69	1
3	英国	87.08	78.85	－1
4	德国	85.63	75.24	0
5	荷兰	84.19	73.69	2
6	日本	83.22	72.31	4
7	法国	81.84	72.43	2
8	中国	81.42	63.43	14
9	瑞士	81.31	69.69	4
10	韩国	80.95	71.39	2

资料来源：《全球数字经济发展指数报告（TIMG 2023）》。

2. 我国数字经济发展及分布情况

2022 年，我国数字经济规模达到 50.2 万亿元，同比增加 4.68 万亿元，占 GDP 比重进一步提升，达到 41.5%。这一比重相当于第二产业占国民经济的比重（2022 年，我国第二产业占 GDP 比重为 39.9%）。与此同时，产业数字化占数字经济比重在 82% 左右波动。2022 年，我国数字产业化规模达到 9.2 万亿元（见图 2－6），同比名义增长 10.3%、占数字经济比重为 8.3%。产业数字化规模为 41 万亿元，同比名义增长 10.3%，占 GDP 比重为 33.9%，占数字经济比

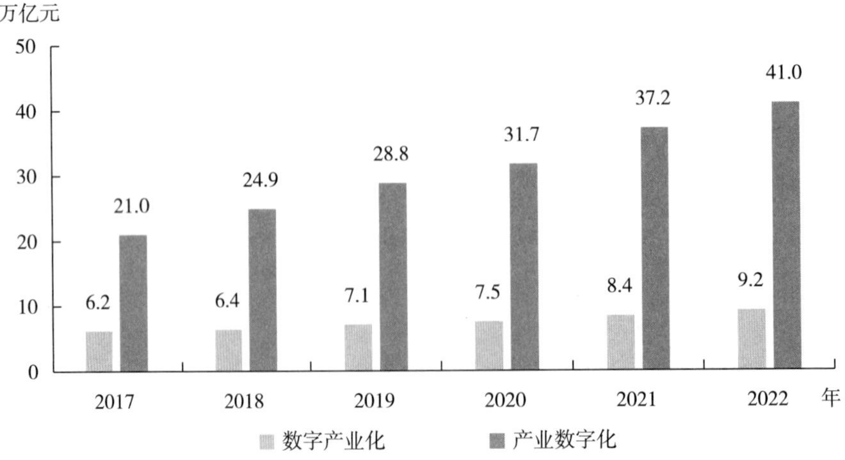

图 2－6　2017—2022 年我国数字产业化和产业数字化规模变化及比较

重为81.7%。综合而言，互联网、大数据、人工智能等数字技术更加突出赋能作用，与实体经济融合走深向实，产业数字化探索更加丰富多样，产业数字化对数字经济增长的主引擎作用更加凸显。

（二）我国金融领域数实融合暨数字化实践

1. 顺应数字化趋势，强化顶层组织设计

2015年12月，兴业银行集团设立业内首家银行系科技子公司兴业数字金融服务（上海）股份有限公司。自此以后，国有大型银行、股份制银行和城市商业银行及农村金融机构，陆续设立科技子公司、推动数字技术驱动金融业务发展。其中，在国有大型商业银行中，中国银行、农业银行、工商银行、建设银行、交通银行均开设金融科技子公司；在股份制银行中，兴业银行、招商银行、华夏银行、浙商银行、厦门国际银行、盛京银行均成立金融科技子公司；在城市商业银行中，河北银行、北京银行、廊坊银行、长沙银行均成立了金融科技子公司。此外，重庆农商行、深圳农商银行、浙江农村商业联合银行（浙江农信）、广西壮族自治区农村信用社联合社也成立了金融科技子公司。

与纷纷成立金融科技子公司相适应，全国不少商业银行围绕数字化转型加快组织调整和架构优化。工商银行在总行层面进行科技组织架构改革，打通业务部门之间的壁垒，推动从局部到全链路数字化转型。其中，通过构建“一委、二部、三中心、一研究院、一公司”的组织架构，延续金融科技创新“有统有分”的格局，保持集中力量办大事的科技体制优势。中信银行以设立一级部门大数据中心为抓手，构建“一部（信息技术管理部）、三中心（软件开发中心、大数据中心、科技运营中心）”组织架构体系，统筹整合全行数据架构、数据平台、数据工具等技术资源。

2. 响应数字化需求，加大金融科技投入①

随着数实融合和数字中国加快推进，以银行为代表的金融机构数字化转型不断深化。上市公司2022年年报显示，绝大多数商业银行已将发展金融科技提升到战略引领层面并持续加大科技投入。从金融科技投入在营业收入中的占比来看，六家国有大型商业银行变化均不太明显，基本保持在3%～5%的比例（见表2-3）。

① https：//baijiahao. baidu. com/s? id = 1765668723691697936&wfr = spider&for = pc.

表 2－3　　2022 年国有大型商业银行金融科技投入比较　　单位：万元、%

序号	名称	IT 投入	同比增速	营收占比
1	工商银行	262.24	0.91	2.86
2	建设银行	232.90	－1.21	2.83
3	农业银行	232.11	13.05	3.20
4	中国银行	215.41	15.70	3.49
5	交通银行	116.31	32.93	5.26
6	邮政储蓄银行	106.52	6.20	3.18

资料来源：根据 2022 年上市公司年报整理。

以国有大型商业银行为例，2022 年国有六大商业银行金融科技累计投入高达 1165.49 亿元，同比增长 8.42%，不过增速较 2021 年的 9.72% 稍有放缓。具体来看，六家国有大型商业银行中，只有建设银行 2022 年金融科技投入同比有所下滑，为 232.9 亿元，同比下降 1.21%；增速最快的交通银行，2022 年同比增速达 2.93%；农业银行与中国银行的增速则均为 10% 以上，2022 年金融科技投入分别为 232.11 亿元、215.41 亿元，分别同比增长 13.05%、15.7%；邮政储蓄银行 2022 年金融科技投入为 106.52 亿元，同比增长 6.2%（见表 2－3）。

3. 需求爆发式增长，支撑数字金融发展

作为数据应用细分行业最大的行业，金融业数据来源需求多元化，包括运营商、社保、工商、保险、电力、医保等。在数据产品类型上，征信类产品是金融业最为主要的交易产品，包括个人征信与企业征信，其中个人征信类数据产品交易规模可占至所有金融数据交易规模近 26.0%。2022 年，金融行业的数据交易规模达到约 306.9 亿元、占据市场整体规模约 35.0%。下一步，随着政策能够积极推动数据确权、数据分级分类以及数据资产入表等工作的开展，加上公共数据的开放度也能够持续深化金融数据的应用场景，预计围绕金融客户画像、授信贷款、联合征信、金融反欺诈等具有巨大潜力的业务将进一步得到激活和释放。2025 年，我国金融领域数据市场规模增长有望达到约 710.8 亿元；2030 年，其市场规模有望超 1700 亿元（见图 2－7）。其中，2025—2030 年，我国金融领域数据市场 CAGR 预计将维持在 19.9% 的增长水平，市场占比约为 34.2%。

4. 加快数字化升级，增强金融服务能力

随着数字经济时代全面到来和数字金融发展速度加快，以国有大型商业银行为代表的金融机构加快数字化升级，增强金融服务能力、强化对外赋能能力，不断以数字化转型为契机、借助数字化工具，践行“金融服务实体经济”的天职、宗旨和责任。

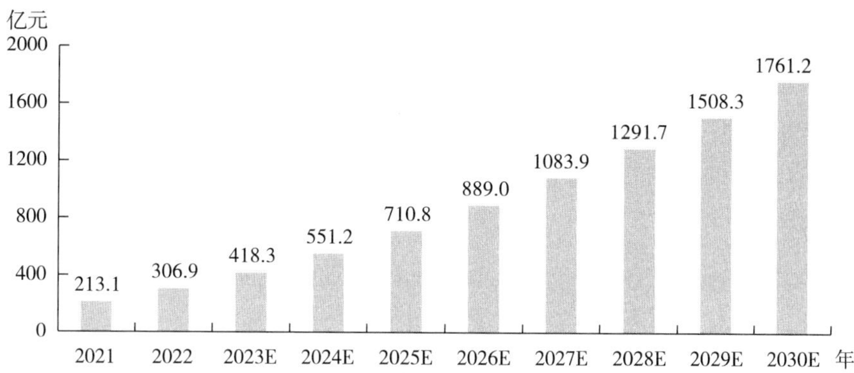

图2-7　2021—2030年我国金融行业数据交易市场规模预测

一方面，工商银行持续升级智慧银行生态系统（ECOS），率先开展金融行业应用场景训练。2022年11月，工商银行推出面向未来的数字化品牌“数字工行（D-ICBC）”，持续升级智慧银行生态系统（ECOS），促进业务、科技、数据“煲汤式”融合，推动业务、产品、服务等数字化升级。其中，成功发布手机银行8.0版本，实现手机银行代际跨越式发展，人工智能、区块链等自主创新的企业级技术平台在多项国家级测评中达到金融业最高级别，隐私计算平台获评工信部大数据产业发展试点示范项目。

另一方面，建设银行创建“建行云”，迈进自主可控、全域可用、共创共享的全新发展阶段。2023年1月，建设银行推出“建行云”品牌，为行业提供一站式行业云化整体解决方案。这是建设银行自2021年提出“TOP+2.0”战略以来，在金融科技领域开展的第一个大行动。作为数字经济时代的“新型基础设施”，建设银行借助“云”的力量，必将走出高楼大厦、融入烟火市井，继而依托云服务的泛在性和及时性供给强大的“云计算”能力对外输出赋能，适配现代社会发展和大众生活无处不在的金融需求。

三、新时代新征程我国数字金融发展前景

（一）新时代新征程金融强国定位[①]

作为金融强国，要拥有强大的主权信用和货币，拥有具有高度链接能力的

① 2023年10月召开的中央金融工作会议强调，坚定不移走中国特色金融发展之路，并提出了加快建设金融强国的战略目标。2024年1月，习近平总书记在省部级主要领导干部推动金融高质量发展专题研讨班开班式上发表重要讲话，深刻阐释了金融强国的丰富内涵，明确了坚定不移走中国特色金融发展之路的方向。本部分内容主要根据中央金融工作会议精神、习近平总书记重要讲话及《扎实推进金融强国建设》等内容改编。资料来源：https：//baijiahao. baidu. com/s？ id = 1789631214016269686&wfr = spider&for = pc。

金融基础设施，拥有具备全球影响力的金融机构、强大的金融市场、多样化的金融产品和服务。一方面，拥有全球普遍接受且广泛使用的金融基础设施、拥有系统影响力的国际金融中心并发挥全球资源配置功能，是金融强国最重要的硬实力；另一方面，拥有在全球金融体系中的国际影响力和金融创新能力。其中，国际影响力主要体现为金融强国在国际货币体系、金融市场和国际金融事务中的地位和作用，金融创新能力主要体现在金融产品和服务创新能力、科技应用能力和现代化金融风险管理能力等方面。

金融体系是以资本为要素、以金融市场为依托、以资源配置为核心功能、以资本流动为内外交互机制的复杂系统。提升金融硬实力和软实力，均要服务于金融高质量发展，要能有效发挥金融部门交易促进、信用转换、风险管理和政策传导等基础功能，有效发挥金融市场带动各类生产要素集聚配置的纽带功能，以及有效链接内外两个市场、统筹内外两种资源的融合功能。其中，强大的金融人才队伍是金融创新能力的重要支撑；完善的金融制度、法律、监管和规则标准等是软实力的重要表现，是决定金融国际竞争力和规则影响力的核心要素。为此，要坚持走中国特色金融发展之路，秉持问题导向和开放思维，着力提升我国的金融硬实力和软实力。

（二）新时代新征程数字金融发展战略目标①②

2023 年 10 月召开的中央金融工作会议明确提出，“做好科技金融、绿色金融、普惠金融、养老金融、数字金融五篇大文章”。我国数字经济快速发展不仅带来了商业模式和用户习惯的深刻变化，也为金融机构的全方位数字化转型奠定了良好的基础。一方面，数字技术增进了金融机构的运营效率，有效降低了单位客户服务成本，并以此拓展了金融服务的覆盖面，让金融产品和服务更加普惠，触达更多的长尾客群。另一方面，数字技术也极大提升了金融服务嵌入互联网场景的能力，在大数据的基础上，金融机构可以有效提升客户识别和画像的精准性，并由此提高金融服务的质量。

综合来看，数字金融是现阶段金融经过数字化转型发展起来的金融新业态，其服务具有小额分散、灵活性高等特点，且通过运用数字化和大数据分析能力，能够更准确地进行风险预测、流动性管理，抵抗经济周期波动，是金融在社会、经济、科技发展潮流下的大趋势。我国数字金融发展成效显著，在移动支付、

① http：//theory. people. com. cn/n1/2023/1212/c40531 －40136749. html? ivk _ sa =1024320u。

② https：//www. yicai. com/news/101936543. html。

数字信贷等领域已走在全球前列。下一步，我国亟须抓住数字化发展浪潮，加强大数据、云计算、区块链等新型技术手段的应用，进一步探索发展与数字经济相匹配的金融形态和模式，推进金融机构、金融业务、金融监管及金融从业人员数字化转型。

一是强化战略引领，做好顶层设计。数字化转型是全局性、系统性的重要工程，强化顶层设计是确保数字化转型工作科学、有序起步和推进的首要任务。金融机构需要围绕业务战略，明确转型需求与自身资源、能力的匹配度，在此基础上制定全行级、可操作的数字化转型战略，明确转型目标、蓝图和实施路线图，找准转型突破口，并对组织架构、资源配置、文化建设等进行全方位的规划。二是提升科技和数据治理能力，夯实数字化基础。充分认识数据要素成为生产要素的重要意义，推动数据有序共享与综合应用，充分激活数据要素潜能，有力提升金融服务质效。三是深化场景服务能力，重塑经营模式。深化数字技术的金融应用，创新金融产品研发，不断开发场景金融服务，拓展金融服务边界，降低金融服务成本。四是平衡好安全与发展。一方面，金融机构应针对数字化风险构建完善的风险管理制度；另一方面，监管部门也应持续加强对科技风险的监管能力，对金融科技创新实施穿透式监管，有效防范数字金融风险。

（三）新时代新征程我国数字金融前景展望①：以商业银行为例

1. 以提升用户体验，畅通内部沟通为重要导向

商业银行数字化有助于便利用户触达，提升客群覆盖广度和深度，增强综合业务服务能力，实现“覆盖触达→用户转化→运营监测→主动服务”的全链条全业务数字化流程。一是通过运用人工智能等新一代信息技术，拓宽触达客户线上化渠道、搭建全方位用户数据平台，绘制用户画像、充分挖掘用户的需求、提高用户的触达效率。二是通过运用大数据等新一代信息技术，“千人千面”地搭建用户成长转化体系，强化与用户沟通交流和互动黏性，激发用户活跃度、提升用户转化率。三是通过搭建数字化动态监测系统，实时收集客户动态、及时进行客户行为分析并调整银行服务内容，继而实现服务定制和个性化调整。比如，杭州银行在直销 App 的基础上，引入多平台海量内容资源，维持内容社区的健康有趣，促进 App 用户转至银行产品和服务，并通过打通数据体系、提升用户定位能力，进而实现内容管理闭环和综合服务能力提升。

---

① https：//baijiahao. baidu. com/s? id = 1772898088078590898&wfr = spider&for = pc。

2. 以破解重点难点，强化赋能输出为关键抓手

立足自身“资源”禀赋和核心资源，叠加“数字 +”激发核心业务新动能，形成数字时代新引擎、放大比较优势新能力。一方面，中国农业银行立足传统农业农村领域的相对优势，深入将银行业务数字化与乡村振兴相结合并形成新的业务增长引擎。截至 2022 年末，中国农业银行推出的“三资”管理平台已在近 1500 个县区上线、覆盖 14.8 万个行政村，农户线上贷款“惠农 e 贷”余额达到 7477 亿元。另一方面，中国银行通过开发 SaaS 平台、提供对外输出服务，助力中小企业数字化升级。其中，“中银企业 e 管家”“中银企业云直联”通过“金融 + 非金融”模式提升对公业务线上化的水平，促进中小企业数字化转型、服务以中小企业为代表的长尾客群。与之相类似，招商银行立足自身强大的金融科技基础，陆续推出财资管理云、薪福通、发票云、销售云等一系列产品，支持中小企业数字化转型发展。通过以上“数字 +”对外输出，商业银行不仅强化了自身数字能力，还通过赋能客户提升了用户黏度、增强 IP 核心竞争力。

3. 以契合自身需求，实现错位发展为关键路径

囿于自身业务基础和资源禀赋差异，不同类型商业银行数字化转型边际收益不尽相同，驱动其数字化转型方向、进展、力度等有所不同，继而影响不同规模体量和不同类型条件的商业银行呈现不同的数字化转型状态。一方面，以国有大型商业银行、股份制银行、城市商业银行、农村商业银行为代表的传统商业银行更注重对现有经营模式革新，侧重追求不断满足客户对网上银行业务增长需求，以部分民营银行为代表的互联网银行天生就具有互联网思维，更注重利用自己的渠道优势为客户提供纯线上化的服务，形成所谓的“虚拟银行模式”，即广泛运用数字技术手段，全面为小微企业和平台用户提供纯线上服务。另一方面，与数字化资源相对匮乏、业务覆盖相对单薄的城市商业银行和农村商业银行相比，国有大型商业银行数字化实力强劲，转型后劲十足并成为我国商业银行数字化的核心引领；股份制银行数字化渠道方面具有比较优势，形成了特色领域和场景的领先优势。

4. 围绕人才加强引培，夯实金融专业人才保障

数字化是数字时代商业银行高质量发展的关键，多层次复合型数字人才是商业银行数字化发展的关键要素。随着数字技术和商业银行深度融合的推进，商业银行亟须强化数字人才基础保障，注重引进和培养金融、科技、数据复合型人才，重点关注数据治理、架构设计、模型算法、大数据、人工智能、网络安全等专业领域。一是商业银行应不断加大对社会人才尤其是科技人才的引进，

扩大金融科技人员规模、稳步提升数字技术人才占比，持续为银行数字化注入新动力。二是商业银行有步骤分阶段招聘具有数字技术背景的专业人才进入高级管理层和董事会，不断提升数字技术人才在银行组织和决策机构的地位，带动银行数字化转型向专业化、精细化发展。三是商业银行需不断完善数字技术人才培养与激励机制，在加强数字技术专业人才金融业务培养、培训的同时，不断优化和完善激励机制和考核体系，探索建立“管理 + 专业”双通道晋升机制。

5. 统筹数据融合互联，打造生态化数字银行

随着数字技术驱动数字化转型不同深入，数据要素赋能价值日益重要，尤其是立足于商业银行生态圈体系的数据要素融合必将成为促进银行数字化转型发展的关键引擎。一方面，推动供应商将“业务数据化”与“数据业务化”贯通并形成新的发展路径，引导数字技术厂商应共同打造银行数字化生态网络，全方位全链条围绕商业银行数字化上下游发展赋能。另一方面，商业银行立足自身“信誉好、资信高、等保严”的优势，强化与政府端、企业端及个人客户端数据联动，搭建新场景。其中，政府端加强“政银合作”，帮助政府开发普惠金融产品，简化政府办事流程，提升基层政务服务能力及效率；企业端促进“产银融合”，开发“银行 + ”教育、“银行 + ”消费、“银行 + ”旅游等创新应用产品，输出嵌入式金融服务。个人客户端加强用户精细化标签，助力个性化营销，如构建高净值客户资产配置模型、理财方案个性化配置和营销策略精准推送等。

【课程思政】

党的十八大以来，习近平总书记高度重视金融在经济发展和社会生活中的重要地位和作用，就金融改革、金融开放、金融发展、金融安全等问题发表重要讲话，对做好金融工作作出一系列重要指示。2023 年 10 月召开的中央金融工作会议将数字金融列为金融强国建设“五篇大文章”的重要内容，为推动我国金融高质量发展、开拓中国特色金融发展新境界奠定了坚实理论基础、提供了根本遵循。一是坚持党中央对金融工作的集中统一领导。二是遵循现代金融发展普遍规律。三是构建中国特色现代金融体系。四是推进我国金融高水平对外开放。

我国亟须抓住数字化发展浪潮，加强大数据、云计算、区块链等新型技术手段的应用，进一步探索发展与数字经济相匹配的金融形态和模式，推进金融

机构、金融业务、金融监管及金融从业人员数字化转型。一是强化战略引领，做好顶层设计。数字化转型是全局性、系统性的重要工程，强化顶层设计是确保数字化转型工作科学、有序起步和推进的首要任务。二是提升科技和数据治理能力，夯实数字化基础。充分认识数据要素成为生产要素的重要意义，推动数据有序共享与综合应用，充分激活数据要素潜能，有力提升金融服务质效。三是深化场景服务能力，重塑经营模式。深化数字技术的金融应用，创新金融产品研发，不断开发场景金融服务，拓展金融服务边界，降低金融服务成本。四是平衡好安全与发展。一方面，金融机构应针对数字化风险构建完善的风险管理制度；另一方面，监管部门也应持续加强科技风险的监管能力，对金融科技创新实施穿透式监管，有效防范数字金融风险。

【产教融合】

习近平总书记在中央金融工作会议上的重要讲话，站在历史和时代的高度，全面总结党的十八大以来金融理论发展和实践成果，首次系统阐述中国特色金融发展之路的基本要义和中国特色现代金融体系的主要内涵，着眼于以中国式现代化全面推进中华民族伟大复兴，以宏阔战略视野和深邃历史洞察为金融工作举旗定向、谋篇布局，是做好新时代新征程金融工作的根本遵循和行动指南。

本章在篇章布局上，设计专们章节内容予以阐释，并对 2023 年 10 月中央金融工作会议精神和工作部署进行解读，以便提升课题教学的理论性高度和教学内容的实践性感知。围绕“做好科技金融、绿色金融、普惠金融、养老金融、数字金融五篇大文章”，以商业银行为例提出新时代新征程我国数字金融前景展望及其主要做法：一是以提升用户体验，畅通内部沟通为重要导向；二是以破解重点难点，强化赋能输出为关键抓手；三是以契合自身需求，实现错位发展为关键路径；四是围绕人才加强引培，夯实金融专业人才保障；五是统筹数据融合互联，打造生态化数字银行等方面。

【本章小结】

作为全书的理论基础，本章侧重从数字经济理论逻辑、数字经济现实基础和数字金融发展演进三个层面阐释新时代新征程我国数字金融发展的经济学基础。一方面，便于读者了解我国数字经济发展经济学逻辑和数字金融发展演进理论基础；另一方面，着眼我国数实融合背景构建数字金融演进理论框架，为后续展开奠定较为夯实的经济学理论逻辑基础。概括来说，本章共分为三个小节，依次是："融入数据要素的内生增长理论框架：生产函数视角""我国数字经济发展现实基础支撑：技术与数据""数字金融：金融领域数实融合实践"。

"融入数据要素的内生增长理论框架：生产函数视角"主要基于柯布—道格拉斯生产函数，回顾 Solow（1956）以来的经济增长模型发展演进历程，推演大数据时代数据要素及其产业的增长效应理论逻辑框架。"我国数字经济发展现实基础支撑：技术与数据"主要基于前期理论分析基础上，着眼信息技术驱动和数据要素生成探讨我国数字经济暨数实融合的现实基础。"数字金融：金融领域数实融合实践"主要基于理论基础和现实支撑，阐释我国数字金融暨金融领域数字化转型实践。

【思考题】

1. 简述生产函数视角下的经济增长理论演进历程。
2. 简述大数据时代我国数字经济发展的技术基础和数据支撑。
3. 概述数字经济和实体经济融合发展的核心内涵和主要特征。
4. 概述基于数实融合视角推动金融高质量发展的主要路径。
5. 简述我国数字金融发展的主要表现和典型案例，适当列举 1 ~ 2 个案例予以阐释。
6. 概述新时代新征程我国加快建设金融强国的核心内涵和要求。
7. 概述金融强国建设背景下我国数字金融发展战略任务和目标要求。
8. 以商业银行为例，简述金融强国建设背景下我国数字金融发展前景展望。

【参考文献】

[1] 翟淑萍，韩贤，毛文霞．数字经济发展能提高企业劳动投资效率吗？［J］．当代财经，2022（1）：78－89.

[2] 方竹兰，于畅．知识经济与宏观管理新视角［J］．经济研究参考，2020（22）：36－45.

[3] 郭美晨，杜传忠．ICT 提升中国经济增长质量的机理与效应分析［J］．统计研究，2019，36（3）：3－16.

[4] 江三良，李宁宁．数字经济发展何以提高企业全要素生产率？［J］．南京审计大学学报，2023，20（2）：43－52.

[5] 经济合作与发展组织．数据驱动创新：经济增长与社会福利中的大数据［M］．北京：电子工业出版社，2017.

[6] 李健，张金林，董小凡．数字经济如何影响企业创新能力：内在机制与经验证据［J］．经济管理，2022，44（8）：5－22.

［7］彭远怀．政府数据开放的价值创造作用：企业全要素生产率视角［J］．数量经济技术经济研究，2023，40（9）：50－70.

［8］戚聿东，肖旭．数字经济时代的企业管理变革［J］．管理世界，2020，36（6）：135－152，250.

［9］渠慎宁．ICT与中国经济增长：资本深化、技术外溢及其贡献［J］．财经问题研究，2017（10）：26－33.

［10］王冬梅，黄乾，方守林．数字经济对人力资本技能结构影响与作用机制的实证检验［J］．统计与决策，2023，39（9）：23－28.

［11］习近平在中共中央政治局第三十四次集体学习时强调：把握数字经济发展趋势和规律，推动我国数字经济健康发展［N］．人民日报，2021－10－20（1）.

［12］谢丹阳，周泽茜．经济增长理论的变迁与未来［J］．经济评论，2019（3）：30－39.

［13］谢贤君，郁俊莉．大数据如何影响企业全要素生产率——来自《促进大数据发展行动纲要》实施的准自然试验［J］．当代经济管理，2023，45（8）：22－32.

［14］徐翔，厉克奥博，田晓轩．数据生产要素研究进展［J］．经济学动态，2021（4）：142－158.

［15］徐翔，赵墨非．数据资本与经济增长路径［J］．经济研究，2020，55（10）：38－54.

［16］郑国强，张馨元，赵新宇．数据要素市场化如何驱动企业数字化转型？［J］．产业经济研究，2023（2）：56－68.

［17］周文辉，李兵，周依芳，等．创业平台赋能对创业绩效的影响：基于“海尔＋雷神”的案例研究［J］．管理评论，2018，30（12）：276－284.

［18］Farboodi M.，Veldkamp L. A Growth Model of the Data Economy［EB/OL］．（2021－02－25）［2022－01－22］．https：//www.nber.org/papers/w28427.

［19］Jone C.，Tonetti C. Nonrivalry and the Economics of Data［J］．American Economic Review，2020（9）：2819－2858.

［20］Lucas Robert E Jr. On the Mechanics of Economic Development［J］．Journal of Monetary Economics，1988（1）：3－42.

［21］Romer Paul M. Endogenous Technological Change［J］．Journal of Political Economy，1990（5）：71－102.

第三章　数字金融信息技术基础

【学习目标】

1. 初步了解互联网的基本概念、技术架构及应用、典型场景和未来演进趋势。

2. 初步了解大数据的基本概念、技术架构及应用、典型场景和未来演进趋势。

3. 初步了解人工智能的基本概念、技术架构及应用、典型场景和未来演进趋势。

4. 初步了解云计算的基本概念、技术架构及应用、典型场景和未来演进趋势。

5. 初步了解物联网的基本概念、技术架构及应用、典型场景和未来演进趋势。

6. 初步了解区块链的基本概念、技术架构及应用、典型场景和未来演进趋势。

第一节　互联网：数字金融的基础承载

一、基本概念

互联网（Internet）是各种不同类型和规模的计算机网络相互连接而成的网络。组成互联网的计算机网络包括按照特定通信协议①组成的国际计算机网络、局域网（小规模局域网 LAN、城市局域网 MAN）、广域网（WAN）。通过计算机

① TCP/IP 协议、IPv6。

网络实现信息传输，广泛的信息交流和资源共享“构建”互联网。

传统的互联网（因特网）起源于1969年的美国，随着互联网的普及和新技术的改进，移动通信和互联网融合发展诞生了移动互联网。移动互联网融合了互联网的连接功能、无线通信的移动性以及智能移动终端的计算功能，并呈现数字化和IP化的发展特点。① 移动互联网是在传统互联网基础上的自然延伸，随着智能手机、平板电脑等移动终端的发展与普及，互联网发展迎来新的“繁荣期”。

二、技术架构

互联网的技术架构可分为三层，分别是基础层、技术层、应用层。其中，基础层是互联网的基础设施，包括硬件设备（干线技术、数据服务设施、用户设施）和软件设备（数据库、客户端软件等）；技术层涵盖信息传输与服务，包括互联网传输协议（TCP/IP协议、HTTP协议等）和新一代信息技术（移动互联网、物联网、大数据、云计算、区块链、人工智能等）；应用层主要是指互联网应用，涉及政府事务、公共服务、交通物流、医疗健康、金融等多领域（见图3-1）。

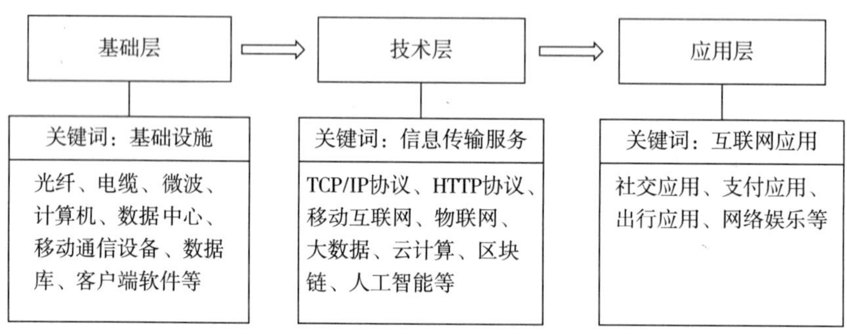

图3-1 互联网技术基本架构

三、技术应用特征

互联网是一个巨大的软件应用和计算设备的互联系统，支持信息交换、生产、服务、交易等一切经济活动，② 具有资源共享、实时交互、个性平等、跨时

① 郑凤，杨旭，胡一闻，等．移动互联网技术架构及其发展［M］．北京：人民邮电出版社，2015.

② Greenstein, S. The Basic Economics of Internet Infrastructure [J]. Journal of Economic Perspectives, 2020, 34 (2): 192-214.

空等特点。

（一）资源共享

互联网诞生至今，已传输、存储海量信息资源。互联网信息包括公开信息、私有信息，公开信息通过检索收集，私有信息通过申请权限获取，信息的交换实现了资源共享。

（二）实时交互

目前互联网技术已经实现、普及为用户提供即时发送和接收信息（文本、图片、音频、视频、文件等）的服务，通过即时发送、接收服务实现用户间的实时交互。

（三）个性平等

目前世界各国对个人互联网信息发布和接收没有具体的规则限制，仅对互联网信息平台进行管理、约束，[①] 任何个体均可以在互联网自由、平等地发布和接收信息。

（四）跨时空

海量信息通过互联网传输并被存储、记录，互联网用户通过关键词在特定互联网平台搜索查询相关信息，申请权限从而获取信息，用户的行为不受时间、空间限制。

四、重点场景与典型案例

当前我国互联网行业增长势头强劲，数字基础设施建设持续夯实，关键核心技术不断创新，信息技术融合应用加速落地。截至 2021 年底，我国累计建成并开通 5G 基站 142.5 万个，建成全球最大 5G 网络；我国 IPv6 地址资源总量位居全球第一，算力规模排名全球第二。[②] 数字经济以数字技术为核心，通过数字技术赋能实体经济，培育经济增长新动能。在此背景下，互联网技术结合金融业不同业务场景，从经济活动上可分为消费互联网和工业互联网。

（一）消费互联网

消费互联网是指互联网内容提供商（百度搜索、新浪微博、小红书等应用）

① 参见《互联网信息服务管理办法》和《网络信息内容生态治理规定》（国家互联网信息办公室令第 5 号）。

② 何桂立．中国互联网发展报告（2022）[R]．2022.

将各种产品和服务线上化满足消费者的相应需求，互联网终端用户绝大多数是消费者。消费互联网应用包括搜索引擎（百度）、门户网站（新浪）、即时通信（微信）、网络支付（支付宝）、网络娱乐（QQ 音乐、王者荣耀、爱奇艺）、电子商务（淘宝、拼多多）等。

目前，互联网已进入“万物互联时代”，消费互联网市场发展趋于稳定，互联网技术应用侧重点从消费环节转向生产环节，我国互联网应用从消费互联网向工业互联网发展。

（二）工业互联网

工业互联网是指互联网服务于生产，以生产者为主体，实现企业、生态链、行业的互联网化。工业互联网目前的五大核心产业为：工业数字化装备产业、工业互联自动化产业、工业互联网网络产业、工业互联网安全产业、工业互联网平台与工业软件产业。[①]

五、未来应用及演进趋势

（一）工业互联网应用快速发展

我国工业互联网政策引领作用持续增强，工业互联网网络、平台、安全三大体系持续完善。截至 2021 年底，我国“5G + 工业互联网”在建项目超过 1800 个，应用于工业互联网的 5G 基站超过 3.2 万个，具有一定区域和行业影响力的工业互联网平台超过 150 家，接入设备总量超过 7600 万台套，服务企业超 160 万家。[②]

（二）人工智能技术广泛应用

当前人工智能已进入“互联网人工智能时代”，基于互联网海量的“大数据”和时刻与现实世界的信息交互，百度、讯飞、Open AI 等纷纷推出互联网人工智能系统、算力模型，涉及语音、视觉、自然语言处理等人工智能开放服务。截至 2021 年底，我国人工智能开源开放平台超 40 个。

（三）物联网应用加速落地普及

传统行业中，物联网通过传感器、嵌入芯片等技术已实现工业生产的智能感知和决策，广泛应用赋能装备控制、工程机械、航天制造等行业；[③] 日常生活中，采用物联网传感器技术的可穿戴设备、智能家居、智慧医疗、车联网、灾

① 中国信息通信研究院. 工业互联网产业经济发展报告（2020）[R]. 2020.

② 唐维红. 中国移动互联网发展报告（2022）[R]. 2022.

③ 唐维红. 中国移动互联网发展报告（2022）[R]. 2022.

害预警系统等应用蓬勃发展。

（四）区块链应用进一步拓展

区块链因具有公开、透明、可回溯、难篡改等特性被视作下一代价值互联网和信任互联网的基石。2021年，区块链被列为我国七大新兴数字产业之一，[①] 中共中央、各大部委及各省市陆续出台推动区块链应用落地政策，产业发展环境已成熟。

第二节　大数据技术：数字金融的知识源泉

一、基本概念

大数据是体量大、快速和多样化的信息资产，需用高效率和创新型的信息技术加以处理，以提高发现洞察、作出决策和优化流程的能力，其本质在于数据存储、处理和访问的流程与业务目标的集成。

随着互联网和移动互联网的发展、传感技术的广泛应用，数据规模呈指数级增长态势，数据种类急剧增长；同时，分布式存储技术不断升级、单位信息存储成本下降，算力及非结构化数据处理分析方法发展逐渐成熟，使大规模数据处理成为可能；数据采集更加密集广泛，海量数据的分析利用广获关注，大数据技术的概念由此出现。

二、技术架构

大数据技术架构可分为四层，分别是基础层、技术层、平台层、应用层。其中，基础层采集数据源，主要包括网站日志数据、业务数据、合作伙伴提供的数据、手工录入的数据等；技术层涵盖数据存储与分析，主要包括应用Hadoop框架存储分析非结构化/半结构化数据、应用分析型分布式数据库MPP存储分析结构化数据；平台层通过数据库共享、联通数据，主要包括关系型数据库、NOSQL数据库等；数据应用，主要领域有政府决策、公共服务、交通物流、医疗健康、金融、广告营销等（见图3-2）。

三、技术应用特征

大数据是指数据规模超过传统数据库软件工具能够采集、存储、管理和分

---

① 《中华人民共和国国民经济和社会发展第十四个五年规划和2035年远景目标纲要》。

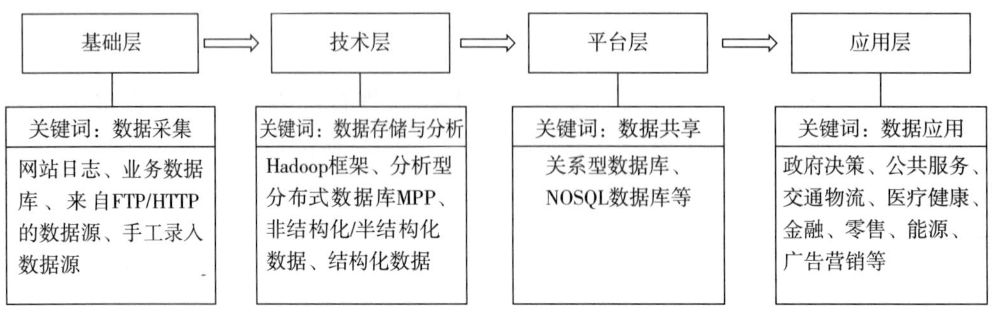

图 3-2 大数据技术基本架构

析的数据集，是推动经济转型发展的新动力，其主要特征是数据体量大（Volume）、数据类型多（Variety）、数据产生和处理速度快（Velocity）以及数据价值密度低（Value）。

（一）数据体量大

该特征是大数据的首要特征，大数据源于人们日常生活中产生的数量庞大的数据，数据量计量从 TB 跃升至以 PB、EB 或 ZB 级别。全球数据量在 2010 年已经正式进入 ZB 时代，2021 年全球数据总量达到 84.5ZB，预计 2026 年全球结构化与非结构化数据总量将达到 221.2ZB。①

（二）数据类型多

数据类型包括关系型（结构化）数据和大量的日志、文本、图片、音频、传感器等非结构化/半结构化数据，全球结构化数据的增长率为 32%，非结构化数据增长率超 60%，网站日志、音频、视频、图片等非结构化数据量占比达到 80%。

（三）数据产生和处理速度快

该特征是大数据区分于传统数据挖掘的最显著特征，美国互联网数据中心指出，企业数据正在以 55% 的速度逐年增长，互联网数据每年将增长 50%，每两年便将翻一番。数据价值除了与数据规模相关，还与数据处理速度成正比关系，即数据处理速度越快、越及时，其发挥的效能就越大、价值越高②。

（四）数据价值密度低

该特征是指海量大数据价值密度高低与数据总量大小成反比，大数据应用

---

① IDC. Global Data Sphere, Data Marketplaces, and Data as a Service [EB/OL]. [2023-08-28]. https://www.idc.com/getdoc.jsp?containerId=IDC_P38353.

② 史爱武. 大数据的四大特征及四项关键技术 [EB/OL]. 中华读书报, 2022-02-09 (18).

的关键在于对数据价值的再挖掘，如何通过算法更迅速且有效地完成数据价值“提纯”是目前大数据技术发展亟待解决的难题。

四、重点场景与典型案例

（一）重点应用场景

大数据技术和应用正在逐步成为国家基础性战略支撑，已成为经济社会各领域发展的关键要素。从发展规模与空间来看，“十三五”时期我国大数据产业规模年复合增长率超过 30%，[①] 2021 年产业规模突破 1.3 万亿元，[②] 大数据产业链初步形成。从顶层引领来看，《国家“十四五”规划》明确提出“加快数字化发展，建设数字化中国”，工业和信息化部发布《“十四五”大数据产业发展规划》指明了大数据产业进入高质量发展期的发展方向。从技术应用来看，大数据行业主要解决大数据的存储处理、分析和价值发现等问题，实现大数据的业务价值。在此背景下，大数据技术结合金融业不同业务场景，大致可以分为客户画像、精准营销、风险管控、运营优化、市场预测、互联网金融等应用。[③]

1. 客户画像

客户画像是指为更全面了解客户，企业或商家采集用户数据进行分析。例如，针对个人用户，采集用户基础信息、社交数据、兴趣爱好、生活习惯、消费习惯、风险偏好等数据进行分析；针对企业用户，采集企业用户的生产、运营、财务及销售等数据进行分析。

2. 精准营销

精准营销是指运用大数据理念和技术对客户全面画像后，通过多种方式提升营销精准度。例如，获取用户的当前状况针对性进行实时营销，根据客户的年龄、资产状况、理财偏好等进行个性化产品/服务推荐。

3. 风险管控

风险管控主要包括金融征信、金融风控和金融反欺诈。例如，银行应用大数据挖掘方法分析客户的相关信息，量化信用额度、评估贷款风险；银行应用智能规则引擎结合客户及卡的基本信息、交易历史、历史行为模式分析当下发生行为，进行实时交易反欺诈分析。

---

① 工业和信息化部《“十四五”大数据产业发展规划》。

② 北京大数据研究院 . 2022 中国大数据产业发展指数报告［R］. 2022.

③ 数据堂 . 大数据产业调研及分析报告［R］. 2022.

4. 运营优化

运营优化是指对金融机构内部的运营效率优化和产品服务优化。例如，应用大数据技术对市场和推广渠道进行效果分析而后针对性调整优化，运用大数据技术对客户全面画像分析客户需求后进行产品服务优化。

5. 市场预测

市场预测是指通过采集互联网上的政经新闻、社交媒体内容等数据，挖掘分析其中蕴含的市场相关情绪信息，以此预测短期内金融市场价格走势或未来金融市场走向。

6. 互联网金融

互联网金融是指以互联网、云计算和大数据为代表的现代信息科技与金融行业深度结合，涌现的新型融资模式和服务平台，如互联网支付平台、互联网征信服务等。

（二）典型应用案例①

2021 年以来，中国工商银行联合华为数据库团队就大型业务系统传统数据库转型，开展专项技术攻关，形成整套可推广的 Oracle 平滑迁移一体化解决方案，并在全球风险资产管理系统等多个大型业务系统中实现了 Oracle 转型至 GaussDB，具体成果主要包括以下三个方面。

第一，落地“GaussDB + OceanStor Dorado”双集群部署高可用方案，具备海量数据存储和数据库版本轮动升级、应用版本灰度升级能力，实现 RPO = 0、RTO < 120 秒的同城高可用。此方案通过在同城的两个数据中心部署两套完全独立的数据库集群，实现各集群的软硬件完全隔离，发生故障倒换完成后业务即恢复正常。

第二，梳理常用的传统数据库特性，联合华为公司设计自动化迁移工具转换规则和数据库对等处理逻辑，提升复杂特性和巨量存储过程的自动化迁移能力，打造平滑迁移工具链，如对象迁移工具 UGO、数据迁移工具 DRS、流量回放工具等，平均 95% 以上的数据库对象可以实现自动化迁移，应用代码改造工作量降低 90% 以上。

第三，制订转型部署和技术方案、数据库迁移技术指引、数据库迁移测试白皮书等转型全过程的 20 余份指引规范和操作手册，形成数据库平滑迁移一体化解决方案。

---

① 《中国金融科技发展报告（2023）》“（三）中国工商银行基于 GaussDB 实现大型业务系统数据库转型”。

实践表明，中国工商银行基于 GaussDB 的平滑迁移一体化解决方案，是普遍适用数据库迭代升级的整体解决方案，对整个金融行业的应用转型有着积极的示范作用，为大规模推广提供了借鉴。

五、未来应用及演进趋势

（一）大数据产业规模将突破 3 万亿元

“十三五”时期，我国大数据产业快速起步，发展成效显著，逐渐成为支撑我国经济社会发展的优势产业。[①] 在市场规模方面，据 IDC 预测，2021 年我国大数据市场整体规模超 110 亿美元，且 2025 年有望超过 250 亿美元。在产业规模方面，《“十四五”大数据产业发展规划》指明，到 2025 年，大数据产业测算规模突破 3 万亿元、年均复合增长率保持在 25% 左右。

（二）大数据分析将结合人工智能技术

使用人工智能机器学习对数据自动化处理，包括数据准备、数据发现、数据科学，结合数据处理结果进行模型开发、业务场景发现共享，结合人工智能技术，大数据分析将做到输入、分析、输出全环节的自动化处理，分析流程广泛适用于业务人员、运营人员等。智能化将成为未来大数据分析的核心特性，在商业智能、智能运维等领域有广阔的市场空间。

（三）湖仓一体成为大数据基础设施的新底座

大数据存储方式分为数据仓库、数据湖，数据仓库与数据湖因应用需求、发展路径不同，导致技术路线不同，其核心差异在于存储不同。随着大数据应用的深化及用户需求多样化，数据仓库、数据湖相互独立运用给用户造成一系列难题，且企业和互联网应用需求日趋融合，湖仓一体化将成为新的数据基础设施底座，是大数据基础设施未来的发展方向。[②]

（四）大数据产业链分工更加明确和细化

随着数据价值认知和数据交易需求的深化，包括数据采集、加工、交易、分析等大数据产业链环节划分逐渐细化，细分产业快速发展。企业将聚焦自身的优势和特点重新选择或明确在大数据产业链中的定位和角色，数据所有企业可能专注于对外提供数据服务，涵盖数据分析和应用的企业考虑成为专业分析技术提供商。[③]

---

① 工业和信息化部《“十四五”大数据产业发展规划》。

② 中国大数据网．2022 中国大数据分析行业研究报告［R］．2022.

③ 数据堂．大数据产业调研及分析报告［R］．2022.

（五）大数据分析进入“平民化”时代

随着大数据技术在各行各业落地应用，数据分析成为企业日常运营的基础性工作；同时，随着人工智能技术与大数据应用的结合，数据分析效率提升、技术门槛降低。数据分析工作由技术人员专属普及到业务人员、运营人员，大数据分析进入“人人皆可分析”的“平民化”时代。

第三节 人工智能：数字金融的核心引擎

一、基本概念

人工智能（Artificial Intelligence，AI）是研究人类智能行为规律（如学习、计算、推理、思考、规划等），构造具有一定智慧能力的人工系统，[①] 是集理解、推理、学习和互动能力于一体的新一代信息系统。相比传统编程系统，人工智能能够与人类进行更自然的互动。特定的人工智能技术（如机器学习、深度学习和自然语言处理）可以与强化的预测性分析和描述性分析相结合，并通过机器人技术及其他形式的自动化技术获得补充。

人工智能既是计算机科学的一个分支，也是一个融合多种学科的交叉学科，在最近几年的高速发展中，其内涵和外延不断地变化，新兴的子领域如自然语言处理、芯片技术、机器学习、信息检索与推荐、人机交互、知识工程、语音识别、计算机视觉、机器人、数据挖掘、经典 AI、数据库、计算机图形、多媒体、可视化、安全与隐私、计算机网络、计算机系统、计算理论和物联网等不断涌现。

二、技术架构

人工智能技术架构可分为三层，分别是基础层、技术层、应用层。其中，基础层主要包括智能芯片、智能传感器、大数据与云计算等，实现数据的收集与运算，是人工智能发展的基础；技术层涵盖数据的挖掘、学习与智能处理，主要包括机器学习、自然语言处理、智能语音等，是数据应用的桥梁；应用层将人工智能技术商业化应用，实现技术与行业的融合发展及不同场景的应用，

---

① Owen, T. Book Review: Artificial Intelligence by Patrick Henry Winston (Second Edition) Addison – Wesley Publishing Company, Massachusetts, USA, July 1984. Robotica, 1988, 6 (2): 165.

主要应用领域有智能终端、智慧城市、智能制造（见图3-3）。

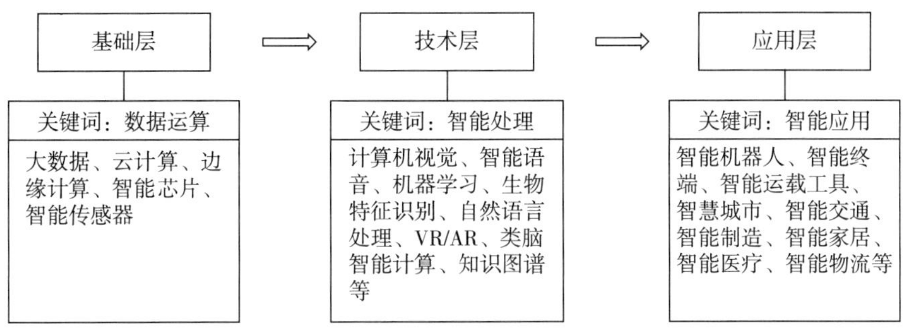

图3-3　人工智能体系基本架构

三、技术应用特征

人工智能是一种研究模拟、延伸和扩展人类智能的理论、方法、技术及应用系统，以数据、算力和算法为发展的“三驾马车”，具有深度学习、强交互性和可解释性等特征。

（一）深度学习

该特征是指人工智能程序通过大规模（含有数以亿计的隐藏单元节点）的人工神经网络，运用深度学习算法处理复杂的任务和工作，隐藏单元数量决定人工智能处理任务（工作）的深度及复杂度。深度学习已成为人工智能领域的主流范式，生成式人工智能、类脑人工智能蓄势待发。

（二）强交互性

该特征主要是指人工智能系统运用算法建立基础大模型，通过与人类交互的方式进行训练，训练结果反馈后统一为生成式自然语言理解框架，并构造语料库对模型进行微调，使大模型具备任务泛化能力，最终输出符合人类偏好的结果。当前，交互式人工智能已为传统行业带来显著的价值提升。

（三）可解释性

该特征主要是指能够在多大程度上以人类可以理解的方式解释人工智能系统的内在结构及运算结果。以算法为中心的传统人工智能因逐渐暴露出来的脱离人类控制、人智冲突等问题而受到诟病，面对人工智能发展进程中潜藏的巨大风险，相关领域专家学者发起“人本人工智能倡议”“以人为本”成为我国人工智能发展的重要战略方向。由此，人工智能的可解释性及透明对人工智能技术在医疗健康、自动驾驶等敏感而重要的领域应用推广至关重要。

四、重点场景与典型案例

（一）重点应用场景

人工智能作为重要的新型信息基础设施，正在推动我国数字经济发展，成为我国智能化转型，迈向数字强国的重要支撑力量。[①] 据预测，到2030年，我国人工智能核心产业规模将超过1万亿元。[②] 在“十四五”数字经济发展规划中，明确提出通过“智能+”赋能行业智能化转型，提升算力算法与开发平台一体化建设水平，为政务服务、智能制造等重点新兴行业领域提供智能基础服务。人工智能技术成为数字经济时代的核心生产力和产业底层支撑能力，是激活数字经济相关产业由数字化向智能化升级的核心技术。在此背景下，人工智能结合不同应用场景，大致可以分为智慧服务、智慧金融、智慧工业等应用。

1. 智慧服务

智慧服务是指由人工智能技术用于开发智能客服和语音识别系统，帮助企业实现更高效的客户服务和销售。例如，机器人客服通过聊天窗口或语音识别应用程序与客户进行实时交互，解决客户问题、提升客户满意度。

2. 智慧金融

智慧金融主要是指以人工智能、大数据、云计算、区块链等高新科技为核心要素，全面赋能金融机构，提升金融机构的服务效率，拓展金融服务的广度和深度，实现金融服务的智能化、个性化、定制化。[③] 人工智能技术集中提升金融主体的内外部效率、提升用户的全流程体验、提升金融服务的数智化程度。

3. 智慧工业

智慧工业主要是指工业与人工智能、大数据、工业互联网等新一代信息技术结合，深度构建行业应用场景，实现产品设计、制造执行、供应链、产品全生命周期等全产业链智能化管理应用，深度赋能制造、电力、矿山、钢铁、燃气、化工等多个领域，加速推进工业智能化转型发展。[④]

（二）典型案例事件[⑤]

2021年以来，广发银行通过应用智能语音、生物识别、人像合成、大数据

---

① 郭真，李帅峥．依托人工智能加速数字经济发展的路径思考［J］．信息通信技术与政策，2022，48（6）：69－74.

② 国务院《新一代人工智能发展规划》。

③ 深圳市人工智能行业协会．2021人工智能发展白皮书［R］．2021.

④ MIT科技评论．2021中国数字经济时代人工智能生态白皮书［R］．2021.

⑤ 摘录自《中国金融科技发展报告（2023）》第52页“（一）广发银行职能虚拟数字人”。

分析等人工智能技术，构建算法、数据、场景融合的虚拟数字员工生产力体系，着力打造多技能虚拟数字员工服务平台，并孵化落地视频客服、内容生成、视频信审等数字员工场景，具体应用主要包括以下三个方面。

第一，构建数字员工生产力体系支撑银行服务降本增效，应用人工智能技术构建数字员工生产力体系，以虚拟数字员工替代传统人工坐席服务。虚拟数字员工与传统人工服务相比，对场地、设备、人员素质等要求较低，突破时间和空间的限制，实现24小时线上服务不间断，有效提升服务质量、降低服务成本，从而实现资源动态调整。

第二，构建内容服务生成平台高效落地数字媒体创意。内容生成平台可通过输入文本、音频等多媒体内容，快速生成虚拟数字员工业务运营服务视频，主题涵盖业务营销、培训、服务指南、知识讲解等内容。平台实现了数字媒体创意高效落地及业务内容标准化、规模化产出，有效缩短运营周期、降低运营服务成本。

第三，融合应用智能化技术提升视频信审风控能效。通过应用人脸识别、声纹识别、图像识别、视频分析、大数据分析等智能化技术，使虚拟数字员工具备“决策思维”大脑和语音交互能力，以此赋能视频信审风控业务，有效提升虚拟数字员工风控及审查的可靠性和有效性。

2023年，已有11家银行客服中心与远程银行实现了虚拟数字人应用落地①；9月，IDC发布《银行数字科技五大趋势》，数字员工是趋势之一；据IDC预测，到2025年，超过80%的银行将部署数字人承担90%的客服和理财咨询服务。未来，数字员工将具备“看懂文字、听懂语言、做懂业务”等常态能力。

五、未来应用及演进趋势

（一）人工智能产业规模将超3万亿元

目前，我国在制造、交通、医疗、金融、教育等传统行业的发展程度和基础设施水平仍有较大的改造和提升空间，为人工智能技术的加速落地提供了广阔的市场空间。现阶段我国大规模高质量的用户基础和亟待升级的产业基础，也将推动我国人工智能产业的发展进程持续提速，推动我国人工智能企业由输出技术模式逐步转变为全产业链场景的革新优化。② 人工智能产业正从发展期向

① 中国银行业协会．远程银行虚拟数字人应用报告［R］．2023.

② 深圳市人工智能行业协会．2021人工智能发展白皮书［R］．2021.

成熟期过渡，除AI芯片外的细分技术赛道产业已跨过高速增长期，步入了稳步增长阶段。预计到2030年，我国人工智能相关产业规模将超过3万亿元。

（二）可信AI将成为人工智能产业下一阶段发展的重点

科技伦理成为当前AI产业技术发展与产业应用中的“必答题”，确保AI安全、可靠、可控的可信人工智能是AI伦理和治理的核心，发展可信人工智能成为全球的共识。在AI商业化中，上市监管机构可能会重点要求AI企业说明其技术、业务及产品中涉及数据应用的具体环节中，相关数据来源与合规性以及保障数据合规的具体措施等。在AI技术产品化中，谷歌、微软、IBM、腾讯、百度、旷视等科技企业作为人工智能技术产品化的主体，直面人工智能信任挑战，在可信人工智能的发展实践中发挥着重大作用。外部监管与企业内驱合力共同推动可信人工智能的发展与实践。

（三）产业向场景化综合生态模式发展

开发者模式生态逐步成熟，开发的易用性大幅提升，人工智能企业单点技术标签化特征逐步弱化，企业加速进入成果应用转化阶段。头部企业通过打造提供模型选择、训练、部署监测等一体化的研发平台，以及面向工业、农业、金融、公共安全等行业领域构建多样化行业技术服务及解决方案平台，将行业数据、业务流程与智能技术深度融合，形成垂直行业平台，探索智能技术与传统行业深度融合应用的新发展模式，逐渐形成场景化综合生态。①

（四）人工智能与实体经济深度融合

随着新理论、新技术以及新平台的不断发展完善，人工智能产业将迎来一次新的飞跃。结合应用场景创新，人工智能将在智能制造、智能教育、智能医疗、智能金融等不同领域实现融合，从而向着“人工智能+”的方向不断前行。随着技术和产业的发展日趋成熟，“人工智能+”的创新模式将对我国实体经济产生革命性影响，并推动人类进入低成本、大范围、高效益的普惠型智能社会。未来人工智能将渗透于实体经济的各个产业，其本身也作为实体经济的一部分，与实体经济融为一体。人工智能将成为我国实体经济实现高质量发展的新引擎。②

（五）未来人工智能应用将迈入“零门槛”开发时代

随着AI技术能力的突破与厂商在垂直业务逻辑的沉淀积累，可以通过流程性模块、功能插件和AI功能套件等模块结合，搭建低/零代码开发平台实现AI应

---

① 中国信息通信研究院．人工智能核心技术产业白皮书（2021）［R］．2021.

② 深圳市人工智能行业协会．2021人工智能发展白皮书［R］．2021.

用开发简单化，将低/零代码 AI 开发平台赋能、适用更多行业及细分场景，让人工智能应用迈入“零门槛”开发时代，实现 AI 应用落地开发人人“触手可及”。①

第四节　云计算：数字金融的动力支撑

一、基本概念

云计算（Cloud Computing）是一种按使用量付费的模式，它能提供可用的、便捷的、按需的网络访问，进入可配置的计算资源共性池，资源包括网络、服务器、存储、应用软件、服务，这些资源能够被快速提供，因此企业可投入较少的管理工作来提高整体运行效率。根据各企业端云计算类型不同，云服务部署模式分为公有云、私有云和混合云三类。

云服务按照服务模式可分为基础设施即服务（Infrastructure as a Service，IaaS）、平台即服务（Platform as a Service，PaaS）和软件即服务（Software as a Service，SaaS）三类。中国云计算行业涉及多个学科门类，技术门槛高产业链长，属于技术密集型产业，产业链上游为芯片厂商、基础设备厂商，中游为云服务提供商，下游为应用领域，其中在互联网行业应用最广，未来也将在交通、物流等其他行业进一步扩展。

二、技术架构

（一）IaaS

IaaS 是指把 IT 基础设施作为一种服务通过网络对外提供，在这种服务模型中，用户不用自己构建一个数据中心，而是通过租用的方式来使用基础设施服务，包括服务器、存储和网络等。IaaS 由一组物理和虚拟化资源构成，这些资源为用户提供在云中运行应用程序和工作负载所需的基本构建块，因此与传统资源配置相比，IaaS 具有可扩展性、灵活性、低成本等优点。IaaS 平台需由云厂商搭建云主机、云存储云网络等系统资源，其中云主机的成本最高，占比为57%，其次为云存储，占比为 13.9%，主要原因是 IaaS 厂商拥有独立的基础设施大楼，所有虚拟机承载的 IaaS 服务由以云主机等系统资源构成的服务器分割出的虚拟机完成，客户将代码传输至虚拟机上，通过 IaaS 平台提供用户反馈，

---

① 艾瑞咨询. 2021 年中国人工智能产业研究报告（Ⅳ）[R]. 2021.

随着 IaaS 用户的云需求拓展，IaaS 厂商需扩展更多的云主机，高额的成本投入促使 IaaS 行业的企业类型向大型互联网厂商偏移。

（二）PaaS

PaaS 是为客户提供开发语言和工具硬件等支持应用程序开发，使客户通过该服务控制发布的应用程序和配置应用程序运行环境，是云计算三种服务模式之一。PaaS 服务提供商通常为客户提供开发管理和运维管理等支持应用程序和技术平台的开发，因此 PaaS 层是构建在 IaaS 层之上的，其运作的核心是通过应用管控引擎和服务化的标准管理来统一管理平台上的应用和技术平台，且这些平台都具有其对应的业务特性。中国 PaaS 市场参与者众多，并根据 PaaS 的部署用途形成 APaaS、IPaaS 等类别，APaaS 厂商主要以低代码开发或开发框架为主，IPaaS 厂商主要以打通系统为中心，集成管理现有平台。我国 PaaS 起步较晚，云服务细分市场中 PaaS 占比最小，但 PaaS 一级市场活跃，未来上升潜力巨大。

（三）SaaS

SaaS 是指厂商将应用统一部署在其服务器上，客户根据实际需要向厂商订购及支付费用，并通过互联网最终获得服务的模式。作为最上层、直接面向用户的应用层云服务，SaaS 往往是建立在下层的 PaaS 和 IaaS 基础之上的，即由 SaaS 厂商提供相应的基础设施支撑，在 SaaS 模式中，软件服务通过网络进行交付，且采用订阅模式进行租赁。SaaS 产品从对象层面可分为 B2B 和 B2C 两类，从业务层面则分为通用型和垂直型。SaaS 模式的商业价值在于：在模式创新层面，实现了传统 IT 服务的短期“一锤子买卖”向长期服务续费的升级；在财务创新层面，平滑了企业用户在 IT 应用上的现金流支出，且使服务商手握充足的预付资金，回款压力小、坏账率低；在服务创新层面，对于中小企业的吸引力在于使用门槛低，对于大企业的优势在于部署容易、迭代升级快。

三、技术应用特征

（一）IaaS 应用主要特征

随着大数据、云计算、区块链、5G 技术、人工智能等技术日趋成熟，新技术不断赋能 IaaS 行业。新一代共享云平台，以 AI 识别及验证查重、全场景系统集成服务，连接第三方生态平台，帮助企业实现全平台联动自动化管理和业务数据全方位协同融合，全面提升工作效率，驱动 IaaS 行业技术进步。一方面，边缘计算、物联网等新增应用会带来巨量的数据流量，数据整体规模发展迅速，数据安全成为重点关注的问题；另一方面，随着应用场景的丰富，数据中心越来越需要服务器集群系统协同工作，IaaS 平台所搭建的数据中心可大体量地存储数据，节省企业内存、CPU 等基础设施的成本开支，且 IaaS 专属的安全防护功能能够有效预防数据泄露等风险，数据规模的增加将大幅提升 IaaS 行业的需求，驱动 IaaS 行业快速增长。

（二）PaaS 应用主要特征

根据 PaaS 厂商云计算知识产权数量可以大致将部分已经上市的 PaaS 厂商分为三个梯队：第一梯队为华为、腾讯、阿里巴巴等大型互联网厂商，主要原因是多数互联网厂商拥有自身独立的 5G、云服务、AI、大数据等一体化的研发团队，一项技术的创新会连带推动和增加其他技术的应用效应，因此，更强的技术优势、规模优势能够加大研发投入，并带来更多核心竞争的云计算知识产权。PaaS 厂商第二梯队为金蝶、用友、深信服等厂商，第二梯队的企业主要提供专业 PaaS 开发及销售的软件产品与服务，这类企业拥有独立的研发产品与专利，因此在厂商自身打造的 PaaS 产品上拥有竞争优势，但研发投入和收入相较于头部厂商差距较大。PaaS 厂商第三梯队主要是小微型企业，其主要盈利模式为大学团队或创业团队的代码开发并转卖给下游 SaaS 或软件开发商等用户，目前行业整体趋向大数据、AI 等高新技术一体化。

（三）SaaS 应用主要特征

目前，SaaS 已经成为全球科技领域最为关注的产业方向之一，当前全球 SaaS 产业仍处于快速演进、变化过程中，并体现在产品、商业模式等层面，变化推动行业竞争格局、产品形态的快速调整，也不断孕育新的市场机会。SaaS 应用主要具有网络供应、集中托管、按需供应及服务化四大特征。网络供应（分发）是指企业的应用服务部署在云端，根据每个客户使用产品的方式通过互联网进行分发；集中托管是“多租户构架”（Multi - Tenant），依靠对数据库分区来实现隔离操作，即企业应用服务在物理层面上是集成的，但是在应用实例之间实现了逻辑上的隔离。按需供应的特征是主要瞄准中小型企业，只有中小企业的需求才会在短时间内有较大幅度的变化，按需供应也是基于多租户实例的自然产物。服务化是指 SaaS 产品按月/年付费的商业模式决定了产品必须不断和企业用户交互，交付产品只是一个起点，持续的服务能力才是 SaaS 产品的核心竞争力。

四、重点场景与典型案例

（一）重点应用场景

云计算在数字经济应用场景中主要以基于公共云托管的应用程序为主，从基础设施到行业应用领域，形成以虚拟机、对象存储等云产品为主的产品体系，实现多生态应用免部署与快速构建。国内外企业主要通过云技术与大数据、人工智能、机器学习、物联网等新兴技术结合的方式，提供更智能、可靠、安全的云产品。未来将有更多互联网企业与云产品深度结合，实现企业 IT 全栈治理。根据云产品架构不同，云计算在数字经济中的应用场景主要分为虚拟机、云存储、容器、内容分发网络、服务器负载均衡五大类。

1. 虚拟机

虚拟机（Virtual Machine，VM）是基于软件模拟的完整计算机，可以在物理计算机上运行多个虚拟机实例。每个虚拟机都有自己的操作系统、硬件和软件资源，与主机硬件相互独立。虚拟机的核心思想是将物理硬件资源抽象出来，使多个操作系统可以在同一台物理计算机上并行运行，而每个操作系统都认为它们各自独占了整台计算机。虚拟机技术主要由虚拟化软件（如 VMware、Hyper-V、VirtualBox 等）提供，使资源的利用率提高，方便了资源管理、隔离和迁移等操作。

2. 云存储

云存储（Cloud Storage）是一种数据存储模式，其中数据被存储在多个分布式服务器上，而这些服务器通常由第三方托管，并通过互联网连接。与传统的本地存储（如硬盘或磁带）相比，云存储允许用户从任何地点通过网络访问他们的数据。云存储提供了数据备份、恢复和同步的功能，还可以轻松地扩展存储容量，因为数据不再受到单个物理设备的限制。此外，云存储通常按使用量来收费，这为用户提供了更大的灵活性。

3. 容器

容器（Container）是一种轻量级的虚拟机技术，提供高度可扩展的、高性能的企业级 Kubernetes 集群，借助云容器引擎，客户可以在云上轻松部署、管理和扩展容器化应用程序。容器与虚拟机同为构建于服务器上的虚拟机技术，最大的区别是容器的运行不会独占操作系统，运行中的容器是共享宿主机的内核的，这样就节约了大量的系统资源，进而降低运维和资金成本。

4. 内容分发网络

内容分发网络（Content Delivery Network，CDN）是通过在网络各处放置节点服务器所构成的在现有的互联网基础之上的一层智能虚拟网络，CDN 系统能够实时根据网络流量和各节点的连接、负载状况以及到用户的距离和响应时间等综合信息将用网的请求重新导向离用户最近的服务节点上。其目的是用户可就近取得所需内容，解决 Internet 网络拥挤的状况，提高用户访问网站的响应速度。

5. 服务器负载均衡

服务器负载均衡（Server Load Balancing，SLB）是指把用户访问的流量通过 SLB，根据某种转发的策略，均匀分发到后端多台服务器上，后端的服务器可以独立的响应和处理请求，从而实现分散负载的效果。SLB 的负载均衡技术提高了系统的服务能力，增强了应用的可用性。

（二）典型案例事件①

针对金融机构普遍存在的 IT 建设运营投入大、标准化建设要求高、新兴技术应用难等行业痛点，以及应对行业应用新技术面临的合规要求、技术成熟度等挑战，深圳证券通信有限公司（以下简称深证通）基于腾讯云技术方案 TCE 建设了新一代证券行业云——“深证云”（见图 3 - 4）。架构逻辑主要包括以下三个方面。

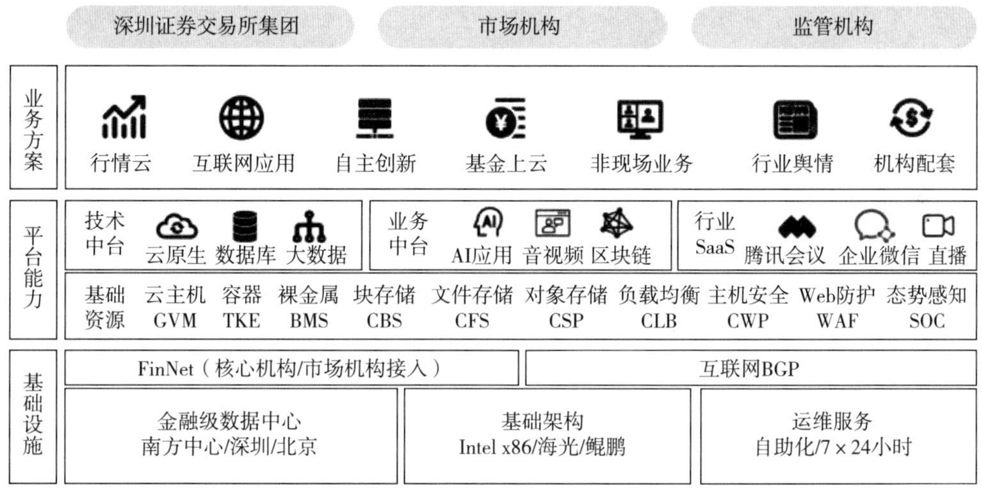

图 3 - 4　“深证云”整体架构

第一，基础设施层，提供弹性灵活的计算和存储等基础资源。实现“一云多芯、多地域服务、全栈国产化”，帮助金融机构快速响应需求变化，满足对底层资源高性能、高稳定、高可靠以及扩展性方面的要求，同时显著降低部署和运维成本，助力业务快捷发展。

第二，平台服务层，提供业界领先的、丰富的云原生 PaaS 技术栈。针对业

① 《中国金融科技发展报告（2023）》“（三）某交易所技术公司基于腾讯云 TCE 打造新一代金融云”。

务应用特点，打造 AI 识别、证券行情、视频双录、电子合同等平台化服务，助力证券、基金、期货机构加速业务场景中人工智能、大数据和区块链等前沿技术的应用，降低应用创新门槛。

第三，业务应用层，提供面向业务场景的一站式应用解决方案。覆盖非现场业务办理、金融舆情、数字化协同、监管数据报送等场景，将帮助金融机构实现业务场景的全面数字化升级。

"深证云"平台已成为行业金融科技汇聚与创新的开放平台，其成功搭建不仅提高了金融机构 IT 建设水准及运转效能，还有效助力了金融机构实现数字化转型升级，同时有力促进了金融科技的应用创新。

五、未来应用及演进趋势

（一）底层核心技术趋于成熟，细分领域呈井喷式爆发

据国际主要基金会的公开项目数据统计，云原生技术生态的热点开源项目已超 300 个，其中通用的容器与容器编排技术已进入技术成熟期、市场采纳度高。另外，随着用户对云原生技术应用便捷化、免运维、一体化等需求增多，云原生中间件、无服务器架构的代表技术函数计算，以及云原生应用融合类技术如云原生 AI、云原生区块链技术研究热度高涨，进入爆发期。

（二）云原生实践走向深水区，用户向体系化应用演进

随着成熟度的增加，云原生技术架构从容器化、微服务化、体系化、规模化向智能化发展，云原生业务应用从架构弹性、服务解耦、应用自愈向持续优化演进，云原生架构安全从基础层云安全、容器安全、应用安全、研发运营安全向全链条云原生安全及领先的云原生安全设计理念深化。用户可结合企业业务与发展需求，灵活选择对应的云原生技术栈，并制定企业云原生化建设演进路线。

（三）新一代信息技术日渐融合，云计算技术向多元化方向发展

新一代信息技术的快速发展，为云计算应用带来了新的机遇。例如，云计算平台可以为人工智能提供强大的计算和存储能力，其容器化技术的应用可以提高云计算平台的资源利用率和运行效率，同时人工智能技术也可以为云计算平台提供更加智能化的服务。边缘计算通过将计算和存储资源放置在离终端设备更近的位置，以提高数据传输速度和响应时间。随着物联网技术的发展，边缘计算将成为云计算的重要补充。

第五节　物联网：数字金融的泛在感知

一、基本概念

物联网（Internet of Things，IoT）也就是“物—物”相连的互联网，即主要通过传感器、射频识别技术、全球定位系统、红外线感应器、激光扫描器、气体感应器等传感设备，按照约定协同标准将各种物品链接互联网，继而通过信息交互、通信和控制，实现对物品的智能化识别、定位、跟踪、监控和管理的一种网络形式（平台）。

从以上界定可以看出，物联网至少具有以下两方面内涵：一方面，物联网的核心和基础是互联网，即在互联网基础上的延伸和扩展而成；另一方面，用户端延伸和扩展到了物品与物品之间进行的信息交换和通信。与此同时，作为继计算机、互联网之后世界信息产业发展的第三次浪潮，物联网（技术）被列入国家重点发展的战略性新兴产业。

二、技术架构

物联网技术架构可分为四层，分别是感知层、传输网络层、平台层、应用层。其中，感知层主要由温度传感器、湿度传感器、射频识别标签等传感器构成，实现对物理世界的感知和识别；传输网络层是利用无线网络技术和移动通信网络实现数据的传输，主要由计算机网络、互联网、云计算平台等设备组成；平台层基于云计算、大数据等数字技术搭建业务平台，实现设备连接、管理、分析等功能；应用层则对网络层传输来的数据进行处理，并与行业和领域需求结合，实现智能应用（见图3-5）。

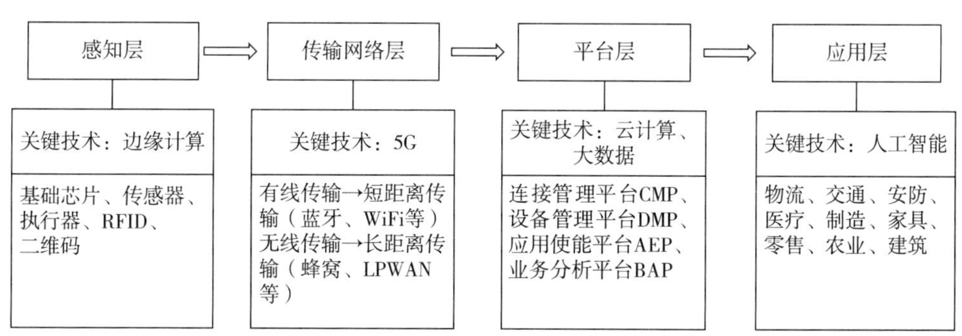

图3-5　物联网体系基本架构

三、技术应用特征

物联网是一种基于互联网、传统电信网等信息承载体，让所有能够被独立寻址的普通物理对象互通互联，且具有全面感知、信息交互和智能处理等特征。

（一）全面感知

该特征是指物联网可以利用 RFID、条形码、传感器等感知、捕获、测量技术随时随地对物体进行信息采集和获取，继而为感知现实物理世界和虚拟世界并实现“数字化、数据化”定性夯实的技术基础。与此同时，随着“感知”技术不断进步，物联网对现实世界“感知”的维度、广度、精确度、灵敏度等不断提高，必然会带来更加准确的行为“映射”和数据生成。

（二）可靠传输

该特征主要是指物联网能够通过各种通信网络与互联网的融合，将物体接入信息网络（平台）并随时随地进行可靠的信息交互和共享，形成与有别于传统相对孤立的传感系统的物联网平台。正是基于高效、快速、安全的可靠传输，物联网端全面感知得到的数据才可能应用于生产、生活、消费及政府公共服务等各种复杂场景。在此过程中，物联网技术已经与各种通信模组深入嵌入和融合。

（三）智能处理

该特征主要是指利用云计算、模糊识别等各种智能计算技术，对海量的跨地域、跨行业、跨部门的数据和信息进行分析处理提升对物理世界、经济社会各种活动和变化的洞察力，实现智能化的决策和控制。与中后端应用层相比，该特征更侧重于数据领域智能处理技术，更多的是直接将智能计算技术应用物联网体系层面，提高全面感知环节数据质量和增强传输环节可靠性。

四、重点场景与典型案例

（一）重点应用场景

随着物联网全面普及和深度渗透，现实世界所有行为将以前所未有的速度实现“数字化→数据化”的映射，使物理世界和虚拟世界结合在一起，为构建一个全覆盖感知、智能化分析、自主化适应的数字时代提供数据基础。正因如此，物联网加速发展已经带动数据资源呈现几何级数增长趋势，形成覆盖日趋广泛、规模日益庞大、成本不断增加的海量数据源。《2021 年中国物联网行业研究报告》显示，到 2025 年，预计设备连接量达到 150 亿台（架/辆/座等），随之产生超过 30 ZB 的数据。在此背景下，物联网结合不同应用场景，大致可以分为消费物联网、产业物联网、公共物联网等大类领域。

1. 消费物联网

消费物联网是指由消费者个人或家庭所使用的物联网终端所构成的互联网络，而根据使用场景的不同，又可分为家庭物联网和移动物联网。其中，家庭物联网主要是连接智能家庭终端，如智能家电、智能电视、家庭监控等，移动物联网主要包括可穿戴设备、智能耳机以及联网汽车等。

2. 产业物联网

产业物联网主要是指产品设计、生产、制造、存储、运输、分发（批发和零售）流程的物联网化，能实现数字化、智能化的运行，达成高效需求匹配、生产与分发，极大提升社会运转效率；按照国民经济行业分类标准，主要对应采矿业、农、林、牧、渔业、制造业、建筑业等共 21 个行业大类，形成产业物联网应用对象。

3. 公共物联网

公共物联网主要是指公共基础设施服务供给的物联网化，能实现数字化、智能化、高效化的运行，向社会公众提供更加契合实际需要的公共服务；按照国民经济行业分类标准，公共管理、社会保障和水组织、水利与环境和公共设施管理业、科学研究与技术服务业等行业大类，形成产业物联网应用对象。

（二）典型案例事件

2022 年 2 月，中国工商银行推出集团数字化品牌“数字工行（D－ICBC）”，在此背景下，中国工商银行广东省分行（以下简称广东分行）积极融合应用物联网技术发展普惠业务，在小微企业信贷中实施贷后动态监控、快速风险防控，实现对大批量普惠客户的自动化贷后动态监控管理，具体应用主要包括以下两个方面。

一方面，贷后采用物联网设备监测监控，主要监控用电量、机器工作时长及强度、人流量三个方面，实时采集小微企业生产经营中电流、电压、机器振动频率和声音、员工数量和客流量等多维度数据。

另一方面，物联网数据采集同步回传银行贷后系统，系统根据企业生产经营数据开展分析并确认企业经营状况，辅助客户经理贷后检查，预测企业经营周期及波动情况，辅助客户经理维护客户关系。

广东分行贷后管理系统融合应用物联网技术采集企业生产经营数据，创新优化贷后监测模型，有效解决了传统贷后人工收集数据滞后、人工监测水平不一等问题，提高了贷后监测效率，有助于普惠业务的进一步发展。

五、未来应用及演进趋势

（一）智能化多融合网络化发展

未来传感器将继续以 MEMS 技术为基础、以仿真技术为工具，加快向微型化、集成化、智能化的硅传感器方面发展，同时融合多种传感器、感知同一环境特征下的多个复杂信息，集成传感器技术、计算机技术和通信技术，实现目标数据和环境信息的采集和处理，可在节点与节点之间、节点与外界之间通信。

（二）接入设备料将突破 500 亿台

随着全球物联网连接设备数量突破百亿台大关，未来设备连接数不断增加并预计未来 5 年突破 500 亿台。与此同时，连接设备的智能化升级将推动行业标准趋于统一，实现不同平台间互认、不同设备间互联、不同网络间互通，真正面向万物互联互通的物联网时代。

（三）行业生态系统正发生改变

2022 年，行业生态系统发生了重大变化。许多主要公司在过去 5 年中已将物联网视为其业务的核心组成部分。在未来 5 年间，物联网技术将更多地转向更多不同类型的系统。其中，所有这些都将增加市场份额并提高收益，特别是那些拥有大规模应用程序和物联网解决方案的企业。

（四）物联网数据安全日趋重要

随着越来越多的设备使用数据，所有权的变更将越来越多地影响企业。数据已被证明可以为公司带来巨大的价值，这意味着必须制定合适的隐私政策并使用适当的隐私技术来保护数据。Gartner 预测：到 2025 年，物联网设备在所有类型的数据处理中将占据主导地位，从而使数据有效地为企业服务变得至关重要。

（五）物联网普及激增海量数据

随着物联网技术普及化，越来越多设备使用蓝牙、NFC 和 5G 技术来通信。这不仅可以让物联网设备更快地访问数据分析和通信，而且还能让物联网设备使用连接和计算能力来实现更多增值功能。预计未来 5 年，随着 5G 和其他新连接技术进入市场并对数据隐私产生重大影响，物联网感知形成的数据将继续蓬勃增长。

（六）物联网未来将是平台为王

物联网平台越来越成为硬件层和应用层之间的核心连接桥梁和主要交互平

台，有效破解设备分布碎片化、数据采集“孤岛化”、信息交互不畅通及应用开发周期长等难题。数据显示，阿里云、华为云、腾讯云、天翼云等市场份额合计达到70%；到2026年，我国物联网平台行规模将超过1500亿元。

第六节 区块链：数字金融的安全保障

一、基本概念

区块链是一种按时间顺序将不断产生的信息区块以顺序相连方式组合而成的一种可追溯的链式数据结构，是一种以密码学方式保证数据不可篡改、不可伪造的分布式账本。共识机制、智能合约和Token机制是区块链技术体系的核心特征；分布式存储与通信及网络治理为支撑区块链体系的必要组件技术。

区块链可分为公有链、联盟链和私有链三种。公有链是指任何人均可参与区块链数据维护和读取的区块链，公有链易部署应用程序，且可完全实现去中心化，不受任何机构控制。联盟链是指需注册许可的区块链，其中读写权限、参与记账权限按联盟规则来制定，网络接入一般通过成员机构的网关节点接入，共识过程由预先选好的节点控制。私有链和公有链的无准入限制形成鲜明对比，私有链建立准入规则，规定可查看和写入区块链的个体。私有链不能完全解决信任问题，但可改善可审计性，多用于内部开发与测试场景，可提供安全、可追溯、不可篡改、自动执行的运算平台，并可同时防范来自内部和外部对数据的安全攻击。

二、技术架构

随着区块链技术发展和应用落地，区块链底层技术在不断创新和优化，当前关注点较高的基础技术包括共识机制、智能合约、密码技术、多链融合等。

（一）共识机制

共识机制作为区块链运行的核心，通过区块链网络使各节点达成共识从而保证区块链分布式账本得到唯一结果，并且保证结果的真实性和不可篡改性，旨在解决分布式账本各个节点之间的信任问题。在区块链十多年的发展过程中，占据主导地位的共识机制包括PoW、PoS、DPoS等。

（二）智能合约

以太坊的出现推动了智能合约在区块链领域大范围的运用。以太坊的智能合约相对于比特币的智能合约表达能力更强，具有图灵完备性，能解决所有可计算问题的逻辑系统、装置或者编程语言。随着智能合约应用场景的增加，近两年不断出现各类智能合约开发平台，可供开发者使用的便捷化智能合约开发平台数量日益增加，用户可以更加便捷地构建和部署相关应用和产品。

（三）密码技术

区块链依靠加密算法保证链上数据的隐私以及安全，主要采用算法为哈希算法和非对称加密算法。随着区块链的广泛应用，对于隐私保护及信息安全的要求日益提高。为满足各行业应用需求，区块链正在不断尝试结合新的加密技术，目前常用的密码技术包括混币技术、环签名、安全多方计算、零知识证明等。

（四）多链融合

区块链面临着诸多问题，其中区块链之间的互通问题是限制区块链应用落地的主要原因之一，而跨链技术成为实现价值互联网的关键，它可以实现区块链数据互联，极大地增加区块链应用场景，多链融合是企业提升核心竞争力的重要技术，是未来的发展趋势。与此同时，区块链在进行技术升级优化时会遇到单节点性能达到极限、不同链间数据无法流通等问题，这些问题同样需要多链和跨链来实现。

三、技术应用特征

区块链技术不是一个单项的技术，而是在一个集成了多方面研究成果基础之上的综合性技术系统。该技术具备泛中心化、开放互信、不可篡改、高可靠性等特征。

（一）泛中心化

基于分布式系统结构，采用加密算法来建立分布式节点间的信任关系，从而形成去中心化的、高信任的分布式系统。在该体系中，整个网络不再需要中心化的硬件或者第三方平台，任意节点之间的权利和义务都是均等的，且少数节点的损坏或者作恶都不会影响整个系统的运作，因此区块链系统具有极好的健壮性。

（二）开放互信

区块链系统是开放的，整个系统的运行规则必须是公开透明的，参与系统的每个节点之间进行数据交换是无须互相信任的，除了交易各方的私有信息被加密外，区块链的数据对所有人公开，任何人都可以通过公开的接口查询区块链数据和开发相关应用，因此整个系统信息高度透明，在系统指定的规则范围和时间范围内，节点之间是不能也无法欺骗其他节点的。

（三）不可篡改

基于区块链的独特账本，存有交易的区块按照时间顺序持续加到链的尾部。要修改一个区块中的数据，就需要重新生成它之后的所有区块。同时，共识机制使修改大量区块的成本极高，几乎是不可能的。以采用工作量证明的区块链网络（如比特币、以太坊）为例，只有拥有51%以上的算力才可能重新生成所有区块以篡改数据，这种设计机制增强了区块链的数据可靠性。

（四）高可靠性

区块链技术通过共识算法保持各节点数据的高度一致，每一个全节点都会维护一个完整的数据副本，整个系统的正常运转不依赖个别节点。如果某个节点遇到网络问题、硬件故障、软件错误或者被黑客控制，则均不会影响系统以及其他参与节点。问题节点在排除故障并完成数据同步之后，便可以随时再加入系统中继续工作。

四、重点场景与典型案例

（一）重点应用场景

1. 基础商业模式

区块链技术应用衍生的基础商业模式，包括发行代币。区块链即服务（BaaS）是目前最受欢迎的商业模式之一，可为其他企业提供生态系统来管理其区块链系统。基于区块链的软件产品，通过购买区块链解决方案并将其集成到自身系统中，之后将其出售，并在解决方案实施后提供支持以获取营收（如音乐版权解决方案、票务解决方案等）。网络费用、区块链企业可收取与区块链相关的网络费用（如以太坊、DApp等）。区块链专业服务，领先的区块链开发公司可为初创企业或其他企业提供区块链专业服务（如IBM、微软等）。

2. 数字货币挖矿

通过矿机租赁、电力服务等方式为矿工创造更低的挖矿成本。数字货币挖矿的基本盈利来源于挖矿总收益与挖矿总成本的差值。挖矿总收益为全网算力、矿工算力占比及数字货币价格的乘积，挖矿总成本为矿机功耗与电费的乘积外加矿机设备的费用。在数字货币挖矿中，基本业务仅通过矿工完成，但在实际情况中，中小规模的矿工无法以高效的方式获取挖矿收益，同时也无法降低挖矿的单位成本，因此部分衍生服务主体为矿工提供云算力平台、矿机租赁及电力服务。综合而言，数字货币挖矿的盈利方式较为多样。

3. 去中心化自治组织

去中心化自治组织（Decentralized Autonomous Organization，DAO），DAO 可成为应对不确定、多样、复杂环境的有效组织；DAO 可帮助基于区块链的所有商业模式治理、量化参与其中的每个主体的工作量。DAO 将组织的管理和运营规则以智能合约的形式编码在区块链上，从而在没有集中控制或第三方干预的情况下自主运行。DAO 具有充分开放、自主交互、去中心化控制、复杂多样以及涌现等特点，可成为应对不确定、多样、复杂环境的有效组织。与传统的组织现象不同，DAO 不受现实物理世界的空间限制，其演化过程由事件或目标驱动，可快速形成、传播且高度互动，并伴随着目标的消失而自动解散。

4. 非同质化代币

非同质化代币（Non－Fungible Token，NFT）具有不可互换性、独特性、不可分性、低兼容性以及物品属性。NFT 不可与同种 NFT 进行互换，如将 NFT 借出，需返还同一 NFT。因此，每个 NFT 之间均拥有稀缺度和价值的区别，故可标记所有权。NFT 可应用于流动性挖矿领域。用户可通过抵押平台本身的代币获得积分，以交换不同等级的 NFT 卡片。NFT 可应用于艺术品（Crypto Art）交易领域、游戏/VR 场景、还可支持链下资产 NFT 化。如 Nike CryptoKicks 可通过区块链技术将安全加密的数字资产附加到运动鞋上，并基于鞋子生成唯一 ID 并创建 ERC721 代币。

5. 去中心化金融

去中心化金融（Decentralized Finance，DeFi），可通过工作量证明（Proof of Work，PoW）或权益证明（Proof of Stake，PoS）激励货币发行环节，通过去中心化交易所投资交易代币化金融产品。目前，DeFi 关键项目涵盖资产类、借贷类、合成资产类等领域。资产类代表性应用有 MakerDAO，MakerDAO 是以太坊的去中心化银行，可发行稳定币 DAI 和管理型代币 MKR。去中心化借贷可模拟现实世界的金融系统，通过了解不同用户的资金需求提供用户间相互资金融通的平台。合成资产类包括建立在以太坊上的 Synthetix，Synthetix 可自行合成数字资产，并可通过虚拟货币购买法币、大宗商品、股票、指数等金融衍生品。

6. 去中心化应用

去中心化应用（Decentralized Application，DApp），与传统 App 相比，DApp 的优势为其运行在分布式网络，因此参与者信息可被安全存储。DApp 行业尚处于初步发展期，以博彩类和游戏类应用居多，最热门的 DApp 每日流水超 1000 万美元。但 DApp 使用的门槛较高，目前全球区块链应用的用户数小于 100 万人。此外，大部分 DApp 的代码由于防止竞争对手抄袭等并不开源。目前，DApp 开发者的盈利模式包括发起 Crowdsale 并发行通证、交易费用收入、高级功能销售收入、订阅/会员资格销售收入、广告收入以及捐款收入六类。

（二）典型案例事件

自 2015 年以来，中国银行立足传统银行业务着力开展区块链技术研究与在金融行业的应用实践。目前，中国银行已搭建基于云架构的区块链应用平台、上线区块链电子钱包 BOCwallet，应用落地跨境支付、贸易结算、电子钱包、数字票据、押品估值、供应链金融等场景，具体应用主要包括以下三个方面。

第一，区块链跨境支付系统。中国银行区块链跨境支付系统由区块链网络、区块链支付网关、区块链网络管理系统组成，跨境支付涉及普通行、账户管理行、区块链网络三方，可分为“注册交易流程→转账交易流程→取现交易流程”三个流程。该系统实现各参与方支付交易信息的实时快速查询，提高银行流动性管理效率。2018 年，中国银行通过区块链跨境支付系统成功完成河北雄安与韩国首尔两地间客户的美元国际汇款，这是国内商业银行首笔应用自主研发区块链支付系统完成的国际汇款业务。

第二，区块链福费廷交易（BCFT）平台，2018 年 9 月 30 日首次上线，由中国银行、中信银行、民生银行采用联盟链形式、基于目前行业通行的业务流程共同设计，自主研发区块链应用层功能，独创 Business Point 管理端，具备“分布式架构、业务环节全上链、系统衔接全自动”等功能特征，上线一年时间内平台累计交易量高达 200 亿元。2019 年 9 月，中信银行、中国银行、民生银行、平安银行同时上线扩容升级 BCFT 平台，统一推出银行间的福费廷业务协议《区块链国内信用证福费廷业务主协议》。

第三，基于区块链的供应链金融，2020 年 8 月，中国银行聚焦供应链金融场景推出“基于区块链的产业金融服务”项目。该项目的首笔业务以汽车供应链为基本场景，以吉利汽车及其上游供应商为首单试点客户，吉利汽车为供应商提供认证，将供应链企业间的交易数据、物流数据、税务发票、合同与结算单等信息上链，实现基础交易信息的交叉验证，并防止信息篡改，实现了为吉利汽车供应商提供一站式、全流程、高效能和全线上化的供应链金融服务体系。

五、未来应用及演进趋势

（一）底层平台路线多样

相对于公有链，联盟链具有高性能、多中心、安全可靠等特性，商业场景更多倾向于基于联盟链进行应用探索落地。国外较为倾向于以社区或行业联盟的方式合作推动底层平台的发展，而国内企业则更倾向于利用自身研发实力与行业影响力打造自主可控的底层区块链平台。

（二）技术标准逐步建立

区块链的真正落地，离不开完善的标准体系。目前，国际标准化组织（ISO）、电气和电子工程师协会（IEEE）和国际电信联盟（ITU）三大标准化组织在区块链方面均有多项标准已完成立项。在我国，各级政府及区块链行业协会相继出台了区块链行业标准规范，对促进区块链健康有序发展具有重要指导意义。

（三）联盟组织合作竞争

区块链具有多方参与、去中心化的特点，且缺少行业标准和规范，为此，业界基本选择成立或参与联盟组织的方式，积极推动区块链技术的发展、标准的制定和应用的落地。联盟成员一般分为两类：一类为专注于技术推进的行业组织，另一类为关注行业应用的行业组织，如区块链运输联盟、金链盟、版权区块链联盟等。

【课程思政】

2024 年 1 月 16 日，习近平总书记在省部级主要领导干部推动金融高质量发展专题研讨班开班式上发表重要讲话，强调要建立健全自主可控安全高效的金融基础设施体系。金融基础设施是金融的通道，是承载金融资源运行的中介。建立健全自主可控安全高效的金融基础设施体系，是构建中国特色现代金融体系和建设金融强国的题中应有之义，更是加快推进中国式现代化进程的重要保障。

在金融基础设施和安全体系中，金融类信息和数据涉及国家和居民安全，金融安全是国家安全的必经之路，是应对国际形势发生变化、减少海外供应商高度依赖的坚强保障。2014 年，中国银保监会就发布过《关于应用安全可控信息技术加强银行业网络安全和信息化建设的指导意见》，2022 年又发布《关于银行业保险业数字化转型的指导意见》，反复强调自主可控，强调金融信创和金融新领域核心软件国产化应用。

有鉴于此，本章围绕数字技术基础进行阐述过程中，除了阐释基本原理和内容外，重点以案例为载体和媒介导入“金融信创”理念。在大数据技术案例方面，本章以国产数据库为例进行介绍。即 2021 年以来，中国工商银行联合华为数据库团队就大型业务系统传统数据库转型，开展专项技术攻关，形成整套可推广的 Oracle 平滑迁移一体化解决方案，并在全球风险资产管理系统等多个大型业务系统中实现了 Oracle 转型至 GaussDB。在云计算技术案例方面，本章以国产云平台为例进行介绍。即针对金融机构普遍存在的 IT 建设运营投入大、标准化建设要求高、新兴技术应用难等行业痛点，以及应对行业应用新技术面临的合规要求、技术成熟度等挑战，深圳证券通信有限公司（以下简称深证通）基于腾讯云技术方案 TCE 建设新一代证券行业云——“深证云”。

【产教融合】

作为非技术出身或背景的金融学专业学生，数字技术应用性感知要比技术原理本身更加重要，尤其是希望能通过对技术应用金融领域及环节的感知，领悟到技术进步对金融业务模式、业态升级和服务形态等带领的变化。为加强这方面的教学工作，本章可以利用实践课机会实地考察部分金融机构相关业务的数字技术应用暨数字化转型情况。

以“数字工行（D－ICBC）”为例，可以带领学生到实地感受物联网技术发展普惠业务引起的金融业务变化。2022 年 2 月，中国工商银行推出集团数字化品牌“数字工行（D－ICBC）”，在此背景下，中国工商银行广东省分行积极融合应用物联网技术发展普惠业务，在小微企业信贷中实施贷后动态监控、快速风险防控，实现对大批量普惠客户的自动化贷后动态监控管理。具体应用主要包括以下两个方面：一方面，贷后采用物联网设备监测监控，主要监控用电量、机器工作时长及强度、人流量三方面，实时采集小微企业生产经营中电流、电压、机器振动频率和声音、员工数量和客流量等多维度数据；另一方面，物联网数据采集同步回传银行贷后系统，系统根据企业生产经营数据开展分析并确认企业经营状况，辅助客户经理贷后检查，预测企业经营周期及波动情况，辅助客户经理维护客户关系。

【本章小结】

本章主要介绍了数字金融信息技术体系的基础，包括互联网、大数据、人工智能、云计算、物联网和区块链等数字技术的基本概念、技术架构、应用场景和未来趋势。其中，互联网为数字金融提供了基础设施和应用场景，大数据为数字金融提供了数据支撑和分析能力，人工智能为数字金融提供了智能决策和风险控制能力，云计算为数字金融提供了高效的计算和存储能力，物联网为数字金融提供了更加智能化的服务和管理能力，区块链为数字金融提供了去中心化的信任机制和价值传递能力。未来，数字技术将继续深入影响金融行业，推动金融创新和转型升级，但同时也需要注意数字技术应用中存在的风险和挑战，加强监管和风险控制。

【思考题】

1. 数字技术在金融领域的应用有哪些具体案例？
2. 未来数字技术的发展趋势是什么？对金融行业有哪些影响？
3. 数字技术在金融领域的应用是否存在风险？如何规避这些风险？

【参考文献】

[1] 艾瑞咨询. 2021年中国人工智能产业研究报告（Ⅳ）[R]. 2021.

[2] 北京大数据研究院. 2022中国大数据产业发展指数报告 [R]. 2022.

[3] 郭真，李帅峥. 依托人工智能加速数字经济发展的路径思考 [J]. 信息通信技术与政策，2022，48（6）：69-74.

[4] 何桂立. 中国互联网发展报告（2022）[R]. 2022.

[5] 深圳市人工智能行业协会. 2021人工智能发展白皮书 [R]. 2021.

[6] 史爱武. 大数据的四大特征及四项关键技术 [EB/OL]. 中华读书报，2022-02-09（18）.

[7] 数据堂. 大数据产业调研及分析报告 [R]. 2022.

[8] 唐维红. 中国移动互联网发展报告（2022）[R]. 2022.

[9] 郑凤，杨旭，胡一闻，等. 移动互联网技术架构及其发展 [M]. 北京：人民邮电出版社，2015.

[10] 中国大数据网. 2022中国大数据分析行业研究报告 [R]. 2022.

[11] 中国信息通信研究院. 工业互联网产业经济发展报告（2020）[R]. 2020.

[12] 中国信息通信研究院. 人工智能核心技术产业白皮书（2021）[R]. 2021.

[13] MIT科技评论. 2021中国数字经济时代人工智能生态白皮书 [R]. 2021.

[14] Greenstein, S. The Basic Economics of Internet Infrastructure [J]. Journal of Economic Perspectives, 2020, 34 (2): 192-214.

[15] IDC. Global Data Sphere, Data Marketplaces, and Data as a Service [EB/OL]. [2023-08-28]. https://www.idc.com/getdoc.jsp?containerId=IDC_P38353.

[16] Owen, T. Book Review: Artificial Intelligence by Patrick Henry Winston (Second Edition) Addison-Wesley Publishing Company, Massachusetts, USA, July 1984. Robotica, 1988, 6 (2): 165.

第二篇

金融数字化转型

第四章　银行业数字化

【学习目标】

1. 了解银行业数字化转型的背景，理解银行业数字化的概念、内涵和意义。

2. 理解银行业数字化发展的经济学逻辑，了解当前银行业数字化的信息技术支撑，对我国银行业数字化的推进思路与重点领域有深入了解。

3. 了解数字化在我国银行业运营、渠道、营销和风控等方面的应用场景。

4. 了解我国银行业数字化的发展趋势，进一步思考我国银行业数字化未来的发展方向。

第一节　走近银行业数字化

一、我国银行业发展基本概况

（一）我国银行业发展的历史沿革

银行是经营货币和信用业务的金融机构，通过发行信用货币、管理货币流通、调剂资金供求、办理货币存贷与结算，充当信用的中介人。银行是现代金融业的主体，是国民经济运转的枢纽。历史上的银行是由货币经营业发展而来的。最早的银行业发源于西欧古代社会的货币兑换业。[①] 我国银行业的产生可追溯到唐代，当时出现了一些兼营银钱的机构，如邸店和质库；宋代出现了钱馆、钱铺，明代出现了钱庄、钱肆，清代出现了票号、汇票庄等。票号主要从事汇兑和存款业务，这是我国银行业的最早形态。1845 年由英国人在广州设立的丽

---

① 中国人民银行. 金融业相关—银行业相关—银行业概述［EB/OL］. http：//www. pbc. gov. cn/jinrongxiangguan/214057/214059/214192/index. html.

如银行是我国最早出现的银行。1897 年成立的中国通商银行是我国自办的第一家银行。[①] 1912 年，中华民国成立，银行业开始出现大规模的发展，各种商业银行、投资银行和信托公司纷纷成立。

1949 年，中华人民共和国成立，我国银行业开始进入新的发展阶段。1950 年，中国人民银行成立，开始负责全国的货币政策和货币发行。1972 年以后，农业银行、中国银行、建设银行和工商银行相继分设或者成立，逐步形成了中国人民银行与四大专业银行各司其职的二元银行体制。

1978 年，中共十一届三中全会作出了把工作重心转移到社会主义现代化建设上来和实行改革开放的战略决策。以此为起点，银行业从“大一统”格局起步，先后经历专业化、商业化、市场化等重大转型变革，形成了以中央银行为核心，以国有商业银行为主体，多种类型银行业金融机构公平竞争、协调发展的新体系。

（二）我国银行业的体系构成

根据国家金融监管总局的统计口径，我国银行业金融机构包括政策性银行及国家开发银行、大型商业银行、股份制商业银行、城市商业银行、农村商业银行、农村合作银行、农村信用社、新型农村金融机构、外资银行、民营银行、非银行金融机构、金融资产投资公司、理财公司。当前国有大型商业银行在我国银行体系中仍占据主导地位，在市场规模和经营网点上均占据优势，股份制商业银行、城市商业银行、农村商业银行及其他金融机构也扮演着越来越重要的角色。

（三）我国银行业的发展现状[②]

近年来，我国经济步入“新常态”，随着宏观经济增速的放缓，我国银行业已由过去十余年规模、利润高速增长的扩张期，进入规模、利润中高速增长的“新常态”，经营情况总体保持平稳。一方面，银行业信贷总量稳步增加，信贷结构不断优化，大力支持小微企业、绿色产业和制造业等重点领域及薄弱环节。另一方面，银行业深入推进自身发展转型，优化业务布局，强化金融创新能力，切实管控风险，保持稳定的资产质量，提高资本充足率，总体经营质量持续改善，可持续发展能力不断增强。

资产业务方面，银行业金融机构持续为经济社会发展提供金融服务，统筹信贷总量、结构与投放节奏，促进国家货币、财政、产业等各项政策协同落地。

---

① 中国人民银行．金融业相关—银行业相关—银行业概述［EB/OL］．http：//www. pbc. gov. cn/jinrongxiangguan/214057/214059/214192/index. html.

② 中国银行业协会发展研究委员会．2022 年度中国银行业发展报告［M］．北京：中国金融出版社，2022.

银行业金融机构聚焦小微企业、绿色发展、乡村振兴、科技创新、能源保供、水利基建等重点领域和薄弱环节，加大贷款投放力度，调整优化信贷结构，助力经济复苏和高质量发展。

负债业务方面，我国银行业已形成客户结构多样、资金交易对手分散、业务品种丰富、应急融资渠道多元的负债格局，来源稳定性和结构多样性进一步提升。银行业金融机构坚持数字化转型以降低存款成本，做大交易银行及大财富管理等业务带动存款规模持续增大，进一步实现存款业务的高质量发展。

商业银行的中间业务目前稳步发展，已成为其应对净息差收窄的竞争焦点。目前，银行卡、结算等传统中间业务仍然占据中间业务收入中的主导地位，但理财、托管、投行类等中间业务也得到积极发展。中间业务更能体现银行的差异性，各银行根据自身在不同领域的优势发挥所长，打造特色标签。当前各银行更加重视数字技术的应用，将大数据分析、人工智能、深度学习等技术手段运用到银行卡业务中，通过各类生态圈构建，不断加大对客户需求的覆盖，同时进一步提升客群管理的数智化水平，针对不同客群、不同偏好，提供差异化产品与服务。

二、我国银行业数字化转型背景

（一）数字经济的崛起

数字经济是继工业经济、农业经济后的经济形态。我国数字经济规模迅速增长，已经成为国民经济的重要组成部分。由图 4－1 可知，2022 年，我国数字经济规模达到 50.2 万亿元，同比名义增长 10.3%。数字经济对拉动 GDP 增长的重要性日益突出，在国民经济中的支撑作用越来越明显，我国数字经济占 GDP 比重逐年递增，从 2017 年的 32.9% 增长到 2022 年的 41.5%。①

数字经济的发展不仅改变了人们的消费方式和商业模式，也对银行业产生了深远影响。最初银行业务主要依赖于实体网点，需要大量人工操作，难以提供网点以外的服务。ATM 的出现使客户在网点关闭后仍能享受金融服务。随着移动互联网的盛行，用户得以随时随地通过智能手机获取支付、信贷、理财和账户管理等多元化服务。在数字化时代，人工智能、云计算、大数据、区块链和物联网等数字技术深度融合于金融领域，银行业务可以脱离物理网点的限制，将服务无缝融入线上线下生活的各个场景中，这标志着银行业已全面进入数字化时代。②

---

① 中国信息通信研究院．中国数字经济发展研究报告（2023 年）［R］．中国信息通信研究院，2023.

② 王舫朝，廖紫苑．把握银行数字化转型机遇［R］．信达证券，2023.

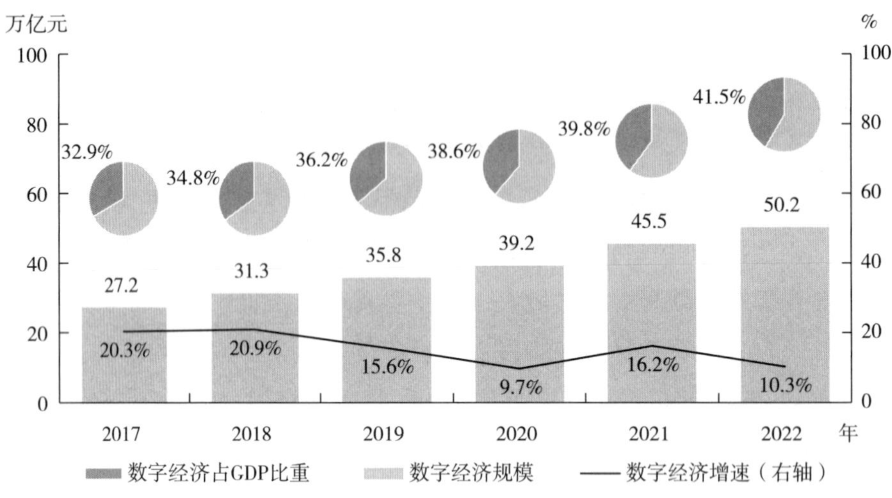

图 4－1　2017—2022 年中国数字经济发展情况

（资料来源：中国信息通信研究院．中国数字经济发展研究报告（2023 年）［R］．中国信息通信研究院，2023）

（二）国家战略的推动

党的十八大以来，以习近平同志为核心的党中央高度重视发展数字经济，并将其上升为国家战略。《中华人民共和国国民经济和社会发展第十四个五年规划和 2035 年远景目标纲要》《“十四五”数字经济发展规划》《数字中国建设整体布局规划》相继出台，构成我国发展数字经济的顶层设计体系。① 这一系列助力数字经济发展的政策有利于充分激活数据要素价值，鼓励数字技术赋能实体经济、赋能传统产业转型升级，为银行数字化转型提供了良好的政策支持。人民银行等部门顺应“十四五”规划要求，发布一系列政策文件推动金融科技发展和商业银行数字化转型升级。人民银行于 2019 年和 2022 年分别发布了《金融科技发展规划（2019—2021 年）》和《金融科技发展规划（2022—2025 年）》推动金融科技发展。2022 年银保监会印发的《关于银行业保险业数字化转型的指导意见》是首份专门针对银行业数字化改革的权威文件，它要求我国商业银行加强顶层设计和统筹规划，以服务实体经济为目标，科学制定和实施数字化转型战略，从大力发展数字金融产业、推动个人金融服务数字化转型、加强数据管理能力和数字化风控能力等方面推动银行业务数字化转型。②

---

① 中国信息通信研究院．中国数字经济发展研究报告（2023 年）［R］．中国信息通信研究院，2023.

② 王舫朝，廖紫苑．把握银行数字化转型机遇［R］．信达证券，2023.

（三）客户需求的变革

随着互联网的普及和移动支付的兴起，人们的消费习惯发生了巨大变化。越来越多的客户开始通过手机、电脑等设备进行金融交易，对银行服务的便捷性、实时性和个性化提出了更高要求。当前我国Z世代（1995—2009年出生）人口已成为新时代市场消费的主力军。我国Z世代人口生活在信息时代，生活方式深受互联网的影响，更加注重财务规划，在消费产品上更偏向个性化、多元化的产品，在方式上更青睐便捷、迅速的数字化场景。[①] 我国银行业务离柜率不断上升，中国银行业协会发布的《2022年中国银行业服务报告》指出，2022年中国银行业机构离柜交易达4506.44亿笔，同比增长103.1%，离柜交易总额达2375.89万亿元，行业平均电子渠道分流率为96.99%（见图4-2）。[②] 可见，当前客户对于金融服务的需求日益多样化和个性化，银行必须进行数字化转型，推出更个性化、智能化、便捷化和更具交互式体验的产品。

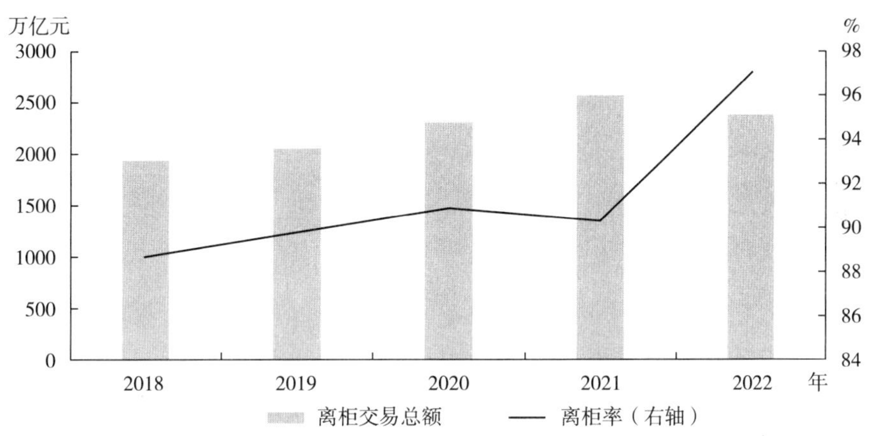

图4-2 2018—2022年我国银行离柜交易总额及离柜率

（资料来源：王舫朝，廖紫苑．把握银行数字化转型机遇［R］．信达证券，2023）

三、银行业数字化的概念、内涵、表现

（一）银行业数字化的概念

1. 数字化的概念

数字化可以从技术与业务两个视角来解读。从技术角度，数字化是指利用

---

① 王舫朝，廖紫苑．把握银行数字化转型机遇［R］．信达证券，2023.

② 中国银行业协会．中国银行业服务报告2022［M］．北京：中国金融出版社，2023.

信息系统、各类传感器、机器视觉等信息通信技术，将物理世界中复杂多变的数据、信息、知识，转变为一系列二进制代码，引入计算机内部，形成可识别、可存储、可计算的数字、数据，再以这些数字、数据建立起相关的数据模型，进行统一处理、分析、应用。从业务角度，数字化是指通过利用互联网、大数据、人工智能、区块链、人工智能等新一代信息技术，对企业、政府等各类主体的战略、架构、运营、管理、生产、营销等各个层面，进行系统性的、全面的变革。①

2. 银行业数字化的概念

银行业数字化是指利用大数据、云计算、人工智能、区块链、物联网等数字技术，对银行组织架构、业务流程、服务渠道、产品体系、员工能力、企业文化等进行有组织的、有目标的、长期性的、战略性的、系统性的、全局性的重塑和变革，实现银行业金融机构相关业务的数字化、网络化、智能化和自动化，从而更快速地响应市场需求、更好地满足客户需求、服务实体经济。

（二）银行业数字化的内涵

银行业数字化是在信息化高速发展的基础上诞生和发展的，但与传统信息化条块化服务业务的方式不同，数字化更多的是对业务和商业模式的系统性变革和重塑，其内涵主要体现在以下几个方面：②

（1）数字化转型是一个系统工程。数字化转型不是一个纯技术工程，而是对银行系统性的重新定义，包括组织架构、业务流程、业务模式、IT 系统、人员能力等的变革。

（2）数字化转型的本质是业务转型。数字化转型是手段、不是目的，转型的初心是帮银行解决问题、创造价值，是为了更快速地响应市场需求、更好地满足客户需求，是为银行经营发展服务的。

（3）数字化转型未改变金融本质。金融的核心功能和本质是实现资源的跨期配置，即融资和投资，投融资的实现形式和表现方式随着时间、科技和经济的发展在不断变化，但资源跨期配置的本质没有发生变化。

（三）银行业数字化的表现

银行业数字化的表现主要有以下几个方面：

（1）运营数字化。运营数字化是指银行运用数字技术对业务流程、服务方

---

① 王卫国，陈东，王贤，等．数字化本质与运营模式进化的探讨［J］．信息系统工程，2021（11）：10－13.

② 黄烁，王延昭，唐华云．产学研结合债券基础设施数字化发展探索［J］．债券，2021（7）：34－37.

式、管理模式进行创新和优化，提高银行业务的效率和质量。

（2）渠道数字化。渠道数字化是指银行通过信息技术和数字化手段对银行传统渠道进行升级和改造，实现线上线下全渠道融合，提升客户体验，优化业务流程，并创新金融产品。

（3）营销数字化。营销数字化是指银行运用数字化技术为客户提供个性化、智能化的营销方案，创新营销方式和手段，拓宽营销渠道，提升营销成功率和客户转化率。

（4）风控数字化。风控数字化是指银行利用大数据、人工智能、区块链等先进技术，对银行业务风险进行量化分析和智能化管理，以提高风险管理的效率和准确性。

四、我国银行业数字化发展的重大意义

近年来，信息技术创新日新月异，数字化、网络化、智能化深入发展，在推动经济社会发展、促进国家治理体系和治理能力现代化、满足人民日益增长的美好生活需要等方面发挥着越来越重要的作用。金融业作为现代服务业的典型代表，是实体经济的血脉，其数字化转型有助于提升金融服务实体经济能力，对助力经济高质量发展具有重要的现实意义。①

（一）数字化转型是银行业金融机构适应数字经济社会新环境的必然要求

建设数字中国是数字时代推进中国式现代化的重要引擎，是构筑国家竞争新优势的有力支撑。党的十九届五中全会和《中华人民共和国国民经济和社会发展第十四个五年规划和2035年远景目标纲要》都对“数字经济”作出了专门部署。2021年国务院印发的《“十四五”数字经济发展规划》提出要加快金融领域数字化转型，鼓励银行业金融机构创新产品和服务，加大对数字经济核心产业的支持力度。2022年中国银保监会发布的《关于银行业保险业数字化转型的指导意见》提出到2025年，银行业保险业数字化转型取得明显成效。这一系列政策陆续出台，明确了“十四五”时期银行业金融科技发展和数字化转型目标，加快推动银行业金融机构数字化转型是党和国家的政策要求，是银行业金融机构适应数字经济社会新环境的必然要求。

（二）数字化转型是银行业金融机构深化金融供给侧结构性改革的必然要求

金融是国家重要的核心竞争力，习近平总书记高度重视金融在经济发展和

① 杨农，王建平，刘绪光．商业银行数字化转型：实践与策略［M］．北京：清华大学出版社，2022.

社会生活中的重要地位和作用，提出要深化金融供给侧结构性改革，贯彻落实新发展理念，强化金融服务功能，找准金融服务重点，以服务实体经济、服务人民生活为本。银行业金融机构是我国金融领域至关重要的组成部分，数字化转型有助于银行业金融机构将金融资源高效地配置在经济社会发展的重点领域和薄弱环节，提高金融资源配置效率、防范化解金融风险、促进普惠金融发展、激发市场主体活力、有效支持实体经济发展，是推进金融业供给侧结构性改革的重要举措。

（三）数字化转型是银行业金融机构提升自身竞争力的关键手段

银行业金融机构不仅面对行业内部同业间的激烈竞争，还面临跨业、跨界的外部竞争。在内部同业竞争方面，各银行不断推出各种产品、提高服务质量、引进新技术、培养高素质人才、争夺市场份额和打造品牌形象，导致银行之间的竞争加剧。在跨业方面，券商、保险、基金、信托等金融机构不断推出各种创新产品和服务，在零售金融以及部分批发金融领域挤占银行的发展空间。在跨界竞争方面，金融科技公司和互联网企业运用其自身的技术优势逐渐嵌入金融服务产业链条，对商业银行原有的业务板块与市场份额产生了冲击。[①] 金融科技企业和互联网企业拥有更加丰富的数据资源，在生态能力建设与生态资源整合方面拥有先天优势，有能力和资源将在高频高需平台获取的用户流量迁移至高收益的电商、金融板块，从流量入口端侵蚀银行业金融机构的客户资源，导致银行业金融机构从流量端口开始就存在流量锐减的问题，进一步影响了整个生态体系业务的流量和业务收益。因此，银行业金融机构必需加快技术创新，提高数字化水平，优化客户服务体验，加强风险管理，提升自身竞争力来应对日益激烈同业、跨业和跨界的竞争。

（四）数字化转型是银行业金融机构提升客户体验和满意度的重要途径

数字化时代，客户与银行的交互模式转向以人机交互为主，产品与服务通过数字化应用交付，客户体验的方方面面驱动着银行进一步提升竞争力。大到客户对产品功能的体验，小到客户对界面应用排布、填写信息的体验，都会对客户是否持续选择一家银行的服务带来影响。此外，客户群体结构发生变化也导致客户需求和行为习惯发生变化。“90 后”“00 后”开始成为社会消费的重要群体，其更愿意通过数字化、网络化的方式获得服务，追求定制化和个性化的产品与服务。在交易渠道上，客户更喜欢使用网上银行、手机银行、自助设备

① 杨农，王建平，刘绪光．商业银行数字化转型：实践与策略［M］．北京：清华大学出版社，2022.

等数字化渠道办理银行业务，更注重服务体验；在服务介质上，逐步从传统的银行卡、纸质存单等实物形态媒介向数字化、虚拟化的新媒介转变。[①] 可见，客户日益增强的数字化服务需求是商业银行业数字化转型的加速器，而银行业数字化是提升客户体验和满意度的重要途径。

第二节　银行业数字化发展逻辑与路径

一、银行业数字化发展的经济学逻辑

（一）降低信息不对称

信息不对称在金融市场普遍存在，Stiglitz 和 Weiss（1981）最早从信贷配给现象入手，阐述了信贷业务中的信息不对称问题。传统信贷业务中的信息不对称问题，主要体现在两个方面：一是借贷双方由于所处环境和位置的不同，银行未能充分及时地掌握借款人的最新信息及数据；二是部分借款人存在一定的道德风险，而数字技术能够降低银行与客户间的信息不对称，如大数据技术可以整合征信系统、政府公共信息平台、支付系统、交易系统、场景采集系统的数据，根据这些不同数据源及其交叉验证的属性或标签，更好地对客户进行画像、营销和预警，从而降低信息不对称。区块链技术使交易数据公开可查，防抵赖、防篡改的特征可以防范道德风险，同时，其采用去中心化方式解决数据孤岛问题，无须中心系统和中介机构，金融机构直接互联互通，也可节省中介费用。

（二）降低银行经营成本

数字化对银行经营成本的降低主要体现在以下三个方面。

1. 降低信息搜寻成本

随着国家大数据战略的实施，大数据基础设施逐步完善，数据资源共享复用加速推进，部分政府部门和机构之间的公共数据资源逐步实现互联互通。工商注册、纳税、用水、用电、用气、海关报关等小微企业生产经营的相关数据信息，可以通过银行与相关政府部门或第三方系统之间对接，实现企业信息的自动、实时、低成本获取，同时银行内部可以利用大数据及云计算技术对所获取的信息进行智能分析，实现客户的精准画像和风险评估，从而在很大程度上

① 罗毅．数字化技术在工商银行业务运营领域实践［J］．中国金融，2019（12）：10－13．

解决商业银行服务长尾客户时信息搜寻成本过高的问题。

2. 降低服务交易成本

数字化的一个重要趋势是降低金融机构服务客户的交易成本，如交易线上化降低了客户前往物理网点办理业务的交通成本，降低了客户现金支付的存取及保管成本。线上信贷产品自动化的信息采集、全线上的信贷自助申请、实时的信贷审批、随时随地的用款还款等，打破了传统信贷基于线下物理网点办理业务的局限，降低了客户服务的空间成本，帮助商业银行释放了更多人力资源，大幅提升了商业银行服务客户的效率，降低了客户贷款的交易成本。

3. 降低风险控制成本

金融科技的发展使商业银行可以扩展客户的历史信息数据，而不再局限于单一财务数据。如在小微信贷中，银行通过技术手段采集和量化处理小微企业的纳税、水电气等结构化数据以及声誉、知识产权等非结构化数据，可以进一步降低小微企业的信用风险。基于信息技术优势，商业银行可以建立起贷前信息交叉验证和智能反欺诈、贷中风险信息实时监控、贷后风险实时预警等全流程、自动化、智能化的风险评价和防控系统，显著提高风控的精准化、智能化水平，进而有效降低风控成本。

（三）提升银行服务效率

数字技术的关键，一方面是数据要素的引入，另一方面是算法技术的运用，从而实现将技术赋能金融，提升银行服务效率。人工智能、大数据、物联网、云计算等数字技术在银行业务中应用的广度和深度进一步提升，有助于商业银行提升金融服务效率和客户体验，创新金融服务模式。例如，人工智能可以通过自然语言处理、语音识别等技术，实现智能客服，为客户提供更快速、更准确的服务，减少客户等待时间；通过数据分析和机器学习等技术，根据客户的历史交易数据和行为模式，分析客户的兴趣和偏好，为客户提供定制化的服务和推荐，提高客户体验和服务效率。

二、银行业数字化的新一代信息技术支撑

最近十年信息技术发展较快，主要得益于硬件性能的大幅提升和信息量的暴增，而为这一轮技术爆发提供基础性支持的当属云计算和大数据，即对资源的整合调度和对数据的高效处理。作为延伸，人工智能、区块链和物联网技术也在提供更多的支持。

（一）云计算

在银行业数字化过程中，云计算可实现硬件资源的虚拟化、标准化和弹性供给，提升资源利用率，降低建设和运维成本，并通过容灾设计提升系统的风险抵抗能力。国内外大型商业银行基本都是将原有的数据中心改造为云架构，而且多采用私有云建设方案，随着公有云技术的发展，也有越来越多的银行在考虑公有云、混合云方案。云计算实施路径包括数据大集中、资源虚拟化到云计算。大型银行的云计算通常是由自身原有的数据中心发展起来的。例如，荷兰国际集团于2008年启动云计算项目，进行服务器和应用的虚拟化，建成连接6个数据中心的私有云；西班牙对外银行采用了谷歌的云方案，与Red Hat、Amazon Web Services合作，提升云平台管理、云部署、云计算能力，并搭建云基础架构与创建云社区。[①]

国内大型银行的云计算应用起步略晚于国外金融机构。中国建设银行云计算起步较早，2012年在数据中心大规模应用私有云。工商银行于2014年启动云计算的研究工作，其基础设施云IaaS是基于开放的Open Stack、SDN自主研发的云管平台；应用平台云PaaS则采用轻量级容器技术，引入业界主流的容器集群编排及调度技术Kubernetes。[②] 商业银行利用多种云计算服务模式整合自身资源，实现与客户、同业、监管机构等构建云生态系统。尽管云计算技术不断进步，但在稳定性和安全性方面仍存在问题。公有云的头部科技企业虽然技术发达，但中断仍时有发生；云服务的数据泄露事件也时有发生。因此，金融级应用的核心诉求是稳定性和安全性，但目前仍面临挑战。

（二）大数据[③]

国内商业银行大多数搭建了以大数据平台和MPP分析型数据库为主的平台体系，以支撑敏态+稳态的应用体系。工商银行引入Hadoop技术并建立大数据应用；农业银行建设自主可控的大数据平台；中国银行进行“Hadoop+NoSQL”的大数据平台建设；建设银行则引入Hadoop技术并打造了“MPP+Hadoop”双擎架构的大数据智能平台。这些平台提供离线计算、离线分析、在线读写和实时计算等多元化服务。

国内银行对大数据的应用主要集中在客户画像和风险领域，与人工智能技

① 北京金融信息化研究所有限责任公司，阿里云计算有限公司，华为技术有限公司，等. 金融业数字化转型发展报告（白皮书）2020—2021［R］. 金融信息化研究所，2022.

② 付晓岩. 银行数字化转型［M］. 北京：机械工业出版社，2021.

③ 付晓岩. 银行数字化转型［M］. 北京：机械工业出版社，2021.

术融合。例如，工商银行的“融安 e 信”大数据反欺诈系统帮助客户防范电信诈骗；建设银行运用大数据技术建立全新的客户评价体系，支持普惠金融业务的发展。此外，大数据应用也逐渐扩展到其他领域，如客户关系管理、精准营销、运营分析、智能投顾等。尽管各商业银行都很重视数据分析人才的引进和培养，但目前数据分析人才的缺口仍然较大，限制了银行应用大数据的结果和竞争力。业务与技术的深度融合需要更多数据分析人员与业务人员共同思考对大数据技术的应用，以充分发挥大数据的价值。

（三）人工智能①

人工智能已成为国内商业银行的核心技术之一，广泛应用于银行业务的各个领域，包括流程自动化、客服、风控、营销、智能网点、管理决策以及信息系统运维等。在客户识别方面，人脸识别技术是最受欢迎的技术之一。目前，各银行在手机银行、网点、支付等渠道和场景中广泛采用了人脸识别、语音识别等技术进行客户身份验证。

在智能营销方面，人工智能的应用帮助银行进行精准的客户画像和产品匹配。例如，工商银行通过人工智能和大数据技术升级了营销系统，实现了信用卡产品的数字化营销和智能化服务。此外，一些银行还构建了智能对公业务营销管理体系，实现了“千人千面”的数字化营销。在业务运营方面，人工智能技术也发挥了重要作用。随着图像识别率的提高，光学字符识别（OCR）技术已广泛应用于票据审核等操作。此外，语音识别和自然语言理解技术也使客服中心降低了对人员的需求。机器人流程自动化（RPA）技术则影响了银行的流程设计和运营管理。

在风险控制方面，智能风控已成为一种趋势。互联网系银行在此方面具有技术优势，并已推出了一些基于智能风控技术的信贷产品。传统的商业银行，如微众银行推出的“微粒贷”、网商银行推出的“网商贷”、农业银行的“AB贷”、工商银行的“融 e 贷”、建设银行的“快贷”、中国银行的“中银 E 贷”等产品，背后都有智能风控技术的支持。智能风控在银行实现对消费场景嵌入、支持在线实时金融服务、推广普惠金融等方面发挥了极大作用，可以说是当前落地的人工智能应用中最有实际业务价值的。

（四）区块链②

摩根大通是国外银行区块链技术方面的领军者，较早入局区块链领域。摩

---

① 付晓岩．银行数字化转型［M］．北京：机械工业出版社，2021.

② 付晓岩．银行数字化转型［M］．北京：机械工业出版社，2021.

根大通主持研发的 Quorum 平台是企业以太坊联盟公认的技术代表。在此基础上，摩根大通推出了 IIN（Interbank Information Network）平台，实现跨行信息交互，目标直指 SWIFT。摩根大通、加拿大皇家银行和澳新银行等相继加入该平台，到 2019 年上半年，已经有超过 200 家银行宣布加入。2019 年 2 月，摩根大通拟推出挂钩美元的加密货币 JPM Coin，计划面向大机构客户发行，理论上可以与 IIN 结合来完成跨境支付。

国内银行业较早应用区块链技术的是邮政储蓄银行，其在 2016 年通过 Hyperledger Fabric 在资产管理业务中实现多方信息交互。之后，国有银行、股份银行和部分城市商业银行均在区块链技术应用上有项目落地。国有银行在区块链技术应用上的业务种类比较丰富，侧重于搭建平台。中国工商银行率先成立了区块链实验室，加快推动技术研究和产业创新融合发展，在政务、产业、民生等多个领域构建了服务实体经济的区块链服务体系。中国银行海南分行于 2020 年实现了单个项目的区块链应用落地，成功办理了自贸港首笔跨境金融区块链服务平台资本项目真实性审核业务。[①]

（五）物联网

近年来，物联网连接数快速增长，物联网在银行业具有广阔的应用场景。目前，大部分商业银行目前对物联网的应用尚处于初级阶段，主要在动产监管、汽车金融、贸易金融等场景进行探索。江苏银行无锡分行创新了“两系统一平台”的物联网动产质押模式，对质押动产进行监管，确保质物真实有效，为钢贸企业融资提供了有效支持。此外，农业银行苏州分行还通过物联网技术对生产型企业进行监管，实时掌握企业生产经营动态，为精准授信提供依据。[②]

三、银行业数字化的推进思路与重点领域

银行业数字化是在当前科技革命和产业变革的大背景下，金融机构响应国家发展战略，加快转型升级，实现高质量发展的重要途径。其推进思路与重点领域主要体现在以下几个方面。

（一）制定数字化转型战略

银行业普遍认识到仅依靠科技部门难以推动全机构的数字化转型工作，因此，越来越多的商业银行从企业级战略高度推动数字化转型工作，制定数字化

① 王文海，董正杰．区块链数字金融数字经济时代的新引擎［M］．北京：化学工业出版社，2022.

② 赵萌．更好发挥物联网金融价值，驱动力在何方？［N］．金融时报，2023－06－19（007）．

转型的战略规划，加大战略驱动，推动数字化转型工作落地。

大型商业银行通常实力雄厚，拥有强大的科技研发团队和丰富的资源投入，数字化转型进展较快，战略制定较为全面，涵盖了数字化技术应用、数据治理、渠道拓展等多个方面。例如，工商银行提出“数字工行（D－ICBC）”战略；农业银行则将“数字经营”作为三大战略之一；中国银行将科技金融作为集团“八大金融”战略之首，推进集团全面数字化转型战略；建设银行聚焦“金融科技的领跑者”战略定位，以创新驱动数字化经营；交通银行提出建设“数字化新交行”；邮政储蓄银行将数字化转型作为全行转型发展的重点战略举措。

股份制商业银行也紧随其后，制定了全面的数字化转型战略。如招商银行围绕线上化、数据化、智能化、平台化、生态化，全面推动客户、渠道、业务、产品、管理的数字化重塑，打造“数字招行”。①

部分城市商业银行和农村商业银行也制定了数字化战略，如北京银行围绕“数字京行”战略布局，成立数字化转型战略委员会，制定《北京银行数字化转型规划和各领域行动方案（2022—2025）》。② 相比城市商业银行，农村商业银行由于资金、技术等方面的限制，数字化战略制定相对不足，更多的是在数字化技术应用方面进行尝试。

（二）优化组织架构

组织架构是银行内部管理和运营的基础，数字化转型需要涉及银行的各个部门和职能领域，因此需要一个灵活、高效的组织架构来支持转型的推进。随着数字化转型的深入推进，商业银行纷纷通过组织架构的优化，构建安全高效的金融科技创新体系。

多家银行通过设立金融科技子公司，突破传统组织架构的边界，优化激励措施，吸引科技人才。在2015年12月兴业银行最早成立了兴业数金金融科技子公司之后，国有大型商业银行、全国性股份制银行、城市商业银行、农村商业银行等陆续成立了金融科技子公司。

在内部架构方面，工商银行、建设银行、交通银行等多家银行已成立了金融科技一级部门，通过重构信息科技部、研发中心、数据中心与业务部门的关系，优化调整组织架构，加强技术变革与业务创新的深度融合。③

---

① 招商银行股份有限公司．招商银行股份有限公司2022年度报告［R］．2023.

② 北京银行股份有限公司．北京银行股份有限公司2021、2022年度报告［R］．2022、2023.

③ 腾讯研究院．18家商业银行年报背后：银行数字化转型与助力实体经济之路［EB/OL］．［2023－05－08］．https：//36kr.com/p/2249005646475136.

不难看出，主要大型金融机构在设立支持金融科技创新的机构、部门方面相对中小机构力度更大，从而可以更有效支持金融科技创新、数字化转型。

（三）加大金融科技投入

信息科技对数字化转型引领和驱动作用不断显现，充足的科技投入成为数字化转型的必要条件。近年来我国商业银行整体的科技投入持续加大，因机构类型、规模及实力不同，各商业银行科技领域投入差异较大，其中国有银行和全国性股份制银行在科技领域的投入较多。

国有大型商业银行在金融科技投入方面一直位居前列。2023 年，六家国有大型商业银行的金融科技投入合计 1228.22 亿元，平均每家投入 204.7 亿元，其中工商银行科技投入连续三年排名第一，2023 年工商银行科技投入 272.46 亿元，同比增加 3.9%，科技投入占当期营收的比重为 3.23%。国有银行中金融科技投入金额从大到小排名依次为工商银行、建设银行、农业银行、交通银行和邮政储蓄银行。

股份制银行中科技投入最多的为招商银行，2023 年招商银行科技投入 141.26 亿元，与 2022 年基本持平，同比略减 0.30%，占当期营业收入的比重为 4.59%，超过了国有大型商业银行中的交通银行和邮政储蓄银行，列全行业第五位。中信银行成为第二家科技投入超百亿元的股份制银行，2023 年该行科技投入达到 121.53 亿元，同比增加 38.91%，首次超过交通银行、邮政储蓄银行等国有大型商业银行，居全行业第六位，科技投入占当期营业收入的比重达到 5.90%，占比最高（见图 4－3）。

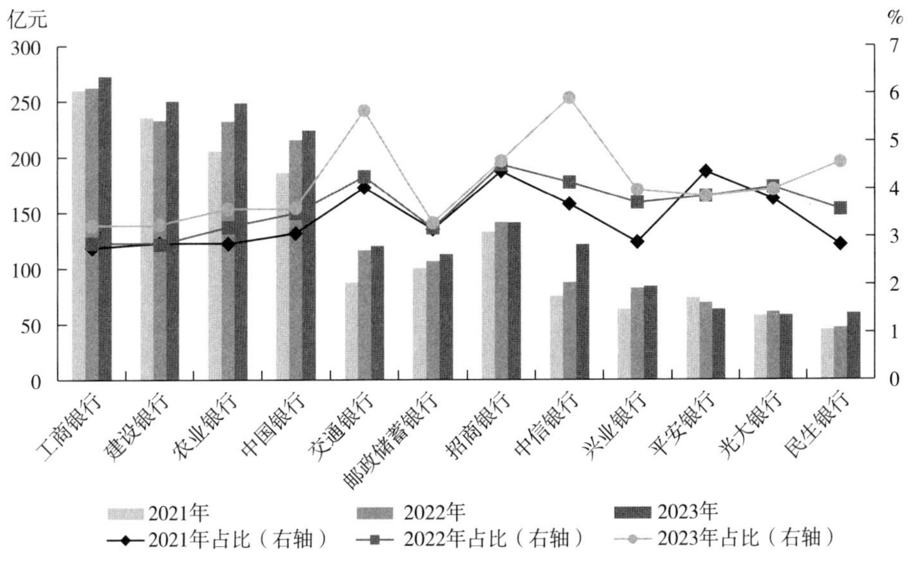

图 4－3 12 家商业银行 2021—2023 年金融科技投入情况

（资料来源：各银行 2021—2023 年度报告）

（四）加强科技人才队伍建设

实施数字化转型需要一支水平高、能力强的科技队伍的支持，商业银行越来越重视科技人才队伍建设，科技实力不断增强。

国有大型商业银行在科技人才数量方面具有领先优势。2022 年，六大国有商业银行的科技人员总数为 87385 人，同比增长 6.64%，是股份制商业银行的两倍多。中国银行、农业银行、工商银行、建设银行的科技人员都超过 1 万人，其中，工商银行以其 3.6 万人的金融科技人员总数领先，占总员工人数的 8.3%。交通银行和邮政储蓄银行的科技人员数量较少，但在引进人才方面表现突出，2022 年的同比增速分别为 29.15% 和 19.12%。

股份制商业银行在科技人才的占比上具有整体优势。在所有股份制商业银行中，招商银行以其 10846 名科技人员居首位，科技人员占比达 9.6%，超过所有国有大型商业银行。兴业银行积极引进科技人才，2022 年科技人员同比增长 102.82%，达到 6699 人，其科技人员占总员工的比重为 11.87%。股份制商业银行科技人员占比较高，表明其越来越注重扩大数字化人才队伍和优化内部人员结构。

地方性商业银行在科技人才配置上处于劣势。地方性商业银行规模小、人员少、人才选择范围有限，科技人才的配置受到更多限制。大多数地方性商业银行的科技人员数量不足千人，占总员工的比重相对较低，集中在 4% ~8%，反映出地方性商业银行在数字化人才培养上还未形成规模。然而，宁波银行和上海银行的科技人员数量超过千人，分别为 1727 人和 1232 人。尽管地方性商业银行科技人才数量目前不足，但近年来大多数地方性商业银行都在加快人才引进速度，2022 年宁波银行、上海银行、上海农商银行、重庆农商银行的科技人员同比增速分别为 22.14%、16.78%、47.73%、18.64%。[①]

第三节　我国银行业数字化发展的典型场景

在数字化与智能化不断推进的背景下，当前我国银行业的数字化进展迅速，在运营、渠道、营销和风控等方面的应用场景不断扩展。

一、运营数字化

在数字化转型之前，商业银行的运营模式主要以传统的方式为主，主要以

① 王舫朝，廖紫苑．把握银行数字化转型机遇［R］．信达证券，2023.

分行网络为基础，以业务条线散业经营为主。首先，在传统的运营模式下，商业银行需要投入大量的人力、物力来维持日常业务，业务处理速度慢，导致运营成本较高；客户办理业务需要到银行网点排队等待，业务流程繁琐且耗时较长，银行的后台处理系统多为封闭、孤立的系统，数据处理能力有限，且效率较低。其次，银行服务时间和地点受限，无法满足客户随时随地的金融服务需求，导致客户体验不佳。最后，在传统运营模式下，银行在信贷审批、交易监控等方面依赖于人工操作，缺乏有效的数据分析工具，难以实现精准的风险控制。

数字化为商业银行带来了前所未有的机遇。首先，数字化极大地提高了银行的运营效率。传统的银行业务处理方式往往繁琐且耗时，而数字化技术使银行能够自动化处理大量业务，减少人工操作，进而减少了出错率，大大提升了运营效率。其次，数字化让银行能够更好地服务客户。通过数据分析，银行可以更精准地了解客户需求，提供个性化的金融产品和服务。同时，数字化渠道如手机银行、网上银行等使客户可以随时随地办理银行业务，极大地提升了客户体验。最后，数字化还为银行带来了新的风险管理和合规手段。通过大数据分析，银行可以更准确地识别和评估风险，制定更有效的风险管理策略。

在数据和技术双要素紧密融合的数字化转型趋势下，商业银行积极向数字化运营转变，建设自动集约化的运营管理平台，在此基础上优化业务流程、创新业务运营服务模式，提升运营管理自动化能力，实现降本增效。目前，商业银行的集约化运营管理平台包括业务集中处理中心、远程授权中心、远程银行中心、远程面审中心等。商业银行还基于数字化技术优化业务受理、业务处理、核算管理、风险管理、运营服务等环节，部分甚至完全取消手工处理环节，实现业务运营自动化、智能化，提升运营管理效率，降低操作风险，推动人力资源向高附加值岗位流动，实现降本增效。

【案例】中国工商银行企业级互联网智慧运营管理平台①

中国工商银行围绕智慧银行 ECOS 建设目标，充分运用金融科技新技术，整合创新数字化、智能化，建设一套基于“1 + N + X + Y”的产品输出能力平台，即创新 1 个互联网运营平台，面向行内 N 个线上渠道，复用及组合 X 个产品与服务，由总行及分行 Y 个业务部门多级运营的综合能力平台。运营平台面向全

---

① 王炜，高峰．银行数字化转型方法与实践［M］．北京：机械工业出版社，2022.

行互联网渠道，聚焦用户运营、内容运营、场景运营、数据运营四大方面，提供集互联网智能获客、智能化一站式服务、智慧运营决策于一体的闭环智慧运营新模式和新手段，为总行、分行各业务条线依托互联网渠道拉新促活、引流互动、运营管理等一站式智慧运营提供有力支撑（见图4－4）。

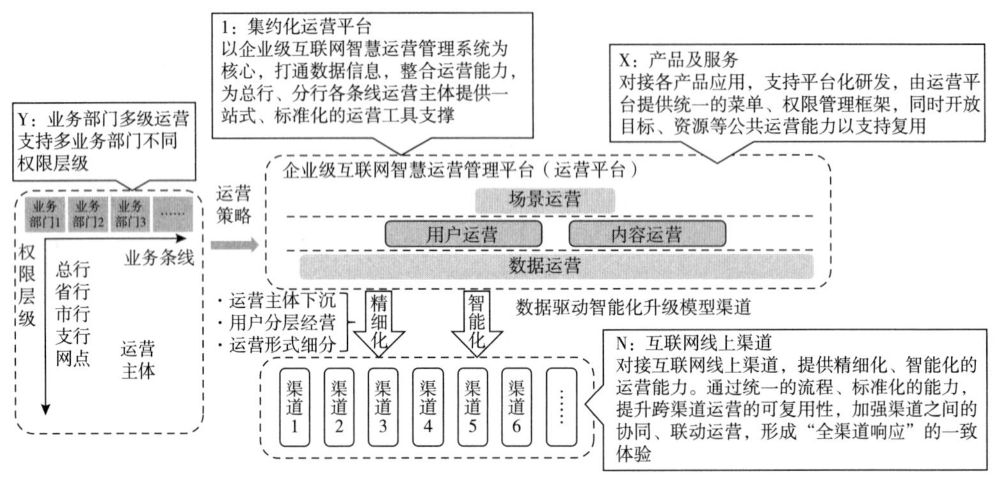

图4－4　工商银行“1＋N＋X＋Y”集约化运营平台

中国工商银行的企业级互联网智慧运营平台建设以“科技驱动、价值创造”为基本理念，结合业务规划，以先进技术支撑为基础，服务新金融；以智慧银行ECOS建设为目标，实现企业级互联网智慧运营统筹管理，提升全行数字化运营水平；围绕以用户为中心、以内容为手段、以场景为抓手、以数据与基础，依托大数据、人工智能等新技术，提升智能化、集约化、精细化的互联网数据运营管理水平（见图4－5）。

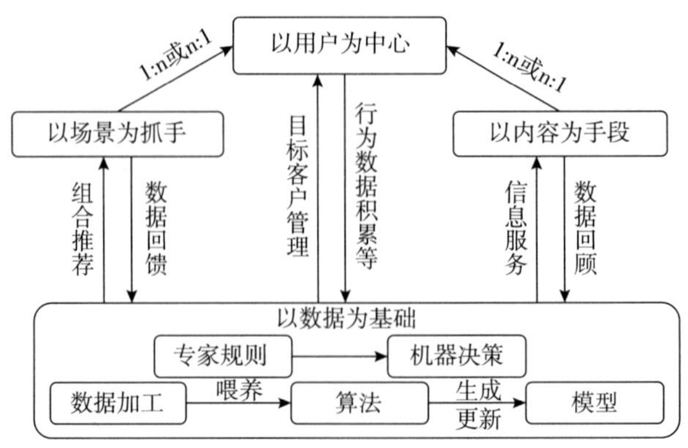

图4－5　工商银行企业级互联网运营内涵

二、渠道数字化

在数字化转型之前，商业银行的渠道主要包括实体网点、自动取款机（ATM）、电话银行以及传统的网上银行等。商业银行传统渠道存在以下几个问题：一是成本高且效率低，商业银行实体网点和 ATM 的运营和维护需要高额的成本，手工操作和排队等待导致服务效率低下；二是受时空限制，服务时间和地点的限制无法满足客户随时随地的需求，虽然电话银行和网上银行不受时间和地点的限制，但无法处理一些复杂的业务场景，给用户带来不便或风险；三是数据利用不足，缺乏有效工具来收集和分析客户数据，难以实现“千人千面”的个性化服务。

数字技术的发展为商业银行渠道数字化提供了机遇。数字化可以减少对实体渠道的依赖，降低运营成本；数字化渠道可以突破时间和空间的限制，提供 24/7 的服务。通过大数据分析，银行能够对客户的交易行为、偏好等进行深入分析，为客户提供更加精准的金融服务。渠道建设作为银行业务的基础环节，其数字化转型的效果将直接影响银行在营销、产品、风控等其他领域的数字化表现。银行的渠道数字化主要体现在以下三个方面。

一是线下网点智能化。传统银行在多年的发展中，建立了众多物理网点。线下物理网点作为整个银行体系的触客前端，是银行探寻市场动态、捕捉客户需求的重要渠道。从实践看，大部分商业银行已在推进物理网点智能化转型。以四大国有商业银行为例，网点硬件基本完成全面智能化改造，智能化网点覆盖率已接近 100%。银行通过加强人脸识别、指纹识别、语音助理等技术应用，配备自动柜员机、视频互动等智能终端设备，推进网点数字化、智能化建设，提升客户数字化交互体验和服务质效。此外，智能柜员服务，尤其是数字员工的引入能有效降低银行人工成本。数字员工能够在短时间内实现人工替代，有效承担业务办理、客户需求沟通等重复度较高的工作，在减少行员工作量的同时能够尽可能缩短客户等待时间。

二是线上渠道多样化。银行线上渠道是银行数字化、智能化升级最直接的体现。得益于智能技术的成熟以及智能设备的普及，线上渠道使得银行业务摆脱了传统银行物理网点的地域限制及客户经理的服务及知识面的限制，能为客户提供更深入、全面、专业化程度更强的服务①。除了网上银行、手机银行、银

---

① 艾瑞咨询．中国银行业数字化转型研究报告［R］．艾瑞咨询研究院，2023.

行公众号等传统的线上渠道，商业银行还进一步开拓社交媒体渠道，利用社交媒体平台与客户互动，提供金融咨询和产品推广。此外，银行正积极打造开放银行，通过多种方式对外部场景开放金融服务，实现产品、服务及业务模式的创新，为客户提供便利、丰富的金融服务。[①]

三是线上线下融合发展。线下和线上不同渠道的融合发展，极大地推动着相互协同服务能力的提升。利用5G等先进的通信技术，银行将线下网点的人工服务和电子渠道的自助式服务在信息流、服务节点两个层面全部打通，带给客户最便捷的服务。在未来的发展中，银行在服务层面将不再强调线下和线上的区别，只需要按照具体场景的客户需求灵活组合不同渠道上的服务内容，相互协同完成服务流程。

【案例】中国邮政储蓄银行依托5G技术推动渠道创新[②]

作为新型通信基础设施，5G技术提升了人与人、人与物、物与物的通信连接能力，并与云计算、人工智能、AR/MR等新技术组合，为金融业建设数智化服务渠道提供技术支撑。在智慧网点的转型升级、5G手机银行、5G消息即时服务（MIS）等多方面，“5G+”正成为推动金融服务渠道创新、提升金融服务体验的重要驱动力。

中国邮政储蓄银行（北京分行）与容联云联合打造视频移动营业厅平台，实现远程业务办理、客户身份识别、电子章、信用贷款、财富多方投顾等金融服务。在该平台的支持下，客户可通过“远程小邮”微信小程序呼叫行内远程坐席人员、预约业务办理；远程坐席人员可通过远程工作台随时响应客户的业务需求，业务办理全程支持录音录像并在满足监管要求下加密传输至行内影像集中内管平台，实现业务数据的安全存储与审核等功能。

三、营销数字化

在数字化转型之前，商业银行的营销模式主要依赖于传统的广告宣传和人力推广。银行的营销活动多以纸质广告、电视广告和户外广告等形式展开，宣传效果较差且客户转化率相对较低。在人力推广方面，主要以实体网点为主要渠道，通过柜面服务、电话银行和短信服务等手段与客户互动，同时也会通过

---

① 刘银行．数字化进程中商业银行全渠道协同策略研究［J］．现代金融导刊，2021（7）：52－56.

② 北京金融科技产业联盟．中国金融科技发展报告［M］．北京：社会科学文献出版社，2022.

客户经理进行一对一的沟通，了解客户需求，提供相应的产品和服务。这种传统营销模式成本高、效率低，且效果难以量化，原因主要在于以下三个方面。首先，传统营销主要依赖于人海战术和物理网点，这些方式需要投入大量的人力和物力资源，成本高昂。此外，传统营销覆盖面有限且缺乏个性化服务，导致营销效率低下。其次，传统营销方式在触达客户时往往缺乏精准性，难以准确识别目标客户群体，导致资源浪费和营销效果不佳。最后，由于缺乏有效的数据收集和分析工具，传统营销难以量化评估营销效果，无法准确衡量投入产出比，从而难以制订有效的营销策略和优化方案。

金融科技的迅速发展给商业银行营销数字化带来了前所未有的机遇。一是通过利用大数据技术，商业银行可以深入挖掘和分析客户的交易数据、行为偏好等信息，从而实现更精准的市场细分和个性化营销策略。同时，人工智能在营销中的应用，如智能客服、智能推荐等，有效提升了客户服务的智能化水平，改善了客户体验。二是云计算技术可以提供弹性的计算能力和大规模数据存储，使银行能够快速响应市场变化，降低运营成本。三是移动互联网技术使银行可以随时随地与客户互动，提供更便捷的金融服务。这些技术的综合应用降低了银行营销的成本，提高了营销效率，极大地提升了客户满意度和忠诚度。商业银行的营销数字化按照其用户运营流程被分为几个环节：用户识别、用户转化和用户运营监测。

在用户识别环节，数字化的核心应用主要体现在用户识别方式的数字化升级以及用户数字化画像建设方面。用户识别方式的数字化升级主要体现在通过AI识别、大数据分析等技术的应用，实现在多种模式下用户信息的确认及共享；主要的识别方式包括人脸识别、扫码识别、卡证识别。用户数字化画像是指通过大数据的信息积累以及网络信息系统的互联互通，使银行在用户信息采集、信息标签化处理以及用户画像完善方面实现较大提升，为后续数字化精准营销奠定基础。

用户转化是整个银行营销流程中的核心环节，体现银行营销体系对用户生命发展全周期的把握。银行依据用户与银行业务联系的紧密程度，将用户分层管理，通过搭建用户成长体系、积分体系、权益体系的方式，激发用户活跃度，根据用户特征及需求，通过日常运营维护提升用户与银行业务的关联程度，实现对用户的逐级转化。用户运营监测是对用户行为的动态捕捉，将大数据与机器学习技术相结合，在实现对用户行为监测的同时，利用监测到的用户数据预测用户未来动态，准确洞察用户行为及需求的趋势变化，及时调整用户分类，以实现对用户特征的精准把控[①]。

【案例】中国工商银行数智化营销模式[②]

中国工商银行提出了“数字生态、数字资产、数字技术、数字基建、数字基因”的五维布局，筹划推出面向未来的数字化品牌“数字工行（D－ICBC)”，同时依托集团金融科技和数据优势，以客户为中心、以“数据＋技术”双要素驱动，深化数字工行建设。

G端：创新数字政务服务新模式。共与全国29个省份开展政务数据合作，落地300多个政务合作场景，积极助力政务服务“一网通办”。

B端：深度参与产业数字化。紧密对接现代农业、先进制造业、现代服务业等行业龙头数字化转型发展步伐。围绕医疗、教育、出行等民生热点领域，上线了20余个“金融＋行业”的云服务生态圈，对外输出2600余种金融产品和服务。

C端：着力打造云上工行服务新模式。持续推动手机银行升级，将智慧大脑与工银e服务、工小智、云工作室等渠道对接，为个人全量客户提供1000万余种智能服务方案。实现“实体＋电子”社保卡发卡，支持社保卡跨省通办，并构建“智慧风控”平台，保护客户资金安全，在涉敏、防盗刷、老年人转账等高风险领域，加强异常交易监控。

四、风控数字化

风险管理是商业银行的核心竞争力。在数字化转型之前，商业银行的风控模式主要依赖于传统的信贷审批流程和人工监控，这种模式以纸质文档和有限的电子数据为基础，通过信贷员的实地调查和审批人员的经验判断来评估借款人的信用状况和还款能力。在风险识别方面，银行通过财务报表分析、现场调研和行业分析等手段来识别潜在风险。在风险评估方面，银行采用定性评估和定量评估相结合的方法，如专家意见、历史数据、使用统计方法和数学模型对风险进行量化分析和信用评级。在风险控制方面，银行制定信贷政策、担保要求以及建立严格的信贷审批流程等来降低风险。在风险监测方面，银行定期审查贷款和投资、监控财务指标、使用预警指标以及进行现场和非现场检查等，

---

① 艾瑞咨询．中国银行业数字化转型研究报告［R］．艾瑞咨询研究院，2023.

② 欧阳日辉．中国数字金融创新发展报告（2023）［M］．北京：社会科学文献出版社，2023.

以确保风险处于可控范围内。

随着大数据、人工智能、区块链等技术的广泛应用，商业银行能够更高效地收集、整合和分析风险数据，实现风险识别和评估的智能化、精准化。

在数字化转型后，商业银行的风控模式发生了显著变化。主要体现在以下几个方面：一是数据驱动的风控决策。数字化转型后的风控模式强调数据驱动决策。银行通过收集和分析大量的借款人信息、交易数据、行为数据等，建立全面、准确的客户画像和风险评估模型。这些模型和算法能够更精准地评估借款人的信用状况和还款能力，为信贷决策提供更可靠的依据。二是智能化风控流程。数字化转型使得商业银行能够引入人工智能、机器学习等技术优化风控流程。智能化风控系统可以自动化处理大量数据和信息，实现风险识别、评估和预警的自动化和智能化。三是实时监控与预警机制。数字化转型后的风控模式注重实时监控和预警机制的建设。通过引入大数据分析和监控技术，银行可以实时监测借款人的信用状况和行为变化，及时发现潜在风险并采取相应的风险控制措施。这种实时监控和预警机制有助于银行更好地应对市场变化和风险事件，保障信贷资产的安全。四是多维度风险评估。数字化转型使商业银行能够从多个维度对借款人进行风险评估。除了传统的财务指标和信用记录外，银行还可以利用借款人的社交网络、消费习惯、地理位置等多维度信息，更为全面地评估借款人的信用状况和还款能力，提高风控的准确性和有效性。

【案例】中国工商银行“工银融安 e 系列”风险管理智能化系统①

中国工商银行加快推进企业级智能化风控平台建设，持续完善工银融安 e 系列风险管理智能化系统，不断提高风险早识别、早预警、早暴露、早处置能力，有效防范风险跨市场、跨业务、跨领域传染。中国工商银行强化数字化环境下的风险管控，覆盖数字化转型全过程的各类要素，覆盖数字化环境中的新兴风险和传统风险，支持数字化新业态新模式发展。

“工银融安 e 信”是中国工商银行运用先进的大数据和信息化技术，根据金融同业及企业客户风险防控需求自主研发的银行业首款风险信息服务平台。该平台以风险管理为核心，整合了来自银行内部、社会公信体系、国内外金融同业、境内外反欺诈服务组织等多方信息，建立了权威、准确、合规的企业级全球风险信息库。平台依托于数据处理专利技术，运用金融业领先的大数据云平

① 中国工商银行 2022、2023 年度报告（A 股）。

台，结合决策树、神经网络等机器学习先进算法，打造了集风险探查、经营情报、舆情监测、关联分析、评估报告为一体的智能风险防控体系，可为各行业客户提供集风险目标识别、风险交易预警、风险管控方案、风险分析评估于一体的全渠道、全链条的智能风险防控支持。“工银融安 e 防”是工商银行的信用风险监控系统，该系统全方位服务集团信用风险防控，依托大数据及工业遥感识别技术，实现基建、绿色能源等领域贷后智能监控。“工银融安 e 盾”是工商银行的全球市场风险管理系统，该系统构建企业级反欺诈平台，提升全面风险、市场风险、个人客户风险管理监控能力，支持7×24 小时毫秒级交易风险的实时阻断。“工银融安 e 控”是中国工商银行运用先进的大数据和人工智能技术，根据监管及客户风险防控需求研发的银行业反洗钱金融服务平台。该平台可满足工商银行集团内控合规管理、监督检查评价、案防操作风险、反洗钱管理等业务场景的需要，为集团内控合规管理提供强有力的系统支撑。

第四节　我国银行业数字化发展前景

一、我国银行业发展前景预判

银行业作为金融体系的核心组成部分，在经济发展中起着至关重要的作用。近年来，随着我国经济持续稳定增长和金融市场不断深化，银行业整体保持了健康的发展态势。我国银行业的发展前景广阔，但也面临诸多挑战和机遇，下文从以下几个方面对我国银行业的发展前景进行预判。

（一）经济转型推动银行业变革

随着我国经济由高速增长向高质量发展阶段转变，银行业作为金融体系的核心部分，其发展前景与国家经济转型的步伐紧密相连。经济转型推动银行业变革主要表现在以下几个方面：首先，产业结构的升级要求银行业提供更加精准和多样化的金融服务，支持新兴产业和创新企业的发展，这促使银行业务模式和服务产品不断创新；其次，消费结构的优化升级带来了个人金融需求的多样化，银行业需要通过数字化转型，提供个性化、便捷的金融产品和服务，以满足消费者的需求；最后，绿色发展理念的深入人心，要求银行业在资金投放上更加注重环保和可持续性，推动绿色金融的发展。在经济转型的大背景下，我国银行业需加大创新力度，不断提升服务实体经济的能力，为经济的高质量发展提供有力的金融支持。

（二）金融科技引领银行业创新

随着金融科技的迅猛发展，我国银行业正迎来前所未有的创新机遇。随着大数据、云计算、人工智能、区块链等金融科技的日益成熟与广泛应用，银行业正经历着从传统金融服务提供者向综合金融解决方案供应商的转变。这些技术不仅为银行提供了更高效、更低成本的服务手段，也极大地拓展了银行的服务边界和深度。我国银行业更多地运用金融科技来推动业务创新，通过智能风控、精准营销、个性化服务等方式提升客户体验，同时利用科技手段优化内部管理，提高运营效率。此外，金融科技还将帮助银行业更好地融入全球金融市场，通过跨境支付、供应链金融等服务提升国际竞争力。然而，金融科技的运用也会带来一些挑战，如数据安全、隐私保护、技术更新等方面的问题。银行业需要加强信息安全保护，加大技术研发投入，培养专业人才，以应对金融科技带来的挑战。

（三）市场需求推动银行业务创新

从市场需求推动银行业务创新的角度来看，我国银行业的发展前景充满了机遇与挑战。首先，随着我国经济的快速发展和居民财富的持续增长，客户对金融服务的需求日益多样化，这为银行业务创新提供了强大的推动力。客户不再满足于传统的存款和贷款服务，而是追求包括资产管理、财富增值、个性化投资咨询等在内的全方位金融解决方案。因此，银行业需要不断推出新的金融产品和服务，以满足客户的多样化需求。其次，客户年龄结构的变化也将对银行业务创新产生重要影响。当前“90后”甚至“00后”逐渐成为消费主力，年轻一代更倾向于使用互联网和移动设备进行金融交易，他们对于金融科技的应用有着更高的接受度和期待值。因此，银行业必须适应这一变化，加大科技投入，推动业务的数字化转型。随着客户需求的多样化、年龄结构的变化，我国银行业将继续朝着更加智能化、个性化的方向发展，提供更加丰富多样的金融产品和服务，以满足不同客户群体的需求。

（四）监管政策引导行业规范发展

银行业作为国家经济的核心组成部分，其健康稳定的发展对整个国民经济至关重要。近年来，我国监管部门不断完善监管法规，加强对银行业的监管和指导，推动银行业走规范化、透明化的发展道路。具体而言，监管政策在以下几个方面对银行业的发展起到引导作用：一是加强风险管理，要求银行建立完善的风险管理体系，提高风险识别和应对能力；二是推动银行业务创新，鼓励银行在合规的前提下开展金融创新，提升服务质量和效率；三是保护消费者权益，强化对银行业消费者权益的保护，提高消费者的获得感和满意度。因此，在监管政策的引导下，我国银行业将更加注重风险管理、合规经营和消费者权益保护，推动银行业务创新和服务升级，实现健康、稳定和可持续的发展。同时，银行业也需要积极适应监管政策的变化和要求，不断提升自身的治理水平和风险管理能力，以应对复杂多变的市场环境和挑战。

二、我国银行业数字化发展趋势

随着经济数字化程度的加深、数字化技术和金融加速融合以及客户对敏捷、个性化服务的要求，银行业数字化转型加速，数据资源价值将更为凸显，金融产品服务将更加智能化，业务场景结合将更为紧密，经营管理模式将更加高效，商业银行的数字化转型总体上将呈现以下趋势。

（一）数智化是银行业数字化转型的更高阶段

未来银行业数字化体系建设将更加完善，逐步覆盖更多业务场景，为用户提供全面、便捷的金融服务。从整个银行业金融科技赋能程度与数字化转型阶段来看，目前大多数国内银行仍处于线上化阶段，处于该阶段的银行数字化能力比较薄弱，在实现业务线上化的基础上，仅在少数几项业务板块（如营销、风控等）探索性地开展数字化业务的能力升级。对于头部大行来说，目前基本已经进入了银行数字化转型阶段，银行在业务数字化转型及应用方面的能力较强，对于银行业务场景也实现了一定程度的数字化覆盖，并且在某些业务条线，头部大行的技术能力应用也能够达到数智化初级水平。随着国内银行业在金融科技、IT 系统建设等数字化领域投入成本的增加，银行数字化业务服务能力水平将进一步提升，前沿技术的融入将推动银行整体迈入数字化新阶段。与此同时，银行数字化转型进程的推进也将逐步覆盖更多的业务条线，特别是线上化难度大、业务较为复杂的对公业务条线，或将成为近几年数字化升级的重点发力方向。此外，银行数字化升级的业务板块也将会更多地关注用户体验与用户服务，将数字化、智能化技术应用于解决用户投诉、保护用户权益、产品智能决策等方面，在满足用户需求的同时利用数字化技术为用户带来更好的服务体验。①

（二）开放合作是未来银行发展的必然选择

客户是所有服务行业的中心，在数字化时代，客户的行为习惯和消费习惯

---

① 艾瑞咨询．中国银行业数字化转型研究报告［R］．艾瑞咨询研究院，2023.

不断发生变化。客户不再满足于传统的银行垂直、独立的产品服务体系，相反，他们需要融合金融与非金融服务的综合解决方案。这一需求变化促使银行改变传统结构和体系，打破自身闭环，通过跨业态合作的方式，对产品和服务进行创新，为自身金融产品附加非金融价值，响应客户的需求变化，增加产品和银行的竞争力。金融科技是推动银行进行变革转型的关键力量，银行借助相关技术积极开放端口，与外部机构开展合作，探索并深化与各行业的合作，共同构建新场景，发展新业务。开放合作的运营模式是未来银行发展的趋势，所有金融机构及非金融机构都可以借助开放合作的新模式实现多赢和共生价值。银行应积极布局开放合作的新模式，采取交流与共享的姿态，探索新模式的发展道路和运营模式，在符合监管要求的前提下，主动发掘新模式的优势和价值，在渠道、客户、业务、数据和技术等方面交流合作，建立新赛道中的竞争优势，共同迎接未来的趋势和挑战。①

（三）数字生态圈的构建是未来银行发展的关键

在银行业数字化转型的过程中，数字生态圈将在横向与纵向两个方面不断延伸发展，横向延伸跨行业合作的覆盖面，纵向提升合作深度，逐步形成全方位的数字化生态合作。在横向层面，合作将持续进行场景延伸，扩大场景的覆盖面，覆盖客户所有可能的消费场景。持续场景延伸的基础条件是发展大量合作关系，持续寻找新的合作方，探索未开发领域，构建新场景，提升跨业态合作的范围广度。未来的跨业态合作将推动“一对一”合作向“链与链”和“网与网”合作发展，进一步加速跨业态合作场景的广泛覆盖。在纵向层面，数字化生态将持续深化合作程度，丰富合作内容，对已有场景进行融合叠加，推动跨业态合作的模式升级，向复杂化和精细化发展，逐步完成生态体系的构建。借助数字化生态合作，银行可以实现多渠道覆盖增加客户触点、多细分市场深度渗透、精准描绘客户画像、利用大数据技术准确识别客户需求和实时风险预警等多个方面的能力提升。商业银行通过深入生态圈主动寻找有交叉销售场景的机会，提供“金融＋科技＋基础设施”类服务，以实现长期持久的效益。因此，数字生态圈的构建是银行发展的关键，通过不断拓展合作渠道、创新服务模式和深化客户绑定，银行可以实现可持续发展并获得更多效益。②

（四）敏捷性是未来银行业数字化建设的方向

未来银行业数字化建设方向朝着敏捷性方向迈进，具体表现在组织架构及

① 杨农，王建平，刘绪光．商业银行数字化转型：实践与策略［M］．北京：清华大学出版社，2022.

② 杨农，王建平，刘绪光．商业银行数字化转型：实践与策略［M］．北京：清华大学出版社，2022.

IT架构两方面的“薄前台、厚中台、强后台”策略。如此一来，一线业务更灵活，能快速顺应市场需求变化。中台集成银行整体数据、运营、产品、人员及技术能力，为前台业务的交付做强有力支撑。后端布局高效算力体系，实现动态负载均衡，完成去核心化银行系统的代际演进；同时加强数据合规及网络安全，提高风险应对能力。[①]

三、我国银行业数字化发展前景展望

随着科技的飞速发展，数字化转型已经成为推动我国银行业发展的关键动力。下文从全面数字化转型加速推进、智能化服务水平不断提升、开放银行助力金融生态繁荣以及数字货币引领支付体系变革四个角度，对我国银行业数字化发展前景进行展望。

（一）全面数字化转型加速推进

在数字经济浪潮的推动下，我国银行业正迎来全面数字化转型的历史性机遇。随着大数据、云计算、人工智能等先进技术的深入应用，银行业在运营模式、服务渠道、营销模式、风险管理等方面均呈现数字化升级的新趋势。数字化转型不仅提升了银行内部的运营效率，更重塑了银行与客户的关系，使金融服务更加便捷、普惠。未来，全面数字化转型将进一步加速。一方面，银行将深化对数字化技术的运用，实现业务流程的全面优化和重构；另一方面，银行将更加注重客户体验，通过数字化手段提供个性化、差异化的金融服务。此外，数字化转型还将推动银行业与其他行业的跨界融合，创新出更多符合数字经济发展需求的金融产品和服务。

（二）智能化服务水平不断提升

智能化服务是银行业数字化转型的重要内容之一。通过运用人工智能、机器学习等技术，银行能够实现对客户需求的精准识别和快速响应，提升服务的智能化水平。目前，智能客服、智能投顾、智能风控等应用已在银行业广泛落地，为客户提供了更加智能、高效的金融服务体验。展望未来，智能化服务将在银行业发挥更大的作用。银行将不断优化智能算法和模型，提高服务的精准度和个性化程度。同时，随着5G、物联网等技术的普及，智能化服务将进一步拓展至更多的场景和领域，如智能家居、智能交通等，为客户提供更加便捷、智能的金融服务解决方案。

---

① 艾瑞咨询．中国银行业数字化转型研究报告［R］．艾瑞咨询研究院，2023.

（三）开放银行助力金融生态繁荣

开放银行是银行业数字化转型的另一重要趋势。通过开放 API 接口、共享数据资源等方式，银行能够与第三方开发者、金融机构等合作伙伴共同构建开放、共享的金融生态系统。开放银行不仅能够提升银行的服务能力和创新能力，还能够促进金融行业的竞争与合作，推动金融生态的繁荣与发展。在开放银行的助力下，未来金融生态将呈现更加多元化、协同化的特点。银行将与各类金融机构、科技企业等深度合作，共同研发新产品、新服务，满足客户多样化的金融需求。同时，开放银行还将推动金融服务的普惠化发展，让更多人享受到便捷、高效的金融服务。

（四）数字货币引领支付体系变革

数字货币是银行业数字化转型的又一重要领域。随着央行数字货币（CBDC）的研发和应用逐步深入，数字货币将成为未来支付体系的重要组成部分。数字货币的引入不仅能够提升支付的便捷性和安全性，还能够降低交易成本，提高金融系统的运行效率。数字货币的广泛应用将引领支付体系的深刻变革。一方面，数字货币将打破传统支付体系的壁垒和限制，实现跨境支付、实时结算等功能；另一方面，数字货币将与智能合约、区块链等技术结合，创造出更多新型支付模式和商业模式。这些变革将为银行业带来新的发展机遇和挑战。

综上所述，我国银行业在数字化转型的道路上正迎来全面加速的新阶段。在未来的发展过程中，我国银行业应继续加大技术创新力度，提升数字化水平，优化服务模式，推动业务创新，以适应数字经济时代的发展需求。同时，也需要加强风险防控，确保业务的稳健运行。只有这样，我国银行业才能在数字化的大潮中乘风破浪，实现持续的、健康的发展。

【课程思政】

银行业作为金融体系的核心组成部分，其数字化进程不仅关乎银行自身的生存和发展，更关乎国家经济安全、社会稳定和民生福祉。银行业数字化是我国金融领域贯彻落实国家发展战略、推动经济高质量发展的重要举措。在数字化转型的过程中，银行需要坚持金融服务实体经济的根本宗旨，确保数字化技术的创新应用能够真正服务于经济社会发展的大局。这要求银行业在数字化进程中，既要追求经济效益，也要注重社会效益，实现经济效益和社会效益的有机统一。银行业数字化也是践行社会责任、推动社会公平正义的重要途径。在数字化时代，银行应当利用技术优势，打破信息不对称，为弱势群体提供更加便捷、安全的金融服务，促进社会资源的公平分配。同时，银行还需要加强消费者权益保护，确保客户数据安全和隐私权益不受侵犯，营造健康、和谐的金融生态环境。银行业数字化还需要坚持创新、协调、绿色、开放、共享的新发展理念。在数字化转型过程中，银行需要不断创新业务模式和服务方式，提升服务质量和效率；同时，还需要加强与其他金融机构和企业的协调合作，实现资源共享、优势互补；此外，银行还需要关注绿色金融和可持续发展，推动经济社会的绿色发展。银行业数字化不仅是技术的革新和业务的升级，更是一场深刻的社会变革和文化传承。在这个过程中，我们要坚持正确的价值导向，推动银行业数字化转型的健康发展。

【产教融合】

产教融合是指产业界与教育界之间的深度合作，旨在培养符合产业发展需求的高素质人才。在数字化背景下，银行业作为高度依赖信息技术和人才支持的产业，产教融合显得尤为重要。

首先，银行业数字化的发展对人才的需求发生了变化。随着技术的进步，银行业需要更多具备数字化技能的人才。这就要求高等学校和金融机构深化合作，共同培养具备数字化技能的金融人才。高等学校可以根据金融机构的需求，调整课程设置，提供更加实用的教学内容；而金融机构则可以通过提供实习、实训等机会，让学生在校期间就能接触到行业的最新技术，提高他们的实践能力。

其次，银行业数字化的发展为产教融合提供了新的平台。通过数字化手段，金融机构可以将业务流程、技术应用等资源引入教育领域，为学生提供更加真实的学习场景。例如，银行可以通过虚拟现实技术，让学生模拟操作银行业务，提高他们的实践能力。

最后，银行业数字化的发展也为产教融合提供了新的模式。例如，金融机构可以与高校合作，共同建立研究机构，进行银行业数字化的相关研究。这样的模式不仅可以推动银行业数字化的发展，也可以提升高校的科研水平，实现产学研一体化。

在银行业数字化进程中，通过深化产教融合，可以培养出更多符合银行业数字化发展需求的高素质人才，推动银行业数字化转型的健康发展，为经济社会发展提供强有力的支撑和保障。

【本章小结】

本章首先介绍了我国银行业发展的概况和银行业数字化的含义，并阐述了银行业数字化发展的重大意义。其次，本章分析了银行业数字化的发展逻辑与路径。云计算、大数据、人工智能、区块链和物联网等信息技术的运用为银行业数字化提供了技术支撑，从而能降低银行与客户间的信息不对称、降低银行经营成本和提升银行服务效率。当前，我国大中型银行在战略驱动、组织结构、金融科技投入和科技人才队伍几个重点领域展开了数字化转型。再次，本章阐述了我国银行业数字化发展的典型场景，从运营数字化、渠道数字化、营销数字化和风控数字化几个角度展开了分析。最后，本章对我国银行发展的前景进行了预判，分析了我国银行业数字化发展的趋势，并对我国银行业数字化发展的前景进行了展望。

【思考题】

1. 简述我国银行业数字化的含义及银行业数字化转型的重要意义。

2. 简述当前银行业数字化转型中各信息技术的应用现状。

3. 结合我国银行业数字化的现状，查阅资料分析不同类型商业银行业数字化的差异。

4. 结合我国国情和银行业数字化发展的趋势，思考我国政府应采取哪些措施促进银行业更好地进行数字化。

【参考文献】

［1］艾瑞咨询．中国银行业数字化转型研究报告［R］．艾瑞咨询研究院，2023.

［2］北京金融科技产业联盟．中国金融科技发展报告［M］．北京：社会科学文献出版社，2022.

［3］北京金融信息化研究所有限责任公司，阿里云计算有限公司，华为技术有限公司，等．金融业数字化转型发展报告（白皮书）2020—2021［R］．金融信息化研究所，2022.

［4］北京银行股份有限公司．北京银行股份有限公司 2021、2022 年度报告［R］．2022，2023.

［5］付晓岩．银行数字化转型［M］．北京：机械工业出版社，2021.

［6］黄烁，王延昭，唐华云．产学研结合债券基础设施数字化发展探索［J］．债券，2021（7）：34 - 37.

［7］九卦金融圈．发展战略变了？21 家银行系金融科技子公司全透视［EB/OL］．［2023 -

04 - 17]. https://baijiahao. baidu. com/s? id = 1763413956123109240&wfr = spider&for = pc.

[8] 刘银行. 数字化进程中商业银行全渠道协同策略研究 [J]. 现代金融导刊, 2021 (7): 52 - 56.

[9] 罗毅. 数字化技术在工商银行业务运营领域实践 [J]. 中国金融, 2019 (12): 10 - 13.

[10] 欧阳日辉. 中国数字金融创新发展报告 (2023) [M]. 北京: 社会科学文献出版社, 2023.

[11] 平安银行股份有限公司. 平安银行股份有限公司 2022 年年度报告 [R]. 2023.

[12] 上海浦东发展银行股份有限公司. 上海浦东发展银行股份有限公司 2021 年年度报告 [R]. 2022.

[13] 腾讯研究院. 18 家商业银行年报背后: 银行数字化转型与助力实体经济之路 [EB/OL]. [2023 - 05 - 08]. https://36kr. com/p/2249005646475136.

[14] 王舫朝, 廖紫苑. 把握银行数字化转型机遇 [R]. 信达证券, 2023.

[15] 王炜, 高峰. 银行数字化转型方法与实践 [M]. 北京: 机械工业出版社, 2022.

[16] 王卫国, 陈东, 王贤, 等. 数字化本质与运营模式进化的探讨 [J]. 信息系统工程, 2021 (11): 10 - 13.

[17] 王文海, 董正杰. 区块链数字金融数字经济时代的新引擎 [M]. 北京: 化学工业出版社, 2022.

[18] 杨农, 王建平, 刘绪光. 商业银行数字化转型: 实践与策略 [M]. 北京: 清华大学出版社, 2022.

[19] 招商银行股份有限公司. 招商银行股份有限公司 2022 年度报告 [R]. 2023.

[20] 赵萌. 更好发挥物联网金融价值, 驱动力在何方? [N]. 金融时报, 2023 - 06 - 19 (007).

[21] 中国人民银行. 金融业相关—银行业相关—银行业概述 [EB/OL]. http://www. pbc. gov. cn/jinrongxiangguan/214057/214059/214192/index. html.

[22] 中国信息通信研究院. 中国数字经济发展研究报告 (2023 年) [R]. 中国信息通信研究院, 2023.

[23] 中国银行业协会. 中国银行业服务报告 2022 [M]. 北京: 中国金融出版社, 2023.

[24] 中国银行业协会发展研究委员会. 2022 年度中国银行业发展报告 [M]. 北京: 中国金融出版社, 2022.

第五章　证券业数字化

【学习目标】

1. 了解我国证券业发展基本概况，掌握证券业数字化的概念和内涵。

2. 了解和掌握我国证券业数字化的发展逻辑；了解证券业数字化的新一代信息技术支撑，了解和掌握我国证券业数字化的顶层设计与重点领域；理解证券业数字化面临的主要问题与挑战。

3. 了解和掌握我国证券业数字化在业务运营、经营管理、财富管理、大投行业务、资管业务、机构业务、合规风控等方面的典型应用场景。

4. 了解国内外证券业数字化发展概况，展望我国证券业数字化的未来发展前景。

数字金融是数字经济的重要组成部分。近年来，大数据、人工智能、区块链、云计算等技术在证券行业应用成效显著，高效赋能实体经济。全面推动行业机构数字化转型既是助力证券行业高质量发展的内在引擎，也是更好服务实体经济和满足人民群众需求的重要举措。证券行业应充分利用金融科技赋能，着力推进证券业的数字化转型，实现质量变革、效率变革、动力变革。同时，通过证券行业的数字化变革，实现金融资本与实体经济的协同发展，为高质量完成金融供给侧结构性改革，加快建设金融强国，构建中国特色现代金融体系作出积极的贡献。

第一节　走近证券业数字化

一、我国证券业发展基本概况

（一）我国证券业的发展历程

在中国证券监督管理委员会编著的《中国资本市场三十年》一书中，我国的证券公司发展大致经历了三个阶段。

1. 早期设立与清理规范阶段（1987—2003 年）

1987 年，我国第一家专业性证券公司——深圳特区证券公司成立。1995 年，我国第一部《商业银行法》的颁布，对银证混业经营做了明确的规定。1997 年，中国金融体系进一步确定了银行业、证券业和保险业分业经营、分业管理的原则。1998 年，中国人民银行对证券经营机构的监管职能被划入中国证监会。1992 年国泰证券、华夏证券和南方证券这三大证券公司的成立标志着全国性证券公司开始兴起。1999 年，中国证监会明确了对证券公司监管的要求，规定了经纪类证券公司和综合类证券公司的最低注册资本要求，制定了证券公司管理、客户资金监控内部控制等工作的管理办法，也加强了审计和监管。此后，规范发展成为了行业发展的主旋律。

在快速发展的同时，证券行业积累的一些问题也逐渐暴露。部分证券公司挪用客户交易结算资金、账外经营等问题制约了资本市场的健康发展，也引起了有关部门的重视。

2. 综合治理与风险处置（2004—2007 年）

从 2001 年开始，中国的资本市场进入了连续 4 年的调整阶段。国务院于 2004 年 1 月发布《关于推进资本市场改革开放和稳定发展的若干意见》（以下简称“国九条”），首次就发展资本市场的作用、指导思想和任务进行了全面明确的阐述，对发展资本市场的政策措施进行了整体部署，将发展中国资本市场提升到国家战略任务的高度，“国九条”的发布，标志着证券行业进入综合治理阶段。

2005 年起，为解决困扰中国资本市场多年而启动的股权分置改革有序推进，A 股市场逐渐进入“全流通”时代，为实现市场化定价和股市长远发展奠定了坚实的基础，也给证券公司的进一步发展创造了良好的外部环境。

3. 规范创新与高质量发展（2008 年至今）

这一阶段，行业创新业务扎实开展，行业经营机构的业务范围不断扩大。在传统经纪业务、股票承销和证券自营等业务的基础上，证券公司可以开展报价回购、约定式购回、私募股权投资、融资融券、股票质押式回购等业务。

我国资本市场与境外市场双向打通的步伐进一步加快，国际影响力明显增强。2014 年 11 月“沪港通”开通，深港通于 2016 年 12 月启动。随后，“沪伦通”“债券通”又进一步为我国资本市场和境外市场建立了连接渠道。

多层次资本市场体系日益完善。2019 年 7 月，设立科创板并试点注册制改革顺利实施。2020 年 7 月，新三板改革进一步深化，允许符合条件的“精选层”公司转板上市，同年 8 月，创业板改革并试点注册制正式落地。

近年来，大数据、人工智能、区块链、云计算等技术在证券行业应用成效显著，高效赋能实体经济。以数据和技术为要素的新型数字化模式，越来越成为推动经济高质量发展的驱动力。

数字化转型对证券公司的经营方式、服务业态和商业模式进行全方位的科技赋能，在降低服务成本和提升行业效率的同时，催生出更多数字化、智能化的新业态。

（二）我国证券业的发展现状

随着国内经济进入高质量发展阶段，资本市场作为社会资源配置、居民财富保值增值的重要场所将发挥着重要作用。2022 年，证券行业受股市震荡下行影响整体业绩出现负增长，但在一系列政策机制与监管指引下，证券公司在新业务模式、新渠道布局以及新架构变革上迎来了新的发展空间，如何在新市场发展浪潮下抓住机遇，根据自身优势探索蓝海，成为各家证券公司需要持续研究的课题。

2023 年，证券公司的综合实力显著提升，根据中国证券业协会的数据，截至 2023 年 6 月 30 日，国内共有证券公司 141 家，证券营业部超过 10233 家。141 家证券公司（母公司统计口径）总资产为 11.65 万亿元，净资产为 2.86 万亿元，净资本为 2.13 万亿元，分别较上年末增长 5.33%、2.51% 和 1.91%。此外，客户资金余额为 1.93 万亿元，资产管理业务规模为 9.16 万亿元。从业绩来看，141 家证券公司 2023 年上半年度实现营业收入为 2245.07 亿元，同比增长 9.03%。

二、证券业数字化概念、内涵、表现

随着数字经济加快发展和数实融合深度推进，“数字金融”开始逐渐融入“数字经济和实体经济”深度融合发展话语体系。在该体系下，数字金融更多的是侧重数字经济与传统金融的深度融合。

（一）证券业数字化的概念

证券业数字化是指在信息化建设的基础上，通过大数据、云计算、人工智能、区块链、5G 等新兴技术，在数字环境中实现证券业机构人员、组织、场景、事物的有效组织和协同，并通过数据要素和智能生产力，提升证券业机构服务质效，提高证券业机构竞争力，即通过数字化手段对业务模式和经营逻辑进行优化重构。

（二）证券业数字化的内涵

证券业属于轻资产、高智力型行业，具有高附加值、高竞争性特点。数字化转型为行业注入了新活力，改变了证券服务能力的生成方式、拓展了证券服务能力的广度和深度、有力提升了证券风控体系的有效性和系统性，增强了证券服务体系的适应性和普惠性，成为证券公司围绕主责主业做专、做优、做精、做强的关键环节。推动数字化转型既是助力证券行业高质量发展的内在引擎，也是更好服务实体经济和满足人民群众需求的重要举措。

证券业数字化的内涵主要包括：（1）构建全面的数字化业务能力，构筑客户综合服务生态圈，重塑产品、服务、运营数字协同生态，实现以客户为中心的无界化数字场景、组装式数字服务、精准化数字运营；（2）聚焦经营管理，实现中后台各领域流程互通、数字管理、智能运营，深度挖掘数字化赋能场景，驱动现有流程、机制、分析决策模式创新优化，充分释放中后台数字化价值与能力；（3）以数字平台为载体，共建客户、同业、合作伙伴数字业务生态，构建多层次金融服务生态圈。

（三）证券业数字化的表现

根据 2021 年中国证券业协会的专项调查结果，71% 的证券公司将数字化转型列为公司战略任务，明确数字化转型的愿景、目标、业务场景蓝图、战略举措、实施路径等，为公司数字化转型提供指引。证券公司积极落实数字化转型组织架构保障机制，确立数字化转型决策、推进和执行机构，形成了各具特色的数字化组织架构。①

证券行业数字化转型正在发生深刻的变化，主要表现为：一是证券公司探索科技赋能各类金融产品与服务，从经纪业务向财富管理、大投行、资管等全业务扩展，加速业务转型升级；二是积极推进基础设施建设，优化数据中心建设布局，构建混合云基础设施等；三是加强数据和网络安全建设，构建安全可控体系；四是积极参与技术创新，促进构建行业生态；五是证券公司积极发挥金融科技优势，助力乡村振兴，提升特殊人群服务水平，展现行业责任担当。

三、我国证券业数字化发展的重大意义

2021 年 10 月，由中国证券监督管理委员会编制的《证券期货业科技发展

---

① 庞东梅．金融科技赋能信达证券数字化转型［N］．金融时报，2023－06－12（008）．

“十四五”规划》，为证券期货业的数字化转型和科技监管工作提供了指导思想，成为新发展阶段证券期货业数字化转型的纲领性指南。

在数字化浪潮的新形势下，证券业的数字化转型，将实现动力变革、效率变革、质量变革，也将成为我国证券行业高质量发展的必由之路。因此，数字化转型对于我国的证券业数字化发展具有重要意义。

1. 数字渠道和生态场景将进一步拓宽服务边界

数字化时代下，接触客户的方式、服务窗口等更加多元化、碎片化，原有的以线下为主的服务模式和效能难以覆盖现有存量、未来增量的个性化服务需求。围绕多元场景、多元渠道的数字生态建设有助于进一步扩大生态规模、拓展服务边界、延伸服务半径，实现存量转化和新增拓客的齐头并进。

2. 对于数据的洞察力将进一步深化客户认知和协同服务

以客户为中心的服务模式高度依赖于客户深度需求挖掘与洞察和多条线协同、精细化运营。客户、员工、产品服务的数字化刻画为服务、营销、渠道等多要素匹配提供基础。围绕客户需求的服务整合必然推进多条线系统数据流通、线上线下断点打通，有助于进一步打通部门壁垒，实现跨条线、跨渠道的客户联动运营。

3. 数字手段的采用将推进证券公司管理动态化、灵活化

随着资本市场改革深化和业务创新机遇的迸发，证券公司经营策略、管理模式、决策机制也需要动态演化。各经营管理领域的数字化可动态灵活捕捉市场和经营环境的变化，建立面向未来不确定因素下的敏捷响应能力和市场竞争力。

第二节　证券业数字化发展逻辑与路径

一、证券业数字化的发展逻辑

证券行业大力推动的数字化转型工作，既是行业实现高质量发展的内在引擎，也是更好服务实体经济、满足人民群众需求的重要举措。当前，多数证券公司已将数字化转型列为战略任务，并取得了可圈可点的实践成果。

1. 从宏观经济发展来看，我国经济已进入高质量发展的关键时期，实体经济发展从规模扩张转向结构升级，从要素驱动转向创新驱动的趋势日益明显

在此情况下，打造先进的数字化资本市场，是高效服务实体经济、促进资

源优化配置、提升市场活力、推动经济结构转型升级的必然方向。

2. 从微观层面来看，数字化转型也是证券公司自身实现高质量发展的内在要求

佣金收入的持续下降和市场活跃度的周期性波动，使证券行业内部竞争进入白热化阶段，传统的基于牌照、资本和渠道的模式，已难保证发展的可持续性。而依托人工智能、大数据、云计算、区块链等金融科技的数字化转型，则为证券公司在产品设计、客户服务、运营管理等方面实现创新发展，提供了有效手段，开辟了崭新模式。同时，证券行业监管水平的提升，也要求证券公司必须借助技术手段不断强化管理能力，及时有效地预防风险、发现风险、控制风险，全面提升风险控制能力与合规管理水平。因此，近年来，通过加大金融科技投入，助力优化业务模式，提升服务效能，提高管理水平，推进业务发展的数字化转型，已成为行业共识。[①]

二、证券业数字化的新一代信息技术支撑

随着新一轮科技革命与产业变革的深入推进，以大数据、云计算、人工智能、区块链等为代表的新一代信息技术在证券领域的应用场景不断拓宽，这些技术创新在证券公司的推广与应用正在颠覆证券业务的开展和运作，深刻改变着行业的业务开展、风险控制、合规监管等，并深入影响公司日常经营管理的各个方面。同时，这些技术创新还在不断创造新产业新业态，催生了智能投顾、智能投研、金融云等新型服务或产品。

（一）云计算

云计算（Cloud Computing）是分布式计算的一种，指的是通过网络“云”将巨大的数据计算处理程序分解成无数个小程序，然后，通过多部服务器组成的系统进行处理和分析，得到结果并返回给用户。证券公司利用主流云计算、虚拟化技术，构建覆盖公司全业务的基础设施云平台，包括云主机、云存储、内容分发网络、容灾备份等服务，可以有效地降低 IT 的运营成本。

（二）人工智能

人工智能（Artificial Intelligence）是一个以计算机科学（Computer Science）为基础，计算机、心理学、哲学等多学科交叉融合的交叉学科、新兴学科，是

---

① 云中鹏．南京证券总工程师江念南：三大维度践行数字化转型赋能证券公司高质量发展［N］．证券时报，2022－12－16（A04）．

研究、开发用于模拟、延伸和扩展人的智能的理论、方法、技术及应用系统的一门新的技术科学。人工智能技术在证券投资领域的应用主要包括智能投顾、风险管理、客户身份识别、合同智能审阅、量化交易、高频交易、市场参与者的情感分析、行业研究、自动化报告生成等。

（三）机器人流程自动化

RPA 全称为 Robotic Process Automation，也被称为“机器人流程自动化”，是一种基于软件的自动化技术，可以模拟人类操作计算机的行为，完成一些重复性高、规则性强的工作。证券公司基于 RPA 技术对重复性工作进行减负，大幅提高了工作效率，主要应用于智慧审计、财务对账、基础报表处理、数据稽核等方面。

（四）虚拟现实技术、O2O 闭环理念等

基于虚拟现实技术、O2O 闭环理念推进网点转型，引入 VTM、机器人、5G 无线网络服务等为用户提供全方位现场服务，打通线上线下跨渠道协同、拓展普惠金融场景和伴随式智能在线服务，为用户提供一致性的用户体验。同时，探索运用“5G + SDWAN + 云桌面”技术，构建“随建随撤、随处运营”新型智慧网点，为行业营业网点轻资产、智能化运营提供技术支撑。

数字技术在证券领域的应用提升了用户的服务体验，大大降低了运营成本，提高了市场整体的运行效率。在数字化转型过程中，证券公司应当设立专业的数字化研究岗位，研究创新技术在业务端的应用，助力数字化转型战略的实现。

三、证券业数字化的顶层设计与重点领域

（一）顶层设计

数字化转型不仅是技术工作，而应当是技术与商业模式的深度融合，是一种迭代式、体系化、技术、全面变革的过程。既要自上而下，以客户为中心，依托组织变革和文化建设，管理能力提升，实现经营管理模式创新驱动业务模式革新；又要自下而上，创造新价值。引导业务、以技术赋能为支撑，回归业务的本质进行优化与变革，构建数字协同生态。因此，证券业数字化转型的顶层设计应结合公司战略，通过现状评估和差距分析，明确转型方案，一般涵盖数字化转型的愿景、目标、业务场景蓝图（商业新模式、业务新模式和管理新模式）、战略举措、实施路径等方面。

1. 制定公司级数字化转型愿景、目标及高阶蓝图

战略先行，谋定而动。清晰的战略规划是公司数字化转型取得持久成效的

基础，包含转型愿景、战略目标和实施路径等内容。通过战略规划指明公司数字化转型的目标和方向，有助于公司各层面明确了解企业在数字化转型方面的愿景、方向和目标，增强凝聚力，促进数字化转型目标的达成。战略核心目标建议专注于业务目标和组织能力的提升。在设定业务目标时，建议在传统业务做强做大的基础上，要求注重新业务拓展，同时兼顾员工效能和成本收入比；组织能力提升方面，建议通过增加数字化人才和科技投入，全面打造数字化组织，为数字化转型提供组织保障和技术支撑。

2. 结合战略规划，聚焦应用、技术、数据、生态多个层面分阶段实施

为实现公司数字化转型的战略目标，需要聚焦重点项目工程，循序渐进，结合转型项目规划设计，在此基础上进行主体建设并展开常态化推动，将转型项目目标层层分解，分阶段、分职能确定行动计划，聚焦应用、技术、数据、生态多个层面的分批次施工，确保实施成效。

3. 落实组织、人才、投入、工作机制等转型保障措施

组织与人才相辅相成，组织架构决定人才分工与协作，人才素质影响组织效率和发展。从数字化领导组织、推进组织、业务与技术融合团队、数字化转型关键人才等方面出发，使团队的协作更加系统化、规范化。科技能力是数字化转型的关键，是公司的核心竞争力，需要证券公司加大科技投入力度，以科技为桥梁实现公司能力的对外输出，切实做到业务数据化、数据资产化、资产价值化。同时，配备高效的工作机制，进一步提升团队的工作效率：完备的转型项目沟通机制可以确保转型项目高效有序推进；追踪机制用于跟踪数字化转型项目执行进度、成果、问题和计划，并及时发现风险解决问题；考核机制紧扣公司转型方向，根据数字化项目的不同阶段，设定项目考核指标，并定期对项目进行考核。

（二）重点领域

根据证券业数字化转型的顶层设计要求，证券业数字化转型的重点领域应主要聚焦在以下三个方向。

1. 夯实数字化技术底座

首先，在基础设施建设方面，需要有效平衡行业基础设施共享带来的资源集约化、运维复杂度降低等优势，与同时可能引发的资源请求灵活度、管理自主性等方面的不足之间的矛盾，发挥行业公共基础设施和自建数据中心的各自优势，夯实经营机构的数字化基础设施底座。同时，通过云计算技术的应用和云平台的建设，推动传统基础设施的转型和传统数据中心的云化。其次，优化

网络架构，应用 SDN、5G 等前沿网络技术，提供高性能、低成本和运维便捷的网络服务。最后，在实现业务数字化转型的同时，也要加强科技研发与测试、网络安全管理、生产运维管理等技术平台的建设，实现科技自身的数字化转型。

2. 深化数据管理与应用

对于高度依赖于信息技术、有着长期大量数据积累的证券行业，其痛点和难点在于数据治理和数据价值的发挥，这就造成证券公司对于自己客户的了解比较有限，限制了许多的业务应用。提升数据管理和应用能力是实现证券公司高质量发展必须解决的问题。面对这一挑战，证券经营机构需要切实制定与推进数据战略，构建数据服务体系，完善数据自主分析工具，推动面向应用场景的数据应用深化。与传统的数据库主要支持对结构化数据的统计、分析和挖掘不同，大数据平台可以助力证券公司增加数据多样性、增进对客户的了解，进而有效支持业务的拓展和经营管理。在数据治理上，要推动建立数据资产目录、数据资产地图，优化数据资产管理工具，加强元数据、指标的全周期质量管理，并通过技术手段实现“硬控制”。

3. 促进业务发展、提升管理能级

数字化转型的重点在于通过数字化赋能业务和管理转型，因此，促进业务发展、提升管理能级是证券公司数字化转型的目标和方向。

在经纪业务领域，财富管理转型的步伐正在加快，以客户为中心、提升客户体验、建设灵活并具有前瞻性的业务能力成为转型的重要抓手。在投行业务领域，原有以纸质底稿和业务流程台账为主的运营模式亟须改变，证券公司一方面要通过底稿电子化来满足行业对加强投行业务内部控制的要求，另一方面要以数字化手段实现对投行项目“全流程、全要素、全周期、全覆盖”的精细化管理。在业务运营领域，现有的集中运营模式正面临越来越多的挑战，证券公司需要提高业务办理效率和质量，通过业务运营相关的技术系统，实现业务审核、业务处理、业务监控、业务复核等流程的数字化、智能化。在风险与合规管理领域，通过技术手段，收集和分析风险来源、特征、形成条件和潜在影响，为风险计量提供科学和准确的依据，从而达到对内外部风险的主动识别、动态监控和及时应对，提升风险与合规管理的有效性。①

① 鲍清，王东，金宗敏，等．金融科技助力证券公司智慧运营转型研究［M］//中国证券业协会．创新与发展：中国证券业 2018 年论文集（下册）．北京：中国财政经济出版社，2019.

在经营管理领域，高效协同的职能后台将在证券行业数字化转型中扮演越来越重要的角色。在财务管理方面，行业经营机构需要根据业财融合及战略财务管理的发展趋势，不断优化财务管理体系。① 同时，通过收入与成本管理、损益分析等手段，延伸财务管理职能，为经营决策、产品优化、客户服务等提供支持；在办公协同方面，全渠道、全天候、全线上的智能化办公协同新模式将成为行业经营机构数字化转型的重要助力。

四、证券业数字化面临的主要问题与挑战

（一）战略规划面临高度不足、认识不够、投入不多等问题

1. 数字化战略高度不够，缺乏顶层设计经验

数字化转型是从业务流程的线上化和数字化改造，到客户信息、服务产品、运营管理、业务流程等数据生态闭环的构建，再逐渐随着金融技术的运用，实现以客户为中心的业务模式重构的系统性工程。

2. 转型过程中战略定力面临考验，缺乏明确的战略转型路线

全方位数字化转型是对战略规划、组织架构、业务流程、数据治理等方面的系统性改造，与公司前、中、后台各部门均存在利益和职责上的关联交叉，需要明确的业务规划、坚定的转型信心，以及公司全员的参与、支持与配合。然而，历经行业周期与经济波动的影响，部分中小证券公司面临较大的市场竞争压力，在很大程度上希望将有限的资源投入业务拓展中，在实际工作中很容易出现优先级避让。②

（二）组织架构面临刚性有余、弹性不足等问题

1. 组织结构与体制机制刚性有余、弹性不足

数字化转型需要优化原有的作业模式，不仅是特定前台或科技部门的职能革新，更需要塑造基于数据要素内部流转的协调联动机制。一般来说，内部阻力大、牵制多、层级复杂往往会带来决策慢、协同差、机制不灵活等问题，其中比较典型的是业务系统间的断点及流程阻隔形成的数据孤岛，在实践中经常表现为不同业务间的信息割裂、需求响应滞后、灵敏度不足、协同作战能力不强。③

2. 数字化转型的牵头部门定位不明确、职责不清晰

在数字化浪潮下，少数头部证券公司设立互联网金融部、数字运营部等专

---

① 车水美．业财融合视域下的企业财务管理优化探讨［J］．大众投资指南，2023（12）：83－85.

② 杨农，刘绪光．券商视角下资管科技的创新及展望［J］．金融电子化，2021（5）：40－42.

③ 杨农，刘绪光．券商视角下资管科技的创新及展望［J］．金融电子化，2021（5）：40－42.

职机构，牵头推动数字化转型过程中的模式改造与业务创新。但仍有部分中小证券公司存在整体的数字化转型进展缓慢，数字化转型的牵头部门定位不明、职责不清，缺乏跨部门、跨业务的协调能力与有效抓手等问题。①

3. 缺乏数字化转型人才

所有的创新都离不开人才与技术的支持，人才是金融机构数字化转型的关键要素。一方面，证券公司数字化转型需要的是复合型与综合型的人才；② 另一方面，与金融科技企业相比，传统金融机构对高水平数字技术人才的吸引力不够，造成专业技术人才的供给缺口明显。③ 据统计，2019 年度我国证券行业信息技术人才的人均薪酬约占高盛、腾讯人均薪酬的 20% 和 52%。我国证券行业需要进一步提高数字化人才的储备和激励。④

（三）业务流程面临体系搭建孤立、资源较难整合等问题

1. 业务系统分散隔离，架构缺乏整体统筹，未形成互联互通的有机整体

近十年，证券行业的发展日新月异，业务发展到哪里，系统就建设到哪里。部分机构对公司级架构的管控能力不强，加之系统供应商纷杂，存在技术标准不统一、业务管理条块化等问题。不同系统在功能、流程、数据标准及技术体系方面缺乏统一的规范和整体的管控。而数据的互通程度、系统和架构的统筹优化能力是推进数字化转型的重要因素，解决由系统分散隔离造成的业务分割、信息分割等问题是打破现有僵局的关键。⑤

2. 数字化转型对传统经纪业务运作模式带来冲击，转型需求与现有流程、信息、机制支撑能力存在差距

证券公司的业务模式转型一直在努力尝试，但市场却鲜见令人印象深刻的成功示范。随着业务互联网化的深入，线下网点的传统经纪业务模式受到较大冲击，能否搭乘互联网技术和平台化发展的"顺风车"，打通证券公司投行、资管及经纪等各个业务条线，将此前彼此分离的业务结构变成线上和线下资源结合、不同业务资源结合的内循环，缩短客户服务链条，提升综合营销服务价值和客户体验，将是未来线下业务模式变革所面临的关键机遇和挑战。

---

① 杨农，刘绪光．券商视角下资管科技的创新及展望［J］．金融电子化，2021（5）：40－42.

② 杨农，刘绪光．券商视角下资管科技的创新及展望［J］．金融电子化，2021（5）：40－42.

③ 张巾．金融行业数字化转型的现状、挑战与建议［J］．信息通信技术与政策，2019（9）：39－41.

④ 中国证券业协会．关于推进证券行业数字化转型发展的研究报告［M］// 创新与发展：中国证券业2020 年论文集．北京：中国财政经济出版社，2021.

⑤ 杨农，刘绪光．券商视角下资管科技的创新及展望［J］．金融电子化，2021（5）：40－42.

（四）证券行业数据安全问题亟待解决

证券行业业务开展伴随海量数据的产生，而数据化在提高效率的同时也带来了安全隐患。在数字化转型过程中，由于数据价值凸显，往往容易发生数据泄露和遭受网络攻击，给公司和客户带来难以弥补的损失。此外，随着数字化转型的深入，信息安全将直接影响证券公司整体业务运行，增加了技术风险和操作风险。在数字化重塑证券金融服务流程、创新证券服务模式的同时，客观上也导致证券数据曝光范围的扩大，加大了数据泄露的风险。因此，在行业数字化建设过程中，需要重视数据安全和系统安全管理，确保系统安全、业务合规、风险可控。

（五）法律监管存在相对滞后、不够细化等挑战

1. 缺乏与监管科技相辅相成的法律或行业准则

就证券行业及其相关监管机构而言，目前与监管科技直接相关的法律或行业准则尚未建立，而现行的法律法规、监管要求和行业标准更偏向于强调信息技术的安全性。自 2019 年 6 月 1 日起施行的《证券基金经营机构信息技术管理办法》标志着证券行业信息技术监管的重要性已被提升到新的高度，但实践中信息技术服务机构，如科技公司等仍较难被纳入监管范围。

2. 数据化为传统金融监管模式带来的挑战

数据的深度利用对数据保护原则的挑战。金融科技的功能要得到良好的发挥，必须大量获取和使用客户的真实数据，在此过程中不可避免地会涉及客户隐私保护的问题。在传统金融机构与金融科技公司合作进行数据共享的过程中，也涉及是否算是数据对外泄露、是否属于金融机构将核心业务进行了外包的争论。当合作方处于不同的区域或国别时，该类型合作与数据本地化原则也存在冲突。

3. 监管范围和规模空前扩大，监管挑战趋于复杂

随着大数据、人工智能、云计算、区块链等金融科技在证券行业的应用，金融业务呈现去中心化、去中介化、自组织等新特点，与传统的监管框架和监管模式不匹配。为适应金融科技发展的趋势，监管能力、监管的灵活性、软件及硬件技术资源都需要提高或升级。

第三节　我国证券业数字化发展的典型场景

当前，我国证券业数字化的发展速度加快，在业务运营、经营管理、财富

管理、大投行业务、资管业务、机构业务、合规风控业务等方面的应用场景越来越丰富，应用范围不断扩大。

一、业务运营数字化

随着证券业的快速发展和客户体量的快速增加，证券公司的集中运营管理也面临着越来越大的挑战。证券公司开始尝试创新和转变管理模式，推动业务运营向智能化方向发展。[①] 证券公司通过使用语音识别、自然语言处理、人脸识别、OCR 识别、大数据分析等数字化技术，打造了智能运营平台。证券公司还可以利用人工智能和 RPA 技术打造数字员工，实现了多系统协作的数字化、自动化和智能化。例如，华泰证券以数字化赋能精细化和智能化运营，推进系统整合和运营集中，实现运营作业的自动化，将人力资源从繁重的工作中释放出来，使员工有更多精力投入到业务创新等更高价值的工作中，进一步提升服务质效。

【案例】华泰证券建立"数字华泰运营指挥中心"

1. 案例概述

数字华泰运营指挥中心按照"保障运行安全，感知发展态势，实时指挥调度"三大功能组织建设，围绕"保障本质安全"探索实现新的管理、运营和决策模式，加速推动各项数据融合和全景展示，让数字化运营管理可见、可管、可控。

2. 案例成效

数字华泰运营指挥中心正式投产，从监测预警、运营分析、指挥调度三大领域，实现超过 14 个业务场景构建与支撑、6 条业务链路梳理与落地，1000 + 核心业务指标采集与分析，形成了核心业务运行态势全方位、全时段、全业务的感知、运营分析、全局指挥调度能力。建设"业务系统运行全景图"全面整合业务系统运行数据，通过数据关联融合形成业务系统运行关键指标体系，全面呈现系统运行综合态势，感知信息系统风险和变化发展趋势；通过建立全面的指标体系和分析能力，提供运营分析的统一视图，使得在运营管理过程中发现的问题通过有效的支撑平台进行跟踪督办；聚焦应急指挥场景，于 2022 年 1 月顺利通过证券期货业第十二次网络安全联合应急演练实战检验（见图 5 - 1）。

---

① 鲍清，王东，金宗敏，等．金融科技助力证券公司智慧运营转型研究［M］//中国证券业协会．创新与发展：中国证券业 2018 年论文集（下册）．北京：中国财政经济出版社，2019.

图5-1 数字华泰运营指挥中心正式启动

二、经营管理数字化

（一）建设特定业务系统和管理系统，提升经济效益

建设数字化智能营销平台、客户画像、CRM系统、公司各部位各具特色的数字化管理平台等，实现业务和管理的数字化转型，提高效率并转化为公司的经济效益。例如，中信证券、长江证券等持续建设经纪业务、证券金融PB业务的数字化智能营销等系统，通过数字化转型，在管理、营销、绩效/经营诊断领域，实现经营管理效率提升。

（二）打造数字协同办公平台，提高办公及展业效率

通过搭建涵盖各类数据、业务、运营、服务的数字化底座，实现金融服务资源的上下打通，结合员工不同岗位角色的工作特点、差异化的办公需求及各类办公场景及多变的业务场景，利用OCR、RPA等一系列数字化技术，实现办公全流程数字化管理，形成高效协同的数字职场，赋能员工办公及展业，提升员工办公效率。

（三）构建数字化经营分析平台，赋能管理决策

落地公司各部位管理驾驶舱建设，整合集团绩效考核指标及各单元重点指标、分支重点指标，实现数据权威、决策优化、会议提效，分层次、多角度图形化展示，赋能集团绩效考核和经营分析。当前，多家证券公司已经启动了管理驾驶舱的建设，进度不尽相同。

【案例】长江证券打造基于 Level－2 深度数据挖掘的智能产品服务体系

1. 案例概述

长江证券坚持创新转型基本思路，以金融科技提升综合金融服务能力。基于上海证券交易所及深圳证券交易所的基础 Level－2 数据，深入挖掘 Level－2 数据价值，为用户提供全面快捷的行情数据以及更丰富的个性化增值指标和功能，同时整合线上线下运营资源，构建智能化、矩阵式营销触达方法，实现更为灵活的营销服务体系，为客户提供更优质的特色金融服务。

2. 案例成效

在行业效应上，长江证券智能产品服务体系基于 Level－2 深度数据，结合机器学习（AI）和相关专家经验（HI）等方法，引入微服务、DevOps、RPA 等技术平台，建立了数据挖掘、产品包装、营销服务、运营分析的智能服务闭环体系，以敏捷、高效、可靠的核心底层技术，持续为公司客户、投顾和投研机构提供个性化 Level－2 服务与决策工具。在经济效应上，截至 2021 年底，各类产品销售额超过 5000 万元，周边产品的总体销售金额超过 1 亿元，转化付费用户近 10 万人。在社会效应上，充分利用计算机的强大算力进行启发式搜索，在海量数据中探索价值因子，构建了 Level－2 高频因子深度挖掘模型，制定了营销及服务全生命周期的管理标准和实施指引，补充完善了公司综合金融服务体系。

三、财富管理业务数字化

（一）持续深化建设一站式综合理财服务

证券公司通过整合线上线下资源，为零售经纪业务的数字化转型提供平台支撑，为客户提供专业资讯、行情指标、智能选股等增值服务，不断提高用户活跃度及用户黏性。例如，国泰君安综合理财平台行业内首次实现松耦合 SOA 架构的全账户、全业务、全产品的综合业务办理和交易，持续深化打造综合理财统一账户体系，实现客户在不同业务下资金的直接互转，大幅提升客户资金操作的效率和体验，使公司获批成为综合账户功能首批试点单位。

（二）积极实践数字化赋能基金投顾业务

建设覆盖投前、投中、投后的全生命周期服务体系，对客户精准画像，通过投前策略引导，投中市场解读，投后业绩归因分析，为客户提供持续的服务，提升客户投资收益和投资体验。例如，中信证券制定了基金投顾业务三年战略规划，已建成基于客户生命周期的服务体系，解决了客户“选基难、择时难、持有难”的问题。

（三）打造一体化财富管理解决方案

运用金融科技对各类流程、体系、管理模式进行重构，提升服务质效。证券公司可以基于财富中台技术底座，以科技赋能为技术驱动，以资产配置为业务核心，围绕产品、投顾、客户，建设产品交易、数据治理、智能投研、智能投顾、智能运营等核心能力，打造集业务管理、展业终端、客户服务、中台支持的一体化财富管理数字化解决方案，以数字化手段重塑财富管理业务。例如，国泰君安行业首创的数字型财富中心建设落地，构建“君弘智投”智能投顾业务模式，着力实现海量基础客群的有效覆盖及优质服务。

此外，证券公司还可以将数字化技术应用于高净值客户及专业投资者交易服务能力持续提升、营销服务支持、员工展业平台建设等方面。

【案例】国泰君安全面实施数字化零售“星”服务，数字型财富中心打造行业数字化转型

1. 案例概述

国泰君安以“三个三年三步走”战略路径构想为指引，围绕落实 2020—2022 年财富管理转型发展规划，构筑综合服务平台和领先数字科技，系统性输出“e 网通办”、“e 网统管”、企业微信、企业级财富管理数据中台、产品中收平台、私客专家服务平台等赋能财富管理业务的数字化成果。聚焦基础、富高、超高净值三类客群，形成“智能化广谱服务、个性化投顾服务、定制化专家服务”三类服务模式，全面实施数字化零售“星”服务。从数字网点、数智队伍、数字底座、数智平台建设出发，全面推进行业首创的数字型财富中心建设落地，构建“君弘智投”智能投顾业务模式，着力实现海量基础客群的有效覆盖及优质服务，打造财富管理数字化转型的生动实践。

2. 案例成效

国泰君安持续深化金融科技创新与应用领域，全面推进财富管理数字化转型与高质量发展，助力增进民生福祉，推动实现共同富裕。目前，30 家分公司已全部加入数字型财富中心试点建设，10 家数字型财富中心通过首批验收。试点运行期间，数字型财富中心持续提升客户活跃度与满意度，截至 2022 年 6 月底，君弘 App 用户数达 3840. 83 万户，月活逆势上扬至 735 万户，月均活跃较上

年提升14.95%，开户营销线索转化率较年初提升15.89%，NPS净推荐值达42.34，个人客户中基础客群综合业务收入占比由上年末的38.59%提升至42.34%，增长3.75个百分点，增幅9.72%；个人客户中基础客群资产占比由上年末的14.40%提升至20.81，增长6.41个百分点，增幅44.51%，存量长尾客群资产较上年末增长68.78%。

四、大投行业务数字化

（一）打造一体化智能投行平台

证券公司探索依托人工智能、大数据、自动机器人、区块链等前沿数字化技术打造一体化智能投行平台，包含智能尽调、智能分析、底稿审核、银行流水审核、电子印章等功能，覆盖股权融资、并购重组、债券融资、资产证券化、新三板、一般财务顾问等全投行业务品种，实现承揽、承做、承销、持续督导的项目全生命周期线上化管理。例如，中金公司的新一代投行业务平台，将监管合规要求固化于境内外所有项目流程、底稿任务中，融入NLP、OCR等金融科技，使执业过程全程线上化留痕、可追溯，实现了全生命周期业务流程"一体化"贯通，员工执业"一站式"服务，内外部数据"全方位"互通。

（二）建设投行全生命周期协同工作平台

国泰君安首创以日常工作指引为导向的全生命周期项目工作室，提升投行用户日常项目推进的规范性和及时性，通过云协作办公服务平台（"融易连"），打造投行+生态圈，提高沟通便捷性与数据安全性；海通证券打造了国内证券期货业首个基于语义分析的金融文本智能处理平台，涵盖写、读、查、审等文档处理全生命周期和生态全链，全面支撑各类金融文档智能处理，大幅度提升了投行信息披露相关烦琐事务的工作效率，并有效防范金融合规风险。

（三）深耕投行业务细分领域

针对投行业务执行过程中的痛点问题，证券公司利用数字化技术进行深入研究，取得了优异成果。例如，中信证券针对投行债券类业务场景，利用RPA机器人自动化技术结合OA流程，实现自动化信息获取，为业务部门有效节省工作量，提高工作效率。

【案例】中金公司：新一代投行业务平台助力投行业务提质增效

1. 案例概述

在公司"三化一家"的战略部署下，中金公司投资银行业务以"全面满足监管合规”为主线，以“赋能业务、服务管理”为宗旨，持续推进数字化转型工作。目前，初步形成“一体两翼”的数字化建设体系，即以建设中的新一代投行一体化业务平台为主体，智能应用和数据服务为双翼，提升投行项目质量和执业效率。为此，公司构建投行业务和信息技术人员深度融合的混编团队，全面落地敏捷开发模式，服务投行全面数字化转型。新一代投行一体化业务平台（iBanker）打通“承揽、承做、承销、后督”全生命周期的流程和数据，实现业务直通式处理，为投行员工提供以数据服务、智能应用为基础，涵盖客户承揽、流程审批、风险管控、智慧管理等服务的“一站式”工作平台，进而提高投行业务效率、降低人力成本、落地监管及内控要求、防范合规风险。

2. 案例成效

（1）新一代投行一体化业务平台持续平稳运行，承载业务量巨大，业务使用频率高。其中客户数量及项目数量均已过万，业务累计发起流程近7万条，待办处理量近60万个，累计沟通近4万次和驳回2万余次，自动归档文件50多万个，项目文件累计大小超过10TB。

（2）工作底稿电子化管理系统支持所有项目线上创建底稿任务，审核意见和沟通过程均通过系统线上完成。境内外所有底稿任务共5400余个，包含底稿阶段2.6万余个，处理待办268万个，累计审核意见399万余条，反馈回复44万余条。存储文件640万个，共36T底稿数据。

（3）AI赋能，成果显著。

智能审核及比对已帮助近500名业务人员、完成1800余份文档的审核、实现近300万处内容提示；同时协助近200名审核人员、完成500余份文档的智能比对。金融文档智能撰写提效30%以上，实现金融债申报文件、内部流程文件以及发行文件等33种材料的自动生成，ABS类尽调报告、项目情况报告、发行说明书以及资产池统计等19种材料的自动生成，后督类债券后督公告、受托管理自查报告、债券受托年报以及债券年报和半年报的自动生成。银行流水智能识别及核查节省人力近50%；协助业务人员月均完成近1000份的银行流水材料的识别与分析。

PPA技术已应用于境内外债券、股本等10余类投行项目类型，采集来自公开网站、金融终端、内部邮箱、上游系统等非结构化数据源，支持监管反馈、企业探查、信息披露、市场监控等多个业务场景，已实现月均千余份材料自动整理。仅诚信核查功能，每月可节省500小时人力。

五、资管业务数字化

证券公司资管业务的数字化转型工作主要围绕资管产品营销服务、投研、数据和运营等方面展开。在营销服务方面，通过数字化技术实现资管线上业务的开展，搭建资管产品营销服务平台。在投研方面，证券公司积极推进投研一体化平台建设，提供覆盖多业务品种的研究决策支持。在数据方面，构建资管数据集市，打造数据中台为资管业务提供坚实的数据底座。在运营方面，围绕产品创设到清盘的全生命周期管理，利用 RPA 等智能技术，将重复性高、人工介入少的操作转化为自动化、标准化的工作流程，通过业务运营管控降低业务风险，提高产品运营的协同效率。例如，海通证券、光大证券等着手运营一体化平台建设，目标实现系统一体化、业务纵向深度与横向广度扩展一体化，提升业务体验。

此外，证券公司还不断完善风险管理体系，如华泰证券构建了针对市场、信用、流动性风险等在内的量化风险管理体系，实现风险的穿透核查与实时预警，做实三道防线职能。

【案例】光大证券数字化转型赋能资管业务

1. 案例概述

为全面解决固定收益投资过程的系统化需求，光大证券资管构建了魔方策略投资分析平台，首先从系统化迫切程度最高的交易机会捕捉、交易效率提升以及限额控制问题入手，在参考国际领先的资产管理机构实践经验的基础上，结合当前国情，自主设计研发了《光证魔方——固收解决方案》并取得成功，在探索利用金融科技、促进业务发展、更好地为投资人提供优质服务的道路上，走出了一条独特的创新之路。

2. 案例成效

魔方系统的固收魔方解决方案，核心由“一个中心”和“两大模块”构成。一个中心即完全自主研发分布式计算组件（九章引擎），里面集成了算法管理、算力调度等配套功能。通过构建包含 8 个计算节点的计算引擎，实时并行处理固收的行情数据，并为实时风控提供算力支撑。

两大功能模块包括组合管理模块 PMS、内部询价管理模块 Charla，各个模块之间业务数据相互打通。此外，Charla 还提供了到期收益率等关键指标计算的功能，修正了资讯厂商软件的计算和数据缺陷，并完成对资讯厂商产品相似功能的直接替换。在询价完成之后，组合管理模块PMS根据在Charla当中确认的询价结果，生成可执行的交易计划，并可对接交易系统实现指令一键下达。日终，组合管理模块会同步成交以及估值核算数据，用于投后复盘分析以及业绩归因。目前光证资管的全部账户，数千亿元规模的固收业务均运行于固收魔方系统之上。

六、机构业务数字化

我国机构投资者具有多元化的特点，如公募基金、私募基金、银行理财、保险、QFII、信托、社保基金等，机构客户的需求也不尽相同，涉及研究、投行、信用、托管等多个方面。多数证券公司针对不同类型的机构投资者建立相应的算法交易平台、融券交易平台、机构客户服务平台等，实现机构业务的信息化、流程化、规范化和自动化。

（一）打造智能交易平台

证券公司采用分布式、低延时技术，建设极速交易系统，提供全矩阵全种类交易软件服务，建立健全机构交易的全面服务生态，以满足专业机构投资者的交易需求。在保证交易速度的基础上，证券公司探索通过建设算法交易因子库支持算法开发，打造智能算法交易平台，为专业投资者提供功能强大、支撑有力、应用灵活的集中式算法交易服务，助力交易者降低交易成本、提高交易效率。如国信证券建设智能算法交易中心，涵盖目前市场所有的主流算法，为高净值、机构、自营、资管、固收等专业投资者提供功能强大、支撑有力、应用灵活的集中式算法交易服务。

（二）建设融券交易平台

融券交易平台为券源供需双方提供统一的线上平台，实现透明市场、智能撮合、券池管理和内外资源整合，针对上游询券难、买卖方信息不对称、人工撮合效率低下、券池管理困难、内外部资源整合难题等提出了一系列的解决方案。

（三）构建机构客户服务平台

部分头部证券公司已构建统一的机构客户服务平台，整合集团业务资源和服务，为客户提供全面、快捷、个性化的一站式的综合金融服务，为机构客户提供综合金融解决方案，不断做大做深金融机构与企业客户生态圈。

【案例】国信证券算法交易中心助力交易智能化

1. 案例概述

伴随着财富管理转型过程中机构业务快速发展，机构客户对算法交易的需求持续增长，国信智能算法交易中心涵盖目前市场所有的主流算法，包括被动算法、主动算法、日内策略和智能场景化算法，算法种类丰富，可满足客户在Alpha增强、主观投资、大宗交易、减持退出等场景的算法交易需求，覆盖沪深全部股票、债券和基金品种。

智能算法交易中心为高净值、机构、自营、资管、固收等专业投资者提供功能强大、支撑有力、应用灵活的集中式算法交易服务，上线以来，各项业务指标快速增长，提升了公司服务核心机构的竞争力，提升了机构业务领域的客户体验。

2. 案例成效

（1）为客户提供行业领先的智能化交易算法，提升交易效率和投资效率。

（2）强化竞争优势，直接带动公司竞争实力提升。公司通过金融科技的大量应用，全面提升客户交易体验，形成了具有行业竞争力的产品服务体系。截至2022年7月底，客户托管资产上千亿元，日均股基交易量超百亿元。

（3）推动证券行业整体交易手段智能化升级。国信智能算法交易中心使交易更加理性、科学，减少市场波动，促进证券市场朝成熟、智能化方向稳定发展。

七、合规风控业务数字化

证券公司利用数字化转型积极赋能合规业务，整合公司业务数据、资讯数据等内部和外部数据，引入大数据、知识图谱、RPA、NLP等数字化技术，助力数字化合规管理，促进合规工作提质增效，典型应用如下。

（一）建设客户交易行为管控体系

搭建全流程客户交易行为管控体系，从事前拦截、报盘镜像旁路监控、交易系统数据推送旁路监控、预警客户提示助手等各个环节防范或改善客户异常交易行为的发生，从数据中挖掘问题，助力合规检查。

（二）打造数字化合规管理平台

以数据驱动为核心理念，工作流程智能化为辅助手段，打造包括客户交易行为监控、隔离墙管理、反洗钱管理等应用模块的数字化合规管理系统，简化隔离墙管理流程，实现了合规工作提质增效，大幅提升了合规检查的工作效率和海量客户与交易信息的计算效率，显著提高异常交易监控、场外配资、员工行为监控、反洗钱可疑交易监控的时效性及有效性。

此外，证券公司致力于筑牢风险管理“三道防线”，搭建风险管理平台，提高风险识别评估、监测预警、模型量化和系统化管控等多方面的能力。

（三）建设智能风险画像与预警系统

建设智能风险画像与预警模型体系，实现对集团、市场、区域、行业、企业等预警维度的横向覆盖，以及对实时预警、趋势预判、预警报告等工作模式的纵向贯穿，风险信息获取效率迅速提高，复杂指标计量能力稳步强化，大大提升了重大风险预判预警工作的效率。例如，国泰君安在梳理公司业务逻辑与重大风险隐患的基础上，创新建设重大风险智能画像预警系统。

（四）打造全面风险管理体系

建立“以客户为中心”的全面风险管理体系，形成按客户集中统一管理数据的高效协调管理机制，结合内部评级模型和客户画像，对客户信用风险进行动态监测，实现同一客户统一管理。

【案例】国泰君安创新建设重大风险智能画像预警系统

1. 案例概述

面对复杂严峻的外部环境，国泰君安贯彻公司数字化转型战略，聚焦重大风险穿透画像与预警管理创新，梳理公司业务逻辑与重大风险隐患，总结业务与风险管理专家经验，构建穿透式的重大风险画像体系，搭建多维度的预警模型框架，开发建设智能风险画像与预警系统。目前，风险画像与预警模型体系已初步建成。在系统支持下，风险信息获取效率迅速提高，复杂指标计量能力稳步强化，风险主动感知水平大大提升；同时，风险预警数字化作业能力全面升级，实现对集团、市场、区域、行业、企业等预警维度的横向覆盖，以及对实时预警、趋势预判、预警报告等工作模式的纵向贯穿，大大提升了重大风险预判预警工作效率。

体系建设过程包括风险画像体系设计、风险预警模型开发、智能系统建设三块核心内容。

2. 案例成效

（1）风险画像与预警模型体系初步建成，包括：四级区域风险画像与预警评分卡；基于年报的主体预警评分卡 29 张；基于季报的预警评分卡 22 张；专家规则近300条，涵盖公司治理、外部环境、生产经营、信息披露、财务粉饰、金融监管等多维度。

（2）主动感知能力大大提升。复杂指标计量能力逐步提升，压力测试应用场景不断拓宽，负面舆情获取从被动采购向主动爬取转变，时效从“T+1”提升为“T+0”，建立电报快讯、要闻评析、公告公示、外部资讯与人工自增相结合的负面舆情中心。

（3）数字化作业能力全面升级。围绕日频率“风险简讯”、周频率“重大风险分析”、不定期“专项深度报告”等工作机制，实现风险信息自动归集，风险报告半自动编辑，极大提高预警效率。

第四节　国内外证券业数字化发展比较

一、国外证券业数字化发展情况

国外证券业在数字化转型方面走在了前面，近年来积极运用金融科技手段来提升证券市场的发展水平，推动证券市场的改革升级和健康运行。特别是国际领先的投行和资产管理机构将数字化转型作为创新发展的重点和核心战略。国外证券业的数字化转型呈现以下趋势。

（一）将数字化转型提升至战略高度

时代变革促使国际领先投行基于行业现状、客户偏好改变固有经营模式和盈利方式，科技的进步，派生出全新的业务模式；业务的开展，明晰了市场诉求。前者须对业务进行匹配调整，而后者须使科技匹配赋能。国际领先投行业务与科技不断适配时代趋势，两者并非是科技支持了业务或非业务跟随科技发展的单一关系，而是相辅相成、互为主次、共同成就。

（二）从赋能业务到赋能平台再到赋能生态

有别于国内证券公司，国际先进投行正试图以自身品牌，通过收购、投资等市场行为建设数字化业务平台，进而打造以自身品牌为中心的生态体系。通过平台化运作，增强自身品牌的流量属性。凭借自身流量，借助云技术、API接口等方式，在保证安全性的同时拓展客户的使用场景，降低使用门槛。

（三）充分利用生态参与者的数字化能力

数字化转型模式正在从自身数字化能力构建模式，转变为充分利用开放互联的生态参与者的数字化能力来实现数字化生态。国际领先的信息技术研究分析机构 Gartner 在 2020 年提出了以能力共享、价值交换、生态参与为核心的数字化生态框架和发展趋势。在新的模式下，数字化能力在生态参与者之间共享和使用，实现商业协同、优势互补、价值交换，从而实现整体生态的共赢。

（四）紧密结合企业核心能力推进数字化转型

企业充分利用核心能力，推进数字化转型。为了实现这一目标，国际投行和资产管理机构根据自身资源和发展方向，构建了数字化平台，以支持核心业务的高质量发展。例如，瑞士银行专注于提供全球资产配置的优质财富管理服务，通过数字化产品和客户体验的构建，提高了财富管理运营效率和业务成效。

（五）自主研发核心技术是头部机构数字化转型主流模式

自主研发核心技术是领先机构数字化转型的主流模式。为了在激烈的竞争中保持领先地位，国际领先的金融机构坚持自主研发核心技术，以建立自身的差异化竞争优势。根据国际知名研究咨询机构 TABBGroup 的统计数据，在 10 家欧美一线投行和资产管理机构中，自建与第三方 IT 服务（包括硬件、软件、数据等）的平均比例为 3. 14:1，远高于全球资本市场的平均水平。

（六）从组织架构和前瞻技术两个方面增强数字化转型驱动力

通过组织架构和前瞻技术的改进，可以增强数字化转型的驱动力。如高盛专门成立了 DSG（数字战略组）部门，负责组织、协调和推动各个部门的数字化转型。在前瞻技术方面，国际投行积极应用大数据、人工智能、云计算等前沿金融科技和开源技术，为业务和管理的全方位数字化转型提供敏捷高效的支持。

（七）聚焦强势业务领域的同时开拓全新竞争领域

国际领先投行因数字化转型的战略重要性，在科技领域不吝投入，除了自营科技体系建设，以高盛、花旗为首的头部投行在投资端也表现积极。除此之外，国际投行在区块链技术或 NFT（Non - Fungible Token，即非同质化通证）及元宇宙相关观念的加持下，将金融领域以游戏、虚拟增强的形式进一步拓展。领先投行正试图通过对前沿领域的投入，在进行科技储备的同时挖掘、培养客户需求，开拓全新竞争领域，为业务发展架桥铺路。

二、我国证券业数字化发展情况

新一轮金融科技革命与证券行业改革发展相互交织，其中包括了大数据、人工智能、区块链、云计算、5G 与移动互联等技术的应用。在这种新形势下，国内资本市场和证券行业的数字化转型将进一步加速，并呈现以下趋势。

（一）将数字化转型和金融科技上升到证券公司战略层面

首先，证监会已经采取了一系列措施，鼓励证券公司增加信息技术投入，提高金融科技的开发和应用水平。国内头部证券公司普遍将数字化转型和金融科技上升到公司战略高度，加大信息技术资源投入。

2021 年，全行业证券公司信息技术投入金额为 338.20 亿元，同比增长 28.7%，占 2020 年度营业收入的 7.7%。图 5－2 显示了 2021 年我国证券公司的信息技术投入分布情况。行业证券公司信息技术投入的中位数是 1.43 亿元，最高为 23.38 亿元，最低为 0.17 亿元，头部证券公司投入集中度越来越高，头部证券公司的投入和金融科技实力领先明显。

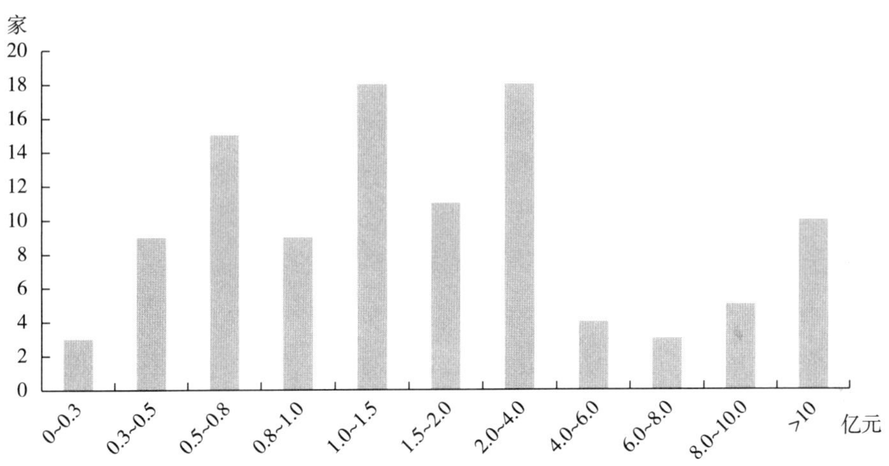

图 5－2 2021 年证券公司信息技术投入分布

（资料来源：中国证券业协会发布的证券公司 2021 年度经营数据）

行业信息技术投入领域主要包括：一是扩展金融科技人才力量，提升自身科技能力，包括自身金融科技员工和外包员工均较快增长。行业证券公司金融科技人才数量中位数是 103 人，华泰证券金融科技人才数量最多，达 3169 人，超过 1000 人（含）的有 6 家，500～999 人有 13 家，人数最少的仅 3 人。二是加快、加大前中后台数字化转型，投行、财富管理、资管、自营等业务及运营、风控、财务、法律合规等中后台全面推进数字化、智慧化、敏捷化、生态化建设，升级改造、系统新建等全面铺开，提升了业务和管理的数字化水平。三是持续升级基础设施及运行管理，加大云数据中心、大数据平台、智能运维监控平台、信息安全体系等投入，提升数字化转型基础能力。

（二）资本市场改革与业务创新推进证券公司数字化转型持续深化

近年来，资本市场改革向纵深推进，注册制全面推行、基金投顾试点、银行理财子公司成立和快速发展、券商结算模式转常规等重大改革政策落地。同时，证券公司业务创新发展提速，买方投顾模式成为财富管理转型突破口，投行向“投资＋投行”业务模式升级，自营逐步向非方向性投资、全资产发展，资产管理向主动管理转型等。客群结构日趋机构化、国际化，居民资产配置需求日益多元化，全球化资产配置是大势所趋。市场、业务、客群的显著变化推动证券公司将数字化转型重点由传统面向零售客群的数字化服务，全面拓展至面向机构和政企客群的数字化服务。

（三）数字化不断驱动产品和生态完善以及服务模式创新

行业金融科技产品以品牌化方式推向市场，成为拓展业务规模、创新业务模式的重要手段。例如，国泰君安打造“开放证券”平台生态，提升金融科技赋能和引领能力。同时，国内券商与互联网公司携手合作，共同打造场景化的金融科技生态，开拓新的服务模式。例如，中金和腾讯成立行业首家合资金融科技子公司。部分头部券商尝试开展金融科技创新企业投资，布局前沿技术领域，如华泰证券完成对多家金融科技企业的战略投资，以“资本参与＋业务合作＋战略协同”的产业投资新模式构建科技生态圈并助力自身数字化转型。

（四）行业数字新基建为证券公司数字化转型注入新活力

以行业云、行业链、新一代行业数据中心等为代表的数字新基建不断完善，加速证券行业数字化转型并激发证券公司创新活力、发展潜力和转型动力。例如，上交所金桥数据中心提供可靠高效的基础设施资源和高标准的安全运行保障能力，深证通新一代金融云服务提供包括 IaaS、PaaS、SaaS 全栈云服务，监管链、上证链、深交所区块链将实现更多电子存证和监管合规应用场景落地，有效缓解证券公司数字基建压力、降低数字化转型门槛，越来越多的证券公司将从行业数字新基建中受益。

（五）技术安全可控成为数字化转型重点

根据自主可控国家战略和证券公司对于技术安全可控要求的提升，证券公司将更趋向采用自主可控的技术架构，并选择在部分核心领域自主研发。重点加强数据安全、网络安全和安全运营体系建设，综合运用技术手段保护好客户信息且保障投资者权益。

三、国内外证券业数字化比较分析

经历了上一轮资本市场的行业低谷，我国证券行业正面临费率触底、通道业务收缩、同质化竞争激烈等问题。为了寻求新的增长点，行业分化趋势日益明显，同时数字化和金融科技的发展带来了行业颠覆性的变革，使大量证券公司面临重新转换赛道的机会。与国外证券业相对成熟的数字化转型现状相比，国内大部分证券公司的数字化转型实践多数处于以财富管理、投行、交易金融等业务为切入点，从前台带动中后台转型，从单一业务转向投行数字化、智能投顾、数据中台等多元业务发展的过渡阶段，具体表现如下。

（一）数字化转型缺乏统一的顶层设计

数字的沉淀、整合、分析和应用是数字化转型的基础。我国证券业在信息化建设方面大多以业务条线为主导，采用外购模式，缺乏统一的顶层设计和规划。存在普遍问题，如系统供应商众多、数据和接口标准不一致、系统重复构建等。系统的分散和割裂导致数据难以整合互通。因此，在合法合规的前提下，打破应用与数据的隔阂，促进数据资源的开放共享和综合利用，是数字化转型的关键。

（二）信息技术投入与国际投行尚有差距

关于数字化转型，国外领先投行已经先行一步，对金融科技的应用已经成为其标准配置。而国内大部分证券公司的数字化转型仅仅是将线下模式搬到线上，或实现分散的数字化应用场景的“点状发展”。除此之外，虽然我国头部证券公司在利用互联网思维服务终端客户上已积累了一定优势，但是和国外的证券公司相比，在信息基础设施的内部改造上依然差距明显。2019 年，摩根大通、花旗集团信息技术投入折合人民币分别为 685.13 亿元、493.71 亿元，分别占上年度营业收入的 9.01%、9.71%，分别是我国证券全行业信息技术投入的 3.34 倍、2.41 倍（见图 5－3），信息技术投入的体量差距一定程度上制约了国内证券公司技术领域的全面自主研发与前瞻性创新。虽然近年来我国证券行业信息技术投入规模整体呈稳步增长态势，但相较国外机构仍有较大提升空间。

同时，头部证券公司与中小证券公司分化严重，数字化转型的进程、深度与广度将推动证券公司走向差异化发展。根据中国证券业协会统计数据，2020 年证券行业信息技术投入的规模已经达到 262.87 亿元，信息技术投入平均数为 2.58 亿元，达到行业平均值的有 23 家公司，投入 4 亿元以上的证券公司有 19 家（见图 5－4）。头部证券公司与中小证券公司资金投入极不均衡，头部证券公

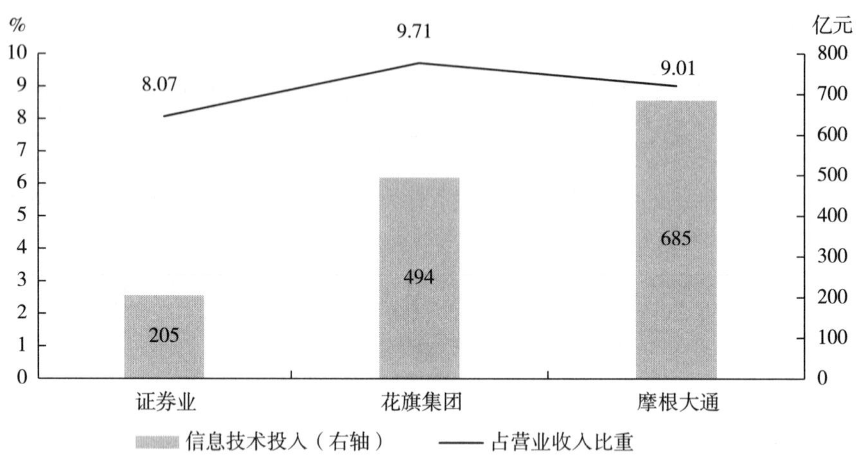

图5-3　2019年我国证券行业与国际投行同业IT投入对比情况

（资料来源：中国证券业协会．关于推进证券行业数字化转型发展的研究报告［R］．2020）

司拥有更强大的科技投入能力、客户来源与资金实力，这些因素预计将会进一步强化头部证券公司的核心竞争优势，分化趋势将越发明显。

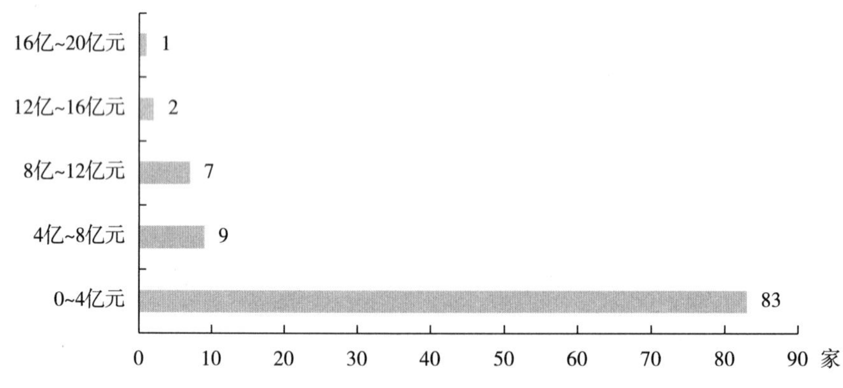

图5-4　证券公司2020年信息技术投入排名

（资料来源：中国证券业协会．关于推进证券行业数字化转型发展的研究报告［R］．2020）

（三）数字化人才相对匮乏

一方面，证券行业的信息技术人员水平较低。根据中国证券业协会的统计数据，截至2019年底，证券行业拥有13241名信息技术人员，占注册人员总数的3.75%。而高盛的信息技术人员比例超过25%。另一方面，数字化转型需要与公司的业务发展和经营管理密切结合，要求相关人员在深刻理解业务和管理思路的基础上提出相应的技术解决方案，行业亟须既懂业务又懂技术的综合型人才。

（四）数字化转型带来合规风险和信息安全挑战

在数字化转型过程中，传统证券公司与互联网公司的竞争加剧与合作加深，业务、管理和技术模式迅速创新，给合规和风险管理带来挑战。同时，云计算、大数据等技术的广泛应用增加了网络安全和数据安全的风险。合规与安全是数字化转型的基础和底线，需要证券公司兼顾安全和效率，严防数字化转型过程中的合规风险和信息安全问题。

四、我国证券业数字化发展前景展望

数字经济上升到国家战略高度，数字新基建范畴的大数据、人工智能、云计算、区块链证券科技领域与产业的结合越来越深，证券行业开启全面数字化转型，主要体现为数字化在行业内的渗透广度和应用深度上。

从渗透广度上看，不同规模的证券公司在数字化上的进展差异较大，头部证券公司保持着全面领先且已完成顶层设计，并建立了数据驱动运营模式的状态。从应用深度上看，多数证券公司从战略规划到组织协同再到科技应用，均有较多的场景落地，数字营销已经成为行业的普遍动作，数据赋能产品开发、优化业务流程、实施精细化运营等具体应用不断深入。

随着数字新基建与证券的结合越来越深入，应用场景不断丰富，证券行业未来会有如下六大趋势。

（一）证券行业信创进程加速规模化：信创进程加速，推动新基建在证券业应用场景不断丰富

信创是信息化应用创新的简称，包括硬件和软件，是数字基建的重要组成部分，属于新基建最底层的一环。随着信创产业从政府向金融等核心行业的大力扩展，自主可控的国产化替代进程不断加速，以信创作为底层支撑的新基建，在证券行业的应用场景日渐丰富，呈现深入化和规模化发展趋势（见图5－5）。

（二）财富管理智能化和平台化：业务发展呈现同质化，证券公司财富管理寻求在智能化和平台化方向上建立差异化竞争优势

基于证券行业牌照红利弱化、收入下滑、客户增长红利消失等困境，附加值高、价值率高的财富管理成为证券公司发展的新动能。在这一趋势下，证券公司纷纷开展财富管理业务，带来了行业业务模式及产品的同质化。但同质化并未阻挡财富管理转型的发展，原因正是在于证券行业与数字新基建的结合，证券公司可以充分运用金融科技建立起自身的差异化优势，证券行业财富管理正在朝智能化、平台化发展（见图5－6）。

		大数据	人工智能	云计算	区块链
业务板块	经纪与财富管理	客户画像，千人千面 产品画像 智能推荐 客户旅程全生命周期	智能投顾 智能客服 智能资讯 客户流失预警	虚拟化主机 CDN加速 跨境互联	存证服务 分布式身份建设 结算清算
	投资咨询业务	大数据风控 量化分析 产品设计	量化通道 智能投研 实时风控	虚拟化主机 跨境互联 云计算弹性扩展	联盟链管理 风控管理
	投行业务	智能管理 标的画像 标的利率、风险分析	智能尽调 标的画像 合同OCR	虚拟化主机 跨境互联 云计算弹性扩展	积分管理 资产托管
	资管业务	实时分析 算法交易 量化投资	实时风控 用户画像 产品设计	虚拟化主机 CDN加速 跨境互联	征信 ABS
	自营	大数据风控 产品投研 多品种交易	量化交易 智能风控 多品种交易	虚拟化主机 CDN加速 跨境互联	联盟链管理 风控管理
支撑板块	运营管理	管理驾驶舱 数据中台 数据治理	智能报表 智能运营 智能压测	虚拟化主机 CDN加速 跨境互联	联盟链管理 风控管理 积分管理

图 5－5 证券数字新基建主要应用场景

（资料来源：众诚智库、神策数据调研）

数字化财富管理转型

客户管理服务
· LTV客户生命周期服务体系 · 清晰、合理的客户等级服务体系 · 客户的隐性需求与显性需求相统一
· 全天候客户服务与支持

产品策略
· 以客户需求叠加产品特征的复杂型资产管理
· 场内场外权益通道多维度产品供给
· 以追求产品绝对收益为目标的专业服务

数据经营
· 全方位数据采集建设
· ID- Mapping数据打通
· 数据准确定义及清洗

营销经营
· 针对性触达客群
· 多样性触达通道
· 统一或个性化的营销工具与话术
· 营销结果数据回收

团队建设
· 总部建立强大业务支撑团队
· 分支机构建立投顾服务团队
· 数据赋能销售队伍

组织与考核
· 总部和分支机构中后台业务支持团队建设
· 建立垂直化、数字化的考核体系

IT系统
· 以大数据驱动客户决策系统
· 建立总部、分支机构、投顾可视化管理和销售系统

图 5－6 智能财富管理营销中台

（资料来源：众诚智库、神策数据调研）

1. 智能化

智能化即智能决策，证券财富管理业务智能决策可分为明确客户群体、个性化运营、数据驱动决策三个部分。

2. 平台化

财富管理业务主要是进行客户分类和提供高附加值服务，其核心由客户、渠道、产品、团队四个关键要素构成，围绕关键要素构建中台，实现高效协同，使业绩增长有迹可循。

（三）获客渠道多元化：互联网带动获客形式和渠道越发多元化，要求证券公司具备渠道融合的全域营销能力

随着信息获取渠道和互联网社交形式越来越多元，在数字新基建技术的加持下，证券行业在获客形式上也发生了重大变化，从线下为主变为线上为主、线上线下相结合的方式。同时线上渠道也更加多元化，直播、短视频、企业微信等新形式向证券获客形式不断渗透（见图5-7）。

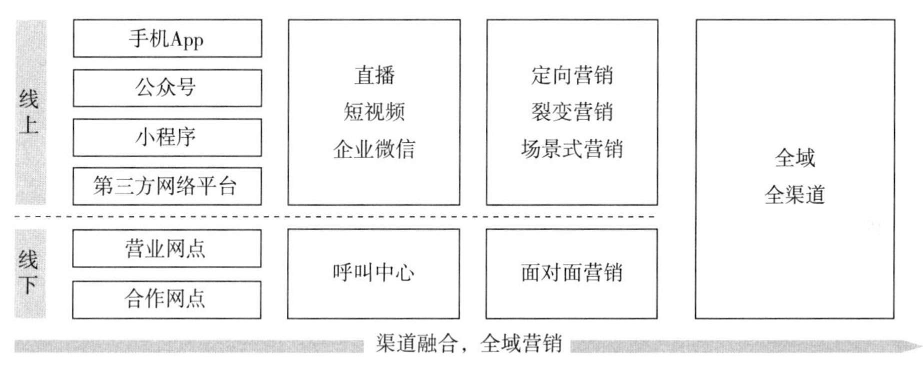

图5-7 证券公司获客渠道多元化

（资料来源：众诚智库、神策数据调研）

（四）流量运营精细化：流量获取成本攀升，打造私域闭环运营正成为证券公司的重要课题

对于证券公司来说，互联网获客的成本逐渐攀升，此时，运营的价值便凸显出来，在整个过程中，能感知到客户的行为逻辑，使客户的行为与预期相匹配，将变得更加重要。运营的精细化主要体现在新客获取、存量客户运营和客户经理赋能三个方面（见图5-8）。

（五）业务管理一体化：高效协同的管理机制是业务数字化的基础，券商应加强组织、流程、技术支撑等方面的能力建设

成功的财富管理转型、数字化转型需要高效协同的管理模式支撑，从头部

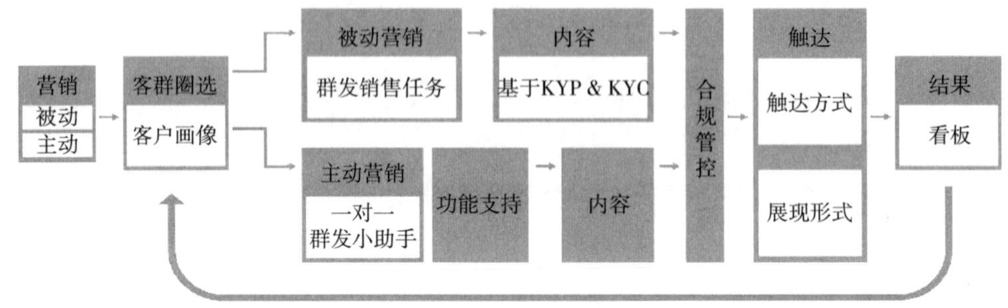

图5-8 客户精细化运营流程

（资料来源：众诚智库、神策数据调研）

券商的实践和发展动向看，其业务管理模式在逐步一体化，主要体现在组织架构升级、服务体系优化、统一业务流程和技术支撑四个方面（见图5-9）。

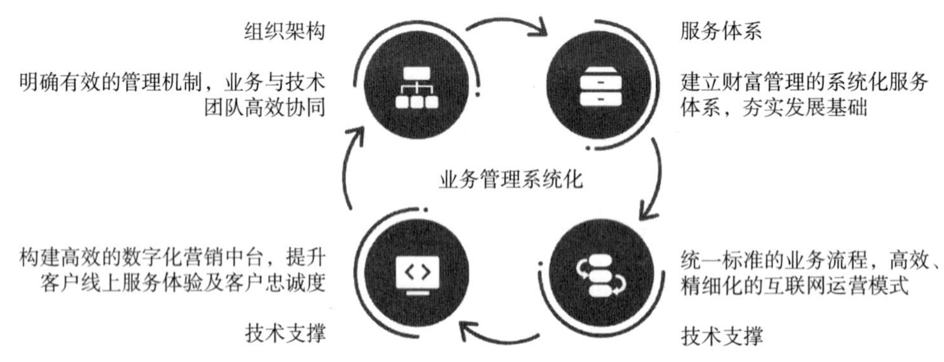

图5-9 业务管理一体化

（资料来源：众诚智库、神策数据调研）

（六）大数据融合生态化：大数据生态是实现数字化转型的根基，证券公司应加强多源多维数据融合分析能力建设

大数据作为数字新基建的主要组成部分，是证券行业数字化转型的重要技术支撑，是数字财富管理业务的根基，重视数据建设已成为行业共识。随着大数据技术的发展，数据与业务的融合程度越来越高，在业务复杂程度不断提高的情况下，对数据的需求也大幅提升，主要包括：实时与历史数据融合、内部与外部数据融合、客户行为与业务经营数据融合。根据神策对合作中券商的调研，构建自身的大数据融合生态已成为头部券商当前的关键课题，在头部引领下大数据融合生态必将成为行业发展趋势。

【课程思政】

1. 学生学习本章之后，能够正确认识到数字化转型对于证券业的重要性。结合证券行业发展现状，证券公司旨在通过数字化转型，整合优化行业公共资源和创新环境，大幅提升行业科技应用与赋能水平，实现“融入产业、便捷服务，实现集约化、平台化、数字化运营”的总体目标，为加快建设金融强国、构建中国特色现代金融体系作出积极的贡献。

2. 党的二十大报告提出“加快建设制造强国、质量强国、航天强国、交通强国、网络强国、数字中国”。加强金融科技在金融领域运用、提升数字金融服务能力是金融行业新命题，从证券行业出发加强人工智能、大数据、云计算、区块链等新技术与业务的深度融合，全面升级金融科技体系，从被动响应向主动赋能升级，从满足业务基础功能需求向局部推动功能创新升级，从过去由科技主导、与业务较为割裂向科技与业务共创升级，从依赖外部、分散建设，向自主研发、实现整体布局规划升级。

金融是经济的核心，聚焦到证券行业，要守住不发生系统性金融风险的底线。学生在学习了证券业数字化相关知识后，能够理解金融科技和现代化信息手段对数字金融发展下的证券业的重要性，同时要认识到在我国的证券业数字化转型中，各类数字化系统要坚持自主研发，避免受制于人，实现证券业整体布局创新升级，守住不发生系统性金融风险的底线。在数智化人才培养的教学中要解决“为谁培养人”的问题，坚决扛起培养政治过硬、作风优良、专业精深的高素质金融人才的时代重任，坚定为党育人、为国育才的信念，培养合格的新时代社会主义事业的建设者和接班人。

3. 证券市场是我国资本市场的重要组成部分，在教学中，通过讲解证券业的发展历程，使学生明白我国的证券业数字化转型必须始终坚持和加强党的全面领导。我国资本市场白手起家，仅用40年多年就走过了西方发达国家上百年的发展历程。40多年来，无论是在股权分置改革的紧要关头，还是在防范化解重大金融风险攻坚战的吃劲阶段；无论是国际金融市场动荡冲击的艰难时刻，还是面对新冠疫情蔓延影响正常开市的重大抉择，我国资本市场之所以都能攻坚克难、化危为机，始终保持良好发展势头，归根结底在于有党中央的坚强领导和中国特色社会主义的制度优势。实践证明，只有把党的政治优势、组织优势和资本市场发展的一般规律有机结合起来，自觉把资本市场改革发展放在党和国家工作全局中去谋划、去推动，才能够乘风破浪、攻坚克难、行稳致远。

在证券业数字化的教学中，使学生认识到党的二十大报告提出的“支持加快构建以国内大循环为主体、国内国际双循环相互促进的新发展格局”，就是要聚焦引入更多的中长期资金，吸引境外长期资金配置中国资产，支持国内大循环，也要懂境外规则、善用境外规则，进一步融入全球资本市场，为实体企业在全球范围内优化资本要素的配置，以资本为纽带，畅通国内循环与国际循环的连接点。使学生能够理解证券业数字化转型中，证券行业必须加快自身专业能力建设，坚持以客户为中心，积极推进财富管理转型，加快资产管理业务发展，合规稳健经营，推动形成证券行业发展的新格局。

【产教融合】

1. 证券业数字化的顶层设计和重点领域。此部分内容可以采取课堂教学为主，配合与学校产学研合作的证券业机构，如南京证券、华泰证券等正在实施数字化转型战略的企业实践内容共同教学，提升学生对证券业数字化转型的重要性和必要性的认知，提高学生在证券业数字化领域的学术视野。

2. 证券业数字化发展的典型场景。此部分内容理论和实践紧密结合，教学过程中要提升学生运用理论知识分析和解决实际问题的能力。教学设计可以采用课堂理论教学、实验室实践教学、证券业行业导师进课堂、学生进入证券业机构参观和实习、证券业专家指导学生的实践项目和科研课题等教学方式，将企业数字化转型的实际案例融入教学内容，让学生能够更好地理解和应用所学知识，提升学生的实践能力和创新能力，培养学生的职业素养和团队合作精神。实现学生从课本知识到实际应用场景、从校园到证券公司、从理论到实践的知识迁移和综合能力培养。

3. 在证券业数字化教学中还需要组织教师参加培训与交流。由于证券业数字化转型正处于探索实施阶段，通过组织教师参加证券业数字化进程的培训与交流，能够了解证券业数字化的最新发展动态，提高教师的实践能力和教学水平；通过组织证券业专家走进校园，进行教师交流和讲座，促进教学内容与实际需求的对接。

【本章小结】

本章第一节首先介绍了我国证券业发展基本概况、证券业数字化的概念和内涵。证券业数字化是指在信息化建设的基础上，通过大数据、云计算、人工智能、区块链、5G等新兴技术，在数字环境中实现证券业机构人员、组织、场景、事物的有效组织和协同，并通过数据要素和智能生产力，提升金融证券业机构服务质效，提高证券业机构竞争力，即通过数字化手段对业务模式和经营逻辑进行优化重构。第二节介绍了证券业数字化的发展逻辑与路径，主要从证券业数字化的发展逻辑、证券业数字化的新一代信息技术支撑、证券业数字化的顶层设计与重点领域、证券业数字化面临的主要问题与挑战等方面进行了阐述。第三节介绍了我国证券业数字化发展典型场景，分别从业务运营、经营管理、财富管理、大投行业务、资管业务、机构业务、合规风控等方面进行了比较详细的分析。第四节对国内外证券业数字化的发展进行了比较，并对我国证券业数字化发展前景进行了展望，在中国经济高质量转型和资本市场持续发展的过程中，经济结构不断优化、现代化经济体系加速建设国家战略持续推进、金融改革逐步深化、市场及客户需求朝着多元化发展，证券行业作为资本市场与实体经济的桥梁，将迎来广阔的空间和发展机遇。

【思考题】

1. 简述证券业数字化的概念和内涵。
2. 分析证券业数字化的经济学意义。
3. 简述证券业数字化转型中信息技术的应用。
4. 论述如何进行证券业数字化顶层设计。
5. 简述证券业数字化的重点领域。
6. 如何应对证券业数字化面临的主要问题与挑战?
7. 简述我国证券业数字化发展的典型场景。
8. 自行查找相关资料，分析比较国内外证券业数字化的发展情况。

【参考文献】

［1］鲍清，王东，金宗敏，等．金融科技助力证券公司智慧运营转型研究［M］//中国证券业协会．创新与发展：中国证券业2018年论文集（下册）．北京：中国财政经济出版社，2019.

［2］车水美．业财融合视域下的企业财务管理优化探讨［J］．大众投资指南，2023（12）：83－85.

［3］陈佳禾，唐昊若．企业建设财务共享中心存在的问题及对策［J］．营销界，2022（23）：44－46.

［4］福建省人民政府关于印发福建省数字政府改革和建设总体方案的通知［J］．福建省人民政府公报，2023（2）：37－56.

［5］韩维蜜．布局新基建赢得新未来——访浙商证券信息技术部总经理黄玉锋［J］．金融电

子化，2022（4）：75－76.

［6］胡再勇．加快形成开放创新生态：理念、路径与措施［J］．当代中国与世界，2023（1）：67－72，128.

［7］蒋东兴．关于证券期货业数字化转型的思考［J］．清华金融评论，2021（9）：89－93.

［8］栗兴仁．煤炭企业集团建设财务共享服务中心探讨［J］．会计之友，2019（3）：2－7.

［9］庞东梅．金融科技赋能信达证券数字化转型［N］．金融时报，2023－06－12（008）.

［10］王洪涛．金融科技助力智慧运营［J］．金融电子化，2019（2）：31－34.

［11］王继静．财务共享服务在X投资集团的应用实践［J］．航空财会，2022，4（1）：65－69.

［12］徐心雨．乡村振兴背景下数字普惠金融对乡村发展的影响——以山东雪野为例［J］．粮食加工，2023，48（1）：92－95.

［13］杨农，刘绪光．证券公司视角下资管科技的创新及展望［J］．金融电子化，2021（5）：40－42.

［14］于鑫垚．量化投资与人为投资对比分析与前景简析［J］．全国流通经济，2021（28）：91－93.

［15］云中鹗．南京证券总工程师江念南：三大维度践行数字化转型赋能证券公司高质量发展［N］．证券时报，2022－12－16（A04）.

［16］张秉清．海外财务共享存在的困难及应对策略［J］．行政事业资产与财务，2022（10）：100－102.

［17］张驰，王满仓．科技金融对城市产业结构升级的影响研究——基于"促进科技和金融结合试点"政策的准自然实验［J］．经济问题探索，2023（1）：73－86.

［18］张巾．金融行业数字化转型的现状、挑战与建议［J］．信息通信技术与政策，2019（9）：39－41.

［19］张萌，张永珅，宋顺林．企业数字化转型与税收规避——基于内部控制和信息透明度的视角［J］．经济经纬，2022，39（6）：118－127.

［20］张钰莹，文冬妮．红色旅游高质量发展评价指标体系构建［J］．桂林师范高等专科学校学报，2022，36（6）：30－36.

［21］中国证券业协会．关于推进证券行业数字化转型发展的研究报告［M］//创新与发展：中国证券业2020年论文集．北京：中国财政经济出版社，2021.

第六章　保险业数字化

【学习目标】

1. 了解我国保险业的发展情况，理解保险数字化的定义，理解并深入探讨保险数字化对保险行业发展的影响和意义。

2. 理解保险数字化发展的理论基础，新一代信息技术在推动保险数字化中的作用，以及对保险数字化转型实践的影响。

3. 理解和掌握保险数字化在各类保险业务中的具体实现方式和方法，以及保险数字化对实际业务的效果和影响。

4. 了解并分析中国保险数字化的发展趋势，理解和把握保险数字化未来的发展机遇和挑战。

第一节　走近保险业数字化

一、我国保险业发展基本概况

“天有不测风云，人有旦夕祸福。”如果说自然灾害和意外事故始终是每个人都面临的达摩克利斯之剑，那么保险就是维护大家利益的一面盾牌，是转移风险、补偿损失的最佳手段。按照《保险法》的定义：保险是指投保人根据合同约定，向保险人支付保险费，保险人对于合同约定的可能发生的事故因其发生所造成的财产损失承担赔偿保险金责任，或者当被保险人死亡、伤残、疾病或者达到合同约定的年龄、期限时承担给付保险金责任的商业保险行为。

保险作为市场经济的一种内生机制，是市场经济发育的重要动力和市场经济成熟的重要特征。可以说，经济越发展，社会越进步，保险越重要。我国保险业仅仅用了40多年的时间，走完了欧美、日本等发达国家的保险业几百年的路途，站在了同一起跑线上。改革开放以来，中国保险业发展历程大致可分为四个阶段[①]：最先进入的是恢复发展和开放准备阶段（1979—1991 年），财产保险和人身保险业务相继恢复，保险经营的规章制度也陆续颁布。随后进入的是规范发展和开放试点阶段（1992—2000 年），保险公司数量和保费收入不断增加，保险代理公司、保险经济公司、保险公估公司陆续出现。接下来是快速发展和“入世”承诺阶段（2001—2007 年），此阶段中国保险法律法规不断完善，各项利好政策陆续推出，对外开放的力度不断强化。最后就是现在的完全开放阶段（2008 年至今），自 2018 年 5 月开始，中国进一步加强保险业对外开放力度，允许符合条件的外国投资机构来中国经营保险代理与公估业务。

保险业按照不同的标准，可以有多种分类方式。一是财产保险和人身保险。财产保险是指以财产及其相关利益为保险标的的保险，人身保险是以人的寿命和身体为保险标的的保险。二是商业保险与社会保险。商业保险是由专门的保险企业经营，以营利为目的的保险形式，而社会保险是由国家通过立法手段对公民强制征收的保险基金。三是原保险与再保险。发生在保险人和投保人间的保险行为，称为原保险，而再保险是保险人通过订立合同，将自己已经承保的风险，转移给其他保险人的保险行为。

中国保险行业在过去 20 年间经历了从起步到成为全球第二大保险市场的飞速发展，其间保险机构数量显著增加，形成了包括保险集团、产险公司、人寿公司、再保险公司以及保险资产管理和中介机构在内的多元化、专业化的行业结构。中国保险行业在“十四五”期间保持稳步上升趋势，保险服务能力和监管环境持续优化，进一步巩固了我国作为全球第二大保险市场的地位，在经济和社会发展中发挥了重要作用。

综合实力显著增强。“十四五”以来我国保费收入从 2021 年的 4.49 万亿元，增长到 2023 年的 5.12 万亿元，年均增长 6.79%。保险业总资产从 2021 年的 24.9 万亿元，增长到 2023 年的 29.96 万亿元，增长了 1.2 倍。截至 2023 年第三季度末，我国保险业综合偿付能力充足率为 194%，偿付能力保持充足。保险深度达到 3.88%，保险密度达到 3326 元/人。[②] 我国保险业市场规模的世界排名较为靠前，自 2017 年保费收入超过日本以来，我国已经连续 5 年占据全球第二

① 王绪瑾，王浩帆．改革开放以来中国保险业发展的回顾与展望［J］．北京工商大学学报：社会科学版，2020，35（2）：14.

② 保险深度是衡量一个国家或地区保险业发展水平的重要指标，通常通过保险业总保费收入占国内生产总值（GDP）的比例来表示。保险密度是指在一定时期内，人均保险保费收入的指标，它反映了保险服务的普及程度和人均保险消费水平。

保费市场的位置，成为世界保险市场的中坚力量。

保险机构集中度高。我国保险行业的市场集中度非常高，CR4 达到了 91.95%，[①] 这表明前四大保险公司占据了市场的主导地位。其中，中国平安和中国人寿的市场份额分别占据了 34% 和 39%，在保险行业中占据了绝对的领先地位。这种市场结构是这些大型保险公司在品牌、网络、资金和技术等方面的优势所导致的。处于第二梯队的保险公司包括太平保险、华夏保险和泰康人寿等，这些公司在保险产品设计、保险模式创新等方面具有一定的优势，如年金、万能和投资联结型产品的开发。[②]

服务能力不断提升。2023 年末，我国保险赔款与给付支出达到 1.89 万亿元，同比增长 21.9%，较好地发挥了经济补偿和社会风险管理作用。大病保险覆盖 3.6 亿城乡居民，年赔款超 250 亿元。2023 年，农业保险为农业发展提供风险保障 4.98 万亿元，出口信用保险承保金额超 9286 亿美元，支付赔款超 23 亿美元，服务支持客户超 20 万家，均创下历史新高。保险资管公司的资产证券化业务快速发展，2023 年共有 15 家保险资管公司登记了资产支持计划，合计规模达 4526 亿元，在 2022 年快速增长基础上继续增长 48.9%。

发展环境不断优化。2023 年 3 月，中共中央、国务院印发《党和国家机构改革方案》，在原中国银保监会基础上组建国家金融监督管理总局。作为国务院直属机构，统一负责除证券业之外的金融业监管，统筹负责金融消费者权益保护，全面强化对保险业的“五大监管”（机构监管、行为监管、功能监管、穿透式监管、持续监管）。同年召开的中央金融工作会议要求“发挥保险业的经济减震器和社会稳定器功能”，进一步提升风险保障、资金融通和社会管理的能力，为中国式现代化提供有力的支撑。

二、我国保险业数字化转型背景

在“数字中国”发展战略的引领下，各行各业开始逐步推进数字化转型，运用区块链、大数据、云计算和人工智能等技术增加业务拓展、运营管理效能，提高核心能力创新水平。保险行业也在积极培育数字化能力，重塑竞争优势，努力实现高质量发展。保险业数字化转型的背景具体可以归结为以下四个方面。

---

① CR4 是指市场上最大的四家保险公司的市场份额之和，用于衡量保险市场的集中度。

② 万能是一种结合了风险保障和投资储蓄功能的保险产品。投资联结型产品是一种结合了投资和保险功能的金融产品，这类产品允许投保人将部分保费投资于各种资产，如股票、债券、基金等，以期获得潜在的投资回报，同时提供一定程度的保险保障。

一是我国保险行业发展前景广阔。党的二十大报告指出，中国式现代化是人口规模巨大的现代化，中国式现代化是全体人民共同富裕的现代化，这为保险市场提供了巨大的发展潜力和空间。中央金融工作会议提出构建金融强国的目标，并强调科技金融、绿色金融、普惠金融、养老金融、数字金融五个领域的重要性，这些领域不仅是保险业数字化转型和发展的关键点，也是支撑金融强国建设和实现中国式现代化的核心。

二是保险行业政策鼓励数字化转型。站在保险行业数字化转型的关键时点，近几年银保监会陆续发布多项监管政策及指导意见，其中涉及财产险、健康险、互联网保险等多个领域（见表6－1）。同时，在相关政策中多次强调了利用现代科技技术改造和优化传统保险业务流程。政策在鼓励和规范保险数字化转型进程的同时也对行业数字化提出了更高的要求。

表6－1　　中国保险业数字化升级相关指导政策

时间	政策文件
2018年6月	《中国保险服务标准体系监管制度框架（征求意见稿）》
2019年10月	《健康保险管理办法》
2020年5月	《关于推进财产保险业务线上化发展的指导意见》
2020年6月	《关于规范互联网保险销售行为可回溯管理的通知》
2020年8月	《推动财产保险业高质量发展三年行动方案（2020—2022年）》
2022年1月	《关于银行业保险业数字化转型的指导意见》

三是核心系统无法满足当前业务需求。核心系统是中国保险行业进入信息化时代的标志之一。根据监管要求，凡是在中国内地开展经营的保险公司必须通过核心业务系统的验收，可以说核心业务系统是各保险公司的立业之本。核心系统强调集中性和稳定性，但是也暴露出了其在并行吞吐能力、数据处理能力以及各个系统之间信息交换和共享效率等问题。随着移动互联网时代的到来以及前沿科技应用的不断涌现，传统核心系统显然已经无法应对时代需求，因此行业亟须进行数字化升级建设。

四是保险技术基础设施建设全面升级。IT信息化建设和互联网保险已为保险行业的基础系统架构和大规模用户数据积累奠定了坚实的基础，从而推动了保险业的数字化进程。2018年以来，我国加快保险业全域数字化转型发展，全面升级新一代（第四代）核心系统等新技术基础设施，以满足保险企业内外部全业务流程的现代化需求。因此，全域数字化的构建和新一代核心系统等技术基础设施的升级，成为实现保险数字化转型发展的关键。

三、保险业数字化概念、内涵与表现

在数字经济时代，数字化转型赋能保险业快速发展已成为大势所趋。保险业数字化转型是保险公司为适应数字经济时代的要求，将战略思维升级为“数字思维”，运用数字技术为保险企业发展赋能，对企业的经营、职能层面的战略内容以及企业的组织文化、组织架构、管理系统等战略决策程序进行重新构造，建立包含数据、技术、组织、机制等数字化转型支撑体系，促进保险公司全方位的数字化业务能力，最终通过数字化重塑，推动新一轮“以客户为中心”的变革与升级。

关于保险业数字化的定义，目前无论是产业界还是学术界对此概念的阐述均较为多元化。

在学术界，关于保险数字化的概念有些侧重科技应用改造运营流程，如有研究定义保险数字化是指将信息和通信技术（ICT）引入保险业务，以降低成本和增加收入。① 有些则侧重于业务形态，如有研究指出保险数字化将催生“新保险”与“保险科技”两种业态的蓬勃发展，在促进保险行业的全面创新和数字化转型方面起着至关重要的作用。②

在产业界，关于保险数字化的概念更侧重于对企业原有价值链体系的重塑。例如，欧洲银行管理局认为，保险数字化是通过新科技应用改变内部流程，实现保险运营数字化、降低运营成本，并提升高效率收益。IBM 认为，保险数字化不仅影响客户和市场、行业和经济以及价值链，还影响整个价值体系，与体验和互动、营销、生产、组织等有关。阿里研究院指出，数字化转型的本质是在“数据 + 算法”定义的世界中，以数据的自动流动化解复杂系统的不确定性，优化资源配置效率。

根据我国保险机构的实践以及研究机构的梳理，我国保险数字化涵盖战略侧重点、业务能力和支撑体系三个方面，具体包括一个战略、十大能力、四大支撑（见图 6 - 1）。

在战略侧重点上，保险数字化主要以数字化客户洞察为中心，全面提升数字化业务能力，从而提高各方（包括销售人员、合作伙伴、客户、决策者和员工）的体验感和服务效率（见图 6 - 2）。

---

① Schmidt, Rainer, et al. The Impact of Digitization on Information System Design: An Explorative Case Study of Digitization in the Insurance Business. Business Information Systems Workshops: BIS 2017 International Workshops, Poznań, Poland, June 28 - 30, 2017.

② 郭静．浅析保险企业数字化对行业转型发展的价值［J］．信息系统工程，2019（10）：1.

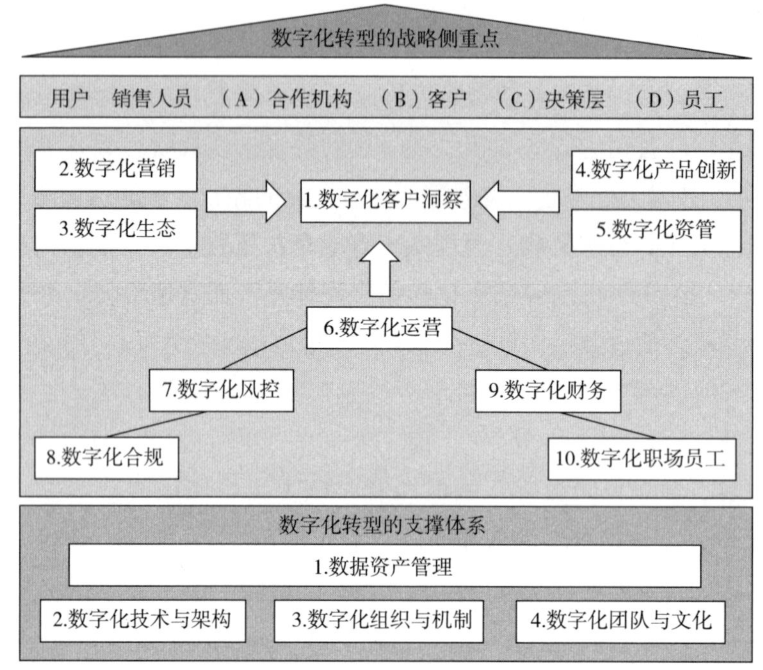

图 6-1 保险机构数字化转型框架

（资料来源：中国互联网金融协会互联网保险专业委员会，普华永道．保险行业数字化转型研究报告［R］．2020）

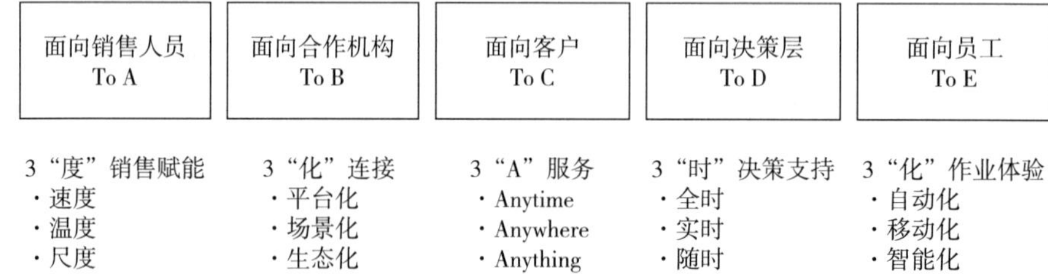

图 6-2 保险机构数字化转型打造五大用户体验

（资料来源：普华永道．保险行业数字化转型研究报告发布会［Z］．2020）

在复杂多变的外部环境下，我国保险市场正逐渐摒弃过度依赖人力的规模化增长模式，借助数字化转型实现精益化运营。客户需求的广度和深度不断增加，保险客户群体将从以城市富裕阶层为主转向多元化发展。随着各类数字化保险平台的涌现，行业发展格局也将由巨头垄断转向生态共融。因此，保险业的数字化转型升级不仅推动企业自身业务模式创新，实现降本增效的“内涵式”发展，还将通过强化生态力量，实现“外延式”发展。具体表现体现在以下六个方面。

一是数字化赋能业务流程，推动保险服务走向自动化和智能化，例如，智能投保、核保和理赔等，简化了客户操作流程，提升了用户体验。二是数字化赋能渠道建设，线上平台和社交媒体等新兴渠道的应用拓宽了客户触达范围，保险公司能够更精准地进行产品营销和个性化定制。三是数字化赋能产品创新，通过物联网、大数据和人工智能等技术，保险公司能够更全面地了解客户需求，进行更精准的风险评估和产品设计，推动按需保险和个性化定制的发展。四是数字化赋能技术应用，物联网、大数据和人工智能等技术的应用，提升了保险业务运营效率，实现了业务流程自动化，例如机器人顾问等。五是数字化赋能风险控制，通过数字化手段进行风险评估和预测，提升了风险控制能力。六是数字化赋能数据管理，区块链等技术的应用，降低了数据获取和管理成本，提升了数据安全性。

四、我国保险业数字化发展重大意义

数字化升级驱动保险企业成本结构优化，实现降本增效。保险业数字化转型不仅驱动了成本结构的优化，实现了降本增效，还通过改变企业的管理和业务运营模式优化了投入产出比。这种转型使机械重复性的工作能够被技术工具承担或替代，进而在获客效率、风控效果和业务增长等方面实现显著提升，成为企业内部降本增效的主要表现。此外，数字化升级也影响到企业外部的业务协作效率，通过如区块链等多方协作网络和安全计算平台，降低了数据获取和业务协作的成本，实现了企业外部的降本增效。

保险数字化推动产品设计去同质化，显著缩短产品研发周期。传统上，保险产品品类相对固定，同质化问题突出，缺少创新。通过利用移动端、物联网等多种终端收集数据，并结合大数据与人工智能技术深度分析用户需求，保险产品设计正在逐步改善这一状况。尽管保险业全域数字化的构建还处于初期阶段，产品去同质化设计仍不成熟，但已能通过功能封装和用户需求的组合配置，实现产品的快速组装与上线。这种方法能将产品上线周期从一个月缩短至两天，产品差异化配置时间也从一周缩短至数小时，极大地提高了保险业满足用户需求的能力和效率。

保险数字化升级显著提升了核保环节的风险控制和用户体验。在数字化的推动下，保险平台通过支持电子签名、移动支付、电子保单签发、自动核保、智能双录、线上回访等功能，使客户能够通过线上渠道轻松完成购保过程。核保环节作为购保流程的关键，其智能化是未来发展的主要方向。这种智能化不仅基于优化后的核保规则引擎，还通过保险数据中台的赋能来丰富投保用户画像，实现风险前置控制和核保流程的简化。此外，智能核保引擎的建立也解决了过去无法在线上自助核保的非标准体问题，从而在提升线上自核率、时效性和用户体验的同时，有效降低了赔付风险。

第二节　保险业数字化发展逻辑与路径

一、保险业数字化发展的经济学逻辑

目前，相关研究主要从保险企业内部因素出发，探索数字化发展对保险业经营绩效的影响，聚焦于保险投资、赔付和经营区域等关键方面。在这一框架下，保险投资作为企业对抗承保亏损的策略，其成败直接关系公司的稳定发展。赔付率的高低通常与公司盈利成反比，但赔付率过低可能引发理赔问题，影响客户满意度及参与度，从而影响经营绩效。经营区域的合理分布对于风险分散和维持公司偿付能力同样至关重要。总的来说，保险数字化的经济学理论基础主要围绕长尾理论、信息不对称理论和技术溢出理论展开。

（一）长尾理论

长尾理论最初在互联网背景下形成，用于描述互联网公司的盈利模式，即通过互联网技术将边缘地区的客户聚集起来。这一理论在一定程度上解释了保险公司需要关注长尾市场的原因，揭示了保险业因成本和效率通常只关注少数高额保费客户和产品，而忽略了多数低额保费客户和产品的结构性问题。保险市场的“长尾”难题也表现在一些细分行业和特殊人群的保险需求，往往因为高昂的营销成本而被传统保险行业所忽略。如何有效延伸和加厚“长尾”，促使头部市场向长尾市场转移，成为保险业需要重点考虑的问题。实现长尾的关键在于：长尾产品的数量远大于头部产品，整体份额能与头部份额保持一致，且获取和交易产品的成本较低。

随着技术水平的提升，市场中消费者的个性化需求得到不断满足，更多保险品种进入大众市场，能够满足更长尾部需求。利用大数据、云计算等保险科技跟踪互联网长尾市场内的客户信息，有助于保险企业开发个性化保险产品，满足碎片化的长尾需求，通过汇集这些分散的个体来平衡风险与成本，实现客观利润。保险科技的进步不仅冲击了传统保险的运营模式，还有效改善了保险

市场的“长尾”状况，展现了科技在推动保险市场发展中发挥的重要作用。①

（二）信息不对称理论

信息不对称理论描述了交易双方因拥有不同信息量而处于不同交易地位的情况。在这种理论框架下，交易双方的信息通常不完全对等，导致一方可能拥有信息优势，而另一方则处于信息劣势。在大多数交易中，卖方因对交易产品和市场行情的深入了解而处于信息优势地位，而买方则相对被动。

然而，在保险交易中，情况通常相反，投保人（买方）通常处于信息优势地位。由于投保人对被保险标的或个人健康状况有更深入的了解，他们可能会隐瞒增加事故风险的真实信息，以获得保险公司的经济赔偿。这种信息优势使投保人能够利用自身的信息，而保险公司则因获取信息的渠道有限和无法完全验证投保人提供材料的真实性，而面临增加的赔付风险，从而处于信息劣势地位。②

保险交易中的信息不对称还可能导致逆向选择问题。保险产品的定价通常反映了保险标的的风险水平，但保险公司由于成本和技术限制，无法准确衡量不同个体的风险水平，只能通过整体风险水平来设定平均保费率。高风险用户支付的保费低于其实际风险水平，而低风险用户支付的保费高于其风险水平。结果，低风险用户因高保费而退出市场，而高风险用户留在市场中，进一步导致保险公司提高保费，加剧低风险用户的市场退出，形成一个由高风险用户挤出低风险用户的逆向选择问题。③

（三）技术溢出理论

技术溢出理论指出，企业通过技术开发活动获得的新知识或新技术可以无成本地流动到其他企业，展现了技术发展的正向外部效应。这意味着，当某企业进行技术开发时，即便其他技术较落后的企业未采取任何行动，也能从中受益，促进了先进知识和技术在市场及社会中的广泛扩散。这种现象体现了技术开发不仅是为了实现利润最大化和激发企业内部活力，而且其成果通过人员流动、产品模仿等方式在行业内部其他企业中传播，技术研发企业难以通过限制这一过程来保持新技术的独占性。

---

① 陈晓红，李杨扬，宋丽洁，汪阳洁．数字经济理论体系与研究展望［J］．管理世界，2022，38（2）：208－224.

② 何国华，肖兰华．保险中的道德风险及其防范［J］．武汉大学学报（哲学社会科学版），2007，289（2）：216－221.

③ 胡振华，孙巧．逆向选择条件下带甄别期的最优保险设计［J］．金融发展研究，2021，473（5）：44－52.

技术溢出的三个主要特点包括外在性、非自愿性和互动性。外在性表明技术溢出是外部性在生产活动中的具体体现，即企业的生产活动会影响其他企业或个人的生产，而无须支付或接收相应的回报。非自愿性意味着技术溢出并非技术输出方主动行为，输出方无法完全控制技术溢出的发生和程度。而互动性强调技术溢出的输出方和输入方必须共同参与，技术溢出的扩散和吸收程度取决于双方的行为，只有当双方行为均有利于技术的扩散和吸收时，技术溢出的正向外部性才能最大化。

二、保险业数字化的新一代信息技术支撑

（一）背景介绍

在过去几十年中，中国的人口红利为保险业提供了广阔的发展空间，许多保险企业采取了粗放式的发展策略，通过快速占领市场来实现规模扩张。然而，随着这种跑马圈地式的发展模式逐渐达到极限，中国保险行业开始朝着高质量发展转型。在转型过程中遇到的主要挑战包括解决行业长期存在的问题，如传统保险公司在产品开发上的速度缓慢、依赖历史数据的静态精算模型进行产品定价、主要通过保险代理和营销员队伍进行营销，以及复杂且缓慢的理赔流程，这些问题均严重影响了客户体验。

引入新一代信息技术对保险行业的技术变革起到了关键作用，整合了人工智能、大数据、云计算等技术，使保险行业在产品开发、定价核保、理赔、营销及分销等环节取得了显著进步。这些技术的应用不仅促进了场景化和定制化产品的开发，还有效降低了运营成本，提高了核保和理赔的效率，极大地改善了用户体验。虽然这些技术不可能在短时间内完全颠覆保险业，但它们确实为人们带来了便利，并推动了新产品和服务的发展。

（二）产业链上下游分析

1. 产业链上游

中国保险科技行业上游参与主体为资源供应商，包含数据服务供应商、硬件设备供应商、软件设备供应商。

数据服务供应商：保险科技行业的产业链结构由上游的资源供应商、中游的保险科技企业，以及下游的保险企业紧密连接，形成了一个完整的生态系统。上游资源供应商主要包括数据服务、硬件设备和软件设备供应商，其中数据服务供应商通常是互联网巨头企业，如京东、淘宝网、美团大众、携程、微信、苏宁、天虹等，它们为中游的保险科技企业提供丰富的用户数据信息，涵盖购

物、旅游、住宿、餐饮、社交、娱乐等多种生活场景。然而，保险科技行业的数据共享尚未普及，大多数保险科技企业难以直接获取这些数据，仅有少数企业依托其背后的互联网巨头平台，能够利用用户数据资源优势，更有效地构建保险科技行业的用户画像。

硬件设备供应商：在保险科技行业的产业链中，硬件设备供应商扮演着关键角色，主要包括服务器供应商和芯片供应商等。芯片供应商向中游的保险科技企业提供必要的芯片产品，这些供应商主要依赖于国际知名品牌如 Intel、AMD 等。同时，服务器供应商如 IBM、中科曙光、CISCO、浪潮等，为保险科技企业提供服务器产品，支持其技术运营和数据处理的需求。这些硬件设备供应商为保险科技企业的运营提供了强有力的硬件支持，是保险科技服务能够顺利进行的基础。

软件设备供应商：在保险科技行业中，软件设备供应商扮演着关键角色，包括操作系统供应商和中间件供应商等。操作系统供应商，如微软和苹果，主要为保险科技服务商提供各类操作系统产品服务，包括 Windows、Linux、MacOS 等。同时，中间件供应商，代表性企业如中科软科技和 ORACLE，为保险科技企业提供必要的中间件支持。鉴于保险科技行业对技术的核心依赖，以及对软硬件设备性能的高要求，大多数保险科技企业倾向于采购而非自主研发软硬件设备。这一现状赋予了软硬件设备供应商较强的议价能力，成为保险科技产业链中不可或缺的一环。

2. 产业链中游

在中国保险科技行业中，中游主体由保险科技企业组成，这些企业主要为下游的保险公司提供技术产品、技术解决方案及服务。这包括推动保险产品的创新以及优化核保和理赔流程。根据提供的产品服务类型，保险科技企业可分为综合型和垂直型两大类。综合型企业，如中国平安和太平洋保险，业务跨越多个技术类别和保险产品，包括正在转型的传统保险公司。而垂直型企业通常是专注于特定技术如大数据、人工智能或特定险种的初创企业。

随着新一代信息技术在保险领域的广泛应用，保险产品通过科技的融入而升级，保险科技在行业中的作用日益凸显，带动了保险科技企业的快速发展。这些企业一开始可能围绕单一产品展开，随着规模的扩大和技术经验的积累，逐渐向多产品转型。保险产品的广泛应用促使保险科技企业的合作网络不断扩大，最终能直接与保险客户建立联系，延伸产业链。

在成本投入方面，保险科技行业的费用主要包括研发、人力、软硬件设备、营销以及其他成本。研发和人力投入占比最高，在 50% ~80% 之间。不同产品的毛利率各异：标准化产品由于应用范围广，毛利率相对较高；而定制化产品需要更高的研发投入，压缩了利润空间，导致其毛利率较低。

3. 产业链下游

在中国保险科技行业中，下游参与者主要包括传统保险企业和互联网保险企业。传统保险企业面临发展瓶颈，需要依赖科技来实现其转型升级；而互联网保险企业从一开始就依托科技发展，对科技的依赖度非常高。中国保险市场的集中度较高，尤其在传统保险领域，市场份额主要集中在少数企业手中。例如，在 2019 年，财险市场的中国人民财险、太平洋财险和平安财险三家公司的市场份额超过了 60%；而在人身险领域，5% 的公司就占据了约 50% 的保费收入。

特别是人工智能、物联网、大数据和区块链等新一代信息技术为保险行业提供了一系列转型升级的工具。这些技术可以用于产品创新、实时风险评估、精准定价、精准营销、智能核保理赔以及反欺诈等，成为推动保险行业突破痛点和促进转型升级的重要支撑。保险公司采取的具体“科技 +”战略包括依托移动互联网流量控制费用、简化运营和降低营销成本，以及打造价值链闭环。保险价值链包括产品开发、定价核保、理赔和营销与分销等环节，大数据和人工智能等技术的进步有助于整合这些环节，实现价值链的优化。随着科技的不断进步及其应用范围的扩大，预计未来保险行业将在系统化、智能化和多样化等方面实现更深层次的转型和升级。

（三）保险业数字化技术应用

1. 人工智能

作为新一轮科技革命及产业变革的核心驱动力，人工智能正逐渐体现出其巨大的商业价值。在保险行业，人工智能的应用将改变定价、分销、承保、理赔、投后服务等各个环节，从而达到提升业务效率、降低运营成本的目的。当前行业内 AI 技术的主要投入方是头部保险公司，主要方式是自主研发，而由于人工智能研发需要大量科技人才储备以及数据和基础设施的支撑，因此，目前中小险企的人工智能应用进程相对落后，不过随着市场上科技公司的保险 AI 解决方案正不断成熟，未来中小险企能够通过采购 SaaS 服务或联合开发的方式获取保险 AI 的应用，保险企业与科技公司深度合作将成为趋势。

人工智能在保险行业应用的核心技术有机器学习、自然语言处理、人机交互、计算机视觉、智能语音。结合大数据、云计算等技术，人工智能在保险行业催生了智能客服、智能核保、智能风控、智能理赔等智能化服务。智能客服依托人机交互技术，将访客精准分配给目标客服人员，提高服务效率及质量，整体而言可降低坐席成本约40%。智能核保可实现核保流程的自动化与智能化，提高核保效率。智能风控通过机器学习，进行资产策略配置，提高对损失和赔付费用预测的准确度。智能理赔通过智能客服、人机交互，实现自动理赔、在线理赔、远程理赔等功能，可解决行业理赔程序烦琐的痛点，提高用户理赔体验。

2. 大数据

保险是经营风险的行业，其业务属性本身就依赖大量数据，过去保险行业遵循大数法则，主要参照企业内部数据以及历史数据进行风险厘定。而伴随信息技术的发展，社会进入大数据时代，可获取的数据在“量级”和“维度”上都迎来了极大的扩充。海量数据的爆发为保险企业挖掘数据价值带来机遇，但同时传统技术手段已经无法满足处理大量非结构化数据的需求。因此，大数据分析技术成为当前保险科技领域中最重要的应用技术。

大数据在保险行业发挥的作用包含建立用户画像、设计契合市场需求的产品、实施精准营销、提供定制化服务、打造信息共享平台等方面。大数据主要来源于保险企业内部数据、互联网平台数据、政府部门公开数据及第三方数据。其中，保险科技企业获取数据的便捷性与保险科技企业的股东背景及合作伙伴息息相关。由互联网平台投资成立的保险科技企业可直接获取互联网平台数据，由保险企业投资成立的保险科技企业可直接获取保险企业内部数据，占据数据资源优势。创业型保险科技企业在数据资源方面处于弱势，加大研发投入，实现技术突破进而寻求与保险企业、互联网平台的合作，是其获取数据资源的重要路径。

3. 云计算

云计算服务商通过 SaaS、PaaS、IaaS 三种服务模式为企业提供云计算技术服务，其中，SaaS 服务模式应用于企业邮件系统、协同办公、在线招聘、电子商务等领域；PaaS 服务模式支持软件平台开发及软件功能配置与拓展；IaaS 服务模式应用于虚拟桌面、移动终端，可减少技术人员投入，降低人员成本。在保险行业中，云计算技术应用可实现云核保、云契约、云续保、云理赔、云报价等功能，有助于提高核保、续保、理赔等流程的服务效率，节约时间及人力成本。

近年来，保险行业与云计算的结合正在逐步加深，众多保险机构积极部署企业上云实践，而驱动保险行业拥抱云计算的原因主要有三点：一是互联网渠道带来了高迸发、高峰值流量以及灵活多变的碎片化保险需求；二是大数据、人工智能需要云计算提供的强大算力，以支持突发性、高运算量的业务场景；三是云计算能够帮助险企及时应对外部需求的变化并进行灵活部署。

4. 区块链

区块链是一种集合了分布式数据存储、点对点传输、共识机制、加密算法等计算机技术为一体的新型应用模式，从技术特性上来看，区块链具有去中心化、数据防篡改、可追溯、一致性等特点。简单来说，区块链能够建立一套公开透明的可信体系，使链上的参与方以极低的成本达成互信共识，而这一点恰好契合保险长期存在的信任问题，因此保险也是区块链的重点落地场景之一。不难理解，除了区块链本身的技术成熟度以外，机构参与度以及公链数据量是影响区块链应用价值的关键，从目前保险企业的投入情况以及行业现状来看，区块链技术可优化保险业务流程、缩短投保时间，有助于保障数据安全、提高用户信任度，但在保险行业内仍处于探索和尝试阶段，大规模的应用可能还需要一定的时间。

5. 物联网

物联网即“万物相连的互联网”，通过射频识别、二维码、智能传感器等感知设备，可实时采集所需监控、连接、互动的物体的数据信息，物联网通常与大数据结合使用，以发挥更大作用。物联网在保险行业的应用模块主要包含智能设备、车联网、智慧家居。智能设备主要用于健康险领域，通过为被保险人配备智能设备，实时监测被保险人的健康状况，根据健康数据支撑保险产品的保费定价及赔付问题。车联网主要应用于车险领域，以获取车辆及驾驶人员的数据信息，分析潜在风险因素。智慧家居多用于财产险领域，通过智慧家居领域的智能设备，预防房屋潜在风险，降低理赔成本，并为客户提供更优惠的房屋保险。

6. 虚拟现实

虚拟现实（VR）又称灵境技术，集计算机、电子信息、仿真技术于一体，是一种可创建虚拟世界、使用户沉浸其中的计算机仿真系统。虚拟现实的关键技术包含动态环境建模技术、实时三维图形生成技术、立体显示和传感器技术、系统集成技术，可应用于影视、教育、设计、医学等领域。虚拟现实技术应用于保险行业，可降低企业运营成本，为用户提供便捷，提升用户体验。

三、保险业数字化的推进思路与重点领域

（一）推进思路

保险业数字化转型并非一蹴而就，虽然大部分保险机构已经意识到了数字化转型的重要性并积极开展相关布局，但散点式业务改造升级往往难以达到理想的效果。这需要保险机构站在全局视角进行长期统筹规划，在不断完善自身底层技术能力的前提下，由点及面实现从局部业务的优化升级到全域数字化的整体进阶。总体来说，保险数字化包括战略与组织、业务能力构建、底层技术支撑三大维度。在战略规划层面，保险机构需要梳理自身所处阶段，明确转型愿景和目标，并制定阶段性实施计划。在业务能力构建层面，保险机构应重点关注精准营销和核保承保等关键环节，并逐步实现内外数据源整合、智能模型应用和自动化能力执行。在底层技术支撑层面，保险机构应积极拥抱云计算和云原生技术，通过容器技术和微服务架构等实现资源的弹性调度和应用的敏捷开发，提升业务响应速度和创新能力。

（二）重点领域

1. 精准营销

随着互联网流量红利的逐渐消退和行业竞争的加剧导致获客成本上升，保险行业正从以保单为中心的增量开拓转变为以用户为中心的存量竞争。在这一转变中，寻找成本效益更高的营销增长新模式成为保险机构的关键。实现覆盖用户全生命周期的精准营销已经成为行业的共识。全域数据洞察和精准的营销策略支持将有效提升保险机构对未来增长的预测，而自动化的运营和迭代机制则确保了增长的可持续性。为了进一步挖掘数据在交叉营销和联合营销中的潜力，有些保险机构已经开始采用隐私计算技术，以安全的数据共享方式，结合AI算法、可视化分析和自动化工具，深入理解不同用户层次的需求，精准提升营销策略的执行效果，推动保险营销策略达到新的高度。

2. 渠道展业

保险产品与用户之间存在的信息鸿沟要求保险代理人不仅要长期了解并满足用户的细分需求，还需要提供及时有效的陪伴式服务，这依赖于展业手段和团队经营的全面变革。通过整合多渠道流量和深入洞察需求，结合代理人的全面评估和能力发掘，实现用户需求与代理人能力之间的精准匹配，从而实现已有资源的充分挖掘与最大利用。数据采集和智能化开发不仅促进代理人从传统的自驱动获客模式转向集中式获客模式，还加强了代理人与用户之间的持续互

动和需求绑定，同时推动代理人团队向扁平化、专业化、精细化管理的转型。此外，人工智能和生成内容技术（AIGC）在互动、决策、内容创制等方面展现出的多重价值，已使其成为头部保险机构在渠道展业策略中重点关注和实践的方向。

3. 核保承保

随着数字化服务深入生活的各个方面，丰富的用户触点产生了多元化的风险信息，如生物标志、行为数据、房屋建造情况及车辆使用数据，为创建更全面的风险概貌提供了可能。这些信息的集成，配合大数据和先进模型，使核保系统能够在更细分的层面上进行精准快速的风险评估和定价，显著加快了核保和承保流程，特别适用于那些定价模式标准化、保单价值相对较低、且订单需求量大的险种。以车险为例，随着新能源汽车市场的逐年增长，对新能源汽车保障需求的深入挖掘变得尤为重要。传统车险产品的责任和风控模型难以完全适应新能源汽车的特性，因此，开发与新能源汽车特性相契合、动态灵活且准确的风险评估和定价模型对保险公司而言变得越来越重要。

4. 理赔给付

理赔业务作为保险价值链的关键环节，直接影响用户对保险品牌的认同和满意度。为了满足用户对理赔的基本诉求——“赔得到、赔得方便、赔得快”，保险机构长期致力于理赔流程的数字化改革。然而，客户的投保信息告知存在差异，以及对责任范围认知的局限性，使“遇事必赔，赔得到”的承诺面临挑战。因此，近年来保险机构特别关注于“赔得方便、赔得快”，通过数字化技术简化用户申请流程，缩短查勘周期，并以用户易于理解的方式呈现基于复杂理赔规则的计算结果，目的是缩小机构与用户间关于理赔的认知差距，逐步改变用户对保险公司“只卖保险、不愿赔付”的负面印象。

第三节　我国保险业数字化发展典型场景

一、销售端

过去一段时间，保险行业热衷开辟全新的线上渠道，但简单地通过线上渠道销售保险并不是销售端数字化的正确方向，真正的销售数字化应当是保险经代体系革新。通过开设官网渠道投保，在微信、支付宝、抖音等单纯增加线上渠道的曝光方式提供相互独立的投保渠道，并不能满足客户混合化的决策行为，反而导致实际转化过程难以追踪且效率较低。

例如，在一个典型的健康险购买场景中，客户会通过各类公众号、搜索引擎等渠道，了解不同保险产品的保障条款、服务质量、性价比等，最终可能直接到官网、微信、支付宝等渠道自主购买；再例如，已经在线上渠道投保短险的客户，出于对自身保障的全方位需求，可能会在代理人处寻求长险的二次投保。因此，未来的销售端生态中，各投保渠道不应该是各自提供端到端服务，而应该针对客户的行为特征提供多渠道融合的服务体系。最终，保险行业销售端的核心将不再是线下销售网点和传统代理人，而应当是数字化渠道以及与之相适应的新型代理人。

二、承保端

一直以来，保险业的承保端扮演了核心的角色，主要负责评估投保人的风险程度，决定是否接受承保以及在何种条件下接受承保。这一过程涉及对大量信息的收集和分析，包括个人信息、财产信息、健康状况等，以及对相关风险的精确计算。承保端的有效运作确保了保险公司能够以合理的保费收入对抗潜在的赔付风险，同时也帮助保险公司构建了风险池，通过风险的多样化和分散，实现了风险的有效管理和控制。此外，承保端还负责制定保险条款和费率，这直接影响到保险产品的市场竞争力和保险公司的盈利能力。

然而，传统的承保流程存在诸多问题。首先，手工处理大量的数据不仅效率低下，而且容易出错，导致承保决策的延迟和不准确。其次，依赖于历史数据和经验规则的风险评估方法在面对新兴风险时往往显得力不从心，难以准确反映当前的风险状况。此外，传统承保流程的不透明性也经常导致客户体验不佳，客户很难获得关于承保决策的及时反馈和充分解释。这些问题不仅影响了保险公司的运营效率和风险管理能力，也限制了保险产品的创新和服务质量的提升。

因此，随着保险业数字化转型的深入，承保端的发展趋势将主要体现在利用先进技术提升承保效率和精准度上。通过引入人工智能、大数据分析、云计算等技术，保险公司能够实现对大量数据的自动化处理和分析，从而提高承保决策的速度和准确性。数字化技术还能帮助保险公司更好地识别和评估新兴风险，实现更加个性化和灵活的风险定价。此外，数字化转型还将推动承保流程的透明化，通过在线平台和移动应用等方式提高客户互动，使客户能够实时了解承保进度和结果，从而显著提升客户体验。总之，数字化转型将使保险业的承保端变得更加高效、精准和客户友好，为保险公司带来更大的竞争优势。

三、理赔端

以汽车保险智能定损为例，随着我国汽车保有量的迅速增长，机动车辆保险一直是保险业务中最大的险种。2020 年发布的《关于实施车险综合改革的指导意见》中涉及交强险、商业险，及其产品、服务、费率、条款等多方面。自落地实施以来，车险市场呈现综合成本率、单均保费“双降”的局面，而又因为商车主险责任范围与责任限额扩容，行业整体车险赔付率大幅回升，面临综合成本率总体上升的情况。为应对综改带来的挑战，车险市场必然将从粗放式增长转入精细化运营，通过对车险定价、理赔成本管控、服务质量提升、加强渠道掌控等多方面发力，实现降本增效，提升企业盈利。

定损理赔是车险业务的重要组成，完整的作业流程包括报案、调度、查勘、定损、维修、核价、核损、理算、核赔、赔付环节，其中最关键的是查勘和定损两部分。传统情况下，通常在车主电话报案后，原地等待保险公司派遣查勘员前来现场，线下进行损伤情况采集、信息登记录入，而后由定损员与维修厂进行损伤判定，并给出维修方案与价格，相关资料归档后进入复核与赔付程序。这种作业方式存在较多弊端，整体流程耗时费力，定损慢、放款难，不仅车主体验差，而且保险公司需要聘请大量的查勘、定损员实地出险，运营成本居高不下。另外，较长时间的现场处理也存在交通拥堵的问题；涉及修理厂、定损员等多方协作的人工定损模式，也存在欺诈风险。

随着移动互联网的发展和信息技术的应用，车险定损理赔的各个环节实现了信息化升级。除了对查勘机具的优化、支付方式的多样化和便捷化、小程序、App 等平台的建设之外，还引入视频方式进行远程查勘定损。对于事故责任明确、风险等级低，且客户在第一现场进行报案的小额案件，只要客户不要求查勘员抵达现场，即可通过视频连线的方式，在理赔专员的指导下，客户自助进行事故现场信息的采集和影像资料的传输，经由后台快速定损和赔付。

【案例】声网赋能保司打造智能定损线上化服务体系

近年来，保险公司积极通过科技驱动服务模式、作业模式、风控模式等方面的改善来推动数智化创新变革，声网全面赋能车险经营转型升级。

原有定损理赔服务模式弊端显著。

原线下车险理赔涉及多平台多人作业，费时费力。接受报案—查勘—定核损—理赔支付—回访整个过程，涉及客服中心、现场查勘定损员、远程查勘定损员、维修厂、理算核赔人员等多部门人员协作，需要线上线下不同系统之间进行资料录入和传递，传统作业流程至少需要60～80分钟。

一站式智能定损平台，助力全流程服务升级。

为解决业务痛点，保司决定重新构建一套视频化、智能化、一体化的车险理赔服务体系，利用音视频技术、人工智能技术和大数据分析能力，打造视频智能定损平台（见图6－3）。经过综合评估和筛选，基于声网提供核心音视频的能力，智勘科技统筹建设，共同合作完成智能定损解决方案，实现查勘定损流程优化，降低理赔成本，改善用户体验。

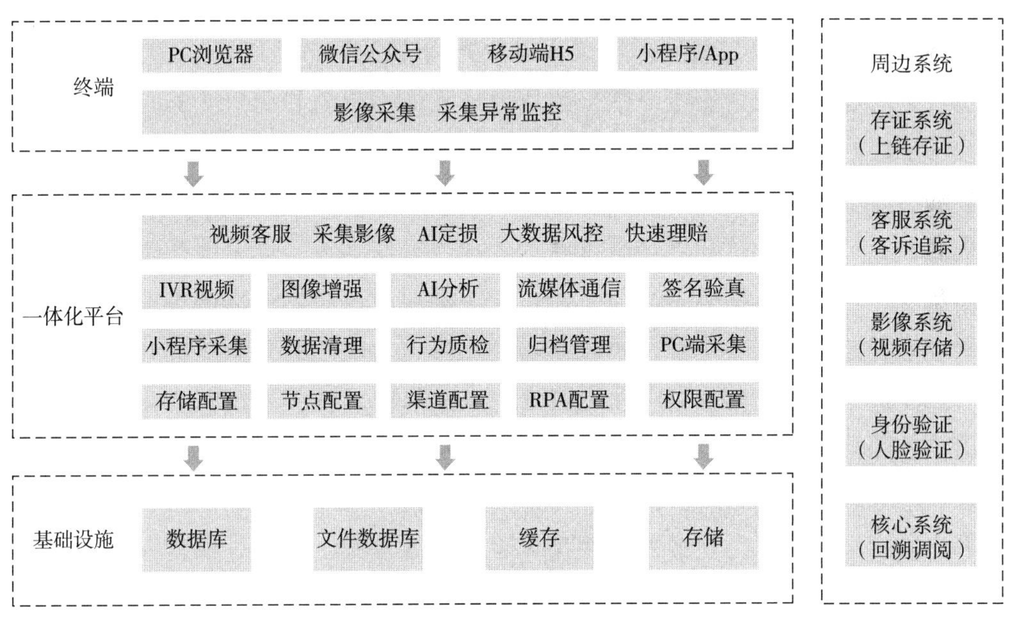

图6－3　声网智能定损平台

智能定损解决方案主要基于视频一体化平台，对流程进行优化，合并主流程实现理赔联调简化，打通服务断点。现在客户不再需要多平台切换操作、对接不同角色，而是通过一次视频连线，完成登记报案，并在该平台坐席后端定损员的在线指导下，快速、准确进行事故现场定损取证（视频、照片），而后继续进行定损报价、核赔、支付等环节。

效果显著，保司车险理赔服务全面提质增效。

通过建设智能定损平台，实现了一站式、全场景、线上化的车险理赔服务。借助声网能力支撑的远程视频手段，实现了“一次进线、一通视频”完成车险理赔全流程，有效连接车主、保司、维修厂等多个使用终端，极大地提高了服务效率，助力保司降本增效，深化数字化转型。

目前，该智定损解决方案可协助客户一案到底案件结案周期平均减少5.2天，缩短客户现场等待时长60%，从出险报案到结案支付，最快10分钟完成理赔全流程。通过新的作业流程和协作方式，减少往复沟通，可实现人均产能提升超过140%。

四、风控端

对于保险公司来说，风险管理和业务经营对金融机构来说是一个硬币的两面，密不可分。当前，保险行业从“以业务为中心”向“以企业客户为中心”转型升级的过程中，企业客户数字化风控体系的需求就显得极为迫切。以企业客户为中心的经营发展必须遵循以企业客户为核心维度的风控建设。

随着金融科技的发展与应用逐步深化，我国保险机构拥有了更为丰富的数据信息以及更加深入的数据分析维度和颗粒度，使其对企业风险特征的判断更具客观性，风险预测也更具有前瞻性。金融机构通过对内外部的企业客户数据收集与处理并进行深度挖掘，使建立以企业客户为中心的“超级360视图”成为可能。例如，保险企业可以使用客户数字化风险画像技术，核心是通过对海量的内外部数据进行分析，对企业客户进行特征提取形成各类特征指标，然后对各类风险特征指标进行“降维”“总结”“归纳”得到多项特征标签，形成企业客户风险画像。在企业客户数字化风险画像的基础上，通过模型深度挖掘各类标签与企业客户出险的关系，给出预警判断。

五、运营端

传统的保险业运营端主要负责日常的业务处理、客户服务、理赔处理、数据管理等核心职能。它是保险公司与客户之间互动的主要桥梁，确保了保险产品的顺利销售和服务的有效提供。运营端的高效执行对于维护客户满意度、提升品牌信誉以及保持公司竞争力至关重要。此外，运营端还负责收集和分析业务数据，为公司的战略决策提供支持。通过有效的运营管理，保险公司能够确保业务流程的顺畅，提高整体的工作效率和服务质量。

然而，传统的保险业运营端面临着多项挑战。首先，人工处理大量的业务数据不仅效率低下，而且容易出错，导致业务处理延迟和服务质量下降。其次，传统的运营模式缺乏灵活性，难以快速适应市场变化和客户需求的多样化。此外，数据孤岛问题严重，不同部门之间的信息隔阂影响了数据的有效利用，限制了业务洞察的深度和广度。这些问题不仅影响了保险公司的运营效率，也阻碍了新产品的开发和市场的拓展。

在未来的保险业数字化转型进程中，运营端将经历根本性变革，以适应日益增长的市场需求和提升运营效能。数字化技术的广泛应用预计将彻底重塑保险业的运营模式，特别是在客户服务、理赔处理和内部流程管理等方面。首先，利用人工智能和机器学习技术，保险公司能够实现更加智能化的客户服务，如24/7的虚拟客服助手，能够即时响应客户查询和处理简单的服务请求，极大提升客户满意度和服务效率。其次，通过部署先进的数据分析工具和算法，保险公司能够对大量的理赔数据进行深入分析，快速识别欺诈行为，同时自动化理赔流程，缩短理赔周期，提高客户体验。

【案例】某头部财产险公司C的精细化运营实战

某头部财产险公司C在进行车险客户经营时，运营方常采用对全量客户投放相同卡券、物品以吸引潜在客户的粗放式营销方式。在这种运营方式下，运营方投入大量人力、物力对潜在客户进行“触达”和“触动”，但实际运营效果并不尽如人意。

面对该挑战，财产险公司C提出了一套细化的客户分层和差异化营销策略。首先，通过深入分析客户数据，构建一个多维度的客户分层体系，将潜在客户根据其历史行为、偏好、风险等级等因素进行细分。接着，为每个客群定制具体的营销策略，包括选择合适的营销渠道、设计符合客群特征的营销话术，以及提供差异化的卡券和物品。例如，对于价格敏感型客户，采用“价格优惠”为主要话术，提供折扣卡券；对于服务需求型客户，则强调“优质服务”，提供增值服务体验卡。此外，在活动投放后，利用先进的数据分析工具收集营销活动的反馈数据，进行效果评估。通过对比不同客群的反应和转化率，及时调整不足之处，如优化营销话术、调整投放策略或改变触达时机。财产险公司C还采用A/B测试方法，对不同的营销方案进行试验，以科学的方式找出最有效的营销策略。通过这些具体做法，财产险公司C最终实现了更加精准和高效的客户触达，提升了营销ROI，同时优化了客户体验（见表6-2）。

表 6－2　　精细化运营前后对比

项目	精细化运营前	精细化运营后
客户分群	全量销售期客户未对客户进行分群	高价敏、低服敏客群 低价敏、高服敏客群
触达方式	短信、App Push 全量推送	AI 外呼、短信、App Push 交叉触达 AI 外呼筛出信息饱和度较低的客群后再通过短信进行触达，降低运营成本，提高运营效率
触达话术	同质话术：对车险即将到期客户进行购险提醒	高价敏、低服敏："价格低于市场其他险企""赠送低价值物品、兑换券" 低价敏、高服敏："理赔服务优于其他险企""赠送高价值物品、兑换券"
投放策略	"拖车绳""玻璃水添加"等低价值物品及服务	"洗车""保养"等高价值物品及服务
运营效果	1. 投放策略粗犷、数据模糊且难以评估 2. 无法寻找业务痛点及业务优化空间 3. 运营成本高且运营效率低	1. 降低运营成本，提升运营效率 2. 优化触达流程及触达内容，最优触达效率优于均值 3% 3. 培养运营人员数据思维，基于 SDAF 模型形成数据闭环进而驱动业务发展

第四节　我国保险业数字化发展前景

一、我国保险业发展前景预判

我国保险业的数字化发展前景广阔，随着新技术的快速迭代和应用，以及政策环境的持续优化，保险行业正在经历前所未有的变革。数字技术正深刻影响着保险产品的设计、风险管理、客户服务、营销渠道等各个方面，推动保险服务的个性化、智能化和便捷化。其中，体制机制创新、云化基础设施、数字化平台到数据治理作为保险数字化的重要组成部分，为保险数字化提供了有力支撑，确保了转型过程的顺利进行和长远发展。

体制机制创新是数字化转型的动力源泉。体制机制创新具体包括专项机制创新与专业工具创新两个方面。专项机制创新涵盖项目管理、产品运营、服务结算、创新孵化、科技特色人才、科技效能评价、跨机构科技协同等多维度，为数字化转型提供结构性支撑，而专业工具的运用成为加速企业创新步伐的关键。例如，云协作平台促进了内部及跨界合作的高效流畅，确保信息共享与团队协同无缝对接；企业架构管理平台则为数字化转型提供了宏观的规划与管理视角，帮助企业在快速变化的市场环境中保持战略灵活性和响应速度；数据资产管理平台的应用，更是将企业的数据转化为战略资源，通过精准分析支持决策制定，驱动个性化服务和产品创新。这些工具不仅提升了企业的运营效率，更重要的是，它们使企业能够在数据洞察和客户体验上获得竞争优势。

云化基础设施是数字化转型的基本保障。云化基础设施作为数字化转型的根基，为企业提供了强大的技术保障和灵活的资源配置能力。通过建立多个数据中心，企业能够实现数据的高效处理和存储，确保业务运营的稳定性和可靠性。同时，建立异地灾备制度，为企业数据安全提供了双重保障，即使发生自然灾害或其他突发事件，也能保证关键数据的安全和业务的连续性。此外，打造云原生架构，企业能够更好地利用云计算的弹性资源，实现服务的快速部署和自动化管理，大幅提升运维效率和应用的创新速度。这些措施共同构建了一个稳固、灵活、高效的数字化转型平台，为企业在竞争激烈的市场环境中保持领先地位提供了坚实的基础。

数字化平台是数字化转型的枢纽工程。数字化平台作为数字化转型的枢纽工程，扮演着连接前台体验和后台资源的关键角色，具体分为前台、中台和后台三个部分。在前台建设方面，重点在于提供一致的用户体验，无论客户通过何种渠道接触企业，都能获得无缝、统一的服务体验。在中台建设方面，核心在于实现数据驱动和业务贯通，通过高效的数据处理和分析能力，支撑快速的业务决策和创新，确保不同业务单元之间能够高效协同，共享数据和业务逻辑，从而提升整体运营效率和市场响应速度。在后台建设上则注重资源整合和技术统一，通过整合分散的资源和标准化技术架构，建立起一个高效、稳定、可扩展的后端支撑系统，为前台的服务创新和中台的数据驱动提供坚实的基础。

数据治理是数字化转型的成功秘诀。数据治理是数字化转型成功的关键，通过确保数据应用服务的高效性、数据管理的规范性和数据治理保障的全面性，为企业的转型之路提供了坚实的支撑。有效的数据治理不仅涉及服务需求的精准把握、服务交付的及时性和内容目录的清晰管理，还包括建立统一的数据架构、实施严格的数据标准、保持数据质量的持续优化以及确保数据安全的多层防护。此外，围绕保险公司的业务战略制定科学的数据政策和制度，以及实施严格的数据监督与考核机制，是数据治理工作不可或缺的一环。这一系列措施共同作用，不仅提升了数据的可用性、一致性、准确性和安全性，还为企业揭示了数据的潜在价值，促进了业务创新和效率的大幅提升。

二、我国保险业数字化发展趋势

轻量级技术服务输出将加快全行业数字化转型进程。在保险行业不可逆的数字化转型进程中，轻量级技术服务的提供成为加速这一进程的关键。保险企业面临着挑战，需要根据自身发展状况精心制定战略规划，选择合适的转型路径，而不是盲目追求转型。鉴于替换传统核心系统或自建中台所需的高昂投入，对多数保险公司而言，这并非理想的数字化策略。未来，第三方服务商将提供更加轻量级的技术服务，如开放 API 的 PaaS 云中台、以 DaaS 形式的数据服务或成熟的 SaaS 应用软件，旨在满足广泛的客户需求，实现成本效益和效率的双重提升，推动保险行业的全面数字化转型。

保险智能化落地将随着全域数字化构建逐渐深入。随着全域数字化的深入推进，保险行业的智能化应用逐步成为现实。目前，算法模型训练所需的大量有效数据缺乏成为智能化落地的一大障碍。然而，全域数字化的推进，特别是 IoT 和 AI 技术的广泛应用以及终端设备的成熟，预示着这一问题将得到有效解决。未来，深度学习技术的成熟发展速度将与全域数字化的推进步伐相匹配，成为促进保险智能化应用实施的关键动力。在全域数字化建设过程中，如多方安全计算平台等技术为数据资产的流通和安全存储提供了可信赖的环境，同时在数据共享和算法应用方面消除了风险担忧，这将进一步加速保险智能化应用的落地。这些措施共同为保险行业的智能化转型铺平了道路，朝着提供更高效、更安全服务的目标迈进。

银行在保险的经销链条中发挥愈加关键的作用。随着保险数字化的普及和代理人队伍的精简，银行在保险销售中的角色变得日益重要。保险机构需要把用户需求放在首位，与银行紧密合作，共同开发适应银保场景的财富与健康管理服务。随着银保一体化程度的不断提升，银行已成为继专属代理人之后的第二大重要销售渠道，并预计将在保险销售市场中实现显著增长。与传统代理人渠道相比，银行作为兼业代理机构，在用户触达、服务和转化等方面展现出独特的优势。因此，保险机构需与银行协同，从产品定制、团队建设、渠道整合、生态扩展到数据交互等多个方面，构建一个贴合银行场景的保险服务体系，以更好地适应市场变化和满足用户需求，推动保险智能化落地和行业的整体数字化转型。

用户需求推动建立保险数字平台一体化服务。用户的多元化需求正在推动保险行业的数字化平台朝着提供一体化服务的方向发展。目前，保险数字化平台的目标用户群覆盖年龄范围较广，用户的服务需求不仅限于疾病和意外带来的个人风险，还包括子女教育、赡养老人的社会责任，以及社会角色变换等问题。这些复杂的需求使用户对于保险的需求更加多样化和细化，对未来潜在风险的敏感度也随之增加。因此，保险数字化平台正逐步发展成为能够满足用户对各种保险需求的一体化服务提供者，以全面覆盖用户对风险保障的需求。

创新获客及用户服务模式成为行业新风向。创新的获客和用户服务模式，尤其是智能投顾模式，正在成为保险行业的新趋势。这种模式有效地解决了客户的需求，同时也为互联网保险企业提供了解决获客难题的新途径。通过利用大数据技术，智能投顾成功地整合了企业（B 端）和消费者（C 端）的资源，为双方带来了高效的解决方案。随着越来越多的数据被积累，以及这一模式在互联网保险领域的广泛推广，智能投顾模式正逐渐成为行业发展的新风向，标志着行业向更高效、更智能化的方向迈进。

三、我国保险业数字化发展前景展望

顺应经济发展和需求转变，保险市场将从高速发展进入高质量发展。随着社会经济的发展和服务需求的变化，保险市场正从快速增长转向高质量发展。在社会经济方面，中国宏观经济的基本面向好，为保险业提供了坚实基础；人口结构变化，特别是老龄化趋势加剧和三胎政策放开，引发了对养老、家庭护理和少儿保险的需求增长。此外，居民收入和消费水平提升使保险成为重要的消费品和资产配置工具。服务需求方面，教育水平提高和保障意识增强，医疗费用上升推动了商业保险需求的上涨，人们对健康的关注和人口结构的转型促进了健康险、养老险和少儿险等产品的发展。同时，中国居民的高储蓄意愿和金融资产配置多样化需求，进一步提升了保险在长期财富管理中的地位。这些社会经济和服务需求的变化共同推动保险市场朝提供更专业化、高质量服务的方向发展。

保险机构和企业合作加深，保险数字化更加注重技术工具的支撑和辅助。作为金融行业的重要一环，保险业具有显著的外部性、高度的行业延展性以及风险的隐蔽性、涉众性和传染性。在保险与科技深度融合的背景下，保险产业链变得更加多元化，产品创新周期显著缩短，覆盖人群的能力增强，而相应的风险积累和传播速度也相应增加，这对监管的时效性和有效性提出了更高的要求。因此，基于特许经营原则，以及对机构持牌、产品备案、人员持证的要求，保险数字化还必须充分利用新兴技术手段，推动常态化的风险监测机制，加速监管技术平台的建设，并根据技术的特点调整和优化监管方法，以提高监管的针对性和前瞻性。在这个过程中，保险数字化技术也将发挥其在基础设施和行业数据支持方面的作用，与相关治理主体共同推动保险数字化向高质量发展转型。

保险数字生态体系逐渐完善，多层次治理体系推动保险数字化健康化发展。随着保险数字化的深入发展，行业正从单一的渠道变革演进至构建完整的生态体系，服务链和监管体系的持续完善正引领着行业向健康发展迈进。当前，保险数字化转型过程中面临着资产安全和用户隐私等挑战，保险业正努力构建法律约束、行政监管、行业自律、机构内控和社会监督五位一体的多层次治理体系，支持大、中、小、新各类保险从业机构及市场主体探索适应市场、具有竞争力和普惠性的新业务模式和商业形态，进而完善产品供给结构。同时，行业聚焦于保险机构的技术架构、数据治理与资产管理、跨业态合作等关键领域，通过制定业务指引、规范和技术标准，搭建监管与从业机构间的沟通桥梁，构建一个开放共享、安全可控、可持续发展的保险数字化生态圈。

【课程思政】

1. 课程思政背景介绍。党的二十大报告提出要“加快发展数字经济，促进数字经济和实体经济深度融合”。2022 年，银保监会发布的《关于银行业保险业数字化转型的指导意见》中明确提出了要全面推进银行业保险业数字化转型，推动金融高质量发展。在全球数字化经济快速发展的大潮中，数字化已成为经济和金融高质量发展的新动力。保险业作为金融行业的重要组成部分，亟须通过数字化转型来提升业务转型升级、客户体验和风险防范能力。

根据《中国保险行业数字化转型指数报告（2022—2023）》，2018—2021 年，中国保险行业数字化整体水平显著提升，方向和水平上和保险市场发展相辅相成。从转型的细分指标体系上看，数字化合规与安全、前台、中台、后台业务数字化、基础设施数字化等五大维度指数全面上升。从类别上看，科技公司的数字化转型水平最高；其次是实力雄厚的保险集团公司；保险中介公司和科技公司在 2021 年的数字化转型水平基本持平；保险资管公司和再保险企业处在数字化转型的下游方阵，不过资管公司这两年的提升幅度较大，在 2021 年已经超越再保险企业。

2. 课程思政要点。中国保险机构借力数字化转型，践行市场化、产业化、差异化的发展路径，努力实现高质量发展。但因发展不平衡、转型成本较高等，我国保险机构也存在规模较小机构转型动力不强、非上市企业数字化水平不高、外资机构数字化转型承担较重压力等问题。在金融高质量发展背景下，如何结合各类保险机构的不同特征，推动保险数字化转型?

引导学生从不同保险机构的规模、类型、所有制等角度，思考如何结合各类保险机构的不同特征推动保险数字化转型。

【产教融合】

1. 背景介绍。2013 年，农银人寿作为中国农业银行的控股子公司正式挂牌成立，随着保险业数字化转型的加速和客户对个性化、便捷服务需求的增加，农银人寿等银行系险企正把科技赋能上升到战略层面，致力于通过改善客户服务体验和提升理赔效能等方面的实践，将保险科技作为推动高质量发展的新动力。《2023 年中国互联网保险理赔服务创新报告》显示，科技创新正越来越多地应用于提升理赔服务质量，理赔智能化和线上化已成为行业的关键词。农银人寿通过推出“农银微理赔”“农银快 e 赔”“农银慧 e 赔”等数字化应用，深化“以客户为中心”的经营理念。特别是“农银快 e 赔”服务利用“智能规则引擎”技术，实现了理赔流程的自动化处理，显著提高了理赔效率，缩短了理赔处理时间，至 2023 年 6 月已自动处理超过 2 万件理赔案件，使理赔处理时间相比非自动化处理缩短了 67%，真正做到了快速且温馨的服务。

随着年轻群体逐渐成为保险消费的主力军，他们对保险数字化服务的期待不断提高，要求保险行业不断优化服务体系，提升服务质量，以在激烈的市场竞争中获得更大的发展空间。面对年轻化的保险消费主体，农银人寿等保险机构需思考如何优化理赔服务体验，提升年轻消费者的满意度和获得感，以适应市场变化和消费者需求的演进。

2. 产教融合要点。农银人寿通过引入保险科技来改善客户服务体验和提升理赔效能，但是随着保险消费主体的年轻化趋势，农银人寿的保险数字化面临新的挑战。请基于本章所学的理论知识和实践案例，为农银人寿出谋划策，从保险数字化建设角度提供优化年轻消费者理赔服务体验的建议。

引导学生基于保险数字化理论知识和其他保险公司的实践案例，从保险业数字化角度为农银人寿应对保险消费群体年轻化等挑战提出具体的建议。

【本章小结】

本章介绍了保险业数字化的定义及其包含的主要内容，以及保险业数字化对于整个保险行业乃至整个社会经济发展的影响和意义。

本章探讨了保险业数字化发展的内在驱动机制，新一代信息技术在推动保险业数字化中的作用，以及各类新一代信息技术在保险行业中的具体应用，对保险业数字化的推进思路和重点领域有所认识。

本章对保险业数字化的发展前景作出了判断，梳理总结了保险业数字化的发展趋势，并对我国保险业数字化的未来发展进行了展望。

【思考题】

1. 保险业数字化对整个社会经济发展的影响和意义是什么？它如何推动保险行业的发展？

2. 保险业数字化面临哪些主要问题和挑战？如何在数据开放与隐私保护之间找到平衡？

3. 保险业数字化的发展趋势是什么？我们如何预测和把握未来的发展机遇和挑战？

【参考文献】

[1] 艾瑞咨询．2021 上半年中国互联网保险数字化热点报告［R］．2021.

[2] 艾瑞咨询．中国保险科技行业研究报告［R］．2020.

[3] 艾瑞咨询．中国保险行业数字化升级研究报告［R］．2021.

[4] 艾瑞咨询．中国保险业数字化转型研究报告［R］．2023.

[5] 陈晓红，李杨扬，宋丽洁，汪阳洁．数字经济理论体系与研究展望［J］．管理世界，2022，38（2）：208－224.

[6] 郭静．浅析保险企业数字化对行业转型发展的价值［J］．信息系统工程，2019（10）：1.

[7] 何国华，肖兰华．保险中的道德风险及其防范［J］．武汉大学学报（哲学社会科学版），2007，289（2）：216－221.

[8] 胡振华，孙巧．逆向选择条件下带甄别期的最优保险设计［J］．金融发展研究，2021，473（5）：44－52.

[9] Ifenxi. 2020 年代：数字保险生态崛起［R］．2020.

[10] Ifenxi. 2022 爱分析保险科技实践报告［R］．2022.

[11] 李伟群，马裕丰．保险科技是友？是敌？——对保险监管的影响与因应之道［J］．上海保险，2019（3）：24－29.

[12] 李彦．保险线上化与数字化的融合与实践［J］．中国保险，2021（3）：17－21.

[13] 零壹智库．海外创新案例——保险科技篇［Z］．2021.

[14] 刘玲玲．保险公司数字化营销服务［J］．现代经济信息，2020（6）：147－148.

[15] 普华永道．保险行业数字化转型研究报告［R］．2023.

[16] 邱爽，赵康．大数据对保险公司风险识别能力的提升及影响［J］．现代交际，2014（11）：107－108.

[17] 唐金成，刘鲁．保险科技时代寿险业的应对策略［J］．西南金融，2019（11）：60－69.

[18] 头豹研究院．2023年中国保险行业概览［Z］．2023.

[19] 王绪瑾，王浩帆．改革开放以来中国保险业发展的回顾与展望［J］．北京工商大学学报：社会科学版，2020，35（2）：14.

[20] 张智慧．保险企业数字化转型研究［J］．中国保险，2019（3）：18－23.

[21] 中南财大风险管理研究中心．2022中国保险发展报告［R］．2022.

[22] Cappiello A. Technology and the Insurance Industry: Re－configuring the Competitive Landscape [M]. Springer, 2018.

[23] Martin Eling, Martin Lehmann. The Impact of Digitalization on the Insurance Value Chain and the Insurability of Risks [J]. The Geneva Papers on Risk and Insurance － Issues and Practice, 2018, 43 (3): 1－38.

[24] Schmidt, Rainer, et al. The Impact of Digitization on Information System Design: An Explorative Case Study of Digitization in the Insurance Business [C]. Business Information Systems Workshops: BIS 2017 International Workshops, Poznań, Poland, June 28－30, 2017.

第七章　数字普惠金融

【学习目标】

1. 了解普惠金融发展史，掌握普惠金融的概念与内涵，理解普惠金融走向数字普惠金融的必然性。

2. 掌握数字普惠金融的概念、内涵、特征与意义。

3. 理解并掌握数字普惠金融发展的理论基础。

4. 了解数字普惠金融发展的技术支撑与现实基础。

5. 熟悉我国数字普惠金融的具体应用实践与典型场景。

6. 了解我国数字普惠金融的发展现状与趋势。

第一节　走近数字普惠金融

一、普惠金融的兴起与发展

（一）普惠金融产生背景及内涵发展

随着全球经济快速发展和民众生活水平不断提高，金融服务对于政府、企业和个人而言都越发重要。获取优质的金融服务和金融工具意味着在调节财务风险、获取扩张能力、增加理财收益等方面都具有更大优势。然而，相较于大中型企业和高资产人群，小微企业和贫困人口的金融需求更大却难以获取有效资源。这种金融资源分配不均或金融排斥现象阻碍了经济发展的步伐，在此背景下普惠金融理念应运而生。

“普惠金融”（Inclusive Finance）又名“包容性金融”，其理念最早于2003年由时任联合国秘书长安南提出——“世界上大多数穷人仍然难以获得储蓄、信贷、保险等金融服务。我们的一大任务就是消除那些将人们排除在金融活动之外的因素……我们能够也必须实施普惠金融来改善这些人的生活。”① 2005年，联合国在“国际小额信贷年”活动中首次正式提出普惠金融概念，将其界定为“能有效、全方位、便利地为社会所有阶层和群体提供服务的金融体系”。②此后，普惠金融概念得以进一步推广使用，并日益成为国际组织及各国重要的金融实践。

2008年9月，普惠金融联盟（Alliance for Financial Inclusion，AFI）在泰国曼谷建立，主要成员包括马来西亚、印度尼西亚、埃及、巴西等60多个发展中国家，中国于2011年加入该联盟。AFI通过资金、技术、物流等方面的支持，以及经验、研究成果等信息共享平台的建立，努力帮助各成员国大力发展普惠金融事业。2011年9月，AFI通过《玛雅宣言》（*Maya Declaration*），借助普惠金融推动各国消除贫困和稳定经济发展成为普遍共识。世界银行也下设扶贫协商小组，对外发布普惠金融国际融资调研报告。基本在同一时期，二十国集团（G20）于2009年12月在美国创立普惠金融专家组（Financial Inclusion Experts Group，FIEG）。2010年，G20首尔峰会进一步将普惠金融列为全球发展重点议题，并批准建立全球普惠金融合作伙伴组织（Global Partnership of Financial Inclusion，GPFI）。③ 至此，G20框架下的普惠金融发展组织框架基本形成，并在此后积极推动构建全球普惠金融指标体系。世界银行2014年发布的《全球普惠金融发展报告》显示，截至当年，世界银行已在全球70多个国家和地区与公私合作伙伴联手开展普惠金融项目，全世界50多个国家和地区设立了改善普惠金融的目标。④

我国政府也高度重视普惠金融发展。2013年，党的十八届三中全会将“发展普惠金融”确立为国家战略。2015年，国务院印发《推进普惠金融发展规划（2016—2020年）》，明确推进工作的指导思想、基本原则和发展目标。2019年党的十九届四中全会提出“健全具有高度适应性、竞争力、普惠性的现代金融体系”。2020年，国家“十四五”规划提出“增强金融普惠性”。2022年，党的二十大报告提出“健全农村金融服务体系”“中国式现代化是全体人民共同富裕的现代化”。2023年《国务院关于推进普惠金融高质量发展的实施意见》发布，明确了未来五年推进普惠金融高质量发展的指导思想、基本原则和主要目标；

---

① 何德旭．做好“增强金融普惠性”这篇大文章［J］．现代金融导刊，2021（6）．

② 盈灿咨询．2016数字普惠金融白皮书［R］．2016.

③ 白钦先，佟健．重提普惠金融是对金融普惠性异化的回归［J］．金融理论与实践，2017（12）．

④ 郭峰，王靖一，王芳，等．测度中国数字普惠金融发展：指数编制与空间特征［J］．经济学（季刊），2020（4）．

同年召开的中央金融工作会议进一步提出了“做好科技金融、绿色金融、普惠金融、养老金融、数字金融五篇大文章”，为推进金融高质量发展指明了方向。

从理念提出、政策引领到广泛实践，普惠金融的概念越发明晰而具体。2014 年，世界银行在《全球金融发展报告：普惠金融》中将其定义为“个人和企业获得适当、负担得起和及时的金融产品和服务的过程，包括银行贷款、股权和保险产品”。2015 年底，我国国务院在《推进普惠金融发展规划（2016—2020 年）》中首次从国家层面明确了普惠金融定义：普惠金融是指立足机会平等要求和商业可持续原则，通过加大政策引导扶持、加强金融体系建设、健全金融基础设施，以可负担的成本为有金融服务需求的社会各阶层和群体提供适当的、有效的金融服务。小微企业、农民、城镇低收入人群、贫困人群、残疾人、老年人是普惠金融的重点服务对象。提升金融服务的覆盖率、可得性和满意度是我国普惠金融的主要目标。① 2018 年，世界银行和中国人民银行联合发布了《全球视野下的中国普惠金融：实践、经验与挑战》，报告中给出的定义是“个人、小微企业能够获取和使用一系列合适的金融产品和服务，这些金融产品和服务对消费者而言便捷安全，对提供者而言商业可持续”。② 本书采纳该界定，并认同普惠金融的内涵至少包括五大要素：③④⑤

（1）可得性。即金融服务对象获得服务的时间、空间、交易成本较低，能以合理的成本获取较广泛的金融服务，这是普惠金融的关键驱动因素。

（2）多样且适当的产品。为消费者提供存贷款、汇兑、保险等基本金融服务以及投融资、理财、担保、征信、金融教育等全方位的个人和公共服务体系，满足不同消费者的个性化需求。⑥

（3）商业可行性和可持续性。普惠金融并非扶贫活动、公益行为，究其本质是专业金融业务、市场商业行为，⑦ 即搭建健康运作的金融生态系统，使金融服务供给者以成本节约的方式实现可持续发展。

（4）安全和责任。主要体现在提供金融服务的合法性、确保消费者金融账

---

① 盈灿咨询．2016 数字普惠金融白皮书［R］．2016.
② 全球视野下的中国普惠金融：实践、经验与挑战［EB/OL］．http：//pbc. gov. cn.
③ 叶金生．我国数字普惠金融与实体经济协同发展研究［D］．南昌：江西财经大学，2021.
④ 星焱．普惠金融：一个基本理论框架［J］．国际金融研究，2016（9）.
⑤ 吕勇斌．数字普惠金融：理论逻辑与经济效应［M］．北京：社会科学文献出版社，2021.
⑥ 星焱．普惠金融：一个基本理论框架［J］．国际金融研究，2016（9）.
⑦ 陈慧琳．发展普惠金融助力乡村振兴战略［J］．科技经济导刊，2018（23）.

户及托管资金的安全性、对消费者正当权益的有效保护性等方面。[①] 在为消费者提供多样化服务和金融产品时，注重风险管理、稳健经营，随时接受来自各方的市场监督和审慎监管。[②]

（5）服务对象特定性。小微企业、农民、城镇低收入人群、贫困人群、残疾人、老年人等信息相对缺失、画像模糊、不受传统金融机构“待见”的特殊客群正是普惠金融的重点服务对象。[③]

（二）普惠金融的主要产品形态

普惠金融所涉范围很广，涵盖了账户和银行卡服务、电子支付、投资理财、融资贷款、保险服务、资本市场等多种金融服务。其中，融资贷款类业务是普惠金融最受关注的领域，以至于普惠金融时常被等同于普惠金融贷款或普惠型小微企业贷款。[④] 以下重点就普惠金融贷款业务进行介绍。

按照中国人民银行的统计口径，普惠金融贷款包括单户授信小于1000万元的小微企业贷款、个体工商户经营性贷款、小微企业主经营性贷款、农户生产经营贷款、建档立卡贫困人口消费贷款、创业担保贷款和助学贷款。这些产品形态旨在满足不同客户需求，提供灵活、便捷的金融服务，帮助更多人实现金融梦想。具体而言，小微型企业贷款是普惠金融贷款主体，通常用于小微企业生产经营、设备购置等方面，普惠金融机构审批时应更注重企业发展潜力和还款能力，为创业者提供更多机会。农户生产经营贷款主要用于农业生产经营和农村基础设施建设，具有利率低、审批快、还款灵活等特点，有助于推动农村经济发展。建档立卡贫困人口消费贷款主要面向信用良好、有贷款意愿、有就业创业潜质、技能素质较高、具有一定还款能力的建档立卡贫困户，具有手续简便、无须抵押担保、成本低、期限长等优点，有助于贫困人口消费水平的提升。助学贷款覆盖学习培训费用，通常利率低、还款期限较长，旨在帮助更多人实现教育梦想。

在政策引导和服务实体经济愿景下，金融服务机构纷纷推出品种丰富的普惠金融信贷产品。以中国银行为例，中银的普惠金融信贷产品包括了对公线下、对私线下、对公线上、对私线上四大类别，着力解决融资主体“融资难、融资贵”问题。对公线下产品包括资产抵押类贷款、担保公司类贷款、结算通宝、

---

① 星焱．普惠金融：一个基本理论框架［J］．国际金融研究，2016（9）．

② 石勇．普惠金融理念下我国农村金融扶贫探析［J］．金融经济，2016（20）．

③ 李忠海．一文读懂普惠金融［Z/OL］．星图金融研究院公众号，2017－06－28．

④ 艾瑞咨询．2023年中国普惠金融行业洞察报告［R］．2023．

集采通宝、科贷通宝和中银知贷通等；对私线下产品包括经营快贷、农担贷、烟商贷、农业春耕贷、惠农收购贷；对公线上产品包括企 E 贷—抵押贷、抵押贷（工业厂房贷）、企 E 贷—银税贷、企 E 贷—信用贷、中银企 E 贷·惠农贷；对私线上产品包括惠如愿—E 抵贷、惠如愿—税易贷等。这些产品形态丰富了普惠金融的产品线，满足了不同客户的需求，特别是线上普惠金融产品日益呈现蓬勃发展的态势。

（三）我国普惠金融发展概览

从 2013 年 11 月党的十八届三中全会正式提出“发展普惠金融”，到 2023 年 10 月《国务院关于推进普惠金融高质量发展的实施意见》发布和“五篇大文章”的提出，我国普惠金融发展走过了十年历程。回顾这十年，普惠金融顶层设计持续强化，我国基本形成了多层次、广覆盖、有差异的普惠金融服务体系，普惠金融理念逐渐深入人心，普惠金融产品不断丰富、服务成本稳步下降，金融服务覆盖率、可得性持续提升，人民群众获得感、满意度持续增强。2022 年 6 月，世界银行发布了最新全球普惠金融调查（Global Findex）数据，中国多项普惠金融指标增长明显，较多普惠金融核心指标位居中高收入经济体前列。①

从“普”的层面来看，我国金融基础设施建设完善带来金融服务覆盖范围扩大和使用程度提升。截至 2021 年末，中国受访者的账户拥有率（89%）和数字支付使用率（86%）均高于全球（分别为 76%、64%）和中高收入经济体（分别为 84%、80%）；储蓄参与率也上升至 61%，高于全球（49%）和中高收入经济体（54%）。贷款领域，中国居民的借贷参与率及快速筹集资金的效率也获得了较大提升。截至 2021 年末，中国受访者的借贷参与率（56%）高于全球（53%），也高于中高收入经济体均值（55%）；92% 的中国受访者可以在 30 天内筹集到应急资金，高于全球均值（88%），与中高收入经济体（93%）接近。此外，中国居民通过正规金融机构获得金融服务的比例显著提升。数据显示，2017 年中国居民通过正规金融机构储蓄和借贷的受访者比例为 34% 和 22%，到 2021 年已经上升到了 45% 和 31%。②

从“惠”的层面来看，综合融资成本显著下降。“市场利率 + 央行引导→LPR→贷款利率”的传导渠道不断强化，各类主体实际贷款利率稳中有降，为实体经济提供了有力的金融环境。得益于此，消费贷与经营贷新发放贷款加权平

---

① 艾瑞咨询．2023 年中国普惠金融行业洞察报告［R］．2023．

② 艾瑞咨询．2023 年中国普惠金融行业洞察报告［R］．2023．

均利率均显著下降。到 2023 年 5 月，新发放普惠型小微企业贷款利率已降至 4.57%。普惠的“惠”获得了阶段性成果，长期利率或将继续下探。[①]

我国普惠金融发展已经取得了令人瞩目的成绩，但也要看到，受信息不对称、高成本等因素的制约，传统普惠金融在扩大金融覆盖面、丰富产品和服务类型、提高满意度等方面仍存在较多不足。随着数字经济的快速发展以及“网络强国、数字中国”建设的大力推进，大数据、云计算、人工智能、区块链等数字技术重塑了普惠金融的发展模式，驱动普惠金融快速步入数字普惠金融新阶段。数字普惠金融充分应用现代信息技术创新成果，利用移动终端快速普及所蕴含的巨大机会，使传统金融服务突破了时间和空间的限制。与传统普惠金融相比，数字普惠金融更具共享、便捷、低成本、低门槛特点，有助于改善信息搜寻与匹配、改善合同执行力、建立新的信任体系，使海量消费者和供应商在“同一空间内”进行协调和交易，极大地降低了金融市场摩擦，使供需接近均衡，同时也加快了传统金融中介的脱媒化，改变了传统金融市场的运行规则，使之向普惠、可负担、可持续的方向发展，从而在普惠特征方面更具天然优势。

二、数字普惠金融的概念内涵

（一）数字普惠金融概念

作为一个新兴概念，数字普惠金融仍处于发展阶段，尚未形成统一定义。目前被广为接受的一个界定源自 2016 年 G20 普惠金融全球合作伙伴（Global Partnership for Financial Inclusion，GPFI）发布的白皮书。按照该定义，数字普惠金融（Digital Financial Inclusion，DFI）“泛指一切通过使用数字金融服务以促进普惠金融的行动”。DFI 涵盖各类金融产品和服务，如支付、转账、储蓄、信贷、保险、证券、财务规划等，通过数字化或电子化技术进行交易，为无法获得金融服务或缺乏金融服务的群体提供一系列正规金融服务，其所提供的金融服务能够满足他们的需求，并且是以负责任的、成本可负担的方式提供，同时对服务提供商而言是可持续的。[②③④]

继 2016 年《二十国集团数字普惠金融高级原则》提出利用数字技术推动普

---

① 艾瑞咨询．2023 年中国普惠金融行业洞察报告［R］．2023.

② 北京大学数字金融研究中心课题组．数字普惠金融的中国实践［M］．北京：中国人民大学出版社，2017.

③ 中国信息通信研究院云计算与大数据研究所．数字普惠金融发展白皮书［R］．2019.

④ 尹应凯，侯蕤．数字普惠金融的发展逻辑、国际经验与中国贡献［J］．学术探索，2017（3）．

惠金融发展等 8 项原则以及 66 条具体行动计划后，多国或国际组织相继出台一系列高级别文件，旨在推进数字普惠金融与实体经济深度融合。在各国政策指引下，全球数字普惠金融都致力于解决金融服务“最后一公里”难题，运用数字技术手段为农民、城镇低收入者、小微企业等提供金融服务。相较于传统普惠金融，数字普惠金融有效运用了现代数字技术，极大降低了金融服务门槛和交易成本，拓展了金融服务的广度和深度，进一步提升金融服务的适应性、普惠性和精准性，为支持实体经济发展赋予了新动能。①

综合以上及本书对数字金融的界定，数字普惠金融可以被理解为数字技术和数据要素嵌入、渗透至普惠金融体系（金融机构、金融业务和从业人员）并实现深度融合，抑或普惠金融发展至大数据时代，与数字技术和数据要素深度融合并嵌入新发展阶段的一种现实表述。

（二）数字普惠金融内涵

1. 语义学视角

从语义学视角来看，数字普惠金融内涵可以概括为“借助于数字技术和数据要素，旨在提供普惠性质的金融服务”。

“数字”兼有数字技术和数据要素双重含义。数字技术是技术支撑、是服务方式；数据要素作为新型生产要素，指代那些以电子形式存在的、通过计算方式参与到生产经营活动并发挥重要价值的数据资源。“数字”正是数字普惠金融有别于传统普惠金融的特色所在。

“普惠”代表核心理念和重要性质，即推动金融服务的普及化和大众化。其中，“普”强调金融市场的主体特定性，尤其面向传统金融排斥的弱势群体；同时也反映金融服务提供商的广泛性，不仅有银行、保险公司等传统金融机构，也涉及金融科技公司、数字化交易平台等新型金融主体。“惠”则体现了金融服务的低成本、可负担。

“金融”是本质，是服务内容。强调其本质依旧是资金融通的经济活动，而不是社会救助和扶贫等公益活动。②

2. 学术界视角

近年来，学术界对数字普惠金融内涵的讨论日渐丰富。贝多广和李焰（2017）认为，数字普惠金融就是以数字信息技术、移动通信终端为基础的普惠

---

① 叶金生．我国数字普惠金融与实体经济协同发展研究［D］．南昌：江西财经大学，2021.

② 张清．数字普惠金融的创新、风险与监管研究［D］．成都：西华大学，2020.

金融服务方式，为目标客户提供支付结算、理财、融资、保险等传统金融产品。[①] 郭峰等（2020）强调多维概念，从覆盖广度、使用深度、数字化程度三个维度建立了数字普惠金融总指数。[②] 宋晓玲（2017）将数字普惠金融释义为以数字技术驱动的普惠金融实现形式，并指出我国在电子商务、电子支付技术方面的全球领先地位，是发展数字普惠金融得天独厚的优势。[③]

国外学者强调数字金融和普惠金融密不可分。借助现代信息技术，数字金融服务可以更好地覆盖偏远地区、欠发达地区（Hasan 等，2020）；[④] 通过有效筛选客户信息，为低收入群体提供更高效率的金融服务（Prasanna，2020）。[⑤] 可见，数字金融的发展是普惠金融的关键驱动力量和重要增长点（Arner 等，2020）。[⑥]

综合来看，尽管内涵解释存在差异，但核心含义都围绕着数字技术和普惠金融展开。可以认为，数字普惠金融的核心内涵就是以普惠金融为目的，以数字金融服务为手段，借助数字技术和数据要素来达到提高普惠金融水平的目标。对其内涵的理解可以从三个方面把握：一是通过数字化全面提升金融效率、优化金融功能、保障金融安全，[⑦] 使不同消费者都能从金融服务的质量提升中受益；二是借助数字技术和数据要素实现金融服务的“精准治理”，面向普惠金融客户群体提供更适用的金融产品；三是运用数字技术不断优化普惠金融的基础设施与“土壤”，明确金融科技伦理原则，完善普惠金融文化、提高金融消费者素质。[⑧]

3. 实践视角

业界通常围绕供给主体、服务对象、业务范围三要素展开数字普惠金融实践。

（1）供给主体。主要包括金融机构和新型金融科技公司。后者借助流量优

---

① 贝多广，李焰．数字普惠金融新时代［M］．北京：中信出版社，2017.

② 郭峰，王靖一，王芳，等．测度中国数字普惠金融发展：指数编制与空间特征［J］．经济学（季刊），2020（4）.

③ 宋晓玲．数字普惠金融缩小城乡收入差距的实证检验［J］．财经科学，2017（6）.

④ Hasan M. M.，Yajuan L.，Khan S. Promoting China's Inclusive Finance through Digital Financial Services［J］. Global Business Review，2020（6）.

⑤ Prasanna T. Fintech for the Poor：Financial Intermediation without Discrimination［J］. Review of Finance，2020（12）.

⑥ Arner D. W.，Buckley R. P.，Zetzsche D. A.，et al. Sustainability，Fintech and Financial Inclusion［J］. European Business Organization Law Review，2020（1）.

⑦ 王茜．普惠金融与精准扶贫的政策含义及着力点［J］．金融发展评论，2016（4）.

⑧ 叶金生．我国数字普惠金融与实体经济协同发展研究［D］．南昌：江西财经大学，2021.

势和技术实力脱颖而出，成长为数字普惠金融领域的中坚力量。前者则在后者倒逼下，加快了普惠金融业务的数字化转型，逐步形成零售化、线上化、批量化的数字普惠金融发展方向。[①②] 两类主体既相互竞争，又合作共赢，共同推动着数字普惠金融的发展。

（2）服务对象。数字普惠金融立足于机会平等要求和商业可持续原则，旨在以可负担成本为有金融服务需求的社会各阶层和群体，尤其是长尾客户群体提供适当、有效的金融服务。[③] 小微企业、农民、城镇低收入人群、贫困人群和残疾人、老年人也是数字普惠金融的重点服务对象。

（3）业务范围。数字普惠金融涵盖一切有助于促进普惠金融的数字金融产品与服务，如支付、转账、储蓄、信贷、保险、证券、理财等（见图7－1）。

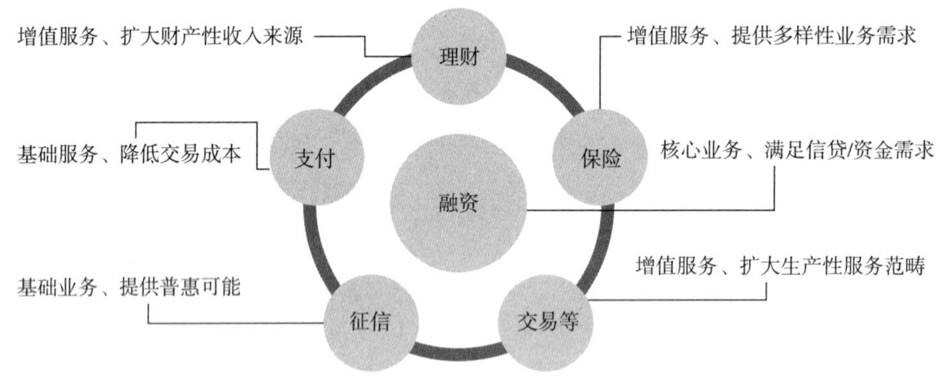

图7－1　数字普惠金融业务体系

三、数字普惠金融的主要特征

（一）覆盖地域更广泛

传统普惠金融主要依赖营业网点和分支机构提供服务，考虑到成本和收益，位置偏远、人口密度低的贫困落后地区明显覆盖不足。与之不同的是，数字普惠金融打破了传统金融机构布局的地域限制，深入推进至县域、乡村、社区，使广大用户获得跨地域、无差异的金融产品与服务。[④]

---

① 盈灿咨询．2016数字普惠金融白皮书［R］．2016.

② 陈斌辉．数字普惠金融发展研究［J］．财务管理研究，2021（10）．

③ 叶金生．我国数字普惠金融与实体经济协同发展研究［D］．南昌：江西财经大学，2021.

④ 付昊一．数字技术助力普惠金融发展研究——以蚂蚁金服为例［D］．沈阳：辽宁大学，2020.

（二）服务对象更普遍

与传统普惠金融相比，数字普惠金融借助于新型数字技术和丰富的数据要素，能够更加精准地匹配用户和产品，使小微企业、低收入群体也能获得合适的金融服务。例如，大数据风控技术能帮助那些未达到传统信用评估标准的小微企业、低收入群体获得信贷、投融资等金融服务，拓宽金融服务覆盖面。

（三）服务成本更低廉

在数字技术支持下，人们可以在手机端轻松便捷地获取服务。基于客户移动支付、消费信贷等数据，金融机构也可在线完成客户信用评估，客户"鞋底成本"和金融机构的经营成本、获客成本、信用评估成本都能大幅降低。另外，随着数字技术日臻成熟，金融产品平台化趋势进一步降低了金融服务供给成本，为民众提供了更加便捷、高效和可持续的金融服务。①

（四）服务类型更丰富

在数字技术驱动和数据要素赋能下，数字普惠金融服务日趋全面化、平台化。服务类型已由传统的存贷款、支付、消费信贷，延伸至数字理财、数字保险、数字信贷等多个领域。许多金融科技公司依靠支付、信贷业务积累的客户资源，打造出涉足理财、保险等业务的更全面的金融服务平台。此外，数字普惠金融还通过技术创新，为客户提供了更加便捷、高效的服务体验。线上银行、手机银行、智能投顾等新型服务模式大大提升了金融服务的便利性和可得性。

（五）风险管控更有力

依托大数据分析技术以及日常交易流、网上行为信息流、第三方征信数据等多元化数据资源，金融机构能够提高征信个体画像的准确度，作为传统金融数据的有力补充。大数据风险管控体系由此建立，风险管理由"事后"转为"预警"，在实时追踪征信数据的过程中，一旦发现征信等级变动，系统就会自动标识并预警，风险防控能力大幅提升。②

四、我国发展数字普惠金融的重要意义

（一）缓解融资约束、促进创新创业

在传统金融模式下，我国小微企业一直受到"融资难、融资贵"困扰。数

① 钟秀．数字普惠金融发展的就业效应分析［D］．保定：河北大学，2021.

② 钟秀．数字普惠金融发展的就业效应分析［D］．保定：河北大学，2021.

字普惠金融重塑了金融行业服务模式，给小微企业融资带来曙光。[①] 数字普惠金融逐步完善金融基础设施，降低服务成本，提高风险管控能力，给小微企业提供融资支持和更为便捷灵活的金融服务，促进了企业技术创新以及大众创新创业，对于完善我国企业发展生态具有重要作用。

（二）促进居民消费、增加投资可能

数字普惠金融促进消费总量增加和消费结构升级。数字信贷为居民消费提供资金支持，促进消费水平提高和消费结构升级。数字保险为用户财产提供安全保障，使居民敢于消费、愿意消费。电子支付、线上交易可以降低交易成本、提高交易效率、扩大消费规模。

数字普惠金融也增加了投资可能性。随着第三方支付平台在技术和安全性方面日益成熟，投资者的信任度随之提高，投资意识日渐增强。数字普惠金融发展为投资者提供了更为广泛而全面的投资产品，有利于家庭金融资产投资组合的多样性。[②]

（三）优化经济结构、缩小收入差距

数字普惠金融既扩大了金融服务范围、完善了金融服务网络，又降低了金融风险和服务成本、提高了金融服务可得性。[③] 一旦创新型中小企业的融资需求得到满足，民营经济活力将被激发，进而优化实体经济供给结构；当低收入群体的资金需求得到满足时，居民消费活力也将被激发，从而提升内需拉动经济增长。因此，数字普惠金融发展可以同时优化金融供需结构和实体经济供需结构，实现金融和实体的“比翼双飞”，助力经济高质量发展。[④]

数字普惠金融覆盖面广、服务门槛低、服务成本低，有助于提升金融服务渗透力，增强风险控制力，使更多低收入人群受惠，促进城乡协同发展。尤其是数字化支付、小额保险、网络借贷具有很强的实用性，受到农村居民普遍欢迎，对于缓解城乡二元金融结构，促进创业、提高就业率，乃至收敛城乡收入差距都具有重要意义。[⑤]

（四）优化金融监管、完善信用体系

数字金融具有的便利性与快捷性特征虽可便利金融消费者，但也带来了信

---

① 郭峰，熊云军．中国数字普惠金融的测度及其影响研究：一个文献综述［J］．金融评论，2021（6）．

② 郭峰，熊云军．中国数字普惠金融的测度及其影响研究：一个文献综述［J］．金融评论，2021（6）．

③ 王良，王洪生．数字普惠金融发展对经济增长的影响研究——基于山东省17个地市的实证分析［J］．当代经济，2023（7）．

④ 叶金生．我国数字普惠金融与实体经济协同发展研究［D］．南昌：江西财经大学，2021.

⑤ 李牧辰．数字普惠金融对城乡收入差距的影响研究［D］．南京：南京师范大学，2021.

息泄露、金融诈骗频发的风险。数字普惠金融改变了传统信用定价模式，基于数据仓库构建，重塑金融监管体系，强化资本回报率的评价机制，能及时预警并遏制高风险的金融贷款服务。数字普惠金融数据化程度高、风控手段日益完善，有利于金融监管部门加强市场监管和风险防范，使金融市场更加稳健和可持续。数字普惠金融也推动着金融服务水平的提升，增强了金融体系内部抗风险能力，有利于应对金融风险的冲击。①

数字普惠金融还能有效弥补个人及中小企业信用不足的问题，助力政府建立良好的征信监管体制和社会信用体系。在此过程中，信用良好的中小群体获得融资便利，信用较差者也能被低成本地甄别出来，有助于提升数字治理效率，保证整体安全性。

第二节　我国数字普惠金融发展逻辑与现实路径

一、数字普惠金融发展的理论基础

（一）金融排斥理论

“金融排斥”（Financial Exclusion）最早由英国金融地理学家 Andrew Leyshon 和 Nigel Thrift 于 1993 年提出。他们发现，20 世纪 90 年代初，部分银行出于增收节支考虑，关闭了偏远地区或相对贫困地区的银行网点，从而将一些社会弱势群体排斥在金融体系之外，此类现象被称为“金融排斥”。②

此后，Kempson 和 Whyley（1999）提出了评价金融排斥的六个维度，即地理排斥、价格排斥、评估排斥、条件排斥、营销排斥和自我排斥。其中，地理排斥是指金融网点距离过远、网点较少，导致偏远地区居民难以获得金融服务；价格排斥是指部分金融产品定价过高致使低收入群体无力负担；评估排斥是指金融机构在提供金融服务前开展风险评估，对于部分无稳定收入群体，由于难以把握贷款的逆向选择风险，而对贷款条件施加了严格限定而产生的排斥；条件排斥是指金融机构在提供相关金融服务时设置一些附加条件（如贷款要求抵押担保等），从而将不符条件的群体排除；营销排斥是指金融机构聚焦盈利，在提供金融服务时往往会挑选大企业大客户，而不愿贷款给小微企业；自我排斥

---

① 郭峰，熊云军．中国数字普惠金融的测度及其影响研究：一个文献综述［J］．金融评论，2021（6）．

② 叶金生．我国数字普惠金融与实体经济协同发展研究［D］．南昌：江西财经大学，2021．

是指因居住环境封闭和信息闭塞，一些欠发达地区居民存在顾虑而不愿参与金融活动，从而被正规金融服务排斥在外的情形。[①②]

（二）普惠金融理论

普惠金融理论也称金融包容性增长理论，是研究金融发展与金融福祉的经济理论。该理论强调金融在推动经济增长的同时，应当注重公平合理、成果共享，实现经济社会的协调与可持续发展。具体而言，普惠金融是理念，主旨就是机会均等，主张每个人都应有平等享受金融服务的权利；普惠金融是创新，为保证金融服务可获得性，应在金融体系内进行制度、机构、产品和科技等方面的创新；普惠金融还是责任，要为那些受到传统金融排斥的特殊群体提供金融服务，尤其让偏远地区居民、低收入家庭真正享受到经济社会发展的红利。[③]

（三）交易成本理论

1937 年，英国经济学家 Coase 提出了交易成本理论：由于金融服务和资产交易的复杂性以及地理因素制约，达成交易时会产生一定成本。交易成本主要分为搜寻成本、信息成本和议价成本。在金融市场中寻找合适的交易对象产生搜寻成本。评估金融资产价值、获取交易信息产生信息成本。协商、确定金融资产和服务价格产生议价成本。[④] 过高的交易成本很可能阻碍交易顺利进行。

（四）信息不对称理论

信息不对称理论由 George Akerlof 于 1970 年提出。该理论认为，交易双方存在着信息不对称，导致交易过程中产生更多交易成本，且信息优势方很可能会损害信息劣势方的利益。想要达成真正公平、便捷且低成本的交易实属不易。具体到金融服务，一方面，由于征信体系不完善，金融机构评估用户还款能力需要付出较高成本，信息不对称使银行担心逆向选择的发生，提供信贷产品时往往存在顾虑。另一方面，出于信息不充分、不对称等原因，消费者也往往对各类投资理财产品避而远之。[⑤]

（五）二八定律与长尾理论

1909 年，帕累托提出社会财富人口分布不均衡，20% 的富人掌握了 80% 的社会财富。在二八定律影响下，传统金融机构聚焦为“富人”客户提供金融产

① Kempson E.，Whyley C. Kept Out or Opted Out? Understanding and Combating Financial Exclusion [M]. West Sussex：Biblios Publishers，1999.

② 于子哲．数字普惠金融发展对山东省城乡收入差距的影响研究［D］．曲阜：曲阜师范大学，2022.

③ 于子哲．数字普惠金融发展对山东省城乡收入差距的影响研究［D］．曲阜：曲阜师范大学，2022.

④ 于子哲．数字普惠金融发展对山东省城乡收入差距的影响研究［D］．曲阜：曲阜师范大学，2022.

⑤ 于子哲．数字普惠金融发展对山东省城乡收入差距的影响研究［D］．曲阜：曲阜师范大学，2022.

品和服务，中小客户难以得到有效金融服务。

与之关联，长尾理论最早是由网络零售商根据销售数据分析提出。在线销售商品的需求曲线尾部较长，显示需求量较小但种类较多的尾部也能占据较大市场份额。“积少成多”是长尾理论的主要原理，尽管占比80%的中小客户各自的需求是少量、零散、看似微不足道的，但集聚起来就是大需求，即长尾市场。长尾市场的边际成本随着数字技术发展而不断降低，甚至可以忽略不计。[①]

综合上述理论，数字技术、数据要素与普惠金融的深度融合变革了传统信用评价方式，数字普惠金融以其开放性和数字性打破了传统“二八定律”和金融排斥局面，有效缓解了信息不对称，帮助金融服务供需双方降低交易成本，提高长尾市场客户的金融服务可得性，真正体现了普惠金融的应有之义。

二、数字普惠金融发展的技术支撑

数字普惠金融的快速发展有赖于生物特征识别、物联网金融、金融 AI、区块链、大数据风控、金融云等一批前沿技术的有力支撑。

（一）生物特征识别技术：便利支付手段，增强风控能力

生物特征识别是在支付、转账、身份验证等金融场景中，通过人脸识别、虹膜识别、指纹识别、语音识别等方式，配合登录密码，对客户身份进行辅助识别的技术。通过生物特征识别技术可以增强远程核身的可靠性，提高金融风险防控能力（见图7－2）。

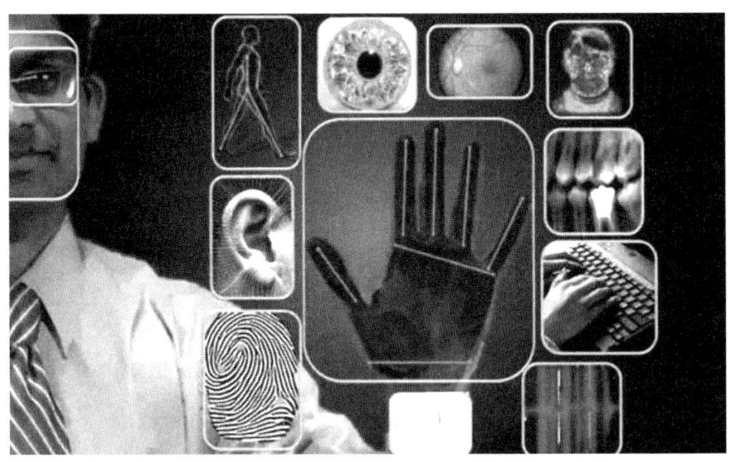

图7－2　生物特征识别技术

① 李荣强．数字普惠金融发展对区域创新能力的影响研究［D］．贵阳：贵州财经大学，2022.

（二）大数据风控技术：提升算力水平，精准风险评级

利用大数据进行风险控制的跟单融资系统，可以实时监测企业现金流和订单收款信息，从而实现精准、高频、小额的贷款管理。行为数据分析借助于非金融、非电商的弱数据，以及基于互联网爬虫和知识图谱、图计算技术的贷后风险监控系统，可以对个人、企业的全网、全关系状态进行实时监控，帮助解决征信数据不足的问题（见图 7－3）。①

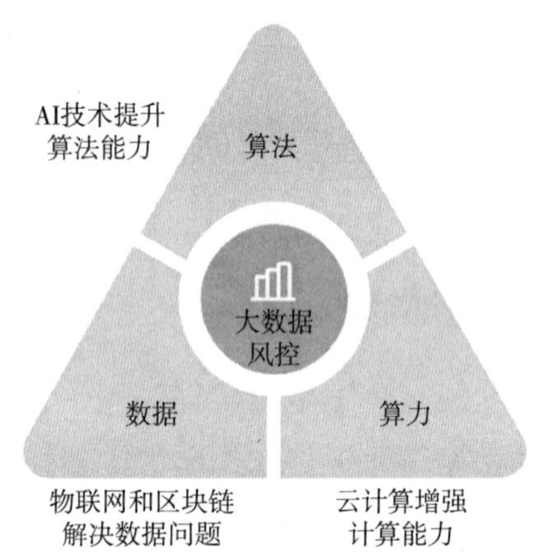

图 7－3　大数据风控技术

（三）区块链技术：优化金融系统，防范道德风险

区块链自带去中心化、防篡改、去信任、开放性、匿名性、隐私性、智能合约自动执行、简化运维等核心优势特征。区块链技术的运用，为数字普惠金融带来四个重要改变：一是交易数据公开可查，防抵赖、防篡改，减少了信用道德风险；二是采用去中心化方式解决数据孤岛问题，共享共赢，提高了风控能力；三是无须中心系统和中介机构，金融机构直接互联互通，节省了中介费用；四是健壮的 P2P 网络架构，简化了系统运维要求，降低了运维成本（见图 7－4）。

（四）金融人工智能技术：降低运营成本，提高服务效能

人工智能技术基于自然语言处理、知识图谱、概率推理等技术，将传统人工金融服务转移至软件机器人，如由线下投资顾问转向智能投顾、由专业投研转向机器量化投资、由人工客服转向客服机器人等，从而降低运营成本、扩大数字普惠金融覆盖范围。

---

① 石大龙．新金融：实现金融普惠的重要路径［J］．群众，2017（20）．

应用层						
信用证	征信	票据融资	跨境清结算	清算对账	供应链管理	……

业务服务层						
数字资产	共享账本	资金清算	对账管理	合同票据	防伪存证	监管接口

区块链底层服务							
节点管理	权限管理	区块管理	加密算法	共识机制	智能合约	运营监控	API

图7－4　区块链分层应用

例如，Kensho是一个界面类似于搜索引擎的金融量化分析软件，它可在2分钟内回答约1亿种关于全球事件对股价影响的英文问题，以图形方式直观呈现分析结果；而传统分析师往往需要6小时才得出相对完整全面的结论。Kensho的分析过程大体循着“输入语言化问题—转换成机器可识别的信息—用知识图谱抽取事件和表示分析关联影响—得出结论”的步骤展开。

（五）智能营销技术：提升运营效率，改善客户体验

智能营销技术基于机器学习、大数据爬虫、实时标签计算，为客户实时画像，提供千人千面的个性化营销，自动化选择客户、生成营销方案并加以传播。其优势在于精准定位目标客户群体、制定个性化营销策略，从而提升运营效率及客户体验（见图7－5）。

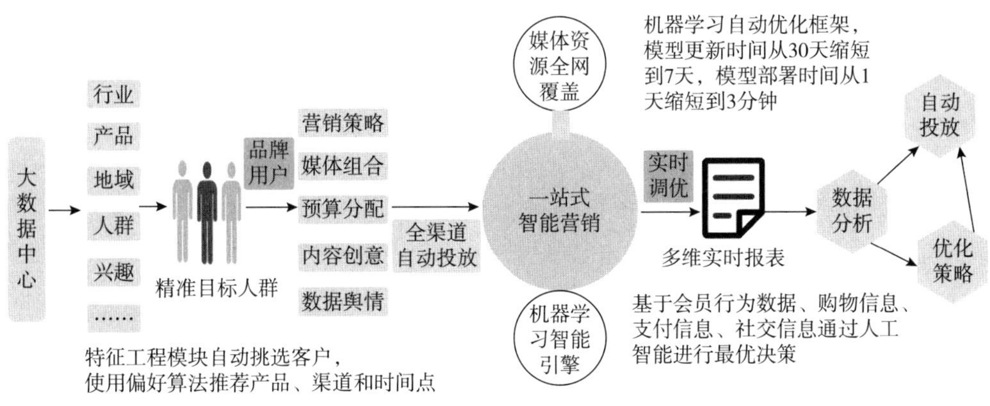

图7－5　一站式智能营销

三、我国数字普惠金融发展的现实基础

（一）数字普惠金融发展政策基础

我国政府历来高度重视普惠金融事业，近些年更是频繁推出一系列货币政

策、财政政策、产业政策以及监管政策推动其发展。货币政策方面，2017 年 9 月，中国人民银行发布《中国人民银行关于对普惠金融实施定向降准的通知》，鼓励金融机构加大对“三农”和小微企业支持力度。2018 年 6 月，中国人民银行、银保监会、证监会、国家发展改革委、财政部联合印发《关于进一步深化小微企业金融服务的意见》，引导金融机构重点面向单户授信 500 万元及以下的小微企业提供信贷支持。[①] 2019 年 1 月，中国人民银行将普惠金融定向降准中小型和微型企业贷款考核标准由“单户授信小于 500 万元”调整为“单户授信小于 1000 万元”，以扩大政策覆盖面，更好地满足了小微企业的贷款需求。[②] 财政政策上，2016 年，财政部印发《普惠金融发展专项资金管理办法》，明确普惠金融发展专项资金包括县域金融机构涉农贷款增量奖励、农村金融机构定向费用补贴、创业担保贷款贴息及奖励、政府和社会资本合作项目以奖代补四个方向。产业政策上，工信部先后印发《促进新一代人工智能产业发展三年行动计划（2018—2020 年）》《大数据产业发展规划（2016—2020 年）》《云计算发展三年行动计划（2017—2019 年）》，大力推动数字技术与实体经济的深度融合。2022 年 1 月，中国人民银行印发《金融科技发展规划（2022—2025 年）》，明确提出要稳妥发展金融科技，加快金融机构数字化转型。同一时期，《中国银保监会办公厅关于银行业保险业数字化转型的指导意见》发布，明确提出“到 2025 年，银行业保险业数字化转型取得明显成效”的工作目标。2023 年 6 月，财政部、工信部发布《关于开展中小企业数字化转型城市试点工作的通知》，计划在 2023—2025 年，梳理一批数字化转型细分行业，打造一批数字化转型“小灯塔”企业，培育一批优质的数字化服务商，开发集成一批“小快轻准”（小型化、快速化、轻量化、精准化）的数字化解决方案和产品。[③] 监管政策方面，2015 年 7 月，中国人民银行等十部委联合发布互联网金融监管领域的第一个纲领性文件《关于促进互联网金融健康发展的指导意见》，确立了互联网金融领域的监管职责分工。同年，国家税务总局和中国银监会联合发布《关于开展“银税互动”助力小微企业发展活动的通知》，针对数字普惠金融重点领域信用信息不足等问题，银监部门、税务部门与商业银行三方合作开展“银税互动”，搭建信息共享平台，支持小微企业“以税促信、以信申贷”。

---

① 彭扬．五部委发文进一步深化小微企业金融服务［N］．中国证券报，2018－06－26.

② 李华林．央行调整普惠金融定向降准考核标准［EB/OL］．中国政府网．https：//www. gov. cn/xinwen/2019－01/03/content _ 5354370. htm.

③ 任妍，焦磊．两部门推进中小企业数字化转型城市试点工作［EB/OL］．人民网，http：//www. people. com. cn/.

2023 年 10 月 11 日，《国务院关于推进普惠金融高质量发展的实施意见》发布，进一步对构建高水平普惠金融体系展开全面部署，其中特别提到要通过提升普惠金融科技水平、打造健康的数字普惠金融生态、健全数字普惠金融监管体系三大举措有序推进数字普惠金融发展。2023 年 10 月底召开的中央金融工作会议再次指出，金融是国民经济的血脉，是国家核心竞争力的重要组成部分，要加快建设金融强国，全面加强金融监管，完善金融体制，优化金融服务，防范化解风险。会议特别强调要切实做好“科技金融、绿色金融、普惠金融、养老金融、数字金融”五篇大文章。数字普惠金融兼具普惠金融、数字金融两大属性，其重要性不言而喻。

（二）数字普惠金融发展设施基础

1. 移动电话、智能手机普及率持续上升

根据工信部数据，截至 2023 年底，中国移动电话用户规模达 17. 27 亿户，移动电话用户普及率达到 122. 5 部/百人，高于 107 部/百人的全球平均水平。其中，5G 移动电话用户数达 8. 05 亿户，在移动电话用户中占比 46. 6%，是全球平均水平的 2. 5 倍。2023 年，智能手机出货量 2. 76 亿部，同比增长 4. 8%，占同期手机出货量的 95. 6%，手机市场基本由智能手机主导。①

2. 互联网覆盖范围扩大，网络提速加快

根据第 52 次《中国互联网络发展状况统计报告》，截至 2023 年 6 月，我国网民规模达 10. 79 亿人，互联网普及率达 76. 4%。网民数字技能水平总体向好，老年网民、农村网民等逐步掌握数字技能，配合以互联网应用的适老化改造，“快时代”中的“慢人群”得以持续温暖。第一季度，我国移动和固定宽带的下载速率同比分别提升了 59. 9% 和 15. 1%，移动数据流量资费持续下降，互联网服务体验与用户获得感进一步提升。

3. 网络基础设施能力不断提升

“双千兆”网络覆盖持续完善，FTTR（光纤到房间）走向用户推广阶段，推动高清视频、智能家居等智慧家庭应用落地，千兆光网支撑千行百业部署企业/工厂网络、智慧教育民生工程等，赋能社会数字化转型。截至 2023 年底，具备千兆网络服务能力的 10G PON 端口数达 2302 万个，在上年翻一番的基础上，2023 年增幅达 51. 2%，形成覆盖超 5 亿户家庭的能力。

---

① 5G 网络规模和质量世界领先——中国 5G 移动电话用户占比近半［EB/OL］. 中国政府网，http: //www. gov. cn.

5G网络深度和广度也在不断拓展，截至2023年底，我国5G基站数达337.7万个，占移动电话基站数已近1/3，平均每万人拥有5G基站24个，较上年末提高7.6个。5G网络覆盖所有地级市城区、县城城区，并持续推进向重点场所深度覆盖。

国家东数西算战略持续推进，全国一体化算力网加快构建。截至2023年底，三家基础电信企业为公众提供的数据中心机架数达97万架，比上年末净增15.2万架，可对外提供的公共基础算力规模超26EFlops。

4. 新一代信息技术蓬勃发展，推动金融业数字化转型

大数据、云计算、人工智能和区块链等新一代信息技术的蓬勃发展，给金融行业带来了模式创新、成本降低、效率提升等有利影响。具体而言，金融大数据帮助金融机构提升决策效率，强化数据资产管理能力，推动产品和服务创新升级，增强风险控制能力。云计算可以在降低金融服务成本的同时提高服务可靠性和稳定性，并帮助金融机构更有效地管理IT设备，消除信息孤岛。人工智能技术显著提升了金融行业的数据处理能力和效率，推动金融服务模式向主动化、个性化和智能化方向发展，并提升金融风险控制效能。金融区块链则有助于金融行业重构创新创造机制，降低成本、提高效率，促进个人隐私保护和行业信息共享，并推动金融中介和金融工具的创新发展。①

（三）数字普惠金融发展社会基础

1. 多层次、较完善的信用信息服务体系基本形成

社会信用信息体系以建立完善信用信息共享机制为核心，旨在记录社会主体信用状况，揭示信用优劣，警示信用风险，是净化市场环境、缓解融资困难、深入推进数字普惠金融发展建设的重要基础条件。

经过多年努力，如今，社会信用体系建设顶层设计基本完成，涵盖政务诚信、商务诚信、社会诚信和司法公信四大领域，中央各部门和地方政府逐渐形成了多样化信用信息平台。其中，中国人民银行征信中心建设运维的金融信用信息基础数据库已成为全球覆盖人口最多、收集借贷信息最全的征信系统。查询信用报告成为金融机构开展信贷业务、进行风险防控的必要环节，为金融服务实体经济的良性发展提供有力支持。截至2023年9月末，金融信用信息基础数据库收录11.64亿自然人信息和1.27亿户企业和其他组织信息，建成人工窗口、自助查询机、网上查询等多元查询渠道，2023年1－9月，日均查询量约

---

① 桂豆豆. 商业银行普惠金融的创新实践与成效研究［D］. 武汉：中南财经政法大学，2021.

1400 万次。此外，我国也已建立统一社会信用代码制度，实现社会信用信息归集共享，“信息孤岛”逐步消除，市场化社会信用服务体系建设也日趋完善。目前，全国已建成省级地方征信平台 30 家，连通当地政府部门、公用事业单位等各类数据源单位 2502 家。2023 年 1 – 9 月，地方征信平台合计帮助 152.79 万户企业获得贷款 5.5 万亿元。

2. 消费者权益保护与教育体系不断完善

金融市场中，金融消费者是主要参与者，是金融机构的客户和利益相关者，也是金融业持续健康发展的推动者。面向金融消费者加强金融知识普及教育、提高权益保护程度既有助于防范和化解金融风险，也有利于增强金融消费者的信心、推动数字普惠金融深入发展。

法律法规方面，我国对金融消费者的保护除了《消费者权益保护法》《广告法》等第一层次基本法律外，还有国务院、中国人民银行、国家金融监督管理总局等发布的行政法规和规范文件。2015 年，国务院办公厅印发《关于加强金融消费者权益保护工作的指导意见》，对规范金融机构行为、完善监管机制、建立健全保障机制提出了系统要求。《商业银行法》《银行业监督管理法》《证券法》《保险法》等法律法规也都在各自领域起到了教育金融消费者、强化市场监管的作用。

监管机构方面，自 2011 年开始，金融消费权益保护局、消费者权益保护局和投资者保护局相继成立，分别从防范和化解行业风险、促进行业健康发展的角度出发，对各自监管行业的投诉问题进行处理。

各机构也积极开展金融知识普及活动，将金融知识教育纳入国民教育体系。工信部多年来持续开展小微企业金融知识普及教育活动，帮助小微企业强化融资技能，改善融资环境，努力缓解“融资难、融资贵”问题。

第三节　数字普惠金融应用实践与典型场景

目前，我国已形成以金融机构、金融科技企业为主体，提供支付、信贷、保险、投资等各类金融服务，以满足各种规模企业、各层级收入群体金融需求的数字普惠金融体系。其多层次应用实践与典型场景遍布社会经济生活的各个方面，体现在满足小微企业融资、便利市民生活、服务乡村振兴、关注贫弱群体等多个维度，对于促进经济增长、加快产业转型、推动乡村振兴、缩小收入差距都发挥着极其重要的作用。以下是数字普惠金融众多应用实践与典型场景中的几个缩影。

一、数字普惠金融满足小微企业融资

（一）交通银行“账户易贷”：小微企业融资不等“贷”

交通银行积极探索数字普惠金融产品创新，致力于精准服务小微企业，降低企业融资成本，为小微企业发展保驾护航。2023 年推出了纯信用全线上贷款——“账户易贷”。该产品以小微企业及个体工商户的银行结算流水、税务、征信、工商等行内外数据作为主要依据，运用大数据技术进行分析评价，通过网银、手机银行等电子渠道，为企业经营实体日常周转提供信用贷款帮助。从线上申请到放款提用，当天即可完成，信用额度最高可达 500 万元，贷款利率最低可至 4%。该信贷产品还具有手续简单、随借随还等特点，让众多小微企业无须再等“贷”。

（二）招商银行“创业担保贷”：大众创业不是梦

为推动普惠金融发展，落实就业优先政策，财政部 2023 年印发了修订后的《普惠金融发展专项资金管理办法》，明确对符合条件的创业担保贷款，财政部门给予贷款实际利率 50% 的财政贴息，纳入专项资金奖补支持范围。招商银行深圳分行抓住政策机遇，联合深圳市人力资源和社会保障局、担保机构和多家同业创新推出“创业担保贷”，借助数字技术手段在降低贷款门槛、加强风险防控、优化审批流程等方面进行大胆创新。该产品对企业注册时间不做要求，且对绝大多数小微企业提供纯信用担保，免除反担保条件，企业无须缴纳任何担保费用，政府还会进行贴息贴保，贷款成本最终可低至 2.15%，真正做到“零保费、低利息、低门槛”，有效满足了创业融资需求。2022 年，招商银行深圳分行共为 397 家小微企业发放 13.77 亿元创业担保贷款，在扶持创业、带动就业方面发挥了重要作用。

二、数字普惠金融便利市民生活

（一）光大云缴费：为民解难题

光大云缴费平台以便民服务与普惠金融为核心，以金融科技创新应用为驱动，致力于构建开放化、数字化、智能化的便民金融科技服务生态体系，助力解决数亿群众的身边事、烦心事，在多年运营中实现了“发展速度、缴费项目、输出平台、服务用户”全国第一的突破。光大云缴费主要围绕重点民生领域，构建缴费开放、收费托管、移动应用三大平台，将各类缴费服务、各种缴费渠道、支付结算功能充分整合，让用户随时随地轻松缴费。截至 2023 年 6 月末，光大云缴费累计接入便民缴费服务项目 15241 项，上半年缴费金额为 3145. 19 亿元，缴费服务 12. 87 亿笔，服务活跃用户 3. 79 亿户；便民服务输出至华为、微信、美团、中国银联、金融同业等 773 家合作平台，基本实现国内主流服务平台全覆盖。

（二）金融通信跨界统一："SIM 卡硬钱包"让支付更便利①

2023 年 7 月，中国银行、中国电信、中国联通在数字人民币 App 联合上线"SIM 卡硬钱包"产品，实现又一跨界创新成果落地，为数字人民币应用提供更加普适、便捷的支付方式和体验。该产品以通信运营商发行的 SIM 卡为安全载体，加载数字人民币钱包应用，打造一卡多应用的融合应用场景，实现运营商渠道、用户、场景、服务、大数据等能力与数字人民币的紧密结合，实现差异化的数字人民币推广运营模式。"SIM 卡硬钱包"具备安全可靠、通用便利、无电支付、共享余额的核心特点。SIM 卡管理规范、成熟，在监管可控性、安全性、便利性等方面表现突出，可以确保用户在钱包开立、使用中的信息与资金安全。SIM 卡也是使用最广泛的安全硬件介质，具有极高的渗透率和接受度，并且没有时空限制，客户可以随时随地进行交易、完成支付，降低了使用成本，增强了数字人民币使用的普适性。该产品还支持无电支付，手机可在断网、无电关机等多种状况下直接使用手机 NFC 功能"碰一碰"完成支付。使用过程中与所属的母钱包共享余额，无须单独充值，支付更方便、易用。

三、数字普惠金融服务乡村振兴

（一）中国农业银行：足不出户，"惠农 e 贷"②

中国农业银行注重强化金融科技赋能，提升乡村振兴金融服务数字化水平。中国农业银行长期聚焦粮食安全、乡村产业发展等重点领域；下沉服务中心，拓宽农村基础金融覆盖面。截至 2022 年末，中国农业银行在县域设立网点 1. 26 万个，占全行网点的 56%，"惠农通"服务点乡镇覆盖率达 94. 1%。考虑到传统普惠金融的覆盖范围限制，中国农业银行创新推出农户专属融资产品"惠农 e 贷"、农业龙头企业"龙头 e 贷"等系列线上贷款产品，努力为广大农民提供便捷高效的现代金融服务。其中，"惠农 e 贷"专为广大农民量身打造，实现了足

① 张晓燕，殷子涵，张艺伟．全球普惠金融发展趋势报告（2023）［R］．清华五道口，2023.

② 张晓燕，殷子涵，张艺伟．全球普惠金融发展趋势报告（2023）［R］．清华五道口，2023.

不出户办理贷款，农民在手机上即可完成申请、取款、还款的全流程，目前累计支持近100万农户，累计放款金额超1500亿元。“惠农e贷”增加了农村普惠金融服务供给，推动普惠金融服务惠及农民群众。截至2022年末，中国农业银行乡村振兴领域贷款余额达7.31万亿元，较年初增加1.11万亿元，年增量首次超万亿元。“惠农e贷”余额7477亿元，较年初增加了2031亿元。

（二）中国邮政储蓄银行：聚焦重点产业，服务三农经济

中国邮政储蓄银行始终强化科技赋能、城乡联动、内外协同，以“三农”金融数字化转型为主线，持续打造服务乡村振兴数字生态银行，走出了一条特色产业与金融服务良性互动发展的新道路，为乡村振兴增添活力。中国邮政储蓄银行在农村普惠金融方面形成了四类特色业务模式，包括主动授信模式、整村授信模式、线上线下有机融合模式、协同服务模式。同时，持续关注乡村振兴重点产业，推进粮食、种业、生猪、肉牛、乳业及乡村休闲旅游等重点产业金融服务。一方面，为做好“土特产”大文章，中国邮政储蓄银行一方面依托邮政集团“四流合一”资源，围绕“一县一业、一村一品”特色产业，积极采取“线上化+数字化”方式，大力推进“产业贷”，为特色产业制定专属服务方案。另一方面，支持农村产业融合发展，立足差异化优势，为国家现代农业产业园、优势特色产业集群、农业产业强镇提供综合金融服务。

四、数字普惠金融关注贫弱群体

（一）中国建设银行：着力金融扶贫

中国建设银行将脱贫攻坚与金融创新结合起来，建立总分行、母子公司联动的精准扶贫机制，推出“N+建档立卡贫困户+微利信贷”扶贫模式，形成信贷扶贫支持、电商扶贫创新、科技扶贫辅助、公益扶贫补充的金融大扶贫格局。2020年末，全行精准扶贫贷款余额为2632亿元，比年初新增437亿元，产业扶贫贷款余额为1237亿元，比年初新增322亿元，深度地区扶贫款余额为1276.85亿元。中国建设银行开设了29家省级扶贫馆、“三区三州”深度贫困地区扶贫馆，扶助范围覆盖全国1013个国家级/省市级贫困县市，带动建档立卡贫困户成功脱贫18.3万人。①

（二）中国工商银行：用心服务特殊客群

便捷的数字金融服务便利了很多人，却也给老年人、残障人士带来难以跨

① 顾雷．脱贫攻坚下的普惠金融典型案例解读［EB/OL］．和讯网，http：//bank.hexun.com/2021－03－02/203112727.html.

越的“数字鸿沟”。针对于此，工商银行一方面高度关注青睐实体网点的老年群体，继续保持传统金融服务方式，设立特色网点、敬老窗口或绿色通道，铺设无障碍设施，推广“一站式”服务，让老年人少跑腿；安排工作人员手把手教老年人使用智能设备，提高适老金融服务的针对性。另一方面，也努力推进互联网应用适老化改造，优化自助设备、手机银行 App 适老版本，使字体更大、功能更集中、操作流程更简便、增设智能语音输入服务免除打字困扰，全面提升老年人的使用体验。此外，针对残障人士的金融服务需求，江苏银行与深圳市信息无障碍研究会积极合作，对手机银行的存款、理财、转账三大主要功能模块进行了信息无障碍优化。建设银行、光大银行等多家银行还在线下网点陆续推出了远程银行视频手语服务，为听障人士搭建起金融服务绿色通道。

第四节　我国数字普惠金融现状与展望

一、我国数字普惠金融发展现状

自 2016 年数字普惠金融概念首次提出以来，在党中央决策部署和各地认真落实下，我国积极依托金融科技力量，在传统金融业务领域大力实施数字化普惠工程，场景化打通交易链、物流链和资金链，完善数字金融生态圈，在解决传统普惠金融领域的痛点和难点方面，取得了积极进展和明显成效，逐步形成了新技术、新业态、新模式。

特别是近年来，随着“宽带下乡”、5G 基站等基础设施建设推进，数字技术加速迭代和创新，推动了数字普惠金融的快速发展，初步构建了数字普惠金融生态圈。如今，我国金融服务覆盖率、可得性、满意度明显提高，基本实现乡乡有机构、村村有服务、家家有账户，移动支付、数字信贷等业务迅速发展，小微企业、“三农”等领域金融服务水平不断提升。数字普惠金融的发展，拓展了数字金融服务的触达范围，缓解了金融服务的排斥性，缩小了数字鸿沟，缓解了信息不对称，赋能社会减贫纾困，为促进经济包容性发展作出了重要贡献。

我国数字普惠金融近期发展成就可以概括为七个方面：一是小微市场主体的数字化金融服务更加灵活高效。疫情期间，接触型服务业、物流运输等领域的数字差异化金融服务力度加大，市场化延期还本付息等举措有效实施，普惠小微贷款余额和授信户数持续保持较快增长，信用贷款占比持续提升，有效助力小微市场主体缓解资金困难和恢复发展。二是农村地区金融服务不断深化，基础金融服务持续巩固完善，脱贫人口贷款余额和覆盖面稳步增加，涉农信贷投放继续扩大，农户信用贷款占比持续提升，农业保险增量提质。三是新市民金融服务取得新进展，金融机构相关服务机制持续完善，新市民账户开立更加高效便捷，专属金融产品和服务不断丰富，养老理财产品、养老目标基金探索推进，创业、就业、住房等重点领域金融服务支持力度增加。四是数字普惠金融供给能力持续提升，更加突出服务的精准化、差异化、便捷化和生态化；数字支付覆盖范围继续扩大，小微企业数字化贷款保持快速增长，数字人民币运用场景更趋丰富。五是金融服务渠道持续保持广泛覆盖、便捷可得，银行网点数量总体稳定，传统 ATM 等机具使用需求有所下降，智能机具占比稳步增加。六是资本市场普惠性有效增强，中小微企业上市培育和融资服务不断完善，期货期权品种覆盖国民经济主要领域。七是金融机构经营行为进一步规范，金融消费者投诉渠道高效畅通，金融纠纷多元化解机制有效运行，消费者金融素养稳步提升。①

尽管我国数字普惠金融已经在小微企业融资、赋能乡村振兴与智慧城市建设等方面发挥了诸多积极作用，但也面临着征信体系尚不健全、信息安全问题凸显、监管体系有待完善等现实困境。首先，尽管我国已经形成多层次、较完善的信用信息服务体系，但相对而言，民间征信的数据和规模较小，多部门信息有待进一步有效整合，从事个人征信的机构相对较少，可能导致征信信息存在偏差和遗漏；征信体系覆盖范围不足，尤其是农村地区的征信体系建设仍亟待完善。② 其次，数字技术的安全性、可靠性对数字普惠金融服务质量以及客户信息、资金安全至关重要。由于数字技术应用非常广泛，在数据传输和存储过程中存在着潜在风险。一旦黑客入侵、信息泄露，将会产生难以估量的后果。例如，信息泄露带来的过度营销可能诱导非理性消费；网络“套路贷”也会严重扰乱金融秩序，侵害消费者合法权益。③ 最后，数字普惠金融业务领域广泛，各种业务的发展时间、发展程度并不一致，部分业态监管存在滞后甚至空白。同时互联网、移动通信具有虚拟特性，冲破了地域和行业束缚，进一步加大监管难度，亟待完善。④

---

① 中国人民银行普惠金融工作小组．中国普惠金融指标分析报告（2022 年）[R]．2022.

② 盈灿咨询．2016 数字普惠金融白皮书 [R]．2016.

③ 马腾跃．以数字化转型力促普惠金融可持续发展——访全国人大代表、人民银行南京分行行长郭新明 [J]．中国金融家，2022（3）.

④ 盈灿咨询．2016 数字普惠金融白皮书 [R]．2016.

二、我国数字普惠金融发展展望

回顾过往、展望未来，在政治性和人民性政策引领下，我国数字普惠金融发展将会进一步完整、准确、全面贯彻新发展理念，深化金融供给侧结构性改革，持续拓展数字普惠金融的广度和深度，更好形成成本可负担、商业可持续的发展长效机制，提升服务实体经济能力，不断提升农民、新市民、老年人等群体的金融服务水平，防范化解各类金融风险，在多种场景下提高民生福祉、促进共同富裕。可以预见，有力的政策引领和快速更迭的数字科技将会推动数字普惠金融走向新蓝海。[①] 进入互联网 3.0 时代，数字原生理念加速落地，数字技术、数据要素与普惠金融间的融合渗透将会更加凸显。

一是金融业数字化将从量变走向质变。金融科技的不断演进和数据互联互通机制的逐步完善，将推动创新共赢打破地域、行业、社会藩篱，创造科技互通、利益共享的金融科技新时代。金融机构的数字化转型已经进入一个由量变到质变的新阶段，倘若说量变阶段，金融机构主要关注数字化技术的应用和普及，将业务流程数字化，提高自动化程度和数据处理能力。那么进入质变阶段，金融机构将更加注重数字化技术的深层应用和创新，以及数字化对业务模式的重塑与优化。智慧金融、元宇宙金融有望成为未来金融发展的新趋势，“在线”的单一业务模式将被重塑转换为以用户和场景为中心的沉浸式“在场”服务模式。

二是数字技术的融合发展，将加速带动上层业务深度融合。随着大数据、人工智能、区块链、云计算、物联网等数字技术的深入挖掘，融合效应更加明显，“ABCDI”逐渐转化为“A×B×C×D×I”，技术的创新乘数效应将取代各项技术的单点突破，不断拓宽下游金融应用场景，用户管理、产品定价、渠道营销、运营模式等业务场景将产生重大变革，金融科技得以进一步完善。

三是跨链互通与隐私计算的融合发展，助力数字普惠金融解锁数据价值。针对不同机构、不同行业独立建设区块链而形成新的“数据孤岛”问题，跨链互操作技术成为下阶段区块链研发的重点方向。在数据互通过程中，区块链与隐私计算技术相融合，可以整合双方优势，在保护隐私的同时提升数据可用性，真正解锁数据价值，驱动数字普惠金融更快发展。

---

① 中关村互联网金融研究院，中关村金融科技产业发展联盟. 中国金融科技和数字金融发展报告［R］. 2023.

四是数实共生加速数字普惠金融发展。Web3.0、虚拟现实（Virtual Reality，VR）、增强现实（Augmented Reality，AR）、混合现实（Mixed Reality，MR）等一系列创新技术的应用，为数实融合提供了技术支撑和实现路径。通过虚实互动、数实共生的全方位体验，客户的金融感知能力得到有效提升，金融服务的可获得性、便捷性也大幅提高。

五是数字普惠金融赋能乡村振兴，服务形式更加多样化。随着乡村地区 5G、大数据、人工智能、互联网等数字基础设施建设的不断推进，乡村振兴的金融服务模式不断丰富，数字普惠金融与乡村特色产业深度结合，呈现出多样化、个性化特征，不断塑造数字普惠金融发展的新模式、新业态。

六是数字服务平台助力中小微企业数智化转型。中小微企业数智化转型是建设数字中国的重要组成部分。通过数字服务平台，中小微企业可以广泛接入数字化资源，通过 SaaS（Software as a Service）、PaaS（Platform as a Service）等应用程序和数据集成技术，构建数智化业务流程，满足瞬息万变的市场需求，加速中小微企业的数智化转型。

七是元宇宙将为金融行业创新发展带来新的突破口。针对金融机构之间服务和产品同质化严重问题，元宇宙成为帮助企业脱颖而出的一把“利器”。从场景、互动到消费，元宇宙充分体现了叙事能力的优势。虚实结合的空间构造支持打造虚拟金融中心，沉浸式环境提升金融机构获取客户与推销产品的效果，也让身处偏远地区的客户能够随时随地获取金融服务。

八是数字普惠金融产融结合生态圈不断完善，行业经营场景不断深入。普惠金融生态平台经过小微纯信用贷款和数字供应链金融发展后，将迈向产融结合生态平台。未来，金融机构将从整体产业的视角出发，协同合作伙伴，探索产融结合机遇点。构建产业生态的过程中，银行将联合担保、保险、金融科技公司等机构，提供全生命周期解决方案，同时联合政府部门，实现产业集群发展与产业数智化。

当然，金融科技的飞速发展和数字要素的广泛共享难免带来安全隐患。加强金融科技伦理治理，建设多方共治的金融科技伦理体系，注重主体行为规范以及数据安全、个人隐私、消费者权益保护等仍将是数字普惠金融发展需要关注的重点领域。

【课程思政】

1. 公平正义。学生学习数字普惠金融理念及内涵之后，能够正确认识到发展数字普惠金融的重要性。只有普惠金融与数字技术、数据要素深度融合并嵌入新时代发展洪流，才能使更多普通民众，特别是受到传统金融排斥的社会弱势群体获得有效金融服务，实现财富增长，改善家庭经济状况，从而缩小社会收入差距、实现共同富裕。数字普惠金融借助数字科技手段，在金融发展中添加公平元素，扬金融之长，更好地促进了公平正义的实现。

2. 社会责任意识。学生学习数字普惠金融的发展意义之后，能够深刻领会社会主义核心价值观，增强社会责任意识。教学中鼓励学生今后积极投身于数字普惠金融事业，践行普惠责任与使命。

3. 诚信教育。学生学习数字普惠金融的现实基础之后，能够理解到信用的重要性，有助于强化学生诚信意识、体会诚信原则、树立正确价值观。

4. 消费者权益保护与服务意识。通过数字普惠金融的政策基础和场景化应用学习，学生能够体会数字普惠金融政策实施的温度，及其对小微企业、贫弱群体的重要意义，强化学生服务意识，培养尊重和保护消费者权益的观念。

5. 创新意识与科技伦理。通过数字普惠金融发展动态的学习，学生可以体会到金融科技日新月异的迭代速度，激发学生的创新意识，鼓励他们在数字普惠金融领域不断探索新的服务模式和产品。引导学生关注科技伦理问题，培养道德判断力和责任感。

【产教融合】

1. 行业企业与高校的合作。行业企业可以提供数字普惠金融的实践经验、最新动态和发展需求，高校则可提供理论知识、教学资源和科研支持。校企合作共同设计教学案例更能把握前沿方向，也更具科学意义。双方的合作可以落实在理论与实践两个层面，培养兼具数字普惠金融知识和技能的专业人才。

2. 教学实践环节。实践教学是数字普惠金融产教融合的重要环节。针对数字普惠金融的数字化业务流程、场景化应用实践，建议设计教学实践环节。具体包括案例分析、模拟操作、实地考察等内容，让学生在实践中学习和掌握数字普惠金融的相关知识、深入了解数字普惠金融的运作机制、业务流程和技术应用，提升解决问题和创新思维的能力。

3. 交流与合作平台。建立数字普惠金融产教融合的交流与合作平台，促进各方（包括高等院校、金融机构、科技公司、行业协会与研究机构等）形成相互之间的信息共享、资源整合和合作共赢。通过举办论坛、研讨会等活动，加强各方之间的交流与合作，推动数字普惠金融产教融合的创新发展。

【本章小结】

普惠金融是指“个人、小微企业能够获取和使用一系列合适的金融产品和服务，这些金融产品和服务对消费者而言便捷安全，对提供者而言商业可持续”。小微企业、农民、城镇低收入人群、贫困人群和残疾人、老年人等群体是当前我国普惠金融重点服务对象。普惠金融的内涵包括可得性、多样且适当的产品、商业可行性和可持续性、安全和责任以及服务对象特定性。

在金融科技快速发展的背景下，普惠金融借助数字化手段运用进入数字普惠金融新阶段。数字普惠金融可以被理解为数字技术和数据要素嵌入、渗透至普惠金融体系（金融机构、金融业务和从业人员）并实现深度融合，抑或普惠金融发展至大数据时代，与数字技术和数据要素深度融合并嵌入新发展阶段的一种现实表述。它具有五个典型特征：覆盖地域更广泛、服务对象更普遍、服务成本更低廉、服务类型更丰富、风险管控更有力。发展数字普惠金融对于缓解小微企业融资约束、促进企业技术创新和创业活动、提高居民消费水平、增加投资可能、促进金融和实体经济结构均衡发展、缩小城乡收入差距、优化金融监管、完善社会信用体系等方面都具有广泛积极影响。

数字普惠金融的快速发展有赖于生物特征识别、大数据风控、区块链、金融人工智能、智能营销等一批前沿技术的有力支撑，也离不开国家政策支持、完善的数字化软硬件设施、良好的社会基础等现实条件。我国的数字普惠金融发展已取得重大进展，但也存在着征信体系尚不健全、信息安全问题凸显、监管体系有待完善等现实制约。可以预见，随着我国数字普惠金融体系各个环节建设的日趋完善，数字普惠金融将对我国经济高质量发展作出更大贡献。

【思考题】

1. 阐述普惠金融的概念与内涵。

2. 阐述数字普惠金融的概念与特征。

3. 论述小微企业“融资难、融资贵”现象成因以及数字普惠金融发展给小微企业带来的改变。

4. 论述我国数字普惠金融发展的现实基础条件。

5. 举例说明数字普惠金融的具体应用场景及现实意义。

6. 结合数字技术、数据要素、普惠金融的联系论述我国数字普惠金融发展的趋势。

【参考文献】

［1］艾瑞咨询．2023 年中国普惠金融行业洞察报告［R］．2023.

［2］白钦先，佟健．重提普惠金融是对金融普惠性异化的回归［J］．金融理论与实践，2017（12）．

［3］北京大学数字金融研究中心课题组．数字普惠金融的中国实践［M］．北京：中国人民大学出版社，2017.

［4］贝多广，李焰．数字普惠金融新时代［M］．北京：中信出版社，2017.

［5］蔡嘉慧．数字普惠金融对创业水平的影响［D］．长春：吉林大学，2021.

［6］陈斌辉．数字普惠金融发展研究［J］．财务管理研究，2021（10）．

［7］陈菲琪．金融科技 + 场景金融打造数字普惠金融服务新模式［J］．金融电子化 2021（11）．

［8］陈慧琳．发展普惠金融助力乡村振兴战略［J］．科技经济导刊，2018（23）．

［9］陈俊，占星慧．"数用融合"打造数字普惠场景［N］．丽水日报，2023－02－26（A06）．

［10］丁文韬，李欣．国内数字化保险发展历程［N/OL］．中国证券报，2014－03－26.

［11］度小满用金融科技拓宽服务边界，助力小微可持续发展［N/OL］．中国经济时报，2023－07－10.

［12］范富琳．数字普惠金融对区域绿色发展效率的影响研究［D］．镇江：江苏大学，2022.

［13］付昊一．数字技术助力普惠金融发展研究——以蚂蚁金服为例［D］．沈阳：辽宁大学，2020.

［14］工信部运行监测协调局．2022 年通信业统计公报［J］．通信企业管理，2023（2）．

［15］公茂刚，李汉瑾，窦心语．数字普惠金融研究进展、热点探析与趋势展望——基于 Citespace 文献计量分析［J］．兰州学刊，2022（7）．

［16］顾雷．脱贫攻坚下的普惠金融典型案例解读［EB/OL］．和讯网，http：//bank. hexun. com/2021－03－02/203112727. html.

［17］贵州银行"兴农贷"入选"中国普惠金融典型案例（2022）"［EB/OL］．和讯网，ht-tp：//hexun. com.

［18］桂豆豆．商业银行普惠金融的创新实践与成效研究［D］．武汉：中南财经政法大学，2021.

［19］郭峰，王靖一，王芳，等．测度中国数字普惠金融发展：指数编制与空间特征［J］．经济学（季刊），2020（4）．

［20］郭峰，熊云军．中国数字普惠金融的测度及其影响研究：一个文献综述［J］．金融评论，2021（6）．

［21］何德旭．做好"增强金融普惠性"这篇大文章［J］．现代金融导刊，2021（6）．

［22］姜松，周鑫悦．数字普惠金融对经济高质量发展的影响研究［J］．金融论坛，2021

(8).

[23] 李华林. 央行调整普惠金融定向降准考核标准 [EB/OL]. 中国政府网, https: //www. gov. cn/xinwen/2019 - 01/03/content _ 5354370. htm.

[24] 李览青. 巴西的数字金融实践, 对我们有哪些镜鉴? [EB/OL]. 21 世纪经济报道, 2023 - 06 - 27.

[25] 李览青. 金融领域科技伦理指引落地: 数据治理要求再升级明确金融机构伦理治理主体责任 [N]. 21 世纪经济报道, 2022 - 10 - 26.

[26] 李牧辰. 数字普惠金融对城乡收入差距的影响研究 [D]. 南京: 南京师范大学, 2021.

[27] 李珮. 金融业加强数字普惠金融服务助力乡村振兴 [N]. 金融时报, 2022 - 06 - 13.

[28] 李荣强. 数字普惠金融发展对区域创新能力的影响研究 [D]. 贵阳: 贵州财经大学, 2022.

[29] 李智慧. 三战略推动日本数字普惠金融的创新和发展 [EB/OL]. 凤凰网, 2019 - 04 - 28.

[30] 李忠海. 一文读懂普惠金融 [Z/OL]. 星图金融研究院公众号, 2017 - 06 - 28.

[31] 刘丹. 互联网背景下消费金融模式案例分析与发展对策研究 [D]. 北京: 首都经济贸易大学, 2017.

[32] 刘俊. 打造金融"三智"新引擎共赴数智金融新未来 [J]. 中国金融, 2022 (S1).

[33] 吕勇斌. 数字普惠金融: 理论逻辑与经济效应 [M]. 北京: 社会科学文献出版社, 2021.

[34] 马腾跃. 以数字化转型力促普惠金融可持续发展——访全国人大代表、人民银行南京分行行长郭新明 [J]. 中国金融家, 2022 (3).

[35] 彭扬. 五部委发文进一步深化小微企业金融服务 [N]. 中国证券报, 2018 - 06 - 26.

[36] 普惠金融产品创新, "贷"动乡村振兴新"钱"景 [EB/OL]. 中国新闻网, http: //chinanews. com.

[37] 人民银行实施两项直达工具接续转换加大对小微企业支持力度 [EB/OL]. http: //www. gov. cn/.

[38] 任妍, 焦磊. 两部门推进中小企业数字化转型城市试点工作 [EB/OL]. 人民网, http: //people. com. cn.

[39] 石大龙. 新金融: 实现金融普惠的重要路径 [J]. 群众, 2017 (20).

[40] 石勇. 普惠金融理念下我国农村金融扶贫探析 [J]. 金融经济, 2016 (20).

[41] 宋寒亮. 我国股权众筹平台市场准入的制度构建 [J]. 新金融, 2021 (2).

[42] 宋佳, 张金昌. 数字金融与制造业企业高质量发展的内在联系及作用机制 [J]. 企业经济, 2022 (7).

[43] 宋珏遐. 高原上的金融坚守 [N]. 金融时报, 2021 - 10 - 14.

[44] 宋晓玲. 数字普惠金融缩小城乡收入差距的实证检验 [J]. 财经科学, 2017 (6).

[45] 孙英杰. 中国普惠金融发展区域差异研究 [D]. 沈阳: 辽宁大学, 2020.

［46］汪颖栋．数字普惠金融对我国高质量发展的影响研究［D］．武汉：武汉科技大学，2021.

［47］王良，王洪生．数字普惠金融发展对经济增长的影响研究——基于山东省 17 个地市的实证分析［J］．当代经济，2023（7）.

［48］王茜．普惠金融与精准扶贫的政策含义及着力点［J］．金融发展评论，2016（4）.

［49］伍洪，阮炜．神州信息：科技赋能，全面推进乡村振兴［N］．中国农村信用合作报，2022-03-08.

［50］星焱．普惠金融：一个基本理论框架［J］．国际金融研究，2016（9）.

［51］杨农．共促数字普惠金融高质量发展［J］．清华金融评论，2021（5）.

［52］杨涛．厘清数字普惠金融发展的思路与重点［J］．中国党政干部论坛，2022（5）.

［53］叶金生．我国数字普惠金融与实体经济协同发展研究［D］．南昌：江西财经大学，2021.

［54］尹应凯，侯蕤．数字普惠金融的发展逻辑、国际经验与中国贡献［J］．学术探索，2017（3）.

［55］盈灿咨询．2016 数字普惠金融白皮书［R］．2016.

［56］邮政储蓄银行大连分行创新推动数字人民币多场景特色应用［EB/OL］．央广网，http：//cnr. cn.

［57］于晗．金融数字化转型迈入“质变”阶段［N］．中国银行保险报，2022-12-21.

［58］于子哲．数字普惠金融发展对山东省城乡收入差距的影响研究［D］．曲阜：曲阜师范大学，2022.

［59］张清．数字普惠金融的创新、风险与监管研究［D］．成都：西华大学，2020.

［60］中关村互联网金融研究院．中国金融科技和数字普惠金融发展报告（2022）［R］．2022.

［61］中关村互联网金融研究院，中关村金融科技产业发展联盟．中国金融科技和数字金融发展报告（2023）［R］．2023.

［62］中国信息通信研究院云计算与大数据研究所．数字普惠金融发展白皮书［R］．2019.

［63］钟秀．数字普惠金融发展的就业效应分析［D］．保定：河北大学，2021.

［64］周璐瑶．数字普惠金融发展研究综述［J］．财会月刊，2022（1）.

［65］朱兴婷，方欣祺，王旭．数字普惠金融发展的国内外经验借鉴［J］．财富时代，2023（1）.

［66］CNNIC 中国互联网络信息中心．第 51 次《中国互联网络发展状况统计报告》［EB/OL］．https：//www. cnnic. net. cn/n4/2023/0303/c88-10757. html.

［67］Arner D. W.，Buckley R. P.，Zetzsche D. A.，et al. Sustainability，Fintech and Financial Inclusion［J］．European Business Organization Law Review，2020（1）.

［68］Hasan M. M.，Yajuan L.，Khan S. Promoting China's Inclusive Finance through Digital Financial Services［J］．Global Business Review，2020（6）.

[69] Kempson E., Whyley C. Kept Out or Opted Out? Understanding and Combating Financial Exclusion [M]. West Sussex: Biblios Publishers, 1999.

[70] Prasanna T. Fintech for the Poor: Financial Intermediation without Discrimination [J]. Review of Finance, 2020 (12).

第八章　数字金融新业态

【学习目标】

1. 掌握数字金融新业态的概念、内涵及表现，了解发展它的重要意义。
2. 熟悉数字供应链金融的发展概况、技术支撑及基本模式。
3. 熟悉物联网金融的发展概况、技术支撑及基本模式。
4. 熟悉绿色金融数字化的发展概况和基本模式。
5. 了解我国数字金融新业态的发展概况、机遇挑战及未来前景。

第一节　走近数字金融新业态

一、数字技术与现代金融发展

数字技术的迅猛发展已经深刻改变了现代金融行业的格局。供应链金融和物联网金融是数字技术与金融领域相互融合的重要代表，它们的应用与探索正在推动着金融体系的变革与进步。本节将主要从这两个方面来分析数字技术在现代金融中的应用现状。

（一）供应链金融的数字化转型

供应链金融是指以供应链中的交易数据和商业活动为基础，利用数字技术来优化金融服务和解决供应链融资难题的一种金融模式。数字技术为供应链金融带来了诸多创新，主要包括以下四个方面。

1. 区块链技术的应用

区块链技术为供应链金融提供了更高效、安全的交易环境，实现了交易数据的透明共享和真实性验证，减少了信任成本和操作风险。

2. 大数据与人工智能

通过对供应链中的海量数据进行分析和预测，金融机构可以更准确地评估风险，提高贷款审批效率，同时帮助企业更好地管理库存和生产计划。

3. 物联网技术

物联网设备的广泛应用使供应链中的资产和货物可以实时追踪和监控，金融机构可以基于物联网数据为企业提供更灵活的融资方案。

4. 供应链数字化平台

不断涌现的供应链数字化平台将供应链参与方连接起来，提供更加便捷高效的融资服务，推动供应链金融的普惠化发展。数字技术在其中的主要应用、优势及评价指标见表 8 - 1。

表 8 - 1　　供应链金融的发展现状

主要应用	优势	评价指标
区块链技术	提高交易安全性，减少欺诈风险	区块链供应链金融交易额增长率
大数据与 AI	提高贷款审批效率，准确评估风险	自动化审批贷款笔数与审批时间的比较
物联网技术	实时监控资产，提供更灵活的融资方案	使用物联网技术的供应链金融服务企业数量
数字化平台	提供便捷高效的融资服务	数字化平台上的供应链金融交易数量

然而，供应链金融数字化转型也面临一些挑战，包括数据安全和隐私保护、技术标准缺乏、合作关系复杂等问题。未来，供应链金融数字化转型需要金融机构与科技公司共同努力，建立统一的评价标准和框架，加强数据安全保障，进一步提升服务质量和效率。

（二）物联网金融的崛起与发展

物联网金融是指将物联网技术与金融服务相结合，实现对实物资产的数字化管理和监控，以提供更智能化、个性化的金融产品和服务。物联网金融的发展主要体现在以下四个方面。

1. 智能资产管理

物联网技术可以实时监测和跟踪实物资产，金融机构可以基于实时数据对资产价值进行评估，提供更为精准的贷款方案，同时降低不良资产的风险。

2. 个性化金融产品

通过对物联网设备产生的数据进行分析，金融机构可以了解客户的消费行为和偏好，推出更加个性化的金融产品，提升客户体验和满意度。

3. 创新的保险模式

物联网设备的广泛应用使保险行业可以根据客户的实际风险情况进行定价，推出更具竞争力的保险产品，提高保险业务的盈利能力。

4. 物联网支付

物联网技术为支付领域带来了新的机遇，如智能家居设备可以实现自动化的支付交易，物联网支付有望成为未来支付领域的重要发展方向。数字技术在其中的主要应用、优势及评价指标见表8－2。

表8－2　　物联网金融的发展现状

主要应用	优势	评价指标
智能资产管理	实时监测资产，降低不良资产风险	使用智能资产管理技术的金融机构数量
个性化金融产品	根据客户数据推出个性化产品，提高客户满意度	使用物联网数据推出的个性化金融产品数量
创新保险模式	根据物联网数据定价保险产品	基于物联网数据的保险索赔处理时间对比
物联网支付	实现智能化的支付体验	物联网支付交易额增长率

然而，物联网金融的发展也面临着一些挑战，包括物联网设备的安全性和稳定性、跨行业合作的难度、数据隐私保护等问题。未来，金融机构需要加强对物联网技术的研究和应用，同时与相关行业进行合作，共同解决技术和风险问题。

二、加快数字金融新业态发展重要意义

数字金融新业态的快速发展可以促进经济增长和创造就业机会。通过数字化技术，金融服务可以更高效地提供给更广泛的人群，包括偏远地区和贫困人口，从而增加金融包容性，促进经济的普惠增长。加快数字金融新业态发展不仅对金融行业本身具有重要意义，还能对整个经济社会产生深远的影响，推动经济的健康发展、提高金融服务水平、促进金融市场的稳定与透明。

第一，创新金融产品与服务。数字化转型为金融机构提供了更多创新金融产品和服务的机会。例如，基于区块链技术的数字货币、智能合约和金融科技平台可以提供更快捷、便利和安全的交易方式，满足消费者多样化的金融需求。

第二，提升金融效率与降低成本。数字化金融业务可以简化流程并提高效率，减少纸质文档处理，降低人力和时间成本。同时，数字金融还可以减少运营中的错误和事务风险，提高交易的安全性。

第三，加强了金融监管与风控。数字金融业态的发展使金融监管更容易实

现。监管机构可以利用数据科学和人工智能等技术来监测金融市场，发现异常情况并及时采取措施来防范风险和打击违法行为。

第四，促进金融国际化。数字化金融业务有助于打破国界壁垒，促进跨境金融交易和合作。这将加强全球金融体系的连通性，为国际贸易和投资创造更便利的环境。

第五，支持可持续发展。数字金融新业态有望促进绿色金融和可持续投资的发展。通过数字技术的运用，可以更好地评估和监测可持续项目的表现，吸引更多资金投入环保和社会责任领域。

第二节　数字供应链金融

一、数字供应链金融发展概况

（一）数字供应链金融的概念

供应链金融的概念一直存在着争议，中国人民大学商学院的宋华教授在相关研究成果中为供应链金融提供了一个较为规范的定义：供应链金融实质上是供应链参与各方紧密合作，依托供应链运营（供应链交易、物流和信息流），开展金融业务，加速整个供应链资金流动，同时又通过金融业务的创新和管理，更及时有效地推动产业供应链的发展。① 平安银行将供应链金融模式归纳为“M＋1＋N”模式，即围绕供应链上的核心企业“1”，基于交易过程向核心企业及其上游供应商“M”和下游分销商或客户“N”提供综合金融服务（其业务逻辑图见图8－1）。这种模式有助于加强供应链各方之间的金融合作，提高效率，降低风险，推动供应链的稳健发展。从国内外经验来看，传统的供应链金融包含三种形态：应收账款融资、库存融资和预付款融资，以及一种新兴的供应链金融形态——战略关系融资。数字供应链金融则是利用各类数字技术与传统供应链金融相结合的创新产物，整合了物流、资金流与现金流等信息流，使得核心企业与上下游企业构建起一体化的金融供给体系，快速解决上下游企业的资金结算、融资及风险防控等（龚强，2021）②，降低了各环节企业的成本并提升了链条整体的运行效率及价值。

① 宋华．供应链金融（第三版）［M］．北京：中国人民大学出版社，2021.

② 龚强，班铭媛，张一林．区块链、企业数字化与供应链金融创新［J］．管理世界，2021，37（2）：22－34，3.

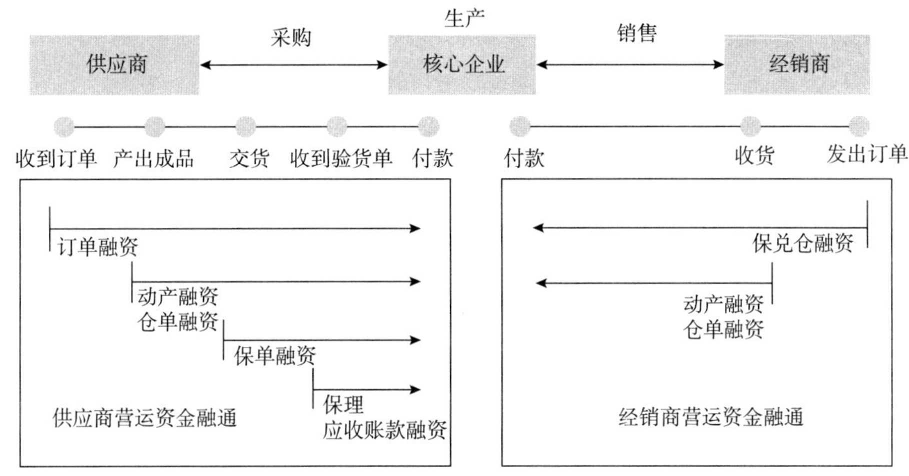

图 8－1　供应链金融业务逻辑

（资料来源：陀螺研究院《中国“区块链＋供应链金融”行业研究报告》）

（二）供应链金融的发展历程

供应链金融是一种将核心企业和上下游企业联系在一起，提供灵活运用的金融产品和服务的融资模式。它经历了三个主要阶段的发展。[①]

1. 阶段一：19 世纪中期之前

在此阶段，供应链金融业务较为简单，主要是针对存货质押的贷款业务。例如，农民可以将谷物抵押给银行，获得资金用于后续的生产和生活，等到谷物价格回升后再卖出谷物还款，从而获得更高的利润。

2. 阶段二：19 世纪中期至 20 世纪 70 年代

在此阶段，供应链金融业务开始丰富，承购应收账款等保理业务逐渐出现（周光宗，2016）。然而，部分金融机构在经营过程中存在不当行为，导致市场混乱，引发企业和其他银行的不满和抗议。为规范市场行为，美国在 1954 年颁布了《统一商法典》，以明确金融机构开展存货质押应遵循的规范，供应链金融开始逐步规范发展。

3. 阶段三：20 世纪 80 年代至今

在此阶段，供应链金融业务迎来了繁荣期，出现了预付款融资、结算和保险等融资产品。这一阶段得益于物流业高度集中和供应链理论的发展。现如今，供应链金融已步入技术驱动、多方参与的创新阶段，形成了核心企业、商业银

① 陀螺研究院. 中国“区块链＋供应链金融”行业研究报告［R］. 2020.

行、物流公司、保理公司、担保公司、征信机构、电商平台、第三方支付机构和资产证券化通道等多家机构相互连接的供应链金融生态圈。

（三）数字供应链金融的发展现状

1. 政府出台政策支持供应链金融发展

近年来，我国社会融资规模不断扩张（见图 8－2），为促进供给侧结构性改革和更好地将金融服务于实体经济，我国开始重视建立起自己的供应链金融运行发展体系，供应链金融的国内有关市场与政策红利水平越来越好。

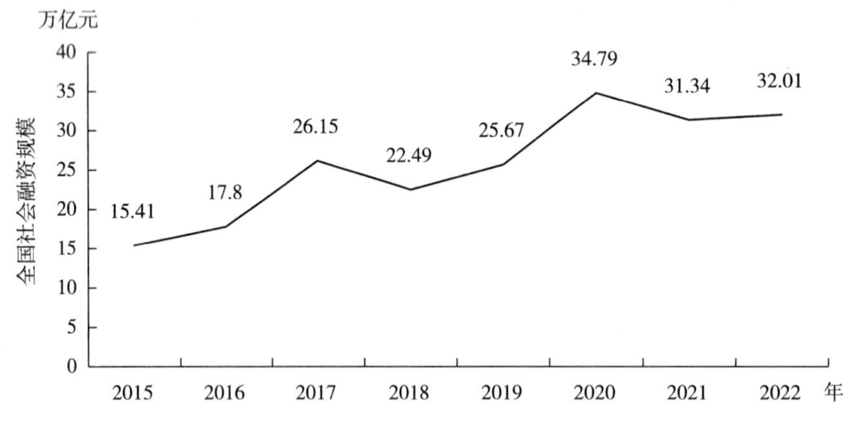

图 8－2　2015—2022 年我国社会融资规模

根据《国务院办公厅关于积极推进供应链创新与应用的指导意见》，将发展供应链金融作为推进供应链创新的六大任务之一，商务部、财政部以及发展改革委等八个部门联合发布的《关于开展供应链创新与应用试点的通知》中提到通过对城市与企业项目进行试点，打造一套符合我国当前国情的供应链金融发展模式，归纳供应链金融运营和管理方面的一系列可复制经验，从国家制度层面为推动我国供应链金融繁荣发展保驾护航。①

2. 科技赋能供应链金融发展

中国互联网金融协会副秘书长杨农在"金融进化论·2019 新京报金融科技论坛"指出，发展供应链金融能够有效降低中小企业融资困难是符合我们当前国情需要的，近年来，"互联网＋"与区块链技术的发展进步迅速，因此，互联网供应链金融迅猛发展。区块链技术作为一个互联网的"数据共享博物馆"，对于促进当今互联网供应链金融发展起到关键作用，将高新科技与供应链金融充

① 秦江波．中国供应链金融发展现状及对策［J］．学术交流，2021（5）：103－115.

分融合发展，给商业银行发展供应链融资业务一种全新的技术支持。

当区块链技术运用于供应链系统中时，其独有的追溯、全程留痕、防篡改特性将带来多项优势。首先，企业可以将质押物商品以及原材料的实时数据上传至云端，确保供应链各环节的信息透明和可信度，从而有效规避经营风险。其次，通过区块链技术将上下游企业与核心企业的信息关联起来，提高行业信息的透明度，从而增强供应链的稳定性。最后，结合互联网技术，实现供应链金融的线上云操作，大幅提升交易效率，加速资金、信息和物品的流通速率，减少时间和机会成本的浪费，进一步促进供应链金融的快速发展。这些措施共同推动供应链系统朝着更高效、安全和可靠的方向发展。

3. 商业银行重视发展供应链金融

供应链金融业务在各商业银行中逐渐成为重点发展领域。中国银行业协会的统计数据显示，预计在未来发展的金融业务中，供应链金融将占据45.9%的份额。我国邮政储蓄银行作为一个典型例子，2021年以来，积极应对疫情和经济压力，专注于支持中小企业恢复生产，满足产业链内金融服务需求。通过网络供应链金融平台，该银行向200多家中小企业提供了近1300多笔资金支持，贷款总额超过22亿元，有效缓解了这些企业面临的资金困难。这种方式帮助中小企业解决了资金链断裂的问题，确保供应链上下游的资金流动，为我国经济恢复常态发展奠定了坚实基础。

邮政储蓄银行通过网络供应链金融平台提供金融产品和服务，充分利用核心企业的商业信用，成功将其商业信用与上下游的中小企业联系起来，实现互利共赢。在供应链融资模式下，商业银行更加注重整个供应链环节的融资风险，而非单个企业的信用风险。这种综合考虑整体供应链的方式使更多中小企业得到支持，纳入商业银行的业务范围，解决了中小企业因缺乏资金而无法开展业务的问题。同时，通过对整体风险进行评估，即使其中的某个企业未达到商业银行的放款标准，只要在供应链中处于相对稳定的位置，商业银行也可以为该企业提供增信，推动整个融资行为的实现。这种综合考虑和灵活的风险评估方式为供应链金融的可持续发展创造了良好条件。

二、数字供应链金融技术支撑

随着信息技术的迅猛发展，数字供应链金融成为供应链管理和金融服务的新模式。数字化技术的应用在提高供应链金融效率、降低运营成本、增强风险管理方面发挥着至关重要的作用。本节将重点介绍数字供应链金融所依托的关键技术，并探讨这些技术在推动供应链金融创新和发展中的作用。

（一）大数据与人工智能

大数据和人工智能技术的发展为供应链金融提供了丰富的数据资源和智能化的决策支持。供应链金融涉及大量的交易数据、企业信用数据以及供应链运营数据，而大数据技术可以帮助分析这些数据，挖掘潜在的商机和风险。人工智能技术则可以根据大数据的分析结果进行智能决策和预测，为供应链金融提供以下优势。

1. 风险评估与预测

通过分析供应链中的数据，人工智能可以帮助金融机构更准确地评估企业的信用风险和交易风险。例如，利用大数据和机器学习技术，可以对供应商的供货能力、稳定性和信用记录进行综合评估，降低融资风险。

2. 供应链可视化与监控

大数据和人工智能技术可以实现供应链的可视化和实时监控。通过对供应链各环节的数据进行汇总和分析，企业和金融机构可以更好地了解供应链的运作情况，及时发现潜在问题，并作出相应的决策。

3. 个性化金融服务

大数据和人工智能技术使金融服务更加个性化和精准。根据供应链参与方的历史交易数据和行为特征，金融机构可以为其量身定制融资产品和服务，满足不同企业的资金需求。

（二）物联网技术

物联网技术是指通过传感器、通信技术和云计算等手段将现实世界中的物体与互联网相连，实现智能化的信息交互和管理。在供应链金融中，物联网技术可以实现供应链中各个节点的信息实时监控和数据传输，为数字供应链金融提供以下优势。

1. 资产追踪与溯源

物联网技术可以实时追踪和监控供应链中的货物和资产。通过与区块链技术结合，可以实现货物的全程溯源，确保供应链中的货物来源和流向的可信性，减少假冒伪劣和失窃风险。

2. 库存管理与优化

物联网传感器可以实时监测仓库的库存情况和货物的存放条件。通过数据分析和人工智能的支持，企业可以更好地优化库存管理，减少过度备货和欠货现象，提高资金利用率。

3. 风险监测与预警

物联网技术可以实现供应链中风险节点的实时监测。例如，传感器可以监测交通拥堵、气候变化等因素，提前预警可能影响供应链运作的风险，并采取相应的措施。

三、数字供应链金融基本模式

数字供应链金融作为传统供应链金融的升级和创新，引入了先进的信息技术和金融手段，为供应链上的各参与方提供了更加高效、灵活的融资和资金管理服务。本节将介绍数字供应链金融的基本模式，包括应收账款融资、存货融资、采购融资和预付款融资等，以及数字供应链金融在不同模式下的应用。

（一）应收账款融资

应收账款融资是指企业将应收账款（尚未收回的销售收入）出售给金融机构或第三方服务提供商，以获取即时资金支持。在传统供应链金融中，应收账款融资往往需要大量烦琐的手续和审批过程，限制了资金的及时到账。而数字供应链金融通过应用区块链技术和智能合约，实现了应收账款的数字化和自动化管理，提高了融资效率和资金流动性。数字应收账款融资的基本模式如下。

1. 供应商出售应收账款

供应商将尚未收回的应收账款信息上链，形成数字化的应收账款凭证。然后，供应商将这些数字化的应收账款凭证出售给金融机构或其他投资者。

2. 融资方支付资金

金融机构或投资者根据应收账款的信息和信用评估，为供应商提供资金，通常为应收账款金额的一定比例，这样供应商可以即时获得资金支持。

3. 应收账款结算

当应收账款到期时，付款方（通常是买方或债务人）将应收账款的款项直接支付给金融机构或投资者，完成融资交易。

数字应收账款融资的优势在于实现了融资过程的透明化和高效化，降低了融资成本和风险，同时提高了供应链上下游的资金流动性。

（二）存货融资

存货融资是指企业将库存存货作为质押或担保，向金融机构借款。传统存货融资的难点在于库存估值和监管，容易导致融资难度大、成本高。而数字供应链金融通过物联网技术和大数据分析，实现了库存的实时监控和价值评估，为存货融资提供了新的可能性。数字存货融资的基本模式如下。

1. 实时库存监控

企业通过物联网传感器和数据采集技术，实时监控库存存货的数量、质量和状态等信息。这些数据被上传到区块链网络，确保信息的透明和不可篡改。

2. 存货价值评估

基于大数据分析和人工智能技术，对库存存货进行价值评估。通过对市场需求、存货周转率、行业趋势等数据的分析，确定存货的价值和融资额度。

3. 存货质押融资

企业将库存存货作为质押或担保，向金融机构申请融资。金融机构根据实时的库存监控和价值评估，为企业提供相应的融资支持。

4. 风险管理

数字存货融资允许金融机构实时监控存货的状态和价值，及时调整融资额度，降低存货质押风险。

（三）采购融资

采购融资是指企业在采购货物或服务时，向供应商提供资金支持。传统采购融资往往需要企业支付采购款项后，再通过延期付款或应收账款融资等方式获取资金支持。而数字供应链金融通过应用区块链技术和智能合约，实现了供应链上采购融资的快速处理和资金转移。数字采购融资的基本模式如下。

1. 采购合同上链

企业与供应商签订采购合同，并将合同信息上链。合同中规定了采购款项和付款期限等信息。

2. 融资方支付采购款项

融资方（金融机构或其他投资者）根据采购合同的信息和信用评估，直接支付采购款项给供应商。

3. 企业融资与延期付款

企业根据合同规定的付款期限，再向融资方支付采购款项。

4. 采购款项结算

当采购款项的付款期限到期时，融资方直接从企业账户中扣除应付的款项。

（四）预付款融资

预付款融资是指企业向供应商提前支付货款，以获得相应的折扣或优惠。传统预付款融资往往面临着资金使用效率低和支付风险大的问题。而数字供应链金融通过智能合约和监控技术，实现了预付款的安全和高效管理。数字预付款融资的基本模式如下。

1. 预付款合同上链

企业与供应商签订预付款合同，并将合同信息上链。合同中规定了预付款金额和优惠政策等信息。

2. 融资方支付预付款

融资方（金融机构或其他投资者）根据预付款合同的信息，向供应商提前支付预付款。

3. 企业融资与延期付款

企业根据合同规定的付款期限，再向融资方支付预付款。

4. 预付款结算

当预付款的付款期限到期时，融资方直接从企业账户中扣除应付的款项。

数字预付款融资的优势在于提高了企业的资金利用率和采购优惠，同时通过区块链技术确保预付款的安全和可追溯。

第三节　物联网金融

一、物联网金融发展概况

（一）概念及应用框架

物联网金融是指面向所有物联网的金融服务与创新，涉及各类物联网应用，它使金融服务由单纯面向“人”延伸到整个社会物理世界，实现商业网络、服务网络的金融网络融合及金融服务自动化、智能化，可以创造出很多商业模式，推动金融业产生重大变革。物联网金融是物联网技术和产业数字化演进到一定阶段的必然产物，是面向所有物联网的金融服务与创新。通过物联网技术，金融机构可以及时、准确掌握企业生产、交易、流通等环节的全流程信息，有利于金融机构设计更合理的金融产品，进行更有效的风险管理（时亚宁，2022）。①

根据中国信通院和平安银行的2022年物联网金融研究报告，得知物联网金融的应用示意图（见图8－3），物联网的数据链是一个强大的信息连接系统，它能够为各行各业提供更加全面和多样化的数据，从而助力行业业务决策。同时，政府可以建立一个公共信息平台，将相关企业纳入其中，利用云计算技术构建一个公开共享的企业云信用库。这个平台通过物联网等先进技术手段监测企业

① 时亚宁．新形势下我国产融结合模式探讨［J］．投资与合作，2022（11）：37－39.

之间的交易记录或数据，动态实时地更新各个企业的信用评级，并及时传递预警信息。这样一来，金融机构能够节省资源和成本，更好地进行风险评估和决策。① 此外，物联网可助力金融提升风控能力、拓宽业务范围，实现数据打通、增强分析能力，降低业务成本、提升管理效能，赋能信用体系、促进行业发展的四大新方向。并且，物联网金融有智慧制造、智慧车联、智慧农业、智慧能源、智慧物流、智慧基建六大应用场景。

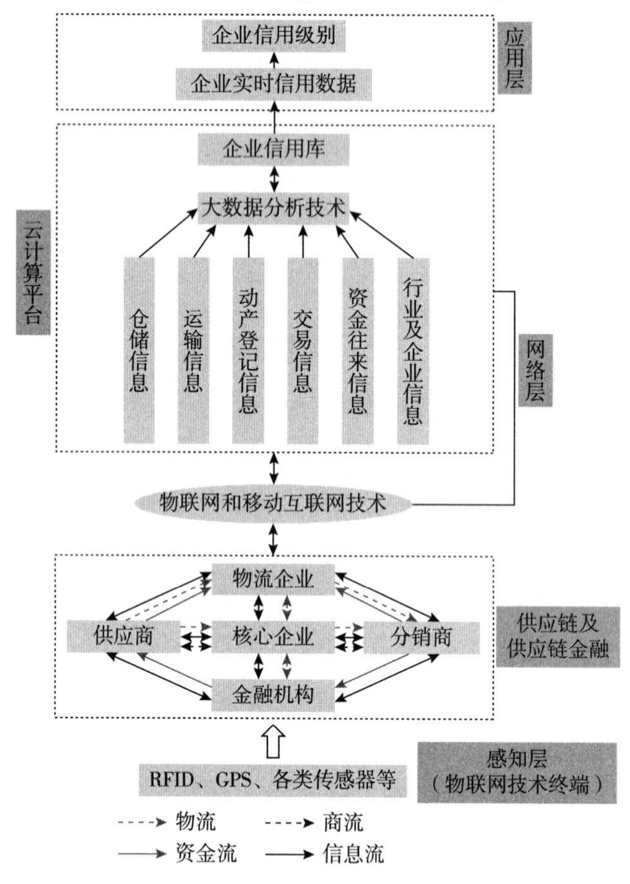

图 8－3　物联网金融的应用示意图

（资料来源：中国信息通信研究院）

（二）发展阶段

物联网金融的兴起可以追溯到近年来物联网技术的逐渐普及和金融行业对数字化转型的需求增加。物联网金融经历了起步阶段、探索阶段和发展阶段。

① 中国信息通信研究院，平安银行股份有限公司．物联网金融研究报告（2022）[R]．2022.

1. 起步阶段

物联网金融的起步阶段可以追溯到物联网技术的发展初期，大约在2010年左右。在这个阶段，物联网技术刚刚开始在金融行业得到应用，主要集中在智能支付设备和智能自动取款机（Automated Teller Machine，ATM）等方面。

2. 探索阶段

随着物联网技术的不断进步和金融行业对数字化转型的需求增加，物联网金融进入了探索阶段，大约在2015年。金融机构开始探索如何利用物联网技术获取更多的用户数据，进行精准营销和风险评估。同时，一些创新型金融科技企业也开始推出物联网金融产品和服务。

3. 发展阶段

目前，物联网金融已经进入了发展阶段，大约在2018年。随着物联网技术的不断成熟和金融行业对数字化转型的深入推进，物联网金融应用逐渐扩展到更多领域，涵盖了智能风控、智能投顾、智能保险等多个方面。同时，一些大型金融机构和科技巨头也纷纷加大在物联网金融领域的投入和合作。

（三）发展现状

目前，中国处于物联网金融的发展阶段。随着物联网技术的不断成熟和金融行业的数字化转型，中国物联网金融正处于快速发展的阶段。许多金融机构和科技企业在积极探索如何将物联网技术应用于金融服务，推出更加智能、便捷和个性化的金融产品。制约我国物联网金融飞速发展的主要因素包括以下四个方面。

1. 安全与隐私问题

物联网金融涉及大量用户数据的采集和传输，数据的安全性和隐私保护成为一个重要的挑战。金融机构需要加强数据安全防护，确保用户数据不被泄露或滥用。

2. 技术标准与互通

物联网金融涉及多个设备和系统的互联互通，缺乏统一的技术标准可能导致设备之间无法正常通信和数据交换，影响用户体验和业务应用。

3. 技术成本和投入

物联网技术的应用和推广需要较大的技术投入和成本支出。尤其对于一些中小金融机构和企业来说，可能面临着技术应用能力和资金投入的限制。

4. 用户接受度

由于物联网金融涉及用户数据的采集和应用，用户对于数据隐私和安全的担忧可能影响其对物联网金融产品的接受度和使用意愿。

二、物联网金融技术支撑

物联网技术的架构主要包括感知、网络和应用三个层次。感知层负责信息采集，网络层负责信息传输，应用层方面则覆盖了可穿戴设备、车联网、智能家居、智慧农业以及工业互联网等众多垂直应用领域。而应用到金融上，它涉及的具体技术主要有以下六个方面。

1. 传感器技术

传感器是物联网的核心组成部分，可以感知和收集环境中的各种数据，如温度、湿度、位置、运动等。在物联网金融中，传感器可以用于实时监测资产、设备或交易的状态和位置，从而实现更高效的资产管理和风险评估。例如，在供应链金融中，物联网传感器可以用于实时跟踪货物的运输和仓储情况，帮助金融机构减少风险和提高融资的可靠性。

2. 数据通信技术

物联网设备需要能够将收集到的数据传输到云端或其他系统进行处理和分析。常用的数据通信技术包括 Wi – Fi、蓝牙、Zigbee、LoRa 等。通过这些通信技术，金融机构可以获取实时数据，更准确地评估客户的信用风险，为客户提供更个性化的金融服务。

3. 云计算

云计算为物联网金融提供了强大的数据存储和计算能力。云平台可以处理大量的物联网设备数据，并提供数据分析、人工智能算法等服务。金融机构可以借助云计算平台来管理大规模的客户数据，进行风险评估和投资组合优化，以提供更智能的金融服务。

4. 大数据分析

物联网产生的数据量庞大且复杂，利用传统的数据处理工具难以有效处理。大数据分析技术可以帮助金融机构从庞大的数据中提取有价值的信息，并进行数据挖掘和预测分析。在物联网金融中，大数据分析可用于客户行为分析、信用评估、市场趋势分析等，从而优化金融产品和服务的设计。

5. 区块链技术

区块链技术的分布式和不可篡改性特点，使其在物联网金融中有广泛应用。区块链可以确保交易和数据的透明性和安全性，降低交易成本，减少欺诈行为。在供应链金融中，区块链可以用于跟踪货物的流向，记录供应链上的交易和支付，从而提高整个供应链的可信度。

6. 人工智能和机器学习

人工智能技术在物联网金融中发挥着重要作用。通过对大量数据进行学习和模式识别，机器学习算法可以自动进行风险评估、投资决策和反欺诈监测等任务。此外，自然语言处理技术还可以用于智能客服和文本分析，提高客户服务的效率。

这些技术的应用为物联网金融带来了智能支付、智能投资和理财、供应链金融优化、智能保险、区块链供应链金融、智能客户服务以及可持续金融等领域的创新。随着技术的不断进步和发展，物联网金融将继续推动金融服务的创新和提升客户体验。

三、物联网金融基本模式

物联网金融是将物联网技术与金融业务深度融合，通过物联网技术的应用，实现金融业务的智能化、自动化、高效化，提高金融服务实体经济能力，提升银行资金使用效率和管理水平。物联网金融作为将物联网技术与金融服务相结合的领域，涵盖了多个应用模式。在以下的分析中，将结合智慧制造、智慧车联、智慧农业、智慧能源、智慧基建、智慧物流六大模式，详细阐释物联网金融的基本模式。

（一）智慧制造

智慧制造是物联网技术在制造业中的应用，它涉及生产过程中的各个环节，包括设备监控、生产流程优化、品质控制等。物联网技术在智慧制造中的应用包括使用传感器和设备连接互联网，实时监控生产设备的运行状态，收集生产数据。这些数据被传输到云端，然后通过大数据分析和人工智能算法进行处理和分析，优化生产流程、提高生产效率和质量。

在智慧制造中，物联网金融的创新体现在对生产数据的处理和分析。金融机构可以与制造企业合作，利用大数据分析技术对制造企业的生产数据进行分析，为其提供融资支持。例如，根据生产数据的分析，金融机构可以对企业的运营状况和盈利能力进行评估，为企业提供贷款或信用额度。

（二）智慧车联

智慧车联是指将车辆与互联网相连接，实现车辆与车辆、车辆与基础设施的信息交换和互联互通。物联网技术在智慧车联中的应用包括在车辆上安装传感器和通信设备，收集车辆行驶数据和车况信息。这些数据被传输到云端进行分析，利用人工智能和大数据分析技术，评估驾驶风险、车辆保养情况等。

在智慧车联中，物联网金融的创新主要体现在车辆保险领域。通过实时监测车辆行驶数据，保险公司可以根据驾驶行为和车辆状况来定价保险产品，实现更个性化的车险定价。

（三）智慧农业

智慧农业是将物联网技术应用于农业生产中，实现农业生产的智能化和自动化。物联网技术在智慧农业中的应用包括在农田中部署传感器和设备，收集土壤温湿度、光照强度、作物生长状况等数据。这些数据通过物联网连接到云端进行分析，农民可以实时监控农田状况，并根据数据进行农业生产决策。

在智慧农业中，物联网金融的创新主要体现在农业保险领域。通过实时监测农田数据，保险公司可以对农作物的生长状况和风险进行评估，根据实际风险来定价农业保险产品。

（四）智慧能源

智慧能源是指将物联网技术应用于能源生产、分配和消费中，实现能源的智能化管理和优化。物联网技术在智慧能源中的应用包括在能源设施中安装传感器和设备，收集能源生产和使用的数据，如电力消耗、发电量、能源损耗等。这些数据通过物联网连接到云端进行分析，能源公司可以实时监控能源设施的运行状况，进行能源的优化管理。

在智慧能源中，物联网金融的创新主要体现在能源金融领域。通过实时监测能源数据，金融机构可以对能源公司的经营状况进行评估，为其提供融资支持。例如，能源公司可以利用物联网技术监测能源生产和消费数据，将这些数据提供给金融机构进行分析和评估，获得更多的融资支持，推动能源项目的发展。

（五）智慧基建

智慧基建是指将物联网技术应用于城市基础设施的建设和管理中，实现基础设施的智能化和高效运营。物联网技术在智慧基建中的应用包括在基础设施上安装传感器和设备，收集设施运行数据和环境信息，如道路交通状况、垃圾桶填充情况、环境污染等。这些数据通过物联网连接到云端进行分析，城市管理部门可以实时监控基础设施的运行状况和城市环境，进行基础设施的优化管理。

在智慧基建中，物联网金融的创新主要体现在城市基础设施建设和运营方面。通过实时监测基础设施数据，金融机构可以对城市基础设施的投资项目进行评估，为城市管理部门和企业提供融资支持。

（六）智慧物流

智慧物流是指将物联网技术应用于物流行业，实现物流过程的智能化和高效化。物联网技术在智慧物流中的应用包括在物流设施和货物上安装传感器和设备，收集物流数据，如货物位置、温湿度、运输状态等。这些数据通过物联网连接到云端进行分析，物流公司可以实时监控物流运输过程，优化物流路线和运输方案。

在智慧物流中，物联网金融的创新主要体现在物流金融领域。通过实时监测物流数据，金融机构可以对物流公司的经营状况进行评估，为其提供融资支持。例如，物流公司可以利用物联网技术监测货物位置和运输状态，将这些数据提供给金融机构进行分析和评估，获得更多的融资支持，推动物流项目的发展。

第四节　绿色金融数字化

一、绿色金融数字化发展概况

《“十四五”数字经济发展规划》强调把握数字化发展新机遇，拓展经济发展新空间，推动我国数字经济健康发展。未来，强化信息数字化技术赋能作用，以数字化转型推动各领域的变革，从更高层次促进生产力发展，成为加速国内经济发展的新动能。

（一）基本概念

数字金融技术可以促进绿色金融的发展，通过提供可持续发展项目的融资、投资和借贷等服务，推动清洁能源、环保技术和低碳产业的发展。绿色金融的发展可以帮助降低碳排放和环境污染。数字化转型是指以5G、物联网、云计算、大数据、人工智能、区块链等新一代数字技术的应用为基础，实现企业传统业务、管理、商业、服务等模式的重塑，从而推进生产、生活与治理方式发生根本性、长期性变革，以满足不断变化的市场格局。基于此，绿色金融数字化转型是顺应我国绿色金融改革的新趋势，商业银行充分运用数字化思维与认知，融合创新数字技术，积极构建特色数字化应用场景，以撬动绿色金融产品种类、业务运营、风控管理、数据获取等方面的质量变革、效率变革，不断提升银行业可持续发展能力，奋力开创绿色金融发展新格局。

（二）发展历程

绿色金融的国际历史渊源——赤道原则由来已久，它在2003年由一群私人银行制定，至今已有近20年的历史。提出赤道原则主要基于两方面的原因，即对环境风险的防范和对社会责任的承担。随着我国环保事业的成熟发展，我国政府越来越重视用经济杠杆来保护环境。早在20世纪80年代，美国通过了一部《超级基金法案》，这在以经济来约束环境污染方面已领先世界；在英国，20世纪70年代环境保护法律体系就已经比较完备了。在国际社会中，绿色金融创新产品推陈出新，如二氧化碳抵押贷款、绿色旅游保险等。2007年，环保部发布了一份环保政策法来约束商业银行和企业的行为，我国开始初步实施绿色信贷政策。2008年，兴业银行也成功加入赤道原则，这说明我国绿色信贷的发展已初见成效，代表了现代金融机构的发展趋势。

自2007年开始实施绿色金融政策以来，我国实施该政策的文件也在不断更新（见表8－3）。银监会在2007年对节能减排的有关规定作出了详细解释；2012年出台《绿色信贷指引》，指导金融机构和企业更好地落实企业社会责任；2013年，银监会确立的《绿色信贷统计制度》统一了绿色信贷的统计口径，为后续的研究消除了数据壁垒；2014年出台的《环境保护法》是一部非常严格的法律，该法律体现了党中央治理环境污染的决心，其中对企业的碳排放和污染情况都做了详细说明，同年也公布了绿色信贷的评价指标，为各银行和企业之间的对比分析奠定了深厚的基础；次年即2015年，针对节能减排等领域，出台了包括服务领域、风险控制、激励措施等在内的《能效信贷指引》文件，同时为了方便商业银行自我评价，银监会还印发了两个模板以供参考；为了构建完善的绿色金融体系，2016年多个部门联合出台了一份指导意见支持绿色信贷、绿色投资，完善交易市场防范金融风险机制；2017年根据商业银行绿色信贷实施情况提出了绿色银行的评价方案，这会对银行的绿色声誉产生影响；2018年通过了《环境污染强制责任保险管理办法》，进一步完善了环境污染管理和处罚制度；2019年为完善碳排放交易市场，发布了《碳排放权交易管理暂行条例》，主要对碳排放交易主体、排放配额和汇算清缴等问题给出了详细规定和解释；2020年对金融机构的业绩评价方案作出了解释说明，使商业银行通过该评价方案结果对绿色金融进行了更好的整改。一系列政策的出台使中国形成了多层次绿色金融和市场体系，绿色信贷、绿色债券和绿色基金等绿色金融产品发展齐头并进，截至2020年末，绿色贷款存量规模位居世界第一，绿色债券的存量规模位居世界第二。

表 8-3　我国绿色金融文件的发展脉络

年份	相关文件
2007	《节能减排性工作方案》
2012	《绿色信贷指引》
2013	《有关绿色信贷工作的意见》
2013	《绿色信贷统计制度》
2014	《环境保护法》
2014	《绿色信贷实施情况关键评价指标》
2015	《生态文明体制改革总体方案》
2018	《银行业存款类金融机构绿色信贷业绩评价方案（草稿)》
2018	《环境污染强制责任保险管理办法》
2019	《绿色产业指导目录》
2019	《碳排放权交易管理暂行条例》
2020	《银行业存款类金融机构绿色金融业绩评价方案》

二、绿色金融数字化基本模式

科技融合可以打造绿色金融生态引擎。绿色金融生态涵盖金融系统中所有绿色、环保、可持续性理念，通过数字技术将政府、银行、投资者和其他金融机构动态链接，实现经济和环境的互惠共赢，为经济绿色发展和环境保护提供完备的金融服务，形成“动态”绿色金融生态。

（一）数据赋能，激发生态活力

银行积极主动对接国家战略导向与区域经济发展策略，在绿色金融业务的经济、成本、环境风险等各项数据上，借助血缘分析、关联分析、聚类分析进行数据挖掘，及时识别特色化绿色金融需求，为客户提供区域化绿色金融服务。借助多维数据不断完善客户属性画像和行为画像，开展客群分析，构建以区域和客户为核心的多维度关系图谱，形成客户专属绿色档案并对客户进行分级分类管理。以促活算法、自然语言处理、识别算法、生成算法、虚拟客服等技术为基础，以信贷特色业务为抓手，进一步优化营销、办理和贷后管理等业务环节，活化金融资源。

（二）多维分析，优配生态服务

发展数智化是优化绿色金融生态服务的有效途径。利用数据挖掘技术识别客户属性，借助物联网技术收集管理数据，将绿色金融数据输入模型，建立定制化客户信息服务组件。通过组件驱动推荐算法和语音算法，打造关联数据协同智能算法一体化平台，实现绿色金融业务便捷办理和客户精准营销。通过

“云管边端”的物联网架构，结合视觉识别算法和卫星遥感技术，实现对抵押物（如活体、设备等）的智能动态监控和管理，优化绿色金融生态服务，构建更加绿色和可持续的未来。

（三）提质增效，加快生态构建

绿色金融服务的高效供给是低碳产业快速和可持续发展的必要条件。银行将全面风险监控预警系统（Risk and Detect system，RAD）和敏捷软件开发模型应用在绿色金融产品的开发中，通过技术组件共享复用、灵活编排和快速组装，发挥敏捷开发优势，可并行构建多个业务场景，实现特色业务需求快速响应和落地。例如，银行通过构建多个原子组件，可为行内营销中台、信贷中台、运营中台等各类业务中台提供基础能力，提高开发效率。通过可视化的服务组件编排，将银行“光伏贷”产品的开发周期缩短为7天，服务开发效率得到快速提升，同时系统的健壮性和稳定性得到了提高。

（四）技术创新，拓展生态场景

智能交互技术为传播更加丰富的内容提供了基础，动作捕捉、姿态识别等技术开启虚拟与现实的联动。例如，商业银行可以积极探索金融服务边界，以元宇宙为绿色生态载体，利用数字孪生、虚拟现实等技术构建沉浸式业务场景，打造碳账户。客户可通过虚拟数字人、人机对话等方式进行现实化、立体化、多样化的交互，积极参与到绿色金融服务的创新发展中，不再是被动接受金融服务的对象。同时，根据客户在元宇宙中的行为和选择，提供更加个性化和贴近生活的金融服务，更好地推动绿色金融生态建设和发展。

三、绿色金融数字化典型案例——以中国邮政储蓄银行为例

党的二十大报告提出，完善支持绿色发展的财税、金融、投资、价格政策和标准体系，发展绿色低碳产业，倡导绿色消费，推动形成绿色低碳的生产方式和生活方式。可见，绿色金融是绿色发展的必要保证，对推动经济社会发展、绿色转型、实现低碳目标等具有重要意义。邮政储蓄银行深入贯彻落实党中央决策部署，坚持创新驱动，深化绿色金融体系探索和实践，持续构建“平台+能力+应用”的金融科技创新格局，不断拓展绿色金融服务场景，推进绿色金融生态数字化建设。

（一）背景介绍

邮政储蓄银行推进绿色金融生态数字化的背景与意义：中央和地方相关部门不断加强和完善绿色金融发展顶层设计，支持绿色金融跨越式发展。各金融机构把握发展机遇并融入科技智慧，不断创新优化绿色金融产品和服务，坚持

向“善”而生，逐“绿”而行，服务低碳循环和生态发展，持续为“绿水青山”注入金融活水。邮政储蓄银行履行国有大行责任担当，充分发挥资源和市场配置优势，不断提升新金融行动的绿色成色和底色，赋能绿色金融生态，重点围绕能源、建筑、交通、制造和农林等产业的绿色低碳发展，推动绿色金融和绿色产业发展协同。将人工智能、大数据、物联网等数字技术综合运用到客户服务、业务受理、信贷流程、运营管理、风险决策全流程中，以绿色信贷、绿色理财、绿色保险和绿色债券为核心，打造绿色金融生态圈，大力发展绿色金融。

（二）应用方式

通过场景升级，实现优化绿色金融生态。邮政储蓄银行坚守服务“三农”、城乡居民和中小企业定位，发挥绿色金融在协调经济、生态和环境发展中的作用，以“三农”数字化转型、普惠小微市场开拓和科技赋能绿色创新等典型场景为抓手，持续优化绿色金融生态环境。

1. 夯实基础，促进“三农”数字金融建设

完善的农村信用体系可以为农户提供便捷高效的金融服务。邮政储蓄银行以构建农村信用体系、助力信用村（户）和数字乡村建设为出发点，利用图像识别、知识图谱等数字技术，通过建档信息数据检索、外部数据关联分析等方式，从个人诚信、资产负债、生产经营状况等多维度对农户进行信用评定，研发线上信用户贷款产品，为农户提供便捷的绿色贷款渠道。同时，完善农户标签和档案信息，打造“农村金融服务画像”数据产品，针对46万个行政村和超千万个信用户开展精准画像，全面刻画行政村全貌，深入洞察农户行为，从而推进精准营销和主动授信工作，为促进“三农”数字金融体系建设奠定基础。

2. 深化建设，开拓普惠小微蓝海市场

邮政储蓄银行坚守“普惠城乡，让金融服务没有距离”使命，积极落实中央普惠金融决策部署。升级小微企业数字化产品，拓展线上小微贷款服务场景，着力构建小微企业信用体系，以全国中小企业融资综合信用服务平台为基础，以多维建模分析数字化手段为工具，助推小微企业数字化转型。利用数据挖掘和数据分析等技术提供商务智能（Business Intelligence，BI）服务，基于人工智能物联网（Artificial Intelligence & Internet of Things，AIoT）、生理特征提取、活体检测等技术提供综合人工智能（Artificial Intelligence，AI）服务，运用租户过滤技术提供公共服务，使用编排技术提供业务逻辑服务，从而形成功能丰富的基础原子组件。采用“原子能力库 + 业务场景编排”模式，助力小微易贷等普惠金融产品线上化转型。截至2023年第一季度末，邮政储蓄银行普惠型小微企

业贷款余额已达1.28万亿元，有贷款余额户数突破200万户，后续将进一步提升普惠金融服务质效，深耕小微金融蓝海市场，深度触达普惠群体客户。

3. 科技赋能，助力绿色金融数智服务

邮政储蓄银行坚持“以客户为中心，为客户创造价值”理念，不断提升数智服务能力，借助科技赋能绿色金融发展。利用5G、物联网、区块链等技术进行数智化创新，建立绿色金融数字全景视图，凭借智能感知、智能模型、客户画像技术推动传统生产方式转型，提升绿色金融服务质效。在绿色信贷方面，借助数据挖掘、自然语言处理、多模态识别等技术研发绿色标识自动识别功能和节能减排数据测算功能，对绿色养殖、种植数据进行实时上链，基于链上数据进行多维分析，实现线上种养殖监控、农场林场运营分析、农产品溯源跟踪、惠农助农授信模型构建，为绿色信贷业务办理提供精准的数据支持。同时，加快业务线上化转型，借助智能语音、图像识别、电子签名等技术实现远程双录，支持业务低碳化办理。通过创新技术运用，推出个人碳账户、绿色低碳卡等产品，促进重要创新成果转化落地，为客户提供智能、便捷的综合金融服务，构建丰富的绿色金融“毛细血管”网络。

4. 健全风控，筑牢绿色金融风险防线

邮政储蓄银行发展生态金融、协同金融、产业金融和绿色金融，并将风险合规贯穿始终，健全贷前风险识别、贷中实时风控、贷后风险预警的全流程数字化风控体系。强化贷前风险识别，建立“绿色画像”数据模型，形成业务白名单，结合贷前客户准入模型进行自动授信。如利用卫星遥感、机器学习等前沿技术对绿色业务进行识别和初步归类，提升绿色业务识别的及时性、完整性和准确性。收紧贷中实时风控，搭建“客户画像+模型规则+风控策略+自动预警”风控体系，对接多维外部数据，建立360度视图客户数字画像，构建反欺诈策略体系、智能审批规则模型集合，有效提升风险识别精准度。推进贷后监控预警，建立绿色风险数据库，对风控流程关键环节进行自动化、智能化和集约化改造，提升绿色金融风险前瞻研判和风险变化敏锐识别能力，实现跨渠道、跨条线、跨部门风险资源整合共享和全行级绿色风控管理。

（三）应用效果

1. 深化绿色金融生态建设

邮政储蓄银行深耕绿色金融体系建设，已实现“政府指导+银行贷款+企业+个人”多方联动的绿色多元场景生态圈，并逐步加强在绿色信贷、绿色基金、绿色债券承销等金融业务的支持，未来还将持续加大金融场景生态建设。

一是持续深化金融科技场景服务。践行业技融合理念，拓展绿色金融业务渠道数字化场景，延伸绿色金融服务触达范围，加大移动端布局，满足“指间”业务办理需求。二是持续加大金融科技供给保障。形成数字化能力持续建设机制，打造金融数据多方安全共享平台，扩大绿色金融覆盖范围，稳步构建智能、高效、安全的绿色金融科技支撑体系，打造个性化金融服务，提升客户体验。三是持续推动“绿色金融 + 科技人才”培养战略。健全复合型人才培养体系，提升员工创新意识和业务素养，鼓励业务人员与科技人员进行交流和思维碰撞。

2. 践行绿色发展理念

邮政储蓄银行践行绿色发展理念，顺应数字化发展趋势，自觉履行高水平科技自立自强的使命担当，致力于打造性能卓越、高效、稳定的数字化绿色金融生态体系，推动信息科技从支撑、助推业务发展向赋能引领转变，不断激发内生动力，助力加快打造一流的数字生态银行、绿色普惠银行、气候友好型银行和生态友好型银行。

第五节　我国数字金融新业态未来展望

一、我国数字金融新业态发展概况

我国数字金融新业态自 21 世纪初期开始兴起，近年来得到快速发展。数字金融新业态利用信息技术和互联网技术，对传统金融业务进行数字化、智能化、移动化的升级改造，推动金融服务的创新和升级，对于我国金融行业的升级改造、普惠金融的推进以及金融体系的优化提升起到了积极的促进作用。我国数字金融新业态的发展呈现快速增长的趋势，随着移动互联网的普及和信息技术的不断进步，数字金融新业态蓬勃发展，各平台或行业的发展情况具体如下。

（一）移动支付与第三方支付平台

移动支付是我国数字金融新业态中最显著的成就之一。随着智能手机的普及，移动支付成为人们日常生活中不可或缺的支付方式。我国移动支付市场以第三方支付平台为主导，如腾讯的微信支付和支付宝。数据显示，截至 2022 年底，中国移动支付用户规模已达到 12 亿，① 移动支付交易金额持续增长。移动

① 唐维红，唐胜宏，刘志华．中国移动互联网发展报告（2022）［M］．北京：社会科学文献出版社，2022.

支付的普及大大提高了支付的便捷性，推动了线上消费的增长。

（二）金融科技（FinTech）创新

金融科技是数字金融新业态中的重要组成部分。金融科技是将科技创新与金融业务相结合，通过数据分析、人工智能、区块链等技术手段，提高金融服务的效率和质量。在我国，金融科技创新涵盖了多个领域，如智能投顾、风险管理、区块链应用等。例如，智能投顾平台可以通过AI算法为用户提供个性化的投资组合建议，而区块链技术可以用于提高供应链金融服务的透明度和效率。

（三）互联网保险与普惠保险

互联网保险通过互联网平台销售保险产品，提高了保险的购买便捷性。相较于传统保险渠道，互联网保险节省了中间环节，使保险产品的价格更加亲民。此外，普惠保险是互联网保险中的一个特殊领域，旨在为低收入和弱势群体提供保险服务。普惠保险采用低价、简单的保险产品，覆盖范围广，推动了保险行业的普惠化。

（四）区块链技术应用

区块链技术是数字金融新业态中的新兴领域。区块链是一种分布式账本技术，通过加密和去中心化的方式，确保数据的安全和透明。在金融领域，区块链技术被广泛应用于数字货币交易、跨境支付、供应链金融等场景。例如，比特币和以太坊是基于区块链技术的数字货币，而区块链技术也可以用于提高供应链金融服务的透明度和效率。

（五）金融服务大数据分析

金融服务大数据分析是数字金融新业态的关键支撑技术。通过对海量的金融数据进行收集、分析和挖掘，金融服务大数据分析可以提供个性化的金融服务和精准的风险评估。例如，通过分析用户的消费行为和信用记录，金融机构可以为客户提供个性化的贷款产品；通过对市场数据和宏观经济数据的分析，金融机构可以更准确地评估投资风险。

二、我国数字金融新业态发展机遇与挑战

将从市场需求、科技进步、政策支持、金融普惠化、监管与风险防控、信息安全与隐私保护、科技人才短缺、不平衡发展和竞争压力等方面来分析我国数字金融新业态的发展机遇与挑战时，具体分析如下。

（一）市场需求和科技进步带来的机遇

首先，当前具有庞大的市场需求。我国人口众多，城镇化水平不断提高，

中产阶级快速增长。这使金融服务需求不断扩大，数字金融新业态有机会满足不同层次用户的个性化、多样化需求，为金融机构带来更多增长点。

其次，具有先进技术的支持。信息技术、互联网技术和人工智能等科技的快速进步，为数字金融新业态的创新提供了强大支撑。例如，大数据分析可实现个性化推荐、风险评估等，区块链技术可提高交易安全性，智能算法可优化投资组合等，这些技术的应用将提升金融服务效率和用户体验。

（二）政策支持和金融普惠化带来的机遇

首先，我国各项政策都有相应支持。政府高度重视数字金融创新，出台了一系列支持政策，包括金融科技监管试点、金融科技产业发展基金、优化金融市场环境等。这些政策为数字金融新业态提供了良好的发展环境和政策红利。

其次，金融普惠化在持续。数字金融新业态的兴起有望促进金融服务的普惠化。通过互联网和移动支付等技术，金融服务可以覆盖到偏远地区和农村地区，让更多低收入群体受益。这有助于提高金融包容性，推动社会经济的可持续发展。

（三）监管和风险防控带来的挑战

首先，当下监管挑战严峻。数字金融新业态的创新快速，但监管滞后于技术发展。监管部门需加强监管政策的跟进，保护金融市场的稳定和用户的合法权益，避免出现监管套利和灰色地带。

其次，信息安全与隐私保护还有待加强。数字金融新业态涉及大量用户数据的收集和使用，信息安全和隐私保护成为重要挑战。金融机构需加强数据安全管理，采用先进技术保护用户数据，防止信息泄露和数据滥用。

（四）科技人才短缺和不平衡发展带来的挑战

首先，当下我国科技人才及技术相对短缺。数字金融新业态对高端科技人才的需求大，但我国金融科技人才相对短缺。一些高新技术仍然存在“卡脖子”难点，无法互联互通形成完善的供应链、产业链。为满足业态发展需求，政府、高校和企业需共同合作，加大对金融科技人才的培养和引进力度。

其次，地区间存在不平衡发展。数字金融新业态在大城市的发展相对较快，而农村地区和偏远地区数字金融服务普及率较低。这需要政府和金融机构加强资源倾斜，推动数字金融服务覆盖全国各地，促进金融普惠。

（五）竞争压力带来的挑战

随着数字金融新业态的崛起，竞争越发激烈。金融科技企业之间的竞争可能导致价格战、产品同质化等问题，金融机构需加强创新能力，提供独特的金融产品和服务，保持竞争优势。

我国数字金融新业态在市场需求、技术进步、政策支持和金融普惠化等方面面临着广阔的发展机遇。然而，监管挑战、信息安全、科技人才短缺、不平衡发展和竞争压力也带来了一系列挑战。通过政府部门、金融机构和科技企业的共同努力，积极应对挑战，推动数字金融新业态的健康发展，可以为金融行业带来更多的创新和发展，为广大用户提供更便捷、智能、个性化的金融服务。

三、我国数字金融新业态未来前景与展望

中国数字金融新业态是在数字技术和金融融合发展的推动下涌现的一系列创新型金融业务和服务。这些新业态涵盖了供应链金融、物联网金融、科技创新金融、绿色金融、农村数字金融等多个领域。未来，随着数字技术的不断发展和经济的不断升级，这些新业态将继续蓬勃发展，为经济的高质量发展和产业的转型升级提供有力支持。

（一）供应链强链补链、逐步形成网状产业链

首先，供应链数字化和智能化升级。未来，供应链数字化和智能化将成为发展的重要方向。通过区块链、物联网、大数据等技术的应用，供应链上的信息流、物流、资金流将得到高度整合和优化，形成高效、透明、安全的供应链体系。

其次，跨界融合和产业链扩展。数字金融将促进跨界融合和产业链扩展。金融机构将积极融入供应链，提供更多差异化的金融服务，如供应链金融、保险服务、供应链信息服务等，进一步强化产业链的补链和强链作用。

再次，供应链金融创新。供应链金融将继续创新发展，推动融资服务更加个性化和灵活化。智能合约、区块链技术等将赋能供应链金融，实现更高效的信用评估和风险控制，降低供应链上的信用风险。

最后，引领全球供应链体系。中国的数字金融新业态有望成为全球供应链体系的重要推动者。借助数字金融技术的应用和供应链的强大基础，中国企业将在全球供应链重构中发挥越来越重要的角色，引领全球供应链体系的演进和升级。

（二）多元协同、创新场景层出不穷

首先，创新场景持续涌现。数字金融新业态将持续创新，为不同行业和领域提供定制化的金融服务。在供应链、物流、医疗、教育、零售等领域，将涌现更多创新场景，推动各个领域的数字化、智能化升级。

其次，金融科技生态系统发展。金融科技将与各行各业深度融合，形成多元协同的生态系统。技术巨头、金融机构、科技创新企业将共同参与数字金融生态系统的构建，促进各类资源的共享和优化配置。

再次，跨界合作与开放创新。数字金融新业态将促进跨界合作和开放创新。不同行业和企业将积极合作，共同打造创新型金融服务，形成“互联网＋”“数字＋”的融合发展模式。

最后，金融风险防控亟须增强。随着创新场景的不断涌现，金融风险防控将成为一个重要的挑战。金融监管部门需要密切关注新业态中的风险点，加强监管和风险评估，确保金融体系的稳健运行。

（三）新基建＋新农业＋新金融服务高质量发展

首先，新基建推动数字金融创新。新基建的发展将为数字金融提供新的发展机遇。在数字基础设施建设、智能交通、智慧城市等领域，数字金融将积极参与，为新基建项目提供融资支持和智能化金融服务。

其次，新农业引领智慧农村发展。新农业的发展将带动智慧农村的高质量发展。数字金融将在农村地区推动农产品电商、智能农机、农业物联网等项目的发展，提升农业生产效率和农民收入水平。

再次，新金融服务满足多样化需求。数字金融新业态将不断满足多样化的金融服务需求。消费金融、智能投顾、数字支付等服务将得到进一步拓展，为个人和企业提供更加便捷、安全、个性化的金融服务。

最后，金融科技支持金融监管。随着新业态的蓬勃发展，金融监管也面临着新的挑战。金融科技将为金融监管提供有力的支持，监管部门将运用大数据、人工智能等技术手段，加强金融风险监测和预警。

【课程思政】

1. 学生通过学习数字金融新业态的基本概念、运用技术及实践模式，能够重视数字技术在现代金融中的重要作用及监管规范，培养与时俱进的择业就业观，坚定社会主义核心价值观，具备正确的金融从业人员职业标准与行为准则，成为应对市场需求下技能多样、守正创新、勇于突破的综合性人才。

2. 学生学习完数字金融新业态发展概况、面临的机遇及挑战后，能够清晰地认识到数字金融面对的机遇与挑战是一把双刃剑，学会辩证地看待事物，正确认识数字科技对金融新业态的正面及负面影响，正确规范地在金融新业态中使用数字技术，培养正确看待数字技术与金融业态关系的意识。

3. 学生通过对本章内容的了解及掌握，可以深刻意识到数字技术在推动金融业态拓展完善方面的突出作用。数字金融业态的发展是我国应对新的国内外经济形势下的创新发展之路及必由选择，是解决“卡脖子”难题，实现产业链强链补链的重要措施，保障了中国特色社会主义金融体系的稳健繁荣发展。

【产教融合】

1. 数字金融新业态认知与意义。通过课堂讲授及行业合作，学生将掌握数字金融新业态的概念、内涵和重要意义。介绍数字金融新业态的定义、特点及其对金融业发展的重要意义，包括提升金融服务效率、拓展金融边界、推动实体经济发展等。可通过结合行业案例分析、企业讲座等形式，加深学生对数字金融新业态的认知，促进产学合作。

2. 实践应用与技术掌握能力。通过实践教学和行业导师指导，学生将深入了解数字供应链金融、物联网金融和绿色金融数字化的发展概况及技术支撑。介绍数字供应链金融、物联网金融和绿色金融数字化的基本模式、技术支撑及应用场景，帮助学生理解其在实际应用中的作用和价值。并组织实地考察、行业导师讲解、实验室实践等形式，培养学生的实践操作能力和技术应用水平。

3. 未来前景与应对挑战分析。通过研讨和项目合作，学生将了解我国数字金融新业态的发展概况、机遇挑战及未来前景。分析我国数字金融新业态发展的机遇、挑战，探讨未来发展趋势和应对策略，引导学生思考未来从业方向和发展路径。组织学生团队开展研究课题、邀请行业专家进行讲座、组织产学项目合作等形式，培养学生的团队合作和创新能力，提升其对未来金融行业发展的洞察力和应对能力。

【本章小结】

本章首先带领读者了解了当前数字技术及现在金融发展的基本情况。其中，数字供应链金融、物联网金融及绿色金融数字化是当下数字金融新业态的典型代表。通过了解数字金融新业态的内涵、表现出的特征及对现在金融发展的重要意义，让读者对数字金融新业态的整体情况及重要特征有了初步认识。进一步，分别对数字供应链金融、物联网金融及绿色金融数字化的发展历程、发展现状、主要运用的数字技术、采用的基本模式均展开了详尽的阐释分析，并举具体案例辅助读者将理论知识与实践应用联系起来。最后，引导思考未来我国数字金融新业态发展的趋势、存在的机遇及可能的挑战。当然，随着数字技术的迭代发展，我国数字金融新业态必然呈现多主体协同、多场景并存、多产业链接的欣欣向荣之景。

【思考题】

1. 简述数字金融新业态是什么？它对金融业及经济发展的意义是什么？

2. 简述我国数字金融新业态发展的概况及各类数字技术应用的情况。

3. 数字金融几种主要新业态发展的模式是什么？各自有什么特点？

4. 举例分析数字金融新业态在现实中的应用案例，思考生活中还有哪些具体应用。

5. 思考未来数字金融将在哪些业态蓬勃发展，可能存在的挑战及如何应对。

【参考文献】

[1] 龚强，班铭媛，张一林．区块链、企业数字化与供应链金融创新［J］．管理世界，2021，37（2）：22－34，3.

[2] 何静，旷开源．数字供应链金融破解小微融资价格贵的路径研究［J］．价格月刊，2023（6）：15－20.

[3] 黄丹荔，乔桂明．物联网金融：缓解中小企业融资约束的新契机［J］．求是学刊，2019，46（2）：120－126.

[4] 陆岷峰，汪祖刚．关于“物联网＋银行”发展战略的研究［J］．当代经济管理，2017，39（12）：76－82.

[5] 陆岷峰．数字科技赋能实体经济高质量发展：融合优势、运行机理与实践路径［J］．新疆师范大学学报（哲学社会科学版），2023，44（1）：136－144.

[6] 秦江波．中国供应链金融发展现状及对策［J］．学术交流，2021（5）：103－115.

[7] 赛迪智库．数字经济新业态新模式发展研究报告［R］．2020.

[8] 时亚宁．新形势下我国产融结合模式探讨［J］．投资与合作，2022（11）：37－39.

[9] 宋华，陈思洁．供应链金融的演进与互联网供应链金融：一个理论框架［J］．中国人民大学学报，2016，30（5）：95－104.

[10] 宋华．数字平台赋能的供应链金融模式创新［J］．中国流通经济，2020，34（7）：17－24.

[11] 孙灵燕．数字金融对传统金融业的变革性影响与转型路径［J］．东岳论丛，2023，44（3）：141－148，192.

[12] 孙涛，沈开基，顾蔚，等．5G＋物联网环境下智能金融场景应用的分析与建议［J］．现代管理科学，2021（2）：104－111.

[13] 唐维红，唐胜宏，刘志华．中国移动互联网发展报告（2022）［M］．北京：社会科学文

献出版社，2022.

［14］陀螺研究院．中国“区块链＋供应链金融”行业研究报告［R］．2020.

［15］王琼洁，高婴劢．数字经济新业态新模式发展研判［J］．软件和集成电路，2020（8）：82－86，88，90.

［16］王彦林，王莉．新发展格局下“专精特新”企业创新能力提升的困境与出路［J］．当代经济管理，2023（9）．

［17］张宏斌．全方位高质量多层次小微企业普惠金融服务体系日臻完善［N］．金融时报，2021－09－16（009）．

［18］张涛．打造全球数字经济标杆城市［J］．北京观察，2021（5）：10－13.

［19］中国信息通信研究院，平安银行股份有限公司．物联网金融研究报告（2022）［R］．2022.

［20］周光宗．供应链金融的发展与趋势［J］．时代金融，2016（6）：33，36.

［21］巩维．金融科技助力构建绿色金融数字化体系探究［J］．吉林金融研究，2022（4）：30－33.

［22］王康仕，孙旭然，张林曦，王凤荣．金融数字化是否促进了绿色金融发展？——基于中国工业上市企业的实证研究［J］．财经论丛，2020（9）：44－53.

［23］卢建霖，蒋天颖．绿色金融、数字化与制造业升级［J］．哈尔滨商业大学学报（社会科学版），2022（4）：44－53.

［24］欧晨，姚树俊．绿色金融数字化治理研究［J］．北方金融，2023（3）：40－45.

［25］郑剑辉．我国商业银行绿色金融数字化转型研究［J］．西南金融，2022（9）：69－80.

［26］董佳艺，张艺，王浩，卢怡彤，杨波．浙商银行善本金融背景下绿色金融数字化发展研究及实践探索［J］．金融科技时代，2023（12）：44－47.

［27］王馨．加强数字绿色金融能力建设［J］．中国金融，2023（22）：60－61.

［28］杨丽萍，陆岷峰．“双碳”目标下数字绿色金融发展模式研究［J］．金融与经济，2023（12）：78－87，96.

［29］冯素玲，许德慧，张榕．数字金融发展如何赋能二氧化碳减排？——来自地级市的经验证据［J］．当代经济科学，2023，45（4）：15－28.

［30］喻春娇，唐威．工业企业数字化转型能否促进碳减排——基于中国A股上市工业企业的证据［J］．宏观经济研究，2023（7）：97－110，127.

［31］刘柏麟，李琳琳．气候变化风险视角下转型金融的国际实践及经验借鉴［J］．金融发展评论，2022（3）：54－69.

［32］缪陆军，陈静，范天正，吕雁琴．数字经济发展对碳排放的影响——基于278个地级市的面板数据分析［J］．南方金融，2022（2）：45－57.

［33］熊子怡，张科，何宜庆．金融科技的区域碳减排效应［J］．华东经济管理，2024，38（1）：89－98.

［34］武汉大学国家发展战略研究院课题组，武汉大学国家发展战略研究院．中国实施绿色

低碳转型和实现碳中和目标的路径选择 [J]. 中国软科学, 2022 (10): 1 - 12.

[35] 钱立华, 方琦, 鲁政委. 刺激政策中的绿色经济与数字经济协同性研究 [J]. 西南金融, 2020 (12): 3 - 13.

[36] 薛畅. 金融科技赋能商业银行碳金融业务发展理论逻辑、现状及对策建议 [J]. 西南金融, 2023 (3): 16 - 26.

[37] 田华文. "双碳" 目标下数字经济赋能绿色低碳发展论析 [J]. 中州学刊, 2023 (9): 30 - 39.

[38] 申云, 卢跃. 绿色金融赋能农民农村共同富裕——现实挑战、逻辑进路与体系构建 [J]. 农村金融研究, 2022 (11): 10 - 19.

[39] 张娇. 绿色金融支持碳达峰碳中和的机遇、挑战与对策——以浙江省杭州市为例 [J]. 现代营销 (下旬刊), 2022 (8): 26 - 28.

[40] 欧阳文杰, 陆岷峰. "双碳" 目标下数字金融驱动绿色经济发展的实证研究 [J]. 金融理论与实践, 2023 (1): 72 - 81.

[41] 李睿. 绿色金融试点政策对碳减排的影响研究 [D]. 济南: 山东财经大学, 2023.

[42] 陈艳, 李浩. 双碳背景下绿色金融助力碳减排的路径 [J]. 中国商论, 2024 (1): 114 - 117.

[43] 韩先锋, 肖坚, 董明放. 绿色金融发展的碳减排效应 [J]. 资源科学, 2023, 45 (4): 843 - 856.

[44] 李江涛, 黄海燕. 绿色金融的生态环境效应——双碳目标下粤港澳大湾区的实践检验 [J]. 广东财经大学学报, 2022, 37 (1): 87 - 95.

[45] 裴璇, 陆岷峰, 王稳华. 共同富裕背景下企业数字化转型的劳动收入分配效应研究 [J]. 现代财经, 2023 (4): 03 - 22.

[46] 陆岷峰. 新金融风险特征、种类以及新金融风险管理对策研究 [J]. 宝鸡文理学院学报 (社会科学版), 2022 (6): 62 - 70.

[47] Peng H., Feng T., Zhou C. International Experiences in the Development of Green Finance [J]. American Journal of Industrial and Business Management, 2018, 8 (2): 385.

[48] Zhang M. L., Liu Y. Influence of Digital Finance and Green Technology Innovation on China's Carbon Emission Efficiency: Empirical Analysis based on Spatial Metrology [J]. Science of the Total Environment, 2022, 838 (3): 156 - 463.

第九章　数字人民币

【学习目标】

1. 掌握货币起源、形态演变以及数字货币诞生与发展历程的基础知识。

2. 了解数字人民币的基本概念、属性和重要性，包括其发行背景、定位、适用人群以及与其他货币形态的对比。

3. 熟悉数字人民币的运行原理，包括发行、流通、使用和监管等方面的知识。

4. 掌握数字人民币在不同场景下的应用，如生活服务、公务行政、企业运营等，并了解其对经济、生活和社会的影响。

第一节　走近数字人民币

金融科技的不断发展促进了技术驱动的金融创新，其中数字货币作为一种新型货币形式，在金融领域发挥着重要的推动作用。数字货币依赖于区块链、分布式账本等先进底层技术，具备了纸质货币和电子货币所不具备的许多优势和特点。它能够有效降低货币发行和流通的成本，大幅提高支付的效率，并且数字货币还能够有效地预防洗钱和恐怖主义融资等非法活动，具有重要的社会意义。随着科技的不断进步和应用场景的拓展，数字货币有望为金融行业带来更多创新和变革。

一、认识数字货币：数字货币的含义与分类

（一）货币起源与发展

货币的起源可以追溯到人类社会的早期，当时人们通过物物交换来满足自己的需求。例如，一只羊换一把石斧。但这种方式受限于交换双方需求的不匹

配，效率较低。

以物易物

英国著名经济学家斯坦利·杰文斯在《货币与交换机制》一书中曾记录这样一个案例：若干年前，巴黎拉利克剧院的著名歌手塞利小姐曾在社会群岛举办过一次演唱会，她得到了门票收入的1/3。会后，经清点，她的报酬包括3头猪、23只火鸡、44只鸡、5000个椰子，还有很多香蕉、柠檬和橘子。在巴黎，这些家畜和水果可能值4000法郎。然而在社会群岛，货币是稀缺的。由于塞利小姐自己无法消费掉这些收入中的大部分，她最后只好用水果去喂猪和家禽。

随着交换的扩大和生产力的提高，以物易物形式不再满足社会经济发展需求。这时候金属冶炼技术逐步成熟，金属货币如金币、银币、铜币（钱）逐渐取代了实物货币。相对于以物易物，金融货币有其特殊优势：第一，金属如金、银、铜等具有稳定的价值，不易受外界因素影响，这使金属货币能够稳定地储存和传递价值。第二，金属货币可以通过精确的称重来确定其价值，便于交易和计价。第三，政府可以通过控制金属货币的发行量来调控经济，维持货币的稳定。这种调控作用在实物货币时代是难以实现的。然而，金属货币的数量受到金属贮藏和开采量的限制，难以满足不断增长的商品交换需求。

印刷术与防伪技术的发展为解决这一问题提供了途径，信用货币，如银行券和纸币开始登上历史舞台。从制作成本来看，纸币的制作成本相对较低，并且相比于金属货币的重量和体积，纸币可以更轻松地携带大量货币，这对于商业活动和日常交易尤为重要。此外，纸币还可以更方便地存储，节省了空间和资源。纸币还可以通过防伪技术来防止伪造，从而保证了货币的稳定性和信任度。

从货币发展历程可以看出，货币形态的演变与技术进步密切相关，其发展历程反映了人类社会对于交易便利性和价值储存方式的追求。随着科技的不断进步和社会的发展变革，货币形态将继续发展和演变，区块链技术的成熟，让数字货币成为货币的发展趋势（见图9-1）。

（二）数字货币的含义与特征

1. 数字货币的含义

目前，关于数字货币（Digital Currency）并没有统一的标准和定义。狭义上

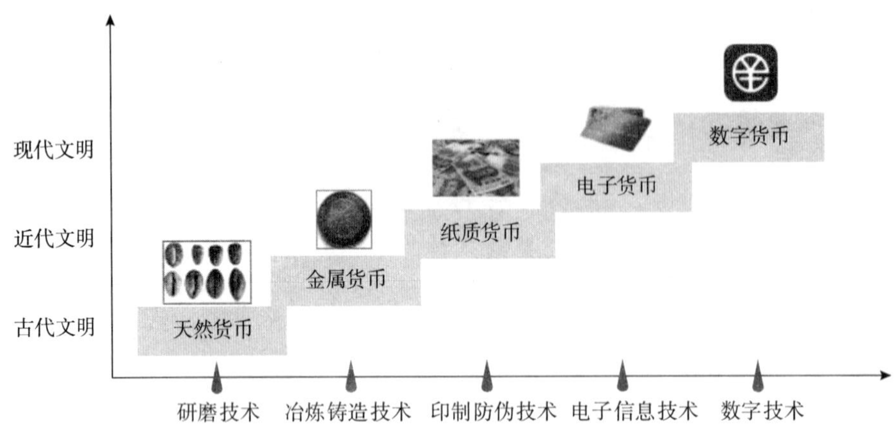

图 9-1 科学技术发展与货币形态关系

指的是完全数字化的货币形式，不依赖于实物媒介，完全基于电子记录和密码学技术进行存储和交易。广义上，数字货币还包括电子货币、虚拟货币和数字化货币等概念。

根据发行者的不同，数字货币可以分为央行发行的私人数字货币和法定数字货币。私人数字货币是指由个体或非官方机构基于区块链技术发行的数字货币。自中本聪在 2008 年发明比特币以来，私人数字货币不断涌现发展，起初私人数字货币完全依赖于区块链系统生成，并没有国家主权信用或机构背书。而现在，部分私人数字货币与主权货币或其他资产挂钩，实现币值相对稳定，使其具有便捷、高效和安全的特点，这给传统货币体系和金融市场带来了重要的冲击和变革。

一般来说，法定数字货币指的是由各国央行发行的基于区块链技术的新型数字货币，与传统的现金纸币和派生存款有所区别。央行数字货币可以根据受众和技术特点分为两种模式：一种是面向社会公众的零售模式，作为一种交易工具，广泛应用于零售场景；另一种是面向中介机构和第三方支付清算机构（如银行）的批发模式，提供支付结算工具。根据 2019 年国际清算银行和支付与市场基础设施委员会的调查，全球有 66 个国家的央行正在积极开发和设计数字货币，这些国家涵盖了全球 75% 的人口和 90% 的经济产出。

2. 数字货币的特征

可追踪性。相对于纸币等实体货币而言，数字人民币具有更强的可追踪性，其数据具有完全公开性，旨在促进业务网络中的交易记录和资产跟踪流程。数字人民币的交易记录可以在区块链网络上跟踪和交易，交易流程高度透明化，便于监管部门查验资金流动的真实性、合理性，防范出现洗钱、诈骗、犯罪等非法活动的出现。同时，数字人民币使用实名制系统，账户信息和用户真实个人信息保持匹配，更加方便监管部门精准采取相应的管控措施。同时我国考虑居民个人的隐私权，遵循“小额匿名、大额依法可溯”的原则，高度重视个人信息与隐私保护，满足公众对小额匿名支付服务需求，禁止监管部门任意查询、使用。

安全性。央行将数字证书体系、数字签名、安全加密存储等技术综合应用，使数字人民币具有不可重复花费、不可非法复制伪造、交易不可篡改及抗抵赖等特性，数据更具有客观性、真实性、权威性，建立多层次风险防控安全体系，保证交易的安全性、可信度。

支付即清算。数字人民币的支付即清算的特征决定了可以依托其提供专业、统一、标准的清算服务。支付即清算是数字人民币与银行账户松耦合，将支付和清算同时进行，实现现金流、货物流、交易流的高度统一，大幅度削弱了跨境交易风险的影响，提升金融交易效率，加快资金流转速度。

法定地位。数字人民币与实物人民币都是央行对公众的负债，具有同等法律地位和经济价值。数字人民币将与实物人民币并行发行，人民银行会对二者共同统计、协同分析、统筹管理。

兼具账户及价值。数字人民币兼容基于账户（Account-based）、基于准账户（Quasi-account-based）和基于价值（Value-based）三种方式，采用可变面额设计，以加密币串形式实现价值转移。

（三）数字货币的诞生与演进

1. 数字货币起源

最早的数字货币可以追溯到20世纪80年代，美国计算机科学家和密码学家David Chaum在1982年发表了一篇名为“无法追踪支付的盲签名”的论文，论述了一种通过加密技术来实现无须信任第三方的交易模式，并于1989年在阿姆斯特丹创立了DigiCash进行推广。受此启发，OS-Gold、Standard Reserve、IN-TGold等类似电子货币诞生，都没有引起太大的关注。直到1996年，著名肿瘤学家Douglas Jackson发起了有真正黄金的支持E-gold，大受欢迎。在它最热门的时候，E-gold有500万名用户，所处理的价值转移在20亿美元量级。但由于技术上存在一定缺陷，最终E-gold项目也宣告失败。1998年，一家莫斯科的公司推出了WebMoney这一种通用数字货币，能够提供广泛的点对点的付款解决方案，涵盖互联网交易平台。时至今日，该货币仍被数百万人广泛地使用和接受。

2. 比特币的诞生及发展

2008 年，中本聪发表了经典论文《比特币：一种点对点的电子现金系统》，提出了一种全新的去中心化的电子现金系统。这一系统可以将传统的三方交易模式转变为去中心化的点对点交易模式，基于此系统，他勾勒出比特币的基本构造。这一思路推动了数字货币的发展与应用。

比特币的诞生对于货币发行具有重要意义。首先，比特币的发行主体突破了传统的央行限制，成为一种私人发行的货币。传统货币由央行或政府机构负责发行和管理，而比特币是通过计算机算法进行发行和验证，没有中央机构控制或干预，这使比特币成为一种去中心化的数字货币。其次，比特币采用了一种全新的基于区块链技术的货币发行和流通范式。比特币利用区块链技术实现了去中心化的货币发行和交易验证，任何人都可以参与到比特币网络中，共同维护账本的安全和可靠性。这种基于区块链的去中心化货币发行和流通范式是人类货币发展史上的巨大飞跃。它消除了传统银行和金融机构的垄断地位，提供了更加开放和透明的交易环境，使个体可以更自由地掌控和管理自己的财产。

3. 私人数字货币快速发展

比特币的出现催生了许多私人数字货币，根据统计数据，截至 2020 年 7 月，共有 5709 种数字货币问世，其中，比特币、以太币、瑞波币等市场份额较大。然而，私人数字货币的价格波动性很大。为了解决这一问题，数字稳定币（Stablecoins）迅速兴起。例如，摩根大通推出了与美元 1∶1 挂钩的摩根币（JPM Coin）。社交媒体巨头 Facebook 在 2019 年宣布将推出天秤币（Libra 1.0），该数字货币将与美元、欧元、英镑和日元等一篮子法定货币挂钩。相比于传统的加密货币，数字稳定币的价值相对稳定，其价值通常与某种法定货币（如美元或欧元）一一对应。这一对应关系有助于抑制价格波动，提供了更可预测的货币价值。私人数字货币的价值稳定后，人们更容易将其作为支付工具、储值手段和价值交换媒介来使用。

4. 法定数字货币研发加速推进

随着私人数字货币的蓬勃发展，许多国家的中央银行已经积极投身于法定数字货币（CBDC）的研发工作。加拿大的 Jasper、新加坡的 Ubin、欧洲和日本的 Stella 等国家央行数字货币的研发项目已经完成了阶段性的试验。国际清算银行（Bank for International Settlements，BIS）的调查数据显示，约80%的央行正在筹备或进行央行数字货币的研发工作，其中40%已经进入测试阶段，而另外10%则进入试验阶段。央行数字货币的发展趋势显示，它们即将从概念阶段转向实际落地应用的阶段。央行数字货币的出现将对金融体系和经济产生深远影响。它们有望提高支付效率、降低交易成本，增强金融包容性，促进经济的发展和创新。①

二、数字货币的中国实践：数字人民币（e-CNY）

（一）我国推出数字人民币基本背景

数字经济催生数字货币。近年来全球数字经济规模持续扩张，各主要国家纷纷把数字经济作为应对疫情冲击、提升经济发展能力的重要手段。根据中国通信院公布数据，2021年，全球47个主要经济体数字经济规模为38.1万亿美元，较上年增长5.1万亿美元。而数字货币基于节点网络和数字加密算法，是为了迎合数字经济发展需要，是其具体的货币发展形态。数字货币是基于复杂网络理论和区块链技术的，具有不可篡改和加密安全等特点。它建立了底层数字货币和中间层数字金融账户体系，包括央行支付体系、商业银行、非银机构等垂直化总分账户体系。同时，数字货币实现了各国央行支付清算系统的互联互通，并建立了顶层数字身份验证体系。通过大数据和云计算技术，数字货币促进了传统货币向数字货币的转变。②

支付便利性与安全性的需要。以支付宝与微信支付为代表的第三方支付平台在我国极具普及性与影响力，根据支付宝与微信支付2021年的官方数据，支付宝的年度活跃用户已超过10亿，微信支付的用户数也接近10亿。支付宝和微信支付已广泛应用于餐饮、零售、出行、娱乐等各种场景等线下商户，以及线上购物、转账、还款、缴费等线上场景。第三方支付平台的快速发展使人们普遍提高了对于支付便利性与安全性的要求，在日常行为中人们逐渐不使用传统货币支付，而使用第三方平台支付日益形成习惯。

（二）数字人民币概念与属性

数字人民币又称中国央行数字货币、DC/EP（Digital Currency/Electronic Payment，数字货币/电子支付）、e-CNY，是中国人民银行发行的一种数字形式

---

① 周子衡．数字经济发展三阶段：数字支付、数字法币与数字财政［J］．清华金融评论，2018（4）：63-64.

② 尼楚君，金海年．货币演进视角下数字货币特征及发展路径［J］．财政科学，2023（2）：87-93.

的法定货币，通过广义账户体系实现了与银行账户的连接。2021 年《中国数字人民币的研发进展》白皮书中将其定义为“由指定运营机构参与运营并向公众兑换，以广义账户体系为基础，支持银行账户松耦合功能，与纸钞硬币等价，具有价值特征和法偿性，支持可控匿名”。

1. 从货币角度看：数字人民币主要定位于流通中现金（M0）

数字人民币是中国人民银行发行的一种电子货币，主要用于取代 M0 货币供应。中国人民银行负责数字人民币的发行与管理。具体而言，中国人民银行以央行中心化管理的方式向指定的商业银行批发数字人民币，并负责数字人民币的全生命周期管理。指定的商业银行等机构则负责向公众提供数字人民币兑换服务。

2. 从支付角度看：数字人民币是无须依赖账户的数字支付工具

数字人民币是一种具有价值特征的数字支付工具。与现金相似，数字人民币本身就具有价值。不同于传统的电子支付工具，它不再依赖于商业银行存款货币作为基础，也不再采用紧耦合的账户模式进行转移和流通。也就是说，传统电子支付工具本身并不具有价值，它与其在商业银行的账户绑定在一起，利用传统电子支付工具进行支付时，需要对交易者的账户信息进行验证。因此，这类电子支付工具难以满足用户对于匿名支付及隐私保护的需求。

3. 从应用客群看：数字人民币应用客群为普通大众

数字人民币采用了“双层运营体系”，即混合型运营架构。央行通过 100% 准备金制度向商业银行兑换数字人民币额度，然后商业银行将数字货币提供给公众使用。在这个过程中，中国人民银行扮演着中心化管理的角色，通过记录和监测全量交易信息，对数字人民币的兑换和流通进行分析、监管和管理。这种双层运营体系使央行能够有效掌握数字人民币的发行和流通情况，确保其安全性和稳定性。同时，商业银行作为中间机构，起到了数字人民币的传递和分发的作用，使数字货币可以顺利地进入市场并供公众使用。

4. 数字人民币与其他“货币形态”的对比

数字人民币本质上是人民币现钞的数字化。与包括现钞、第三方支付账户余额、银行存款、比特币和 Libra（Facebook 新推出的虚拟加密货币）等在内的“货币形态”存在诸多不同之处。为进一步了解数字人民币的概念属性，从发行主体、分发机构、准备金率、底层资产以及信息背书情况等 10 个维度，将数字人民币与其他“货币形态”进行了对比（见表 9－1）。

表 9-1　数字人民币与其他货币形态的对比

分类	数字人民币	纸钞	第三方支付账户余额	银行存款	比特币	Libra
发行主体	央行	央行	央行	央行		Libra 协会
分发机构	商业银行/其他商业机构	商业银行	第三方支付机构	商业银行		第三方承销商
准备金率	1	1	1	部分	无	1
底层资产	无	无	银行备付金	无	无	法币资产
信用背书	国家信用	国家信用	国家信用、企业信用	国家信用	算法信用	国家信用、企业信用、算法信用
信用风险	无	无	无	低	无	高
技术架构	区块链内核	中心化	中心化	中心化	公链	联盟链
是否数字化	是	否	是	是	是	是
是否付息	否	否	否	是	否	否
匿名性	可控匿名	完全匿名	可控匿名	实名	部分匿名	可控匿名

（三）数字人民币的意义

1. 数字人民币的发行顺应历史发展趋势

由于比特币、以太坊等虚拟货币的兴起，央行面临着新的挑战。尽管数字货币的发行量相对有限，但它们对央行货币发行根基产生了一定的影响。在这样的背景下，数字人民币在国内大循环和国内国际双循环中扮演着关键的角色。通过数字人民币的推广和使用，中国人民银行可以促使人民币在国际舞台上得到更广泛的认可和采用，这将有助于瓦解美元霸权体系，减少对美元的依赖，并推动全球经济的多元化和稳定。同时，数字人民币的推出为各国提供了更灵活、高效和安全的支付手段，有利于构建国际间互联互通，促进贸易和投资的便利化，进而推动经济的发展。

2. 数字人民币的发行符合消费者变化的现金需求

相较于传统的纸币和硬币，数字人民币具备诸多优势，如成本可控、携带便捷、防伪和防洗钱等。目前，社会上对于微信支付、支付宝等第三方支付渠道产生了依赖，但同时也存在着安全风险。数字人民币可以与金融机构合作，建立全方位的线上线下支付服务，提高交易的安全性，从而保证市场接受度，并适应各种不同场景的支付需求。通过数字人民币的推广和使用，人们可以通过移动智能终端进行便捷的支付和交易。这不仅提升了交易效率，还增强了金融体系的安全性，为金融服务的普惠性提供了机会。

3. 数字人民币的发行有利于提升现有货币政策的有效性

数字人民币能够加强对金融行业的政策调整。通过建立数字货币系统，央行可以更加灵活地实施货币政策，根据经济形势进行相应调整，从而更好地应对市场波动和风险。数字人民币有助于优化货币的使用和管理。采用区块链技术，央行可以确保交易的安全性和可追溯性，降低支付的成本和风险。同时，数字货币的流通也更加便捷，可以提高支付效率，减少传统货币流通环节中可能存在的信息不对称和监管难题。此外，数字人民币还能够提升时效性和准确性。①

第二节　数字人民币运行基本原理简析

一、数字人民币发行与流通

（一）数字人民币的发行主体

数字货币的发行主体具多样性。私人数字货币发行主体包括商业机构、非营利组织等，一些大型科技公司或支付机构也可以发行数字货币，如 JP Morgan 推出的 JPM Coin 以及 Facebook 的 Libra 等，一些去中心化社区通过特定的加密算法和共识机制，发行自己的数字货币，如 Decred 和 Dash 等。中央银行数字货币是由各国央行发行的。不同的数字货币发行主体及其架构设计，会对货币的流通、信任建立以及系统安全性等方面产生不同影响。

中国人民银行是数字人民币的发行主体。它作为我国的中央银行，代表国家行使发行数字人民币、管理数字人民币流通的权力，同时表明数字人民币与实物人民币具有同等的国家信用、无限法偿性和法律地位。在中国，除了中国人民银行，没有任何机构享有法定货币发行权。

（二）数字人民币的发行方式

央行数字货币的发行模式主要有三种：一是单层运营体系。在这种模式下，央行直接对公众发行数字货币，没有中间层的商业银行或其他金融机构参与。二是双层运营体系。在这种模式下，央行与商业银行或其他金融机构合作，形成双层的运营体系。央行负责数字货币的发行和管理，而商业银行或其他金融

① 黄一鹏．数字人民币发行的意义及其对经济影响的分析［J］．中国乡镇企业会计，2022（7）：6－8.

机构负责向公众发行数字货币，并承担数字货币的流通和支付功能。三是多层运营体系。在这种模式下，除了央行和商业银行或其他金融机构之外，还有其他类型的金融机构或组织参与数字货币的发行和运营。

在发行模式上，中国的央行数字货币采用了双层运营投放体系。在这种体系中，上层由央行负责，确保数字货币的信用担保及其与人民币的同等地位；下层则由商业银行和其他金融机构构成，负责面向公众发行数字货币，并向央行缴纳全额准备金。这种模式旨在平衡效率与安全，确保央行数字货币的稳定运行。

传统人民币现金运营模式与数字人民币双层运营模式的比较

传统人民币现金运营模式和基本流程如下：(a) 央行指定发行任务；(b) 印钞造币总公司负责设计、生产人民币，并押运至各地人民银行发行库；(c) 各地商业银行通过货币发行信息系统，向人民银行预约用存款准备金兑换不同面额的人民币现金，押运至本行金库；(d) 用户在商业银行存取人民币现金；(e) 商业银行将防伪没收的假币上缴人民银行销毁；(f) 商业银行用库存多余的人民币和清分挑出的残损券，通过预约向人民银行兑回存款准备金。

而数字人民币双层运营模式和基本流程为：(a) 指定运营机构通过互联互通平台，用100%存款准备金向央行申请兑换数字人民币，央行数字货币系统自动完成业务审核和加密认证，通过前置加密系统向指定运营机构投放数字人民币加密币串；(b) 合作银行通过对接指定运营机构兑换和运营数字人民币；(c) 用户可以开立不同额度的数字人民币钱包，由指定运营机构和合作银行一起通过数字人民币钱包，为用户提供数字人民币兑出兑回及其验真防伪服务。数字人民币双层运营架构如图9-2所示。

二、数字人民币的使用

（一）数字人民币的使用

数字人民币的使用方式简单便捷。以数字人民币App为例，用户只需要下载数字人民币App并注册，开通个人数字钱包，将银行卡资金转入钱包就可以使用了。在具体付款方式上，数字人民币与现在广泛使用的微信支付和支付宝类似，用户可以通过数字人民币App进行转账汇款，实时到账，线上可以在京东、拼多多等电商平台上使用，线下可以通过扫描商户的二维码或者NFC的硬件钱包进行支付。

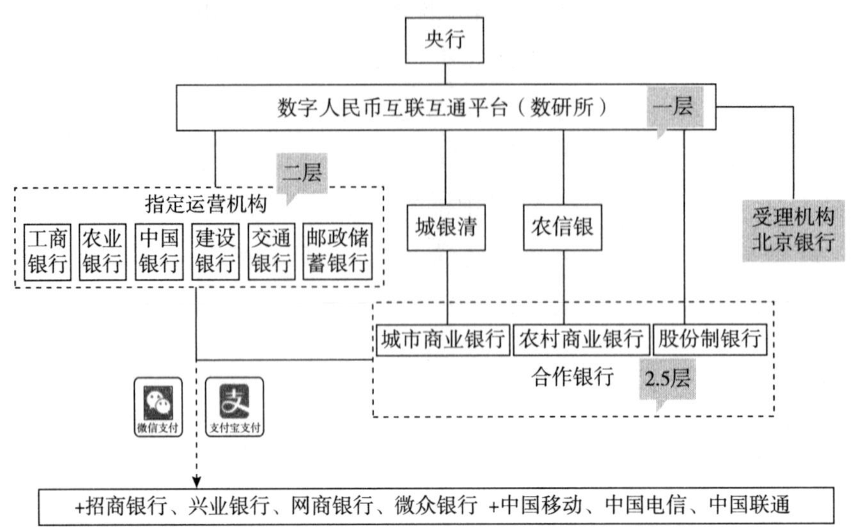

图 9－2　数字人民币双层运营架构

与支付宝和微信不同的是，数字人民币钱包与传统银行账户之间不需要直接关联。用户可以通过其他支付工具或方式将资金转入数字人民币钱包，如二维码扫码、NFC 支付等方式。用户也可以选择不通过银行账户进行数字人民币的充值或提现，而是直接使用数字人民币进行消费或转账。这种账户关系提供了更大的灵活性和便捷性，尤其是对于没有银行账户或者不便使用银行服务的人群。①

（二）数字人民币钱包

数字人民币钱包是数字人民币的存储和管理工具。它是一种用于存储、发送和接收数字人民币的应用程序或电子设备，是数字货币的携带方式，是数字货币存储的载体。它作为数字经济时代中人民币流通的一部分，是金融机构建设的金融基础设施之一。数字人民币钱包可以是软件或硬件形式，专门用于存储数字人民币这种数字现金。同时，数字人民币钱包可根据安装和运行介质的不同，分为软钱包和硬钱包两种类型。

数字人民币硬钱包是通过柜面或电子渠道开立的存储数字人民币的实体介质，具有硬件单元介质的数字人民币载体。基于芯片等技术实现数字人民币相关功能，依托 IC 卡、手机终端、可穿戴设备、物联网设备等为用户提供服务。一般情况下，使用数字人民币“硬钱包”无须下载各种 App、不用扫付款码，

① 零壹智库．人民币 3.0：中国央行数字货币运行框架与技术解析［Z］．2019.

只要“碰一碰”就能完成支付。目前常见的数字人民币硬件钱包是可视化卡的IC卡，上面可以显示卡内金额，满足日常消费需求。其形态还可以以其他形式表达，如可视卡钱包、手表、手环等。

软钱包是指通过支持数字人民币的智能应用提供的钱包服务，可以理解为软件钱包，以App的形式存在。软钱包不涉及物理硬件，而是通过支持数字人民币的智能应用来提供存储、转账、收款等货币功能。软钱包应用通常由商业银行或其他运营机构提供，它们会依托于中国人民银行的数字人民币系统，确保交易的合法性和安全性。数字人民币App图标如图9－3所示。

图9－3　数字人民币App图标

第三节　数字人民币的应用与影响

当前，网络技术和数字经济蓬勃发展，人们对支付便捷性、安全性、普惠性、隐私性等方面的需求日益增强，这也使数字技术加速创新，数字货币日益融入社会经济发展各领域全过程。相对于私人数字货币，央行数字货币虽然仍处于研发中，但是一旦发行，依托它的法定地位，可以应用到经济生活各个方面，必然也会产生极其深远的作用。

一、数字货币的主要应用场景

（一）生活服务场景

1. 线下购物

为消费者提供了更加便捷的支付方式。与传统的支付手段相比，数字人民币无须携带现金，只需一部智能手机即可轻松完成支付，让消费者在购物过程中享受到更加便捷、快速的支付体验。并且数字人民币在交易过程中无须经过第三方支付平台，从而减少了交易环节，降低了交易成本。此外，数字人民币具有更高的安全性，数字人民币采用了先进的加密技术，能够有效防范金融诈骗、盗窃等风险。

线下购物案例

2022 年 4 月 2 日，宁波某记者用数字人民钱包购买了一件衣服，总计消费 149 元。服饰店店员只需要用 POS 机扫一下数字人民币页面，这笔交易就完成了。如果对购买的衣服、鞋子等不满意，还可以线下无理由退换货。

来自苏州的曹女士就体验了数字人民币的退钱流程。曹女士为老人购买了一双运动鞋，用数字人民币支付了货款，但老人觉得鞋子颜色鲜艳，于是曹女士要求退货。商家将回款通过数字人民币对公钱包汇至退款专用钱包，这是全国首单数字人民币线下购物无理由退货。

2. 缴纳水、电、燃气、话费等生活类费用

在过去，缴纳水、电、燃气、话费等费用需要前往专门的营业厅或者通过网上银行、第三方支付等平台，流程相对烦琐。而现在，消费者只需通过手机上的数字人民币 App，即可轻松完成缴费，节省了大量时间和精力。在一些城市，数字人民币已经可以用于缴纳水、电、燃气、话费等生活费用。在一些公共场所，如营业厅、社区服务中心等，数字人民币的支付设施已经随处可见。

3. 消费金融服务

数字人民币可以用于各种消费金融服务，为用户提供方便、快捷和安全的支付体验。例如，在支付购物方面，用户可以使用数字人民币钱包通过扫码支付、NFC（近场通信）技术或其他支付方式完成线上和线下商户的支付，无论是购买商品、支付餐费还是结算其他服务，数字人民币都能轻松实现。

（二）公务行政场景

1. 缴纳税费保险

对于公务、政务来说，数字人民币是一个好帮手。众所周知，过去由于收费系统等，很多政务场景的收费有“只收现金”的传统，在移动支付和互联网技术不断发展的背景下，很多时候很不方便。数字人民币的出现则一方面保证了法偿性，另一方面更加符合公众的支付需求。现在数字人民币频繁落地政务场景，数字政务空间广阔。目前，数字人民币在政务领域的主要应用范围包括单位或个人缴纳社保、单位缴存住房公积金、税费缴纳、补贴发放等。实践表明使用数字人民币缴税缴费有许多优点，不仅操作流程简便、效率更高，并且

能够降低缴纳税费的制度性交易成本，提升体验感受。

深圳市案例

深圳市福田区率先设立“数字人民币 + 公积金”银行专窗用数字人民币缴纳住房公积金的举措，对进一步完善数字人民币在公务行政场景中的运用、建设数字人民币生态体系具有重要意义。

2022 年 7 月 20 日，深圳一名灵活就业人员以数字人民币支付方式成功缴存住房公积金。他需要做的是，下载数字人民币 App 完成中国银行钱包注册，打开支付宝 App，点击市民中心—公积金—深圳公积金自愿缴存服务，选择“数字人民币”支付方式、“中国银行”钱包，根据提示在 1 分钟内就完成了汇缴的全流程，成为新模式下首个使用数字人民币缴纳公积金的福田居民。

2. 发放政府补贴

随着数字人民币试点的逐步深入，各地政府开始运用数字人民币发放财政补贴资金。如果使用数字人民币发放政府的扶贫款、救济款和农林牧渔业等补贴，就能够确保资金直接到达受援户，改变了传统逐级下发的方式。这样可以避免出现政府专项补贴资金落实不及时、层层设卡、擅自截留挪用等问题，提高了政府专项补贴资金到位的及时性和准确性，还能够进行精准追踪，了解掌握各项专用资金的发放进度及使用情况。用数字人民币发放财政补贴资金具体形式有政策奖补资金、稳岗补贴、人才补贴等。

（三）企业应用场景

1. 企业间结算

传统的支付方式通常涉及中间环节，可能会产生一定的手续费。数字人民币的引入可以减少这些中间环节，从而降低交易成本，并且数字人民币可以实现快速支付和实时到账，大幅提高了资金流转效率，尤其对于需要快速完成的大额交易。使用数字人民币结算，可以通过全流程记录的转账数据，有助于构建更加完善的社会信用体系，加强企业和个人的信用管理。

2. 房屋租赁资金监管

传统的资金监管方式工作量大、审计复杂、难于追溯。而通过数字人民币智能合约，租赁双方可以约定数字人民币的交付规则，实现资金的自动支付和监管。这种智能合约的应用，自动安全地检测、加载、解析、执行，安全完成资金冻结与解冻流程，为监管的执行以及事后的审计提供强有力的技术支撑。

此外，智能合约还实现了数字人民币钱包与银行账户的无缝对接，让客户既能利用智能合约对资金进行监管，也能灵活享受利息收益。

深圳住建局案例

在深圳住建局主导的租赁资金监管场景下，通过数字人民币云侧智能合约，设定监管规则，租赁资金将按规则定期释放到监管平台，确保资金安全当承租方（租客）通过智慧租赁平台选房、签约，并支付押金和租金后，资金会到达租赁企业（房东）的数字人民币账户，同时生成智能合约，将资金绑定。

（四）其他场景

1. 跨境支付

相较于传统的跨境支付模式，基于数字货币的跨境支付模式无须经过烦琐的中间银行和清算系统，节省了传统跨境支付的时间和成本，并且传统的跨境支付通常涉及多个中介机构和跨行交易费用，费用较高。而基于数字货币的跨境支付可以减少中间环节和相关费用，降低了支付成本。此外，数字货币采用加密技术保障交易安全，确保交易数据的机密性和完整性。相比传统的跨境支付，基于数字货币的跨境支付具有更高的安全性。深圳与香港已经开始跨境支付试点。①

2. 体育赛事

数字人民币已经在多个大型体育赛事中得到了应用，如北京冬奥会和成都大运会。在这些场景中，数字人民币的应用不仅提高了支付效率，还增强了交易的安全性和便捷性。在赛事举办过程中，数字人民币被广泛应用于各种场景，如特许商品零售店、餐饮等消费场所。它为运动员、媒体记者、工作人员等提供了便捷的支付体验。

北京冬奥会案例

2022 年北京冬奥会，数字人民币冬奥试点应用正式启动，冬奥场景围绕食、住、行、游、购、娱、医七大重点领域的支付服务需求，打造特色鲜明的产品。例如，支付手套、支付徽章、支付服装等可穿戴支付设备，保障了境内外消费者使用数字人民币的支付体验。成都世界大运会在筹备期间，深度打造了数字

---

① 陈耿宣，景欣，李红黎．数字人民币［M］．北京：中国经济出版社，2022.

人民币的应用场景，融合成都本地历史文化元素、大运会口号理念、蓉宝形象等创新推出了数字人民币“硬钱包”。

二、数字人民币的影响作用

（一）数字人民币对于经济运行的影响

1. 对于货币发行流通的影响

数字人民币会改变货币结构。人们使用现金进行日常结算，需要手中持有一定的现金，而数字货币在货币流通中，所有的支付结算均以数字化的形式完成，数字货币是从银行的货币保管箱转移到数字管理端和收款箱，数字货币依然由银行保管，这会直接影响到基础货币的结构。基础货币在用途上是流通中的现金与商业银行存款准备金总和，数字货币将导致基础货币数量减少和存款准备金增加。

数字人民币会放大货币乘数。在现实经济中，银行提供的货币和贷款会通过数次贷款活动产生数倍于它的存款，这就是货币乘数，这种乘数直接决定了货币的扩张能力。由于数字货币减少了现金漏损率，并且更方便地实现了不同等级货币之间的转换，从而进一步减少了居民的现金持有意愿，使更多的货币被投资于收益率更高的财产，现金及活期存款持有量明显减少。①

2. 对于商业银行的影响

数字人民币会改变商业银行成本结构。首先，数字人民币的流通将减少商业银行现金管理成本。由于数字人民币可以通过央行数字钱包进行转账和支付，商业银行无须处理大量实物货币，从而减少了人力和物力资源的投入。其次，数字人民币将推动现金业务向电子化转变。随着用户和企业越来越多地使用数字人民币进行交易，商业银行将逐渐减少现金业务的办理量，从而降低运营成本，并能够更加专注于发展和提升电子支付服务。

数字人民币会重塑银行业金融机构业务。在支付和结算服务方面，数字人民币作为一种便捷的电子支付方式，将推动银行业金融机构提供更高效、安全的支付和结算服务。在金融创新和产品开发方面，数字人民币的出现为银行业金融机构带来了更多的创新机会。银行可以基于数字人民币开发各类衍生产品、智能合约等创新金融工具，以满足用户和企业多样化的金融需求。②

---

① 白津天，葛红玲．央行数字货币：理论实践与影响［M］．北京：中信出版社，2021.

② 谭任杰．浅析央行数字货币对商业银行的影响［J］．现代商业银行，2023（3）：56－59.

3. 对于金融监管的影响

数字货币有助于打击违法犯罪行为。由于数字人民币依托区块链技术，具有安全性高、有限匿名、可追索。因此，对于传统现金来说，一旦脱离金融机构，将难以追踪和监测，在诈骗、贩毒、走私、逃税、洗钱、行贿、资助恐怖活动等非法交易时成为首选，随着数字加密技术和算法在数字货币上的应用，货币的来源、去向、支付原因、支付金额及频率，甚至数字货币本身均具有可以分析的特点，一旦发现异常交易，将可以追溯，对于一些政府人员收入可以做到定期核查，警惕权力寻租和腐败行为发生，有助于打击地下经济。

数字人民币可以提高金融监管效率。传统支付与监管方式通常需要进行大量烦琐的核对程序，费时费力。而央行数字货币的记账模式消除了这些烦琐步骤，提高了监管效率和准确性。监管机构可以更加及时地获取交易信息，快速作出决策和采取行动。此外，央行数字货币模式还能够促进监管的创新和升级。央行可以利用先进的技术手段进行数据分析和风险预警，实现更精准的监管措施。

（二）数字货币对居民日常生活的影响

1. 数字人民币可以提升日常生活支付的便捷程度

数字货币可以统一“线上＋线下”支付。虽然第三方支付和银行卡支付等电子支付已经在一定程度上实现了“线上支付”与“线下支付”的统一，但是范围有限。而数字人民币的研发设计使它能够在不同电子支付工具中流通，打通不同电子支付工具，这可以让收付款变得更加便利。并且数字人民币可以在不同类型的“钱包”存储并使用，人们就可以不用担心商户选择何种支付工具来收付款。

数字人民币可以降低交易成本。当前，第三方支付工具的提现需要支付一定数额的交易费用，银行账户在不同银行间跨行转账、取款等仍要支付费用，而数字货币无论是储存在商业银行，还是在支付宝和微信，都不需要支付手续费就可以转账、取款。数字货币不需要银行开立账户，并且可以不以智能设备为必要条件，在无网络化的地方仍可以使用。

2. 数字货币可以提升居民财产的安全性

数字货币将方便公众管理自己的财产。当前，无论将货币存入银行账户还是经由第三方平台进行支付，用户对自身财产并没有完全的控制权。而央行数字货币虽然是由金融机构开发设计，但设计标准是由中央银行确定，这可以有效保障用户管理自身的财产，只要用户保护好数字货币钱包密钥，就可以防止侵犯财产行为的发生。

数字货币可以提升银行监管能力保护财产安全。数字货币有助于中央银行监管，在整体上保障人民的财产安全。如果有人涉嫌诈骗、盗窃数字货币，中央银行的数据分析部门可以阻断违法行为发生，或者采取当前已有的防诈骗方法，与公安部门联系，让公安部门进行提醒。从这个角度看，中央银行通过技术手段可以保证人们的数字货币安全。数据分析部门对洗钱等违法犯罪行为的监测将有助于维护国家金融稳定与安全、防止资产外流，这从整体上维护了全体人民的财产安全。①

三、数字人民币的潜在风险

（一）法律风险

现阶段各国数字人民币的发行存在缺乏法律依据问题。2020 年，中国人民银行发布《中国人民银行法（修订草案征求意见稿）》，将人民币包括实物形式和数字形式写入其中，让发行数字货币“于法有据”。截至 2023 年，《中国人民银行法》的修订草案尚未正式通过，这也就意味着我国发行数字货币并未有直接的法律依据，数字货币目前也只能在试点内小范围应用，并不能在我国境内流通使用。

（二）信息安全风险

数字人民币的使用可以有效减少在交易过程中个人信息的泄露，但这并不代表着在数字货币系统个人信息是绝对安全的。数字货币真正出现在人们视野中的时间还比较短暂，交易的平台不够严谨，各方面的发展还不够成熟等原因导致其可能存在许多技术漏洞。如果交易平台在网络上被黑客攻击，则会造成巨大的经济损失。更为甚者，这些损失的财产无法被追回，数字货币的去中心化特点的弊端由此显现出来。网络平台遭到黑客的攻击，盗取交易信息，篡改数据，虽然监管机构可以查询到交易的传输方向，但是对于交易用户无法监测到详细的信息，因此无法彻底解决问题。

（三）金融风险

数字货币作为一种新兴的金融工具，它的广泛使用必然会对原有金融体系运行产生深刻的影响，产生新的金融风险。现在普遍担忧的一个风险是数字人民币的发行会发生大规模挤兑银行存款。在金融系统正常的情况下，由于存款

---

① 李晶. 数字货币与日常生活［M］. 上海：上海人民出版社，2021.

有收益，所以人们普遍把钱存入银行，但一旦发生外部冲击，人们对银行收益不信任时，就会把钱取出来，这就可能发生大规模挤兑，银行倒闭。而数字货币作为法定货币，拥有更高的信任程度，并且由于它的支付转移便捷性，会更容易从银行取出，银行面临大规模挤兑风险更高。①

第四节　走向新时代的数字人民币

数字货币研发势不可当，重构适应数字经济的数字货币秩序与规则同样被各国政府关注。而我国数字货币研发走在世界前列，数字人民币被纳入“十四五”规划和数字经济规划。展望未来，数字人民币将成为支撑我国数字经济发展的重要基石。

一、我国推动数字人民币加快发展

我国自2014年起致力于数字人民币的研发工作。中国人民银行成立了专门的团队，针对数字货币的发行框架、关键技术、发行流通环境以及借鉴相关国际经验等问题进行了专项研究。表9－2是对我国数字货币发展历程的梳理。从中不难看出，我国数字货币经过多年的研发，已经较为成熟，并开始了数字货币“线上＋线下”的试点实践活动，实现日常支付功能。

表9－2　　数字人民币研发与实践

时间	内容
2014年	中国人民银行成立法定数字货币专门研究小组，旨在讨论发行法定数字货币的可行性。
2016年1月	中国人民银行召开数字货币研讨会，公开表明我国于2014年开始数字货币的研究，确定中央银行发行数字货币的战略目标。
2016年11月	中国人民银行官网发布的直属单位印制科学研究所2017年度人员招聘计划中，拟招聘专业人士进行数字货币研发工作。
2016年12月	中国人民银行直属单位数字货币研究所成立。
2017年9月	中国人民银行等七个部门联合发布《关于防范代币发行融资2017年风险的公告》。
2018年3月	中国人民银行等七个部门联合发布《关于防范代币发行融资2017年风险的公告》。9月周小川在十三届全国人大一次会议“金融改革与发展”主题记者会上指出，中国人民银行用的研发名字叫“DC/EP”（DC，Digital Currency，是数字货币；EP，Electronic Payment，是电子支付）；中国人民银行召开2018年全国货币金银工作电视3月电话会议（3月28日）指出，2018年中国人民银行货币金银局要扎实推进央行数字货币研发。

① 李馨雅，于敏．数字人民币发行与流通：优势、风险及应对［J］．北方经贸，2022（10）：75－80.

续表

时间	内容
2018 年 6 月	央行数字货币研究所成立了全资控股的深圳金融科技有限公司。
2018 年 9 月	央行数字货币研究所与南京市人民政府、南京大学、江苏银行和中国人民银行南京分行等机构合作建立了南京金融科技研究创新中心和中国人民银行数字货币研究所（南京）应用示范基地。
2019 年 8 月	中国人民银行召开 2019 年下半年工作电视会议，明确指出下半年要加快推进数字人民币的研发步伐，并及时跟踪国内外虚拟货币发展趋势；穆长春在第三届中国金融四十人伊春论坛上表示，央行数字货币采用“双层运营体系”，同时宣布央行数字货币“现在可以说是呼之欲出了”；中共中央、国务院发布《关于支持深圳建设中国特色社会主义先行示范区的意见》，指出要支持在深圳开展数字货币研究和移动支付的创新应用。
2020 年 4 月	央行召开全国货币金银和安全保卫工作电视电话会议，指出要加强顶层设计，坚定不移推进法定数字货币研发工作。
2020 年 8 月	商务部发布《关于印发全面深化服务贸易创新发展试点总体方案的通知》，指出将在京津冀、长三角、粤港澳大湾区及中西部具备条件的试点地区开展数字人民币试点。先行在深圳、苏州、雄安新区、成都及未来的冬奥场景进行封闭试点测试，后续视情况扩大到其他地区。
2021 年至今	从 2021 年 8 月开始，分别在深圳、上海、苏州、北京进行试点工作。

截至 2021 年 12 月 31 日，数字人民币试点场景超过 808.51 万个，开通的个人钱包 2.61 亿个，交易额突破 875.65 亿元。2022 年 1 月 4 日，数字人民币（试点版）App 在各大安卓应用商店和苹果 App Store 上架。上架不到一个月，下载人数已超过 2000 万次。2022 年 1 月 6 日，微信支持数字人民币。这意味着数字人民币开始逐渐展现在大众的视野，数字人民币的购买力进一步提升，开始普及人们的日常消费活动，一个真正属于数字人民币的时代即将到来。

扩展：苏州数字人民币试点

2020 年 12 月 11 日，“苏州发布”官方微信号发文宣布，“双 12 苏州购物节”会对符合条件的市民以“抽签摇号”的方式发放 10 万个数字人民币消费红包，每个红包包含 200 元数字人民币。中签者仍然是按照短信提示下载“数字人民币 App”并开通“数字人民币钱包”，到苏州地区指定线下商户进行消费，也可通过京东商城进行线上消费。这是首次在数字人民币试点中引入线上消费。

二、数字人民币支持数字中国建设

（一）数字人民币与数字中国

从数字人民币发行、流通的管理架构来说，坚持“中国人民银行的中心化管理、通过指定运营机构参与数字人民币的流通服务”这一双层运营体制，不仅涉及数字央行、数字政府的建设，也涉及指定运营机构的数字经济转型。数字人民币在流通中以广义账户体系为基础，并支持银行账户的松耦合功能，直接将数字人民币的持有者纳入数字社会的新生活。数字人民币通过数字技术使人民币以数字形式实现了价值转移，提升了法人单位和公民个人的数字社会体验，让人民群众得到了“安全普惠、创新易用”的社会公共服务，为构建全民数字生活创造了契机。

因此，数字人民币在发行、流通的过程中，全面整合了数字经济、数字社会、数字政府这三个方面。数字人民币的发展不是仅靠以中国人民银行为代表的数字政府转型就可以实现的，还需要商业银行和其他指定运营机构一同实现企业的数字化转型，并在前期试点测试的基础上，不断扩大数字人民币的应用场景，让广大人民群众通过持有和使用数字人民币来体验数字社会的畅通便利。

数字人民币对数字经济、数字社会、数字政府的集中整合除了需要及时构建数字人民币相关的法律法规和政策，其核心要素还是实现数字人民币从发行到流通的各个环节的数字化互联互通。当今的信息社会已经经历了互联网和移动互联时代，计算机应用已经在全社会普及，但是信息社会与数字社会的关键差异，就在于数字社会能够实现信息孤岛的数字化互联互通。数字人民币的建设在纵向整合数字经济、数字社会、数字政府三个方面的同时，也横向连接了信息孤岛，打破了地方保护主义，更加公开公平、公正，有利于推进全国统一大市场的建设。

（二）数字人民币服务数字中国的组织驱动力

我国实施的“东数西算”工程作为一项关键的新基础设施建设，构造了数字人民币发行和流通的基础。“东数西算”通过构建数据中心、云计算、大数据一体化的新型算力网络体系，使中国的数据中心和算力资源在东部地区和西部、中部地区得到了优化布局，也为数字人民币的发行和流通奠定了强大的物质和技术基础。

数字人民币的发展除了需要科技驱动力，还需要组织驱动力。以央行为代表的数字政府、以指定运营机构为代表的数字经济主体，是数字人民币建设的主要组织驱动力。目前，数字人民币的指定运营机构包括六家大型国有商业银行、招商银行、网商银行、微众银行和兴业银行。展望未来，其他银行也将陆续参与数字人民币试点。中国人民银行是中央银行，并没有直接为消费者个人服务的法定职责。因此，各家银行作为数字人民币流通渠道的服务供应商，必然会承担数字人民币试点及应用推广的主要工作。

三、数字人民币助推“双碳”战略

数字人民币的特性使其支付不受物理条件限制，因此可成为助力碳达峰、碳中和的重要基础设施。数字人民币相对于实物人民币，免去了金融机构处理库存和运送货币的高昂成本，更加环保、高效、便捷、安全，不仅能大幅降低货币的制造、流通和储存成本，还能大幅降低交易成本、提升交易效率。

（一）数字人民币有助于带动公众节能减排

通过深入衣、食、住、行等各大消费场景，数字人民币可以直接带动用户节能减排。目前，作为数字人民币推广的排头兵、绿色金融的重要实践者，金融机构将全新的碳普惠商业模式、数字金融、智慧生活等理念协同推进，努力在国内绿色出行、低碳减排方面形成示范带动效应。例如，中国工商银行推出了“京彩通行—亿通行 1 分钱乘地铁”数字人民币优惠活动。参与者可以通过“亿通行”App 领取乘车券，并选择数字人民币支付方式，只需支付 1 分钱即可享受一次地铁乘车服务。数字人民币的创新应用为公众提供了更加环保、普惠的出行选择，将绿色金融、低碳环保理念送至更多用户，也为同行业以数字人民币为抓手助力“双碳”目标实现提供了可用范例，而公众的热情转化为更大的推动力，促进了绿色出行的发展。

（二）数字人民币有助于绿色资金落地

数字人民币的引入可以促进绿色金融的发展和应用。通过数字人民币的使用，首先可以实现对资金流动和使用情况的精确监控和追踪，有助于识别和支持绿色金融项目，提供更多的绿色投资和绿色贷款机会。其次，数字人民币可以提高支付和结算的效率，减少纸币和硬币的使用，减少对环境资源的消耗。相比传统的纸币，数字人民币的交易过程更加便捷和高效，可以减少人们排队等待时间和纸币的印制成本。此外，数字人民币可以鼓励个人和企业采取更多的绿色行为。例如，在数字人民币试点中，一些商户为持有数字人民币的用户提供了绿色消费优惠，这激励了用户选择环保和可持续的产品和服务，推动了绿色经济的发展。

（三）数字人民币有助于促进国际绿色投融资

实现碳达峰、碳中和的“双碳”目标，对资金有巨大的需求，“双碳”目标带来的机遇也会吸引大量国内外投资。根据国家气候战略中心估算，中国在2020—2060年将投入139万亿元实现碳中和。数字人民币的引入或将改变跨境支付格局，提供更迅捷高效的交易体验。数字人民币可便利海外投资者参与绿色项目投资，降低成本、时间和信息不对称问题，增强绿色投融资信心。此外，数字人民币还可监管绿色债券使用，确保资金符合环保标准。因此，数字人民币有助于加强跨国机构、企业和个人合作，促进绿色技术、项目和资金流动。①

【课程思政】

数字人民币是中国特色社会主义进入新时代的产物，它不仅是一种新型支付工具，更是我国金融体系的重要组成部分。作为中国人民银行发行的数字形式的法定货币，数字人民币承载着社会主义核心价值观的内涵，具有鲜明的时代特征。

首先，数字人民币体现了平等、共享的社会主义核心价值观。在传统的货币体系中，由于金融服务的不均衡，一些偏远地区和弱势群体往往难以享受到便捷的金融服务。而数字人民币的出现，使每个人都能通过手机等智能设备轻松地使用数字钱包，享受便捷、高效的支付服务。这有助于缩小地区之间、群体之间的金融服务差距，体现了社会主义核心价值观中的平等原则。

其次，数字人民币彰显了公正、法治的社会主义核心价值观。数字人民币的发行和管理严格按照国家法律法规进行，确保了货币政策的公正性和透明度。此外，数字人民币的支付过程具有可追溯性，有助于防范和打击洗钱、恐怖融资等违法行为，维护金融市场的稳定。这体现了社会主义核心价值观中的法治原则。

再次，数字人民币贯彻了创新、发展的社会主义核心价值观。数字人民币的研发和推广，是我国金融科技创新的重要成果。它以区块链技术为基础，具有较高的安全性和可靠性，为我国金融业的发展注入了新的活力。同时，数字人民币的推广使用，有助于降低金融交易成本，提高金融服务的效率，进一步推动我国经济的转型升级。这体现了社会主义核心价值观中的创新发展理念。

最后，数字人民币还承载了绿色、共享的社会主义核心价值观。数字人民

---

① 陈耿宣，景欣，李红黎．数字人民币［M］．北京：中国经济出版社，2022.

币的推广使用，有助于减少现金流通，降低碳排放，促进绿色发展。同时，数字人民币的支付过程无须借助第三方支付平台，降低了金融交易的成本，使金融服务的收益更加普惠，体现了社会主义核心价值观中的共享原则。

总之，数字人民币作为一种新型的支付工具，不仅为我国金融业的发展注入了新的活力，更是社会主义价值观在新时代的具体体现。数字人民币的推广使用，有助于推动我国金融业的创新、发展，促进社会公平、公正，实现绿色、共享的发展目标。

【产教融合】

数字人民币在金融领域的应用为产教融合提供了新的机遇。数字人民币的推广使用，将带来金融科技创新的浪潮，对金融行业的发展产生深远影响。本章介绍了数字人民币的基本概念、技术原理和应用场景，帮助学生了解数字人民币的特点和优势，让学生深入了解数字人民币在金融领域的应用，培养他们具备实际操作能力和创新思维。

数字人民币在商业领域的应用也为产教融合提供了广阔空间。随着数字人民币的推广使用，商业支付方式将发生变革，对商业运营和管理产生重要影响。本章介绍了数字人民币在商业支付的应用，让学生了解数字人民币对商业运作的优化和提升作用，培养他们具备商业运营和管理的能力。

数字人民币在公共服务领域的应用也将对产教融合产生积极影响。数字人民币的推广使用，将带来公共服务领域的支付创新，提升公共服务的便捷性和效率。本章介绍了数字人民币在公共交通、医疗健康等方面的应用，让学生了解数字人民币对公共服务的改善和提升作用，培养他们具备公共服务领域应用的能力。

数字人民币作为一种新型的支付工具，将增加金融科技人才的需求。本章介绍了数字人民币相关对经济生活各方面的重要影响，以及数字人民币未来的发展方向，帮助学生了解数字人民币的发展趋势和就业前景。在教学过程中，可以鼓励学生参加数字人民币相关的创新竞赛，提出创新的数字人民币应用方案，为将来在金融科技行业的工作打下坚实的基础。

【本章小结】

本章主要介绍了数字人民币的由来和发展。数字货币可以简单分为私人数字货币和法定数字货币，数字货币起源于私人数字货币，发展到现在世界范围内法定数字货币成为发展趋势。我国针对法定数字货币的研发，不仅起步早，而且进展较快，这使我国在这方面走在世界的前列，已经由央行推出“数字人民币”。数字人民币研发设计定位于流通中现金（M0），无须依赖于银行账户，并且面向普通群众。数字人民币的发行使用双层运营体系，上层是央行对商业银行，下层是商业银行。在应用方面，数字货币可以用于生活服务、企业办公、公务行政等诸多场景，具有成本低、难伪造、可追踪、高匿名性等特点。一旦法定数字货币在社会上广泛推行使用，势必会对于货币发行、商业银行、金融监管等方面产生一系列显著影响，同时也会产生法律、信息安全、金融等一系列风险。现阶段我国已经在深圳、苏州、北京、上海等多个城市开展了一系列数字人民币试点工作，研发出数字人民币钱包这一重要成果，随着数字人民币研发应用的推进，可以预计数字支持数字中国建设、推动“双碳”战略等方面起到积极作用。

【思考题】

1. 什么是数字货币？法定数字货币与私人数字货币有什么区别？
2. 简述数字货币的发展历程。
3. 什么是数字人民币？简述数字人民币发行的意义。
4. 分角度论述数字人民币具有何种属性。
5. 什么是数字人民币钱包？“软钱包”和“硬钱包”有什么区别？
6. 举例分别说明数字人民币在生活服务、企业应用和公务行政等场景中的具体应用。
7. 数字人民币的发行会对宏观经济运行和居民日常生活产生哪些影响？
8. 法定数字货币的发行存在哪些潜在风险？
9. 自行查找相关资料，分析阐述数字人民币未来发展方向以及推广使用的难点在哪里。

【参考文献】

［1］白津天，葛红玲．央行数字货币：理论实践与影响［M］．北京：中信出版社，2021.

［2］陈耿宣，景欣，李红黎．数字人民币［M］．北京：中国经济出版社，2022.

［3］程雪军．央行数字货币对商业银行的影响与回应［J］．当代经济管理，2022，44（4）：88－96.

［4］黄一鹏．数字人民币发行的意义及其对经济影响的分析［J］．中国乡镇企业会计，2022（7）：6－8.

［5］傅朝昱，彭廷．数字货币的现状与前景研究［J］．特区经济，2022（10）：60－63.

［6］李晶．数字货币与日常生活［M］．上海：上海人民出版社，2021.

［7］李馨雅，于敏．数字人民币发行与流通：优势、风险及应对［J］．北方经贸，2022（10）：75－80.

［8］尼楚君，金海年．货币演进视角下数字货币特征及发展路径［J］．财政科学，2023（2）：87－93.

［9］羌建新，汪婉，郝毅，孙雨．数字货币向人类社会踏步走来［J］．世界知识，2020（15）：12－13.

［10］沈佳．数字人民币助力商业银行转型［J］．浙江经济，2022（11）：76－77.

［11］宋爽，刘朋辉．全球央行数字货币走向与数字人民币跨境应用前景［J］．科技与金融，2022（12）：23－28.

［12］谭任杰．浅析央行数字货币对商业银行的影响［J］．现代商业银行，2023（3）：56－59.

［13］吴宇良，斯琴塔娜．数字货币发展现状及监管趋势分析［J］．财富时代，2022（12）：37－40.

［14］张楚婧雯．法定数字货币的发展现状和挑战研究［J］．特区经济，2022（12）：12－15.

［15］周子衡．数字经济发展三阶段：数字支付、数字法币与数字财政［J］．清华金融评论，2018（4）：63－64.

第三篇

数字金融风险管理和监管

第十章 数字金融反欺诈

【学习目标】

1. 通过学习本章内容，学生能够正确认识大数据背景下金融欺诈发展变化的新特点以及对反欺诈带来的影响，深刻理解金融科技对于数字经济背景下金融反欺诈的重要性，对金融欺诈的概念和表现形式和金融反欺诈的概念和重要性有全面认识。

2. 通过学习能够理解金融科技在金融反欺诈的具体运用，熟练掌握大数据分析、人工智能、区块链和物联网等新一代信息技术，并能够运用技术识别金融欺诈风险，有效防范风险。

3. 能够灵活分析银行业、保险业、证券业等不同金融领域内的金融反欺诈具体运用场景，并能够熟练运用行为序列技术、生物探针技术、人脸识别技术等来进行金融反欺诈。

第一节 走近数字金融反欺诈

21世纪以来，新一代信息技术革命的快速发展，促进了金融服务与信息技术的加速融合，将数字技术渗透到金融服务和业务运营全流程已经成为发展趋势。作为新兴的金融业态，数字金融发展也是一把双刃剑。一方面，数字金融推动传统金融脱媒的进程，加快了金融市场的结构转型。另一方面，信息技术的先进快捷也存在一定安全隐患，数字技术应用到传统金融业务中不可避免地会产生一些新型的、潜在的风险，这些金融风险和传统金融风险在表现形式、呈现特征等方面存在较大不同，尤其表现为金融欺诈风险出现较大差异。数字金融欺诈行为危害极大，风险防范不当则会造成金融机构及其客户重大经济损失，同时也会加剧金融体系波动，破坏金融市场秩序，严重时甚至会破坏整个经济的持续稳定和健康发展。[①] 不仅如此，数字金融业务在我国仍处于初始的起步阶段，金融科技一直处于持续的探索发展过程中，数字金融技术仍存在不成熟不稳定的因素，会导致商业银行在开展数字金融业务中面临技术问题、管理问题等造成的不同程度的新型金融风险。

一、金融风险

（一）金融风险概念

金融风险是指金融活动的不确定性。这种不确定性主要表现为金融风险是否发生不确定，何时何地以何种形式发生以及发生后带来的影响程度不确定性。金融活动由于自身特性不可避免地产生各种形式不确定性，因此，金融风险是金融活动的本质特征。

（二）金融风险类型

金融风险根据其发生的原因可以划分为如下几种主要类型。

一是信用风险：金融活动中交易对方不能履约造成另一方经济损失或者资产价值减损的风险。

二是市场风险：金融活动中市场波动导致金融资产价格波动所带来的损失。这种风险主要表现为利率、汇率、证券市场价格、黄金、石油等各类市场价格波动。

三是流动性风险：商业银行对于客户或其他类型现金需求不能及时满足而引发的风险，通常表现为资产流动性风险和负债流动性风险。

四是操作风险：因银行内部业务流程运转错误、相关业务人员操作不当、银行内部系统故障以及银行外部突发事件引发的非正常损失。

金融风险主要类型如上所述，也有不少学者提出法律风险、政治风险、政策风险等也都属于金融风险的重要组成。尤其是法律风险在当前金融活动日益复杂、金融创新不断发展中表现更为突出。金融欺诈活动即为违法行为，表现为诈骗分子的隐瞒或者虚假告知导致金融活动主体误判，从而造成金融机构严重损失和金融体系不稳定，越来越多的人开始关注金融欺诈活动带来的风险问题。

二、金融欺诈与典型表现

（一）金融欺诈与典型表现

金融欺诈是指以非法占有为目的，通过采用隐瞒真相或虚构事实的欺诈方

---

① 数字金融反欺诈——洞察与攻略研究报告［EB/OL］. 互联网文档，http：//www. doc88. co.

式，达到骗取公私财物或者金融机构信用目的的各类破坏金融管理秩序的违法犯罪行为。[①] 金融欺诈的目的是非法占有他人财物，因而它不仅会侵犯受害者的经济权益，也会对金融市场的秩序和公众的信任造成伤害。金融欺诈行为被视为严重的犯罪行为，具体来说包括但不限于以下几种行为。

一是虚构：创造并散布虚假的信息。

二是隐瞒：隐藏关键事实或信息。

三是误导：向投资者或金融机构提供误导性信息。

四是侵占：利用职务之便或其他方法非法占有金融机构的资金。

（二）大数据时代的金融欺诈与典型表现

新一代信息技术给社会生产、生活方方面面都带来了深刻的影响，相应的金融领域内各种欺诈行为也随之发生显著变化。金融欺诈使用的技术手段、作案方式和应用场景在大数据背景下都与传统金融环境下存在显著差异。具体来说可以将大数据背景下的金融欺诈发展历程划分为以下三个阶段。

第一阶段是采用电信的金融欺诈，该阶段欺诈利用电信媒介，通过向社会上广泛的非特定人群发布虚假消息，来骗取或者非法占有他人公私财物或者迫使受害人自愿交付自身财务的行为。此类方式作案工具简单，通常只需获取他人个人信息，再加上精心编制的场景诱导他人，就可以实施作案并达到非法占有的目的。

第二阶段是利用互联网的金融欺诈，在此阶段以互联网作为主要的媒介进行欺诈活动，如通过某圈、某博、某公众号等发布虚假信息，相较于传统的电信欺诈，其传播速度更快、覆盖人群更广，甚至达到了指数化传播。常见的场景由木马链接、冒充公安、客服人员、好友等。这类方式作案手段智能化程度突出，信息化程度较广，作案地域呈现跳跃化特点，而且隐蔽性较强，总体上来说给金融风险防范带来较多困难。

第三阶段是当前采用金融科技的金融欺诈。该种方式较多采用大数据和人工智能技术，犯罪分子运用大数据分析技术能够对不同群体的标签特征进行精准定位，再依照标签特征设定相应的欺诈场景，实现针对性金融欺诈活动，大大提高了诈骗的成功率与效率。[②]

通过上述金融欺诈发展变化阶段分析，本书认为大数据背景下金融欺诈和

---

① 数字金融反欺诈——洞察与攻略研究报告［EB/OL］. 互联网文档，http：//www. doc88. co.

② 数字金融反欺诈——洞察与攻略研究报告［EB/OL］. 互联网文档，http：//www. doc88. co.

传统金融欺诈并没有本质区别，都是指金融活动中出现的各种违法犯罪行为。只是金融欺诈手法在数字金融背景下更多融合进数字技术，产生了较突出的新特点，如网贷平台欺诈和大数据精准欺诈都是金融和科技相结合而产生的新型金融欺诈行为。[①] 以网贷平台为例，截至 2017 年末，累计问题平台数量为 4039 家，占网贷平台总数的 67.7%。[②③] 而在个人欺诈案例中，由网络黑产主导的数字金融欺诈渗透到注册、营销、借贷和支付等多种金融场景中，尤其是应用数据分析手段开展金融业务的数字金融平台已经成为黑产攻击的主要对象之一，与之而来的数字金融欺诈逐渐形成了“黑色产业链”，并在利益的驱使下不断“发展壮大”，其带来的社会危害也在日益加深，社会各界都广为关注，监管层也开始重视。据统计，2017 年黑产从业人员超 150 万人，年产值达到千亿元级别。[④] 而根据国家互联网金融安全专家委员会数据，截至 2018 年 4 月，其互联网金融分析技术平台发现了 21624 个存在异常的互联网金融网站和 1362 个互联网金融网站漏洞。[⑤] 具体而言，当前的数字金融欺诈根据欺诈方式和行为对象，主要表现为高利理财、网络借贷、非法集资等各种类型。[⑥]

一是高利理财欺诈：诈骗者采用各种手段以极高收益吸引投资者，并采用各种借口推迟回报，最终逃避投资者的要求而获得不正当利益。诈骗者通常采用扩大宣传或者带有欺诈性质的宣传等手段。

二是网络借贷欺诈：诈骗人以电话、短信、网络推送等广告形式引起受害人关注，再利用虚假网站诱导受害人主场，同时虚假允诺高额度、做流水或以收取工本费、保证金等为借口令受害人转账，从而达到非法占有的目的。

三是非法集资欺诈：单位或者个人未依照法定程序经有关部门批准，以发行股票、债券、彩票、投资基金证券或者其他债权凭证的方式向社会公众筹集资金，并承诺在一定期限内以货币、实物和其他方式向出资人还本付息或给予回报的行为。

三、大数据时代下的金融反欺诈[⑦]

大数据时代下金融欺诈手段呈现专业化、产业化、隐蔽化、场景化的特征，

① 数字金融反欺诈——洞察与攻略研究报告［EB/OL］. 互联网文档，http：//www. doc88. co.
② 数字金融反欺诈——洞察与攻略研究报告［EB/OL］. 互联网文档，http：//www. doc88. co.
③ 数字金融反欺诈白皮书［EB/OL］. 互联网文档，http：//ishare. iask.
④ 数字金融反欺诈——洞察与攻略研究报告［EB/OL］. 互联网文档，http：//www. doc88. co.
⑤ 数字金融反欺诈白皮书［EB/OL］. 互联网文档，http：//ishare. iask.
⑥ 数字金融反欺诈——洞察与攻略研究报告［EB/OL］. 互联网文档，http：//www. doc88. co.
⑦ 数字金融反欺诈白皮书［EB/OL］. 互联网文档，http：//ishare. iask.

传统的金融反欺诈手段在新形势下所采用的技术手段已经面临诸多挑战，不能有效实施。具体来说，存在如下的问题。

首先，现有防范监管手段有限，征信系统覆盖率不高。传统反欺诈手段中采用的防范监管以统一的法律制度和规范的业务流程为主。这种防范手段容易操作且便于管理，但是不能适应数字金融逐步下沉的客户市场变化。因其单一化的风险评价维度，金融机构不能针对每一用户形成差异化的精准用户画像，尤其是其不能对客户偏好、偿债能力、支付能力和欺诈倾向等多维度作出全面系统的分析，在辨别欺诈危险的作用和精准性上效果不显著。

其次，当前金融反欺诈技术效率低下，难以服务数字金融发展下日益下沉的客户群体。数字金融快速发展的显著特点之一是金融服务覆盖面明显扩大，相应的金融反欺诈技术要求更加复杂多变。随着金融科技的不断发展，金融机构业务客群逐渐下沉，而传统的金融反欺诈技术依赖大量的人工操作，应用成本极高，不易推广，传统反欺诈手段不能拓展到逐渐下沉的客群。另外，传统的反欺诈技术应用存在一定滞后性，无法适应数据量庞大、小额高频、实时性强的新型欺诈带来的技术挑战。

最后，范围受限，难以应对日益场景化的诈骗行为。数字技术的深入发展和普遍推广下，金融欺诈行为越来越多地渗透到人们工作、生活、学习的各类场景，并逐渐呈现明显“跨界”的特点，涉及社会经济运转的各个领域。各类非金融活动场景也因涉及金钱线上交易，蕴含着形式更加隐蔽的金融欺诈风险，这些金融风险给传统反欺诈技术的有效风险防范带来了极大的困难。

（一）大数据时代下金融反欺诈的概念

大数据时代下的金融反欺诈是指利用数字技术进行金融反欺诈的风险防范行为，具体来说它包含利用数字技术识别与防范数字金融欺诈行为，通过使用大数据、云计算、人工智能等技术建立新型的智能反欺诈风控系统；并开发支撑实时的机器学习模型，采用智能化风险决策。通过金融反欺诈技术的使用，金融机构可以改变传统反欺诈的被动防御局面，促进企业实现化被动为主动，从而提前拦截欺诈行为发生，具备了高并发、低时延、高精度、高可靠的特点，进而实现毫秒级的风险判定。

（二）大数据时代下金融反欺诈的主要特征

欺诈的手段多样和技术复杂多变给金融反欺诈带来了挑战，也促使金融反欺诈根据新型欺诈特点及时改进技术手段，加强反欺诈效果，具体来说，在大数据时代背景下，金融反欺诈表现为以下显著特点。

1. 实时性强

在反欺诈领域中，速度是至关重要的。金融机构如果不能及时有效识别出欺诈行为并迅速发出预警，意味着客户极有可能遭受巨额损失。信息技术快速发展使金融机构能够通过大数据分析、深度挖掘，构建风险模型，从而实现从系统防御、欺诈风险评估再到实时决策等一系列精准检测，全过程时间从传统的人工时代的数日缩短到几分钟，甚至几十秒以内。由于金融科技在大数据时代的金融反欺诈广泛运用，金融机构能实时甄别出每一笔数据中的潜藏风险，赋能银行大幅提升风控效率，同时提升银行的服务质量。

2. 穿透性强

传统金融反欺诈的运用比较多依赖于庞大的关系型或非关系型数据库，这些数据库使银行等金融机构的风控人员在面临复杂数据时，无法简单根据经验或者依赖人工迅速厘清数据背后隐藏的信息及各种错综复杂的内在关联，因而也就不能深度挖掘隐藏的特殊关系及其带来的潜在欺诈行为。但是大数据技术的广泛运用能够帮助金融机构在大型数据集中层层深挖，不仅能实时甄别出欺诈风险，同时还能预警可能产生蝴蝶效应的潜在风险。

3. 可溯源性

区别于传统的 AI 知识图谱，实时图计算 Manager 以实时交互高可视化的方式，让银行业务人员一目了然地看到并知晓各个数据间的业务逻辑。此外，区别于传统黑盒化的隐患，能实现白盒实时追溯、回溯到每笔交易，能精准定位全景呈现各数据指标和传导路径。

4. 易操作性

针对于隐蔽性、复杂性、专业化、产业化的欺诈分子，银行等大型金融机构也加大了金融反欺诈人力、物力，财力的投入。在传统金融反欺诈背景下，构建一套完备高效的反欺诈系统方案通常是一个繁复的过程，需要投入极大成本，且后期在反欺诈实践中还会因为人员理解偏差影响实际效果。然而，大数据背景下的实时图计算系统将设计、工具链条到上手操作便捷度等方面统统考量在内，真正做到帮助金融机构实现快速的系统优化、定制、部署、上线与应用，从根本上实现降低风控成本和保驾护航的作用。

四、加强数字金融反欺诈的重要意义

在当前信息技术高速发展的时代背景下，科技创新促进各个领域深度广泛的融合发展。数字金融模式使人们的金融活动更加便捷快速，只要携带一部手

机即能实现移动支付，线上转账或者在线金融业务办理，金融科技改变了传统金融生态和金融模式，降低了金融活动交易成本，提升了金融机构服务效率。尽管金融科技对整个数字金融的发展起到了重要的推进作用，但也给金融活动参与者、金融市场、金融体系带来了新的风险。一方面，金融科技的技术问题、管理问题等造成的风险防范漏洞，会引发不同程度的金融风险，这也是影响数字金融安全的源头所在；另一方面，新科技仍处于持续的探索与发展过程中，风险防范手段仍不成熟，因而并不能全方位地防范金融科技应用造成的风险，在数字金融日益普及的背景下，数字金融风险不仅会给使用者带来直接的经济损失，也会对国家经济安全、社会安定造成显性而深远的不利影响。因此，要持续加强对金融科技的技术应用研究，通过技术和管理两方面来增强数字金融的风险防范能力，构建全面系统的数字金融风险管理体系，以金融技术和金融管理能力的提升来确保数字金融安全，这对于促进社会的和谐发展具有十分重要的现实意义①。

第二节　数字金融反欺诈理论基础、技术支撑与操作流程

数字金融的迅猛发展，在促进我国金融市场发展的同时，也带来了一些潜在的巨大风险。因此，为了对数字金融的发展实施有效风险管控，必须对数字金融风险新形态进行分析。

一、数字金融反欺诈的理论基础

数字金融加速发展是金融企业数字化转型的必然趋势和内在要求，金融反欺诈则成为未来金融企业面临的首要问题。数字金融背景下的金融产品创新仍然离不开金融产品最初的本质，即以金融业务的某个核心功能为切入点，用底层思维去思考产品的底层思维。金融机构应该从第一性原理出发，倒推出金融反欺诈的业务逻辑。常见的金融欺诈行为主要是借款人用虚构数据、隐瞒事实的方式来骗取贷款，欺诈者可以通过信息流、业务流、数据流等信贷欺诈的手段来获得银行的申请授信，从而获得贷款。信息流欺诈是欺诈者以“拖库”“撞库”“洗库”等形式入侵有价值的网络站点，把注册用户的资料数据库全部盗走，进而盗取更有价值的东西；最后通过黑色产业链将用户数据变现。业务流

① 胡怡彤．金融科技与数字金融风险管理［J］．营销界，2021（8）．

欺诈是欺诈者基于变量和模型输出，穷举范围内变量的不同取值，判断所取的值是否满足授信模型中的条件，若命中多条规则，则作出决策改变和风险判断，直到找到全部符合条件的值为止。数据流欺诈是指欺诈者采取不同的欺诈行为，必然通过虚构企业规模、经营范围、贷款用途信息、虚增固定资产、交易流水、项目利润等数据，使自身符合政策准入条件或通过系统规则检测。针对上述的数字金融欺诈行为，数字金融反欺诈的逻辑由数据层、规则层、配置层以及策略层构成。

金融反欺诈的底层为数据层，即数据来源，根据前述不同的金融欺诈类型，反欺诈模型从不同数据源采集多维度数据，且收集的数据源越多越好，特别是做支付、助贷、征信类的大数据公司。

金融反欺诈的规则层是指金融机构根据业务模式和场景的不同，通过配置相应的反欺诈规则来识别出恶意骗贷的用户和真正借款的用户，以此来预测骗贷的风险。有效识别金融欺诈风险的关键就是配置反欺诈规则。反欺诈规则制定是金融反欺诈的核心内容，金融机构根据公司业务来制定具体规则内容，并采集用户的基本信息、贷款数据和交易数据，通过决策树可视化模型，提取决策变量组合，从而构建反欺诈规则集。举例来说，我们可以将企业的申请总次数、放款总次数、被拒贷总次数、申请总机构数、放款总机构数、拒贷总机构数、近 30/90/180/360 天逾期总笔数作为反欺诈规则，对企业授信做预判和预审批。

反欺诈配置层就是反欺诈风控系统的规则配置，如审核流程的配置、产品参数的配置、业务表单的配置、规则引擎的配置等。进入数字金融时代，数字化技术支撑金融构建“数据、技术与场景”三位一体的反欺诈系统。数字金融反欺诈从数据采集、数据清洗、特征工程、算法研究、决策引擎、监控迭代等方面，通过数字技术实现规则配置的线上化、流程化和数字化，从而降低开发成本。常见的反欺诈系统有用户行为风险识别引擎、人民银行征信系统、黑名单管理系统等。

反欺诈策略层是反欺诈业务建模的关键。在反欺诈策略的基础上，我们可以通过人工智能、大数据、机器学习和区块链等数字技术，建立实时数据采集、实时数据处理和实时欺诈发现的数字化反欺诈平台。常见的反欺诈策略有光学字符识别（Optical Character Recognition，OCR）、用户信息校验、命中黑名单、命中多头借贷、手机号校验、运营商认证、银行卡实名认证、人脸识别、活体验证、三方数据比对、设备信息检测、关系图谱分析、用户行为数据等。以供应链融资的设备埋点反欺诈为例，客户完成授信后，我们从设备信息验证和设备指纹识别中，提取符合反欺诈特征标签的数据，进一步搭建反欺诈模型。

二、数字金融反欺诈的技术支撑

（一）大数据和云计算技术

首先，进行资源整合。依托大数据、云计算相关技术，将海量数据源进行汇总整合，消除不同地域、不同领域、不同部门间资源无法共享的隔阂，取长补短，实现资源与数据的充分利用。其次，形成数据预警系统。依托现有大数据技术做到海量数据实时捕捉、实时计算，及时发现风险并作出预警。数据预警系统的作用主要体现在合理的数据资源和计算资源整合后，充分有效地利用服务器资源，将海量数据实时计算的压力分摊减小，使系统可以在最短的时间内，针对即时发生的行为数据作出决策，分批次、分阶段生产预警信息，使场景不再局限于单纯的流式计算，实现微批处理的实时性，并在实时计算中，加入复杂的关联条件，使得决策信息多样化，显著提高预警精准性。最后，构建数据模型。精准而科学的数据模型需要强大的基础数据积累与优质的资源整合。在基础数据积累方面，由于反欺诈场景的多样性与复杂性，单一的反欺诈模型应对不同的欺诈场景处理能力有限。依托于优质的计算资源实现强大的分析计算能力，构造针对不同场景的海量模型，同时将海量模型集成整合，形成一个完善而科学的反欺诈数据模型系统。系统以数据模型为反欺诈分析中枢，结合数据预警系统的实时反馈，帮助模型持续优化，让模型具有不间断的自主学习、自主迭代、自主判断能力，使其成为反欺诈场景中最坚实的核心。

（二）人工智能技术

应用先进的人工智能技术，以数据为驱动建立智能化的风险预测防控模型，在金融欺诈防控方面有重要应用。人工智能（Artificial Intelligence，AI）在金融交易反欺诈方面，特别是针对信用卡盗刷、App 转账等欺诈，目标是在不过分打搅客户的情况下，可大大提高欺诈案件识别的覆盖率。人工智能技术在反洗钱方面的应用上，其实质时利用机器学习建模识别出非洗钱的行为，将其账户排除，并对识别出的洗钱账户进行风险评分和分类，这样可以根据调查和审核人员不同的能力来分配不同的案件，帮助他们提高效率。

（三）区块链技术

首先，区块链技术实现了信用创造机制的重构，因而从事前预防层面上减少数字金融欺诈的可能。金融交易系统一般利用算法为人们创造信用，并促成双方信任达成从而实现金融活动过程。一方面，区块链技术特性保证了系统内部价值交换过程中的行为记录、传输、存储的结果具有不可篡改的特性，同时，其信息溯源能力使业务中交易信息、资金来源、资产信息等数据具有透明、可追溯特性，从而大幅度提升了信用体系的准确性和有效性。另一方面，通过区块链智能合约技术，交易双方甚至无须了解对方基本信息，也无须借助第三方机构的担保，可以直接进行可信任的价值交换，大大减少交易过程中欺诈发生的可能性。①②

其次，区块链技术实现了共享行业信息。区块链可以通过打通数据孤岛，建立更加公开透明的金融业务环境，减少欺诈行为，赋能监管执法机构打击犯罪黑产。区块链因其具备了匿名保护、安全通信、多方维护和可溯源等特点，其多方分布式记账的模式保证数据对所有参与方都是可见并一致的，实现了数据多方共享的特性，有助于进一步打破数据孤岛的现状。在金融业务开展的同时及时将交易信息同步上链，可实现交易信息的公开透明和可溯源，同时节省了金融场景中多方信息不对称的额外工作（如数据传输、结算对账、人工核实等）的开销，从而有效降低资金成本和系统性风险。③

（四）物联网技术

物联网技术作为一项赋能技术，提供对各种类型主体的动态、高效监控感知、状态获取的能力。在数字金融反欺诈应用中，物联网技术可以帮助实现对金融主体相关信息动态的多维度、全天候的收集获取，特别是在 5G 技术加持下，可以实时掌握主体的各类信息，这就奠定了以主动识别为核心要求的新型监管模式的基础能力。

首先，物联网技术在金融反欺诈领域的应用能够强化跟踪分析能力，提升金融反欺诈精准度。未来物联网将广泛应用于国民经济各行各业，很多重要的资产或设备数据将及时反映金融活动的现状和趋势，成为金融反欺诈的决策依据。基于统一、泛在、互联的物联网，可以实时掌握各类应用数据，实现对金融反欺诈的整体把控。

其次，物联网技术应用带来的多维度事件，有助于对企业生产运营实施全

---

① 沈会超．论“双减”背景下职业教育发展新趋势［J］．辽宁高职学报，2022（2）．

② 王均山．金融科技对中国商业银行零售业务盈利与风险的影响研究［D］．北京：对外经济贸易大学，2021．

③ 赵雷，陈红敏．电信诈骗中青年受骗的影响因素和形成机制研究［D］．中国青年社会科学，2022（5）．

程监控。物联网 +5G 技术广泛应用于工业制造领域，通过各类摄像头、传感器、实现对企业生产经营全过程以及对各类押品、工程建设的实时感知，完成对于分散性、多业务资金流向的统一化和穿透式监管，解决传统监管手段在分散信息获取、业务动态跟踪等方面的瓶颈。

三、数字金融反欺诈的技术手段

数字金融活动改变了传统金融业务模式，也促进了金融机构在进行数字化转型的同时必须加强对金融欺诈活动的防范和管理，积极运用金融科技技术，将其有机融合到数字金融的各项业务和具体流程中，形成与时俱进的反欺诈技术体系。具体来说，数字金融反欺诈技术主要包括以下几个方面。

（一）行为序列技术

行为序列技术就是采集用户在各种客户端（App、Web 端）的行为数据（如点击、浏览、发帖、以往交易习惯等），并在此基础上进行客户行为和心理特征分析，从而进一步完成客户画像。行为序列技术通过客户的历史行为习惯形成的数据分析，发现当前的交易行为和以往行为特征的差异性，并以此预警可能发生的欺诈风险。行为序列技术可以对用户购物行为、地址位置信息、过往订单信息、信用卡交易详情等私人交易信息进行实时监测，并根据上述信息形成多维度用户画像。行为序列技术的客户画像可以协助金融机构对客户的年龄、性别、职业、兴趣爱好、消费心理等作出一定研判。举例来说，如果某个用户经常浏览户外运动相关网页并购买户外旅行产品，则可以推断该客户应为一名旅游达人，且身体素质良好，年龄在 60 岁以下，进而可以根据此信息向客户推荐恰当的商品。因而，行为序列技术形成的客户画像不仅可以用于欺诈行为的识别，也可以广泛用于金融精准营销，提升金融机构经营效率。

（二）生物探针技术

生物探针技术即采集用户在使用设备的按压力度、设备仰角、手机触面、划屏速度等生物性习惯（生物指标可以有上百种）的行为模型，发现潜在的异常操作并作出及时阻断。生物探针技术是一种基于用户的行为特征模型，不再单纯依靠密码、验证码等容易被盗用的个人信息来别用户，而是打破了判别用户身份的传统逻辑。生物探针技术和行为序列技术都是客户行为角度进行客户画像，但是前者侧重于客户交易中下意识的反应特征，后者则是分析客户交易行为下的潜在客户心理或者客户思维模式，这是两者的不同之处。

生物探针技术具体来说有如下两种方式：一是可以将生物探针这一技术手

2. 事中应对——欺诈拦截

金融机构通过客户画像能够预先判断潜在欺诈行为及其侵害客户群体，接下来就要根据不同的欺诈场景采取更具针对性的干预措施，实现对欺诈行为的有效拦截，即事中应对的欺诈拦截环节。欺诈拦截通常有以下三种措施：第一类措施是通过金融科技反欺诈系统精准定位到风险用户，提醒其防范并拦截金融欺诈行为，也可以借助互联网金融平台来过滤可疑信息量；第二类措施是对金融平台上的交易行为进行风险估测，对可疑交易实行拦截或者通过验证码或人工方式进行进一步核实，将潜在欺诈行为发生的概率大大降低，并且将交易拦截记录登记在后台系统，甚至冻结欺诈者的账号；第三类措施是借助数据库和反欺诈模型对互联网金融平台的用户资料进行严格细致审核，提前阻止黑名单和高风险用户的金融服务申请，同时采用核心算法对所有用户进行风险评估。①

3. 事后溯源——数据挖掘

对于已经发生的欺诈事件，企业可以利用相关日志溯源，挖掘整个过程，帮助同业及时预警，防范更多欺诈事件的发生。企业在互联网环境中面对的威胁对手不再是各自为营的攻击者，更多的是分工明确、协同合作、深度隐蔽的黑产团伙。为了能够从相关繁杂信息中挖掘出隐藏在其背后的黑产团体，数据挖掘技术应运而生，该技术是基于知识图谱的黑产特征对相关信息流、数据流进行深度挖掘和系统分析，并将知识图谱思想和机器学习算法有效结合，以恶意欺诈账户为分析源，从多个维度挖掘各类关系属性，通过多源数据融合建模，利用相应算法智能识别强关联账户，从复杂的数据中汇总梳理发现隐藏关系，进而暴露黑产团伙。②③④

第三节　数字金融反欺诈技术分析与实践应用

一、数字金融反欺诈的重点领域

数字金融虽然是数字技术与金融服务的跨界融合，但它没有改变金融的本

---

① 郝光昊．数字化欺诈与金融科技反欺诈的应用［J］．税务与经济，2019（11）．

② 唐晓婷，鲍亮，俞少华．网络欺诈手段及金融反欺诈技术研究［C］．2019 互联网安全与治理论坛文集，2019．

③ 徐晓琳．数字经济背景下商业银行反欺诈风险防控策略面临的挑战及完善方法——以中国工商银行为例［C］．经济管理研究国际学术论坛论文集，2020（7）．

④ 郝光昊．数字化欺诈与金融科技反欺诈的应用［J］．税务与经济，2019（11）．

质和风险属性。信用金融的内在脆弱性、隐秘性，数字科技的开放性、渗透性，以及网络关系的强涉众性、高度关联性，使数字金融蕴含多重风险，更容易产生业务、技术、数据、网络等风险的叠加，影响我国金融业的健康发展。①

（一）数字金融反欺诈在银行业的应用

在金融科技带来的创新驱动下，银行正在转型为智慧银行、开放银行、生态银行。在数字化银行的大潮下，银行业务模式更加灵活、开放，在为客户提供更加优质服务体验的同时，也成为了网络黑产的重灾区。数字金融反欺诈一直是各商业银行的重点工作，新型风控技术正全面应用于数字金融反欺诈各个阶段。一是事前阶段，通过引入新型身份认证技术手段，强化金融业务健壮性。通过建立交易认证安全基线，并引入设备指纹、手机网关等身份认证增强技术，提升金融业务易用性，规范各认证手段使用场景，强化金融业务对欺诈的抵御能力。二是事中阶段，使用涵盖多渠道的新型风控模型，加强实时风控，银行各部门积极沟通，逐一对各渠道业务流程展开细致调研，共同研究制订流程改造方案和系统拦截策略，实现欺诈账号的系统对接和自动拦截。建立欺诈风险管理平台，与业务系统自动化对接，对转账汇款交易进行实时筛查和预警控制。三是事后阶段，深化警银信息合作，共建联控机制。银行以欺诈账号为切入点，通过与公安机关的信息交互，建立总对总及区域层面的欺诈账号共享合作机制，为全国范围内欺诈账号收集和联控联防奠定良好的基础。

（二）数字金融反欺诈在证券业中的应用

证券交易所在反欺诈实践中运用文本挖掘、数据挖掘、人工智能等技术，进而开发出相应的大数据监察系统、上市公司监管系统、风险监测监控系统，不断提升证券业的金融科技监管能力，打击证券违法违规交易。其中，大数据监察系统具有高频时间序列匹配、交易重演、多维度分析等功能，并先后上线了“老鼠仓智能识别”“内幕交易智能识别”“市场操纵智能筛查”等大数据应用系统，通过将投资者委托、成交、托管等交易数据，上市公司董事、股东、企业管理人员、中介机构等相关知情人士的资料，以及上市公司公布的重大信息等内容进行关联分析，并与各类违规交易分析模型进行比对，实现精确甄别异常交易、内幕交易、市场操纵、老鼠仓等违法违规行为。②

（三）数字金融反欺诈在保险业中的应用

保险欺诈形式多样，分布广泛，机动车险、企业财产险、货运险、健康险、

① 陈文书．生态圈视角下数字金融风险的识别与防范研究［D］．镇江：江苏大学，2022（5）．

② Viren Shah．基于大数据的金融科技监管模式及案例研究［D］．杭州：浙江大学，2019．

农业保险等多个险种都屡屡报出欺诈案件。保险欺诈具有很深的隐蔽性，并且数量和金额也在不断地攀升，各类新型欺诈形式层出不穷，欺诈手段频频升级。保险市场上的双方都面临信息不对称，这为欺诈分子创造了可乘之机。我国保险业反欺诈进展可以从以下三个方面来概括。一是建立保险行业协会行业信息共享平台。中国保险行业协会（以下简称中保协）依托车辆保险信息集中平台项目所设立保险行业信息公司，逐步发展建设统一的全国行业信息平台。各家保险公司可以利用信息共享机制有效减少虚假赔案、提高自身的承保质量，保险行业信息化水平也得到了提升。全国保险行业信息平台的建设和完善对于防范保险欺诈局有战略性意义。二是各机构设立内部的反欺诈部门。目前，大多数的保险公司都会设有专门的反欺诈部门，专门负责制定公司的反欺诈指导文件，并对公司开展的承保业务进行反欺诈的理论研究和实地调研，对保险欺诈行为进行严厉打击，定期分析欺诈数据，并汇总上报行业协会。三是各机构加强反欺诈技术研究。我国保险公司反欺诈已经从简单的人工检测方式逐步发展到现在的黑白名单、规则引擎等先进技术手段。其中黑白名单是指保险公司的承保系统通过关联的反欺诈系统来设置特定指标，比如“法院失信名单”“法院执行名单”“犯罪通缉名单”“欠税单”“信贷逾期名单”等诸如此类信息的筛选项，对这些信息设定为相应的指标，并由保险公司风控部门对指标赋予相应权重。若投保客户的身份信息上述指标项或者综合得分较低，保险公司将拒绝承保。①

二、银行业金融反欺诈重点场景与典型案例

（一）银行业金融反欺诈重点场景

1. 手机银行

《2017 年中国银行业服务报告》显示，我国手机银行个人客户已达 15.02 亿人，同比增长 57.52%。在电子化渠道深化创新下，相应的欺诈手段不断演化，导致反欺诈技术必须与时俱进，才能适应复杂多变的金融市场。虽然人们在逐渐增加防范意识，但是诈骗分子的手法也变得更加隐蔽和精准，也给金融反欺诈带来了新问题和新挑战。②

生物探针技术可以在银行等金融机构开展的手机银行场景中发挥反欺诈作

---

① 胡鑫．保险欺诈的行为演化与赔付策略研究［D］．兰州：兰州大学，2018.

② 数字金融反欺诈白皮书［EB/OL］．互联网文档，http：//ishare. iask.

用。生物探针技术打破了传统的判别用户身份的逻辑。基于用户的行为特征模型，而不是以往单纯依靠密码、验证码等简单方式识别用户，因为密码等信息极其容易被居心不良的犯罪分子盗用。这种技术应用不仅仅在金融场景中效果尤其明显，也可同时向其他非金融领域复制、移植。

2. 网络支付

近些年来在信息技术广泛应用的背景下，我国网络支付发展迅速，不仅存在于电商交易平台，也经常出现在线下小额和零售领域，渗透到消费、金融、个人生活应用等各个领域和社会生产各个层面。[①] 伴随着新的支付模式发展，新的欺诈手段也层出不穷。以支付环节为例，黑色产业集团往往通过社工方式和技术手段，盗取个人重要信息（如个人姓名、手机号码、身份证号码和银行卡号等相关信息），犯罪分子将获得的关键信息收入数据库同时进行分类储存。用户真实信息除了贩卖外，更多用于商城盗刷。而黑色产业链则利用盗取的账户信息（如游戏账户、金融账户）进行金融犯罪和变现。

在网络支付的环节中综合运用行为序列、生物探针、关系图谱等反欺诈技术，可以在欺诈行为的事前、事中、事后全程监控，有效识别网络支付环境中的用户风险，同时可向其他类型数字金融场景复制、移植。[②]

（二）银行业金融反欺诈典型案例

1. 案例分析一：手机银行

某公司员工在手机邮箱中发现一封主题为会议邀请的邮件随即打开该邮件，提示其可扫描邮件中的二维码来注册信息，该员工对邮件提及的会议主题很感兴趣就用手机扫描了该二维码报名参会，并填写相关信息。几天后，该员工发现自己网银账户中有 2 万元钱被盗。事实上，本案例的会议邀请就是骗子针对该员工精心编造的钓鱼邮件，而邮件中的二维码被植入木马病毒，该恶意控制应用会偷偷申请手机权限，隐藏图标，进而控制受害者手机，手机里的敏感信息也会相应被回传到骗子的邮箱，骗子再利用邮箱后台登录受害者的网银账户，将受害人的钱款转移。[③]

反欺诈技术运用：

本案中可用生物探针技术判别用户身份从而防止欺诈行为发生。具体来说，在本案中的员工用手机 App 进行操作时，生物探针技术仍然是采集此次操作中

---

① 数字金融反欺诈白皮书［EB/OL］. 互联网文档，http：//ishare. iask.

② 数字金融反欺诈白皮书［EB/OL］. 互联网文档，http：//ishare. iask.

③ 数字金融反欺诈白皮书［EB/OL］. 互联网文档，http：//ishare. iask.

的生物学特征（如手指与手机的触面、线性加速度、触点间隔等数百个行为指标），并比对该记录中的相关历史行为数据，通过机器学习生成特定的专属行为模型，然后将其当前操作习惯同历史模型比对，判断这个人的真实身份和潜在目的，并实现用户的身份最终判定。[①] 反欺诈和防盗刷的场景中都应该采用生物探针技术，这样能减少甚至避免诈骗案件的发生。

2. 案例分析二：网络支付

某大学生发现自己银行卡里的5万元“不翼而飞”。他反复查询后被通知本人在某电商平台注册了一个新账号，并用该账号购买高达49966元商品。但实际上这并非该大学生的购买行为。随后，该商城风控部门利用其风控体系在交易即将支付的那一刻立即触发预警。预警信息发出后，风控负责人也快速实施对此笔订单的有效拦截，同时联系发货方来进一步锁定嫌疑人，最终帮助该大学生挽回损失。这就是典型的盗号诈骗案例。[②③④]

反欺诈技术运用：

针对此类型欺诈行为，可以分别运用行为序列、生物探针和关系图谱技术对支付环节的前中后期进行了风险预判。

首先，行为序列技术记录了该大学生以往购物的行为，并发现其购物金额较低且不超过1000元，同时需要大量时间浏览多个网页进行反复对比、寻找优惠券，由此可以分析该大学生消费金额不高、消费谨慎等主要特征和习惯，对比此次交易，仅十分钟便迅速下单购买价值昂贵的商品，消费金额和购买时间都和以往存在显著不同，据此可以判断该交易存在异常，有较高的盗号风险并发出预警信号。这是典型的事先判断，将欺诈事件扼杀在摇篮中。

其次，生物探针技术可以分析该名大学生以往在网络平台购买中使用电子设备的各类生物习惯，如按压力度、滑屏方式等。在该案例中，生物探针技术检测出大量的不同于以往的生物特征信息，可以进一步明确风险预警信息。

最后，在本案例的网络支付场景下还可以采用关系图谱技术。具体来说就是通过用户关系估算用户的信用，如通过分析周围与之相关人的信用影响从而对该用户信用评估。关系图谱技术通过分析发现该学生对本商品的需求并不高，

---

① 李思．数字金融反欺诈须打“综合防御战”［J］．上海金融报，2018（6）．

② 数字金融反欺诈白皮书［EB/OL］．互联网文档，http：//ishare. iask.

③ 王均山．金融科技对中国商业银行零售业务盈利与风险的影响研究［D］．北京：对外经济贸易大学，2021．

④ 戈晶晶．小心移动支付便捷中的“陷阱”［J］．中国信息界，2018（4）．

因此也触发了预警。①

上述反欺诈手段可对账号的异常登录和交易行为进行实时校验，可以在事前、事中防范、识别欺诈风险并实现事后有效管控。事前评估即在贷款申请时对客户身份真实等进行评估识别，剔除高风险用户。事中监控是在初步身份审核通过后，对犯罪分子盗取身份后的违法行为进行监控，从而树立风险防范的第二道防线。在此节点上，风险监控系统对异常账户和套现风险进行实时的全程监控和及时的全面预警。事后处理是第三道也即最后一道防线。本节点会将事中监控环节识别出的套现欺诈信息关联进行扩散，并将相应账号加入黑名单体系，随后还要进行反欺诈策略应对和模型优化升级，从而更精准地识别和拦截欺诈交易。

三、证券业金融反欺诈重点场景和典型案例

（一）证券业金融反欺诈重点场景

1. 投资交易

随着交易量的增加和交易速度的加快，欺诈手段也在不断进化，包括身份盗用、交易操纵、内幕交易等复杂多变的形式，如2017年的“徐翔案”和2018年的“北八道操纵市场案”等证券交易照片不仅造成市场价格的异常波动，损害了投资者利益，还造成重大社会不良影响。因此，证券行业必须采用更高效、更智能的手段来识别和防范潜在的欺诈行为。

在证券行业防范欺诈的实践中，具体应用涵盖了实时交易监控、身份验证与客户尽职调查、智能合约的运用及异常行为的深度分析等关键领域。通过综合运用先进技术，如机器学习、人工智能、大数据分析、区块链以及生物识别技术，构建起一个全面而高效的数字防欺诈框架。

2. 股权融资

股权融资欺诈通常涉及虚假信息披露、市场操纵、内幕交易等行为，其目的是误导投资者，获取非法利益。据统计，截至2019年7月，中国证监会共发布了1110份行政处罚决定书，其中涉嫌信息披露违法违规案件达到553起，涉嫌内幕交易案件343起，涉嫌市场操纵案件159起，并且违法违规案件数量逐年增加，欺诈者利用高科技手段进行欺诈活动的能力也在增强，这为我国证券市场的健康发展带来严峻挑战。

---

① 数字金融反欺诈白皮书［EB/OL］．互联网文档，http：//ishare. iask.

在股权融资欺诈的防范中，大数据技术通过对海量交易数据和公开信息的分析，辅助识别异常交易模式和不一致的财务报告信息；人工智能和机器学习技术能够学习并模拟正常的交易行为，以便发现与众不同的异常行为；区块链技术利用其固有的透明性和不可篡改性，增强信息披露的真实性，防止虚假信息的传播。

（二）证券业金融反欺诈典型案例

1. 案例分析一：投资交易

康得新虚假陈述事件是中国证券市场上一起著名的欺诈案例，涉及金额高达数十亿元人民币。康得新材料科技股份有限公司，一家在深圳证券交易所上市的高新技术企业，因涉嫌发布虚假财务报告和虚构销售业绩而被中国证监会立案调查。从 2014 年开始，康得新通过一系列复杂的手段虚构了大量的销售合同和收入，夸大了公司的财务状况和业绩表现，以此吸引投资者和维持股价。此外，公司还涉嫌通过关联交易隐藏债务，进一步美化财务报表。这一系列行为不仅误导了投资者，也严重扭曲了市场信息，破坏了市场秩序，最终导致公司股价的大幅波动，给广大投资者造成了巨大损失。

反欺诈技术应用：

在对康得新虚假陈述事件的调查过程中，监管机构综合运用了大数据分析、人工智能、电子审计工具及网络监控等多种先进技术手段。通过大数据技术分析康得新及其关联企业的财务数据和交易记录，监管机构能够快速识别出数据中的异常模式和不一致性，从而发现财务报告的异常。人工智能和机器学习技术的应用，特别是在分析财务报告的真实性和交易行为的正常性方面，提供了高效的分析工具，使监管机构能够在海量数据中准确识别出欺诈行为的迹象。此外，电子审计工具在追踪虚假交易的源头和资金流向方面发挥了关键作用，而网络和社交媒体的监控则有助于分析公众对公司财务状况的看法和反应，为调查提供了辅助信息。这些技术的应用极大提高了监管机构揭露和打击财务欺诈行为的能力，有效维护了资本市场的公平性。

2. 案例分析二：股权融资

某上市企业 H 是一家在创业板上市的高新技术企业，因在一次增资扩股过程中涉嫌发布虚假信息及误导性陈述而遭到中国证监会的调查。该公司被发现在增资扩股前通过夸大其技术成就和市场前景，以及虚构业务合同的方式，吸引投资者参与并人为提升公司股价。此外，某上市企业 H 在增资扩股过程中未能充分披露与主要股东的关联交易，违背了信息披露的公平透明原则。

反欺诈技术应用：

在对“某上市企业H虚假增资扩股”事件的调查中，监管机构采纳了云计算、区块链、数字取证和情感分析等先进技术手段。云计算技术提供了强大的数据处理能力，支持对某上市企业H及其关联方的大规模财务数据和交易记录进行高效分析，以识别异常模式。区块链技术被用于确保交易数据的不可篡改性和透明性，有助于追踪和验证增资扩股过程中的所有交易记录。数字取证技术在追溯虚假信息发布和关联交易的证据收集过程中发挥了关键作用，确保了证据的有效性和法律效力。情感分析技术则通过分析网络和社交媒体上的公众情绪和反应，为监管机构提供了关于市场反应的深入洞察。这些技术的应用不仅提高了调查的效率和准确性，也增强了监管机构揭露财务欺诈行为，有效保护了投资者的权益。

四、保险业金融反欺诈重点场景和典型案例

（一）保险业金融反欺诈重点场景

1. 汽车保险

随着我国居民消费水平提升，车辆走近千家万户，车辆保险已经成为财产保险中的第一大现状，然而汽车保险中欺诈问题日益严重，汽车保险欺诈的特征主要表现为形式多样、手段专业化和主体团伙化，具体表现为内外部勾结、摆放现场、伪造交通事故风险，为了对抗以上风险，我们通常采用图谱方式进行防范。然而，对于低品质修复套取高品质配件、重复理赔类风险，仅靠保险公司内部数据可能还不足以支援，需引入行业大数据做进一步防范。此外，倒签单、驾驶员酒驾调包、虚报盗抢类可以通过构建风险画像、评分模型进行识别。

对于汽车欺诈风险的识别，首先，利用大数据机器学习建模能力，建立类似银行用的评分卡模型对案件进行评分预测。通过分析报案电话、标的车和被保人的维度风险评分，这些信息可以用到后续的理赔环节，也可以作为风险评分模型的新证据。车险风险识别引擎则致力于简化服务流程和理赔流程，因此，在没有发现风险的情况下，查勘人员可以快速查勘。一旦发现预警风险，查勘人员需针对性取证。例如，当发现被保人出现多辆标的车、驾驶员不是被保人等改变运营性质的风险时，查勘人员会被要求在线下确认标的车的使用性质，并做录音取证。当发现标的车为8年的老旧车、近期已理赔多次等重复理赔风险时，风险识别引擎会把标的车的历史理赔图像发给查勘人员，并通过车险分

工具展示其历史碰撞部位，让查勘人员根据风险提示去针对性拍照确认是否为旧痕。如果发现有摆放现场嫌疑风险，我们会让查勘人员着重拍一些环境照，通过以图搜图的方式检索是否有相似的环境照或碰撞物体。

2. 健康保险

健康保险同样存在团伙类和侥幸个案类的风险。对于团伙类风险，如医患勾结、冒名顶替等，我们可以通过图谱方式进行防范。对于侥幸个案类的风险，如带病投保、虚假理赔材料等，我们会用评分卡模型对理赔案件进行打分，从而识别这种风险。另外，对于过度医疗、滥用药物以及夸大损失这类不合理医疗行为的风险，我们会建立不合理医疗识别引擎，通过医学图谱结合费用预测模型进行识别。

总体来说，针对车辆保险、健康保险承保和理赔环节中出现的各种欺诈场景下要充分探索前沿技术，如大数据、机器学习和 AI 算法，构建保险欺诈识别核心引擎，从而解决保险中存在的信息不对称现象导致的潜在风险。核心引擎服务好保险承保和理赔业务人员，辅助他们发现风险，而不是完全依靠模型来阻断风险。因此，为了便于风控人员操作，可以将引擎能力转化为一种评分、画像和风险提示的形式，以便业务人员能够发现风险并据此完成审案、核赔、质检等工作，从而实现早发现，早确认和早追偿。

（二）保险业金融反欺诈典型案例

1. 案例分析一：车辆保险

2020 年 3 月，钮某驾驶一辆二手宝马 7 系轿车在闹市区追尾公交车，获得保险赔偿 20.25 万元，保险公司核查发现案件疑点较多，钮某涉嫌故意制造事故。深入调查后发现其多次出险且事故情况雷同，保险公司立即成立专案组，针对相关修理厂、嫌疑人员及出险车辆开展数据排查工作。

反欺诈技术运用：

对于团伙类的风险识别，可以首先构建一个关联图谱，该图谱是基于历史上的报案手机号、标的车、标的驾驶员、作业人员和修理厂等信息的。然后，在关联图谱的基础上，针对业务风险点构建关联模式完成风险挖掘。例如，本案例中可以通过关联报案手机号、被保人、驾驶人员、三者人员以及修理厂等信息，进行后续针对性质检。以报案手机号关联模式为例，我们通过关联历史风险案件并应用以图搜图、以脸搜脸的技术来发现风险。然而，如果我们在海量案件数据中直接使用以图搜图技术，可能会导致误报率较高。为了解决这个问题，我们引入了图谱的关联模式。通过将关联手机号划分区域并缩小范围，我们可以降低误报率，提高召回率。

2. 案例分析二：健康保险

石某因患乳房小叶增生向所投保的保险公司申请重大疾病赔付，获得保险公司1.5万元的赔偿金。随后，石某先后在中国人寿株洲分公司、中国太平洋保险公司投保了保险金额总计为30多万元的保险。不久，石某在市医院就诊检查出患有恶心淋巴瘤，随即在株洲市肿瘤医院住院治疗67天，并在住院期间向保险公司提出了总计34.5万元的巨额赔付。后经中国人寿株洲分公司和太平洋保险公司的全力调查，发现疑点后及时报案，公安机关介入侦查，石某与谢某的骗保才没有得逞。

反欺诈技术运用：

为了提高健康险反欺诈的准确性，首先，从客户维度、保单机构维度、本案与过往维度、疾病维度和代理人维度构建了一个健康险反欺诈的画像指标，健康险个案类反欺诈评分模型更侧重于风险标签的挖掘与构建。事实上，保险领域欺诈案件的标签很少，更多的是拒付类标签。因此，我们根据历史拒付情况和风险标签画像体系通过机器学习获取评分卡模型。相比于以前只根据医学背景知识判断反欺诈风险，金融科技的使用将大数据技术和大数据维度同步引入。通过学习拒付案例，让模型可以学到客群维度、销售人员维度指标对拒赔的影响，将风险标签呈现给作业人员。同时，在健康险经营中将入参因子应用到运营环节去管理客户和监控销售人员。通过构建画像标签做评分卡模型的目的不是去找欺诈，而是辅助业务人员发现欺诈，且不仅仅做核赔核保的风险识别，还希望风险识别的评分项可以作为运营指标辅助业务进行管理和监控。在构建完图谱后，将继续围绕机号、医院代理人、疾病类型、收款账号去发现风险集或风险模式。通过模型算法发现某种风险模式后，将其固定化为规则再应用到线上，这样做的目标是发现更多的风险模式，而不是通过图算法直接端到端地预警案件的风险。这是因为保险金融服务行业要求风险的可解释，我们不能仅根据风险直接阻断案件，而是要提供有理有据的风险提示给相关作业人员。

第四节　数字金融反欺诈发展趋势与展望

数字金融背景下的反欺诈已经不能依靠单一的方法、模式了，而是数据、技术和机制有机集合的综合金融科技体系。其中，数据是数字金融风险体系中反欺诈建设的核心和前提，技术是有效制止金融欺诈和风险分散管理的重要支撑，机制是优化反欺诈效果、提升反欺诈能力的重要保障，这三者的关系是相辅相成、相互促进。未来数字金融反欺诈之路应该从数据、技术和机制三方面均衡发力。[①]

一、数字金融反欺诈面临的主要挑战

金融欺诈手段随数字化技术的进展不断升级。金融欺诈方式从传统的盗号、盗刷等简单手段逐渐演变为现时的高度场景化行为，数字化金融欺诈渗透的业务环节多、手段新颖，具有很强的隐蔽性及危害性。数字金融欺诈的目标也发生了较大变化，从单一公司到多家公司甚至扩展到多个行业。因此，反欺诈系统需要各家公司及各行业的联动，相互之间要打破屏障，实现数据、内容的交流和共享；由于行业间差异性客观存在，因而数字金融反欺诈需要监管部门牵头组织，联合政府不同部门共同治理，持续健全完善管控体系。具体来说，数字金融发展使反欺诈面临以下挑战。

（一）数字金融欺诈场景不断增多

数字金融欺诈场景以网络借贷、网络支付、消费金融和供应链金融等较为常见。在网络借贷场景中，欺诈行为经常发生在账户注册阶段、账户登录阶段、贷款申请和还款阶段。欺诈者通常采用伪造身份注册、冒用他人身份注册、自动化垃圾注册等手段完成注册，实现注册阶段的欺诈行为；在账户登录阶段，欺诈者往往存在盗用、冒用他人金融账户，甚至异常共享等行为；在贷款申请阶段，欺诈者通过提供虚假申请信息获得超额贷款；在还款阶段，欺诈者可能恶意拖欠，或利用非法取得的他人信用卡进行欺诈性交易。[②] 在网络支付场景中，黑色产业团伙往往通过社会工程学方式与技术手段，如虚假 Wi－Fi、病毒二维码、盗版 App 客户端以及木马链接等，盗取个人姓名、手机号码、身份证号码和银行卡号等直接关系账户安全的要素信息，用于精准诈骗、恶意营销。[③] 在消费金融场景中，诈骗套现行为可能存在于账户注册、激活、登录、交易、信息修改等环节。在供应链金融情景，供应链金融欺诈就是企业使用虚假交易数据与虚构经营数据，作为供应链授信的依据。

（二）数字金融欺诈产业链更加成熟

1. 数字金融欺诈手段快速变化

公安部数据统计表明，现阶段的数字金融欺诈手段快速发展，变化多样。

---

① 数字金融反欺诈白皮书［EB/OL］. 互联网文档，http：//ishare. iask.

② 徐晓琳．数字经济背景下商业银行反欺诈风险防控策略面临的挑战及完善方法——以中国工商银行为例［C］. 经济管理研究国际学术论坛论文集，2020.

③ 郝光昊．数字化欺诈与金融科技反欺诈的应用［J］. 税务与经济，2019（11）.

目前已经形成互联网社交软件诈骗、车票机票退改签诈骗、虚假购物消费诈骗、虚假网站和链接诈骗等至少 18 类诈骗手段，与此同时，诈骗手段仍在持续快速更新和发展。仅在 2018 年，网上信用卡诈骗、网上购物退款诈骗及利用社交平台伪造身份诈骗等诈骗案件共立案 38.6 万起，占网络诈骗案件总数的 61.8%（公安部数据）。①

截至目前，科技欺诈手段呈现以下六种发展趋势。一是覆盖面更广。犯罪分子在实施犯罪的过程中通过电话、短信、社交平台、网络等手段，地毯式发布虚假信息，造成较大范围的损害。二是手段更新更快。诈骗分子的犯罪手段层出不穷，从初期的简单利用冒充电话、虚假中奖短信等手段实施犯罪，到现在，通过互联网网站、网络链接、手机病毒、二维码等高科技手段实施犯罪。三是反侦查能力更强。在诈骗案件中，为了不被公安发现，犯罪团伙往往采取远程的非接触式的诈骗，并且有细致的分工，根据犯罪需要分饰不同角色、承担不同的工作。四是抓捕难度更大。黑产团伙逐渐向专业化、集团化方向发展，黑产团伙内部分工明确，职能划分清晰，各组织间互不认识，只通过线上联系，核心成员利用远程操作等手段摆脱执法机构的追踪和抓捕，使执法机构难以全链条打击和抓捕。五是追赃更加难。在成功骗取资金后，诈骗分子会在短时间内快速通过多种途径进行“洗钱”，给追讨诈骗资金增加较大难度。六是无法除“根”。由于犯罪团伙内部分工明确，且不同环节人员之间互不认识，各环节间保持单线联系，执法机构在打击过程中，很难对欺诈团伙核心成员进行有效打击和抓捕，无法完全清除诈骗团伙。②

2. 数字金融欺诈行踪更加难以锁定

非定点诈骗最大的特点是移动化。随着金融业务不断向移动端迁移，诈骗分子不断将各类热门网络应用作为新型诈骗实施渠道，逐步将单一的电话诈骗扩展为跨平台、跨网络诈骗，其中微信、QQ、App、网站、支付宝、二维码等各类互联网应用已经成为当前诈骗的主要实施渠道。诈骗分子利用网络环境，不受空间距离的限制，异地甚至异国作案使反欺诈更为困难。2020 年，中国信息通信研究院联合公安机关累计研判处置涉诈域名 2.5 万个，从 IP 接入地情况看，绝大多数为中国大陆以外地区接入，占比超过 95%。③

---

① 李友生，肖益茂，沈洁．运用系统思维分析当前非接触式犯罪的打击难点和对策［J］．公安教育，2021（11）．

② 李友生，肖益茂，沈洁．运用系统思维分析当前非接触式犯罪的打击难点和对策［J］．公安教育，2021（11）．

③ 李国英．农业全产业链数字化转型的底层逻辑及推进策略［J］．区域经济评论，2022（9）．

非定点诈骗的另一个特征是诈骗小额化、高频化。单笔欺诈造成的损失多数都在万元以下，然而欺诈次数和规模高速扩张，总损失金额仍然很高。[①]

非定点诈骗的第三个特征是匿迹化。数字化金融欺诈在盗号盗刷、冒用身份的过程中，常利用高科技手段隐匿行踪，依靠传统反欺诈手段很难取证。[②]

（三）数字金融反欺诈需要多机构跨领域合作

各金融机构和类金融机构在反欺诈领域取得一定成果的同时，问题也在不断显现，各机构对金融反欺诈的认识程度和技术能力不同，机构间反欺诈水平差异较大，跨领域合作还需要进一步深入。跨领域合作对于金融欺诈的直接关联机构至关重要，商业银行、支付机构和其他有关各方不仅要从技术层面加以提升，还应从跨界合作、法制建设等方面完善配套措施。数字金融反欺诈必须走向联合打击。

根据近年来的实践经验可以看到，数字金融反欺诈面临的环境更加复杂，采用的技术手段不能是某种单一方式，而是将集数据、技术和机制于有机融合的复合型防御战。[③] 从数字金融反欺诈的实施主体和手段来看，某一主体的反欺诈需要其他主体的配合与多种技术手段的综合运用，需要跨领域合作才能发现欺诈的真面目，才能彻底铲除黑产团伙。[④]

二、加强数字金融反欺诈新应对

（一）完善数据基础建设

数据获得是反欺诈体系建立的根本前提，获取征信主体在时间、空间等多维度的数据记录，是对其进行有效信用评估不可或缺的条件。综合来看，强化对数据使用的安全保护、扩大央行征信系统的征信范围和加强信息披露，是反欺诈体系发展完善的当务之急。具体来说要从以下几点开展。

1. 构筑数据安全第一道防火墙

数据是金融体系反欺诈的根本前提，数字质量和严格管理则是反欺诈成功的挂件。由于数字经济刚刚起步，大量数据的保管监督立法仍未完善，因而当前阶段个人数据在使用过程中的保护问题对于反欺诈体系的完善和反欺诈技术

---

① 郝光昊. 数字化欺诈与金融科技反欺诈的应用 [J]. 税务与经济，2019（11）.

② 郝光昊. 数字化欺诈与金融科技反欺诈的应用 [J]. 税务与经济，2019（11）.

③ 刘为军. 论电线网络诈骗的生态治理——以《反电信网络诈骗法》为主要研究样本 [J]. 法学论坛，2023（4）.

④ 孟扬. 揭穿假“信用”背后的真“诈骗”[J]. 金融时报，2018（6）.

的有效运用具有至关重要的作用。一方面，国家层面要加快相关法律制度建设，通过立法厘清公民个人数据（尤其是涉及隐私、财产的相关数据）的使用权限和范围，并且明确一切未经用户授权的二次使用均属非法行为；另一方面，企业要加强数据保护的技术研发，使所有数据能够按需利用不至于外泄，构建数据使用的安全屏障。[①]

2. 扩大央行系统征信范围

数字金融的健康发展也离不开央行征信系统的有力支撑。一方面，要将数字金融行业的征信数据纳入央行征信系统，丰富央行征信系统的数据来源，进一步提高央行征信数据的权威性和多样性。另一方面，获准数字金融企业使用央行征信数据，目前大多数互联网消费金融机构尚无法运用央行征信系统数据，使其在贷前应用大数据分析时，因缺失信贷信息而面临较大信用风险。甚至许多欺诈者就是因为金融科技机构无法使用央行征信数据，肆无忌惮地进行欺诈。

3. 加强信息披露

充分的信息披露将极大程度地提高违约成本，使数字金融行业的诚信体系更容易建立。一方面要允许、鼓励众多主体共享信息，从而有丰富、透明和标准化的交易信息供市场评估筛选和有效决策。[②] 另一方面需要有充分、强制的信息披露。这不仅需要资金融入方或者说产品提供方主动披露信息，交易过程也会倒逼信息透明、强制交易双方互动筛选出更多的信息。[③]

（二）提升数字技术支撑水平

欺诈和反欺诈是对立的两面，金融科技作为一种中性的技术决定了其既可以被不法分子利用行诈骗之事，也可以在反欺诈事业中得到广泛应用并充分发挥作用。为了更好地运用数字技术对诈骗行为进行精准打击，金融机构、网络平台以及监管当局既要综合运用多种技术手段，还需要根据欺诈行为演化不断优化反欺诈模型和系统构建，在反欺诈实践中对欺诈团伙及欺诈行为进行精准打击；与此同时，先进的技术在行业内共享，不断推广行之有效的数字技术、数字模式，从而提升整个社会的风险防控。[④]

---

① 数字金融反欺诈白皮书［EB/OL］. 互联网文档，http：//ishare. iask.

② 李思．数字金融反欺诈须打“综合防御战”［J］. 上海金融报，2018（6）.

③ 桂琴．互联网金融平台中欺诈型用户的识别及防控研究［D］. 哈尔滨：哈尔滨工业大学，2020.

④ 刘为军．论电线网络诈骗的生态治理——以《反电信网络诈骗法》为主要研究样本［J］. 法学论坛，2023（4）.

1. 不断优化反欺诈模型

反欺诈模型和系统架构是数字金融风险防控体系的核心要素。首先反欺诈模型是核心竞争力，能够直接决定反欺诈成败，尤其是基于机器学习技术构建的反欺诈模型是未来风险防范实践中发展的重点。其次，系统架构直接影响欺诈行为的识别效果，这对系统的处理速度和稳定性提出更高的要求。①

2. 持续推进技术升级和跨界

"魔高一尺，道高一寸"，技术发展会导致欺诈手段逐渐升级，因而也会要求反欺诈技术实现升维发展。数字金融反欺诈实践中要组合运用多种技术手段（如将数据采集、数据分析、机器学习等技术结合应用），有效治理欺诈行为；另一方面，金融机构要从跨行业的视角出发，对欺诈行为进行打击。行业之间跨界融合发展是大势所趋，只有从跨行业角度出发，多维度地甄别、审查，才能实现对欺诈行为的精准打击。②

（三）构建健全保障机制

数字金融发展欺诈事件频出，这既是不法分子利欲熏心导致的，也与我们的现行机制漏洞有很大关联，因为监管不利防控疏忽容易给不法分子提供了犯罪的可乘之机。所以，金融机构、商业平台和监管当局为加强数字金融风险管控，必须要从根本上弱化欺诈的动力源，不断优化反欺诈的防控机制。为此，我们一方面要提高金融科技企业的门槛，做到扶优限劣，这需要监管部门要建立一套详细的指标体系对金融科技企业进行评价认定，同时在政策上对真正的金融科技企业进行引导和扶持，让优秀的企业有快速成长和脱颖而出的环境，做到扶优限劣，促进行业高质量发展。另一方面，数字金融反欺诈不能各自为政，而是需要多方共同合作，构建由监管部门、行业协会、金融机构、科技企业共同参与的反欺诈联盟。由政府牵头，组建由监管部门、行业协会、金融机构、科技企业共同参与的反欺诈联盟，促进数据、技术、人才等方面的合作交流机制的建成，强化风险联防与合作，提高违约成本，提升反欺诈的实战效果。另外，目前数字金融行业的消费者保护存在很大程度的缺失，要加强行业层面对消费者权益的保护，可以联合建立客户权益保护中心，建立行业风险缓释与互助机制。③

---

① 数字金融反欺诈白皮书［EB/OL］. 互联网文档，http：//ishare. iask.

② 数字金融反欺诈白皮书［EB/OL］. 互联网文档，http：//ishare. iask.

③ 数字金融反欺诈白皮书［EB/OL］. 互联网文档，http：//ishare. iask.

【课程思政】

1. 学生学习本章之后，能够正确认识金融反欺诈对于金融机构的重要性。金融反欺诈可以增加金融交易的透明度和公平公正性，减少非法分子对于金融市场造成的不利影响，从而降低金融交易的风险，维护社会主义市场经济秩序的稳定，也是消费者和投资者合法权益的重要保障，并维持了中国特色社会主义金融体系的稳定运行。

2. 学生学习了主要金融反欺诈的基本原理和知识，能够熟练运用各种金融科技和现代信息手段对数字金融发展下的金融欺诈进行有效辨别和精准防控，同时要牢固树立社会主义核心价值观，并建立正确的金融从业人员职业道德标准。学生能够在日常业务开展中，坚定理想信念，坚持诚实守信的金融安全价值观，牢固树立高度的职业责任感和社会正义感，坚决抵制各种诱惑，成为思想正、专业强、能战斗的复合型金融人才。

3. 学生在对金融风险防范和金融反欺诈相关原理和主要知识学习之后，要学会辩证看待问题，尤其是金融风险作为金融活动的本质特征，是无法完全避免的，而是可以采用各种事前、事中、事后的业务流程和防范措施加以控制。另外，要正确认识金融创新，了解金融创新的双刃剑，正确看待金融科技在金融业务数字化背景带来的利弊性，并能够合理处理数字金融和传统金融的关系。

【产教融合】

1. 大数据背景下的金融欺诈。此部分内容可以采取课堂教学和校园金融反诈教育为主，配合金融机构尤其是学校合作的中国银行、南京银行等相关宣传片、宣传画册的内容教学，提升学生对金融欺诈的认知，也将金融反欺诈从自身的财产安全层级上升到金融从业必备的专业素养层面。

2. 加强金融反欺诈的重要意义。此环节教学以教师课堂讲授、金融机构行业导师课堂演讲、金融监管机构相关人员开展讲座相结合的教学方式，深入开展产业岗位需求和课堂教学内容对接，将金融反欺诈对于金融机构经营稳定、对金融体制健康发展重要性贯穿到本课程教学的整个环节，也贯彻到金融专业职业教育的全过程中。

3. 金融科技在银行业数字金融反欺诈运用场景。此环节应充分把握理论和实践紧密结合的特征，教学目标着眼于提升学生运用知识分析和解决实际问题的能力。整个环节教学设计可以考虑课堂教学、实验室实践教学、行业导师进课堂、学生进入金融机构实习等不同教学方式，从而达到学生从课本到实景、从校园到企业、从理论到实践的知识迁移和能力培养。

【本章小结】

本章系统全面阐释了数字金融欺诈的概念、特点、主要类型及其影响，重点介绍了数字金融反欺诈的内涵、重要性和基本逻辑。结合相关案例，深入分析了数字金融反欺诈不同手段在主要的金融场景中的具体运用，全面概括了不同的金融科技在数字金融反欺诈各种环节中的应用，也对未来数字金融发展背景下数字金融反欺诈面临的挑战和机遇进行了探讨，提出未来数字金融反欺诈发展的方向。

【思考题】

1. 数字金融欺诈的内涵是什么？它和传统金融欺诈有哪些不同？
2. 数字金融反欺诈的概念和主要方式有哪些？
3. 数字金融反欺诈的主要技术手段有哪些？
4. 数字金融反欺诈的发展方向是什么？
5. 举例说明数字金融反欺诈的具体应用场景。

【参考文献】

［1］陈文书．生态圈视角下数字金融风险的识别与防范研究［D］．镇江：江苏大学，2022（5）．

［2］戈晶晶．小心移动支付便捷中的“陷阱”［J］．中国信息界，2018（4）．

［3］桂琴．互联网金融平台中欺诈型用户的识别及防控研究［D］．哈尔滨：哈尔滨工业，2020．

［4］郝光昊．数字化欺诈与金融科技反欺诈的应用［J］．税务与经济，2019（11）．

［5］胡鑫．保险欺诈的行为演化与赔付策略研究［D］．兰州：兰州大学，2018．

［6］胡怡彤．金融科技与数字金融风险管理［J］．营销界，2021（8）．

［7］互联网资源．区块链金融应用发展白皮书［Z］．中国人民大学金融科技与互联网安全中心，2018．

［8］互联网资源．网络金融诈骗黑幕：红杉软银等巨头躺枪——生鲜电商 B2B 平台鲜易网［Z］．2015－11．

［9］李国英．农业全产业链数字化转型的底层逻辑及推进策略［J］．区域经济评论，2022（9）．

［10］李思．数字金融反欺诈须打“综合防御战”［J］．上海金融报，2018（6）．

［11］李友生，肖益茂，沈洁．运用系统思维分析当前非接触式犯罪的打击难点和对策［J］．公安教育，2021（11）．

［12］李泽良．风险传播视角下电信网络诈骗防范知识学习意愿与行为的影响因素研究［D］．广州：华南理工大学，2022.

［13］刘为军．论电线网络诈骗的生态治理——以《反电信网络诈骗法》为主要研究样本［J］．法学论坛，2023（4）．

［14］孟扬．揭穿假“信用”背后的真“诈骗”［J］．金融时报，2018（6）．

［15］沈会超．论“双减”背景下职业教育发展新趋势［J］．辽宁高职学报，2022（2）．

［16］施若，陈炫慧．数字金融的风险与监管探析［J］．企业科技与发展，2020（12）．

［17］数字金融反欺诈白皮书［EB/OL］．互联网文档，http：//ishare. iask.

［18］数字金融反欺诈——洞察与攻略研究报告［EB/OL］．互联网文档，http：//www. doc88. co.

［19］唐晓婷，鲍亮，俞少华．网络欺诈手段及金融反欺诈技术研究［C］．2019 互联网安全与治理论坛文集，2019.

［20］万一览，张威．关于消费金融反欺诈与风控的思考［J］．市场观察，2020（10）．

［21］王均山．金融科技对中国商业银行零售业务盈利与风险的影响研究［D］．北京：对外经济贸易大学，2021.

［22］王晓媚．公共安全管理视角下的电信诈骗治理研究［D］．泰安：山东农业大学，2020.

［23］徐晓琳．数字经济背景下商业银行反欺诈风险防控策略面临的挑战及完善方法——以中国工商银行为例［C］．经济管理研究国际学术论坛论文集，2020.

［24］赵雷，陈红敏．电信诈骗中青年受骗的影响因素和形成机制研究［J］．中国青年社会科学，2022（5）．

［25］Viren Shah. 基于大数据的金融科技监管模式及案例研究［D］．杭州：浙江大学，2019.

第十一章　数字金融监管

【学习目标】

1. 通过本章学习，要求学生了解数字金融业务风险的种类和挑战。

2. 掌握数字金融监管的概念及特征，了解数字金融监管演变的理论逻辑和数字金融监管理论的监管目标与原则。

3. 熟悉数字金融监管的主要模式。

4. 重点掌握主要金融行业的数字金融监管业务应用实践。

5. 了解我国数字金融监管发展趋势与展望。

第一节　走近数字金融监管

相较于传统金融，数字金融透过数字技术驱动和数据要素赋能两个渠道推动了金融产品、金融中介和金融市场的创新，使当下的金融业呈现技术化、数据化、智能化的新特点。金融是经济的助推器，但一直以来金融创新带来的不确定性同样会对经济发展产生巨大冲击，历史上无数次的金融危机，所酿成的经济动荡历历在目。当下，随着数字化科技发展所产生的金融新业态，对当前传统的金融监管也提出了新的挑战。

一、数字金融风险与金融监管面临挑战

（一）数字金融风险

数字金融衍生于传统金融，没有改变传统金融风险隐蔽性、传染性、不确定性、高杠杆性的特点，还要面对因当前数字金融缺乏规范的技术标准所带来的信息技术安全风险，以及不健全的数字金融行业法律法规风险等情况。

1. 信用风险

目前绝大多数国家的征信系统建立在传统金融体系之上，而数字金融的公

民征信系统还未有效建立，带来信用环境不健全，内部的信用录入数据并不完善，也不能互相共享，出现不少信息孤岛，容易引发信用风险。另外，数字金融企业利用计算机技术对收集的用户大数据进行挖掘，但无法保证对用户的信息使用是否合理，一旦企业出现信息滥用或信息欺诈，用户的合法权益很难得到有效保障，容易引发对数字金融企业的责任追究，导致信用风险爆发。

2. 流动性风险

传统银行通过分设存款账户和贷款账户，将存贷业务进行分离，然后通过存贷利率差实现盈利。近年来，数字金融与第三方支付迅猛发展，跨市场交叉性金融产品大量涌现，金融交易结构的复杂程度不断增加。多平台数字金融终端用户跨时空性、分散性，往往以闲散游资注入数字金融企业，随时用于消费支付，资金随时可能被赎回，资金交易更加碎片化，导致资金错配更为复杂，错配合理度面临重大挑战，流动性风险增大。一旦风险达到临界值，可能产生跑路或者集资诈骗等经济犯罪行为。

3. 市场风险

数字金融的市场风险主要体现在金融市场条件的变化，如经济周期、汇率波动、利率变动或者股票价格，这些因素可能导致数字金融企业的业务模式、产品或服务需求、投资回报等发生波动，或者出现意料之外的金融损失。同时，由于数字金融的竞争环境日益激烈，数字技术的快速发展和市场竞争者的增多，企业可能还面临市场份额缩减的风险。

4. 操作风险

数字金融将互联网、区块链、大数据、人工智能等数字技术应用到金融行业，对企业技术人员的业务素质要求较高，一旦操作不当，造成系统瘫痪，影响用户资金安全。此外，数字金融网络化水平较高，企业业务关联度也高于传统金融行业，操作不当带来的交叉感染风险也会随之增加。

5. 法律合规风险

数字金融是突破了传统金融的时空限制，各类前沿信息技术与金融服务的深度融合，创新了金融模式，为金融行业带来了新的经营模式与运作思路。监管法规并未在法律层面对数字金融和传统金融作出区分，由此造成了数字金融与传统金融之间监管的法律重叠和法律空白，监管法律法规适用错乱的情况越发严重。① 另外，在处理数字金融纠纷的实践中，跨区域的电子证据的保存和认

① 王瑞霞．我国数字金融监管法律问题研究［D］．石家庄：河北经贸大学，2022.

证，电子送达也是一个难题。

6. 网络数据安全风险

数字金融平台的系统维护、病毒防护、数据备份等硬性要求较高，不少数字金融企业并不具备自主开发系统的能力，容易出现技术纰漏被网络黑客攻击。金融业务的数据要求绝对安全和保密。用户基本信息、用户支付信息、资金信息、业务处理信息、数据交换信息等的丢失、泄露和篡改都会给金融业带来巨大的损失。在数字金融这个开放的环境中，确保数据传输的完整性、安全性和可靠性，防止对数据的非法篡改，实现对数据非法操作的监控和制止是其需要重点解决的问题。

7. 经营管理风险

数字金融企业在经营管理过程中，必须持续跟踪和适应技术创新和市场变革，否则可能落后于竞争对手或错过重要的市场机会。在运营实施中，金融企业人力管理步入数字化，组织管理呈现数字化特征，如内部管理层面，各金融机构均建立了数字量化模型，随之带来的网络安全、数据保护、系统稳定性等都是需要高度关注和管理的重要环节。同时，迅速变化的法规环境也要求企业必须及时更新合规策略，避免违规操作导致的罚款或信誉损失。

8. 金融消费者隐私风险

在数字金融环境下，金融消费者个人信息及隐私保护面临着前所未有的严峻挑战。由于市场信息的不完全对称性，大部分金融消费者分散在市场不同角落，长期处于弱势地位，缺乏自我保护的手段，不少金融企业利用这种不对称性，从事个人信息数据倒卖、滥用等违法违规行为，造成企业对个人信息的商业利用与消费者本人信息有效控制之间的冲突，侵害了金融消费者的公平知情权和隐私权。

（二）金融监管面临挑战

数字金融发展引发的新问题，对当前传统金融监管的理念和规则体系产生了重大冲击，新型数字金融企业利用人工智能、大数据分析、移动互联网等创新技术面对面为中小企业和消费者提供金融服务，颠覆了金融业的传统生态格局，致使金融机构商业模式和法律合规环境发生重大改变。如何监管数字金融，并实现数字金融监管的法治化，保障稳定的金融治理环境显得尤为重要。这就需要金融监管机构灵活利用监管规则以应对金融市场的变化，也需要法律法规能够根据市场的信息反馈进行及时的调整。监管机构应端正态度，深入了解和掌握数字带来的机遇和风险。同时，要平衡好金融创新和金融监管，既要鼓励新兴数字技术的有效应用，也要在不妨碍创新的情况下，适应数字金融新特点，制定新的监管规范。此外，监管机构需要评估其监管能力和监管手段能否符合当前数字金融的发展需要，监管制度设计是否能跟上数字金融发展的节奏，现行的监管原则是否能够实现监管目标。从长期来看，合适、合理、合法的制度建设将有利于监管机构制定更具有连续性的监管政策和监管规则，有利于培育更为有效的监管文化。监管者既不应对金融创新采取消极不干预政策，也不应对金融创新作出不加思考的监管控制，避免被动式或者运动式监管，而应采取前瞻性的监管措施，构建法治化的数字金融监管框架。

二、数字金融监管概念与特征

（一）数字金融监管概念

数字金融监管为金融监管与数字科技的结合，是指政府为保障经济金融体系安全、有效、有序的运行，利用数字化方式重塑传统金融监管，对数字金融市场进行规范和控制的活动。它主要旨在通过法律、法规和政策，对涉及数字支付、网上银行、移动银行、电子货币、区块链、加密货币等数字金融服务的运营商进行监督和管理，以确保金融市场的公平、透明、稳定，防止系统性金融风险，保护消费者权益，同时也促进金融科技创新。

在上述定义的基础上，我们可以看出，数字金融监管依托于互联网技术、信息以及数据处理技术，是以大数据、云计算、人工智能等数字化的创新方式覆盖金融监管的大部分环节，对传统的金融监管产生颠覆性影响，并在社会经济活动中扮演举足轻重的作用。

（二）数字金融监管特征与表现

数字金融监管主要特征包括以下四点。

第一，监管活动远程化。传统金融监管活动依赖现场稽核，对被监管机构的业务经营的合法性、资本金的充足性、资产质量、负债的清偿能力、盈利情况、经营管理等状况，必须以面对面的方式完成。数字金融监管则更突出了金融监管活动的远程化，不再仅依赖现场检查，监管机构能突破金融业务的地域和时间限制。

第二，监管内容穿透化。在传统金融体系中，监管主要是依靠金融机构的报表和业务申报等方式以及监管检查，对金融机构进行宏观审慎和业务合规管理，但报表和业务申报是信息不对称的监管模式，金融机构可以通过报表修饰、资产假出表通道、业务层层嵌套等方式规避监管，从而使金融监管的目标落空。

金融监管机构数字化后采用在线监控方式，以数字化方式与金融机构的业务系统对接，以大数据方法检查金融机构的业务活动，可以实现穿透式监管金融机构的可疑交易和违规交易。

第三，数据处理便捷化。数字金融监管通过建立集中统一、互联共享的金融数据库，采取统一标准和口径，整合不同行政管理部门的数据资源，能够快速完成对金融部门的数据采集、传输、分析，脱离了传统监管效率低下的弊端，数据处理能力大大提升。

第四，分析方法抽象化。传统金融监管需要监管者与被监管者现场面对面交流，依赖于人脑对人体外表、谈话语调、谈话内容等形象化认知，以及对业务报表进行一些简单提炼，而数字金融监管能提炼维度更加丰富的金融业务数据并对其进行抽象化分析，分析更为精准。

除了上述表象的特征外，数字金融监管与传统金融监管的核心差异表现为以下两点。

第一，数字金融监管以数据为核心，传统金融监管以人力为核心。监管者与被监管者因主体地位和目标差异，存在猫捉老鼠的现象。被监管者处于对获利的冲动往往选择绕开监管机构，而监管者为了维护金融市场的稳定，严格规范被监管者的金融行为。金融监管者传统上习惯于现场监管，但人手不足，导致监管效率的低下，执法手段的单一。而数字金融监管以数据为核心，建立在数据分析基础上的信用审核、交易风险、交易决策机制等，能够脱离地域限制和人的主观因素制约。

第二，数字金融监管以计算机算法为基础，传统金融监管以脑力和体力为基础。在传统金融监管模式下，无论是业务监管模式还是风控模型，难免受到金融从业者的体力、理解力、处理能力和道德风险的约束。而数字金融监管以计算机算法为基础，算法是解决问题一系列清晰的指令，代表着通过用系统的方法描述解决问题的策略机制，是对问题准确而完整的解决输出。数字金融监管依托于大数据对金融活动、金融产品以及金融参与者行为进行定量或者定性分析，通过算法对不同时空、不同主体进行有效判断，将会大大提高对同类金融业务的监管效率，增强监管决策的准确性，并可避免人脑在特定情况下主观判断的风险。

三、加强数字金融监管重要意义

全球数字经济的到来使各行业面临数字化转型的压力，为了追求更高的盈利能力和价值转化，企业在不断完善自身核心竞争力的同时也在不断提升数字创新业务模式。为了推动社会治理全方位系统性流程再造和模式优化，政府也在通过数字化平台将政府职能进一步优化，推动政府、经济、社会全方面与数字化深度融合。金融业作为现代经济的核心，随着人工智能、区块链、云计算等技术的发展以及提供数字金融相关服务参与者不断进入市场，数字化创新也在不断重塑金融服务领域。人们开始意识到人工智能可能对消费者造成潜在伤害，但关于监管方面如何减轻这种伤害的方式却不明朗。尽管传统的金融监管方法在过去起到了不可忽视的作用，但是在数字金融发展环境下也逐渐暴露了不少缺陷，用数字科技赋能金融监管，有助于提升监管效率，降低监管成本，保护金融消费者权益，维持金融体系稳定。

第二节　金融监管与数字科技

一、数字金融监管目标

传统金融监管目标主要是保持金融体系稳定、维护市场公平竞争和保护消费者权益。数字金融并没有改变金融本质，但作为新兴金融发展模式，当前阶段也需要积极推动数字金融治理体系建设。

（一）保持金融体系稳定

防范和化解系统性风险，避免全局性金融危机，是金融治理的首要任务。数字科技的广泛推广使金融业态、风险形态、传导路径和安全边界都发生巨大变化，过于复杂的交易结构和产品设计，容易异化为金融自我实现、自我循环和自我膨胀，进而引发系统性金融危机。[①] 对于监管机构而言，有效的金融监管是保持金融体系稳定，是维护国家经济安全和金融市场的稳定重要目标。

（二）维护市场公平竞争

互联网企业利用数字金融业务给传统金融企业带来新的挑战，特别是占有数据、知识、技术等要素优势的一些互联网头部平台，受到资本的追捧，不断扩大业务范围，跑马圈地，带来了资本的无序扩张，加剧了竞争的激烈程度，容易导致某些领域和环节出现垄断和不正当竞争问题。而打破垄断、防止不正当竞争、防止资本无序扩张，保护数字金融参与各方的合法权益，有利于促进

---

① 郭树清．加强和完善现代金融监管［EB/OL］．http：//www.gov.cn/.

经济发展、社会进步、实现更高的生产力水平，也有利于加快我们国家现代化的进程，创造共同富裕的物质条件。

（三）保护金融消费者权益

数字科技的到来极大推动了数字普惠金融的发展和繁荣，降低了金融消费者的进入门槛，以往被传统金融机构拒绝的群体也能享受到数字金融服务，该部分金融消费者自身金融基础相对有限，无法了解复杂的数字金融运行机制，盲从性强，“羊群效应”明显，发生挤兑的可能性很大，容易导致自身财产权受损，影响金融系统的稳定性。从保障金融稳定和维护消费者权益的角度，金融消费者保护也是金融监管的重要内容，需要监管机构在数字金融领域制定相关法律法规，完善投诉处理机制、赔偿机制等，保障金融类消费者权益。

（四）推动数字金融治理体系建设

数字金融的发展是大势所趋，但数字金融生态的建设不是一蹴而就的，需要全局性、系统性的规划设计，对于数字金融的监管也需要立足新的发展阶段，贯彻新的金融监管理念，构建新金融治理体系，进而推进高质量数字金融发展，才能最终实现普惠便捷的数字社会建设。

二、数字金融监管原则

（一）一致性监管原则

由于新型数字金融创新主体未完全纳入传统金融监管的常态范畴，存在金融市场的秩序混乱、数字金融创新主体众多与监管法律针对性不足的问题。这就要求监管机构转变监管理念，尽快把这类市场主体纳入监管范围之中，一致性监管恰符合当前监管需求，其要求监管机构排除金融机构主体的复杂性，根据市场行为的本质进行监管，即只要从事相同性质的金融业务，不同机构都接受同样的监管约束。

（二）合法监管与合理监管相结合原则

金融创新有助于金融生态建设与优化的重要手段与持续动力，数字金融的发展拓宽了经济交流的时空维度，增强了经济动能。但重视其发展价值，也不能忽略带来的潜在风险，金融监管需要在努力创新与风险防范之间把握平衡。既要依照法律法规将新主体和新业务纳入监管范围，事先予以规范对数字金融中风险高发的业态和交易制定监管规则，也要理解金融创新活动的合理性，较少介入或干预具体业务，给业界提供必要的创新空间，保障有价值的金融创新不至于胎死腹中。

（三）协调性监管原则

协调性监管原则主要有两点：一是监管机构之间的管理沟通与交流，包括一国内不同监管机构以及同一监管机构上下级之间的有效沟通，也包括各国监管机构之间、国际监管组织与各国监管机构之间的有效沟通；二是监管机构与金融机构之间的沟通与交流。监管机构之间建立协调机制有助于避免监管套利和监管空白，能够统一监管标准，落实监管职责，进而提升监管效率。监管机构与金融机构之间建立协调机制，能够提升金融机构的工作效率和金融风险的早期预防能力，把握业务争议点和行业风险点，有效提升监管服务的专业性、精准性。

（四）标准化监管原则

数字金融监管标准化是指针对数字金融行业的业务流程与产品服务、信息交换与监管治理、应用路径与技术要求以及风险防范与数据安全等方面开展的标准化工作。建立统一的规范与标准体系能够限定数字金融企业的应用场景与范围，促进各类新型金融业态依法、依规发展，为其文件运营提供保障。

（五）风险数据实时监测与分析原则

数字金融利用大数据、人工智能与区块链的技术，依托于数字平台快速发展。实时获取数据信息是理解数字金融风险全貌的基础和关键，也是监管机构有效防止出现监管漏洞的重要方法，实施全范围的数据监测与分析有利于数字金融风险的识别判断、监督测量、计量统计和策略控制。因此，监管机构应积极建设全国统一的监管大数据平台，开发出相关的智能化风险分析工具，进一步完善风险早期预警模块，并能拥有一定的技术扩展性，可以在定期评估的基础上持续完善，方便及时捕获新风险。

三、数字金融监管主要模式

数字金融监管的主要模式是对金融机构监管权限的多种划分方式，按照监管目的和监管策略的不同分为微观审慎监管和宏观审慎监管；按照监管主体负责监管的行业范围作为划分监管权限的标准分为分业监管、混业监管和不完全统一监管；按照被监管者的机构类型、功能、目标等为监管权归属依据分为机构监管、功能监管、行为监管、穿透式监管，另外，随着数字的快速发展，也出现了技术驱动的金融监管模式和监管沙盒模式。

（一）微观审慎监管和宏观审慎监管

1. 微观审慎监管

随着金融市场的发展，特别是在国际金融危机后，监管者开始更加关注金融机构的稳定性和风险。微观审慎监管以降低单个金融机构的损失为目标，侧重于监督金融机构的内部管理和风险控制，包括资本充足率、流动性等方面，确保其有足够的能力应对可能的金融风险。

2. 宏观审慎监管

2008 年国际金融危机后，监管者意识到单纯从单个机构的角度审视风险可能忽视系统性风险，于是提出了宏观审慎监管的概念，关注金融体系的系统性稳定性。这种模式在微观审慎监管要求之上提出附加要求，关注金融系统整体的稳定性，通过调整金融系统的整体风险敞口，降低金融系统的系统性风险，以提高金融体系应对顺周期波动和防范风险传染的能力。

（二）分业监管、混业监管和不完全统一监管

1. 分业监管

这是早期金融监管的常见形式。在此模式下，监管者根据金融机构的不同业务类型，如银行业、证券业、保险业、期货业等分别设置监管机构进行监管。各监管机构各自负责确保其业务运行良好且风险得到控制。以美国为代表，以 1933 年通过的《格拉斯—斯蒂格尔法案》为标志，美国建立了分业监管制度。分业监管的优势在于细分行业的监管机构的监管范围相对较小，能够更加深入、更加专业地研究对相应行业的监管，在单一行业监管方面的效果较好。① 但也存在监管空白和监管重叠，容易滋生监管套利行为，无法适应当前金融行业混业经营的趋势。

2. 混业监管

混业监管是指在一定行政划分区域内，由一个监管主体负责监管所有金融机构所从事的所有类型业务，往往是中央监管机关或者是其他单设机构，行使统一监管权力。混业监管的优势在于混业监管能有效降低监管成本、能保证业务监管政策的统一制定和实施、更加适应金融机构混业经营的趋势。但混业监管的劣势则会导致监管机构官僚化，也会导致有针对性的监管标准缺失，产生监管指标一刀切的问题。

---

① 田彪．次贷危机后美国金融监管改革研究［D］．长春：吉林大学，2019.

3. 不完全统一监管

不完全统一监管又称不完全集中监管，是对分业监管和混业监管的一种改造，可以按照机构不完全统一和监管目标不完全统一划分为牵头监管和双峰监管。牵头监管是指在分业监管机构之上设置一个牵头监管机构，负责不同监管机构之间的协调工作，在分业监管主体之间建立了一种合作、磋商与协调机制。双峰监管是按照监管职能设立两个监管机构，将审慎监管和行为监管分开。审慎监管负责维护金融体系和机构安全稳健运行，行为监管负责公平交易，以保护金融消费者合法利益。这两个分开类似骆驼的两个峰，所以称为“双峰”监管。

（三）机构监管、功能监管、行为监管、穿透式监管

1. 机构监管

机构监管是指以金融机构的类型为划分监管权限的依据，相同类型的金融机构应该受到相同的监管。机构监管和按照主体标准分类的分业监管基本相同，当市场中金融机构的行业和分工能够划分清晰，所属监管机构目标和职责就能够明确具体。

2. 功能监管

功能监管可理解为在混业经营环境中，依据各个业务金融机构的功能或者对相同功能、相同法律关系的金融产品特性来实施的监管，功能监管强调追溯本源的法律关系，具备跨机构、跨市场监管的特点，关注金融机构所从事的业务活动，进而防范系统性风险。

3. 行为监管

随着消费者保护意识的提升，行为监管越来越受到重视。行为监管关注金融机构的产品和服务对消费者的影响，如保护消费者免受不公平、欺诈的金融产品和服务。行为监管强调对金融主体的监管，监管机构对金融交易的行为主体进行限制和规定，关注的对象是金融机构和个人。

4. 穿透式监管

该理论源于功能监管理论和行为监管理论。但穿透式监管理论强调的是事实发现，而非基于所发现的事实实行新的监管。穿透式监管目的在于刺破一些法律关系模糊，且存在多渠道、多层嵌套的成熟金融产品，以风险控制为核心，对银行、证券、保险等各行业的各类理财、投资类产品资金来源、底层资产、杠杆情况、资金投向、信息披露等多方面监管，基本涵盖了一个资管产品从形成到结束的所有核心环节，防范以“数字科技创新”之名模糊业务边界、层层

包装产品等行为。

（四）数字金融监管的创新模式

1. 技术驱动的监管

随着信息技术和数据科学的快速发展，监管科技（RegTech）开始逐渐应用于金融监管中。利用大数据、人工智能、区块链等技术手段，可以更有效地发现和管理风险，增强监管效率和效果。

2. 沙盒监管

“沙盒”（Sandbox）是一个计算机学科的术语，是指在一个隔离的虚拟环境中对程序或者软件进行测试，这种做法是要限制授予应用程序的代码访问权限。而监管沙盒是指在保障消费者利益的前提下，构建一个受监督的安全测试区，对进行沙盒测试的公司实施一定程度的监管松绑政策，允许其在这样的环境中进行产品服务，商业模式和通道机制等领域的创新，并不会因为创新而招致不利的监管后果。

四、数字金融与监管科技

2022 年 1 月，中国人民银行印发的《金融科技发展规划（2022—2025 年）》重点任务中强调加强金融科技审慎监管要求，加快监管科技全方位应用，加强数字化监管能力建设，增强动态感知和穿透式分析能力，筑牢金融与科技风险防火墙。随着大数据、区块链、人工智能等新技术应用的日趋成熟，近年来各行各业多样化的创新业态也给监管带来了严峻挑战。监管领域的数字化转型已成为保障数字经济高质发展的重点。监管科技在应用场景广度的不断探索和应用深度的升级，使监管科技的运用日趋成熟。监管科技在平衡经济发展中的风险和效率、创新和稳定等方面所发挥的作用日趋明显，监管科技正迎来更加快速的发展，将成为数字经济高质量发展的重要助推器。因此，对这些风险进行有效的评估和监控是非常重要的。以下是一些用于数字金融风险评估与监控的技术。

（一）大数据分析

通过收集和分析大量的数据，可以更准确地评估信用风险，预测市场趋势，识别潜在的欺诈或洗钱活动等。例如，可以通过分析用户的交易历史和行为模式，预测它们未来的信用表现。另外，数字金融中涉及大量个人和机构数据的收集、存储和使用，因此数据安全和隐私保护极为重要。应使用加密技术、访问控制、数据脱敏等方法保护数据的安全，同时尊重用户的隐私权，按照数据最小化原则和用户同意原则使用数据。

（二）人工智能和机器学习

这些技术可以用于模型建立和决策支持，提高风险评估和监控的效率和精度。例如，使用机器学习算法可以自动识别出可能的欺诈交易或异常行为。另外，人工智能和机器学习算法可能会产生偏见，导致不公平的结果。为避免这一问题，应确保算法的公平性和透明性，如通过算法审计查看算法的决策过程，确保算法的公正性。

（三）区块链技术

区块链技术所具有的开放性和不可篡改性能够为风险监控提供有力工具。例如，通过区块链技术，可以追踪和监测数字货币的交易，防止洗钱和恐怖主义融资等违法行为。区块链的公开透明性可能导致隐私泄露，尤其是在处理敏感的金融信息时。另外，区块链的安全性大部分依赖于其去中心化的特性，但如果一部分参与者控制了区块链网络的大部分计算能力，可能会导致“51%攻击”。此外，区块链技术的可扩展性也常常被质疑，可能影响其在大规模金融应用中的效率。

（四）网络安全技术

数字金融服务依赖于网络和信息技术，因此需要强大的网络安全技术来防止黑客攻击、数据泄露等风险。这包括加密技术、防火墙、入侵检测系统等。对于关键的数字金融服务，应考虑技术冗余和备份，防止技术故障导致的服务中断。例如，可以设置备份服务器，或使用分布式技术，确保服务的可靠性。

（五）风险建模和模拟

通过构建风险模型，可以对多种风险进行量化评估，为决策提供依据。此外，可以通过模拟不同的市场情况或风险事件，评估金融系统的稳定性和抗风险能力。另外，风险模型可能基于过去的数据和假设，但未来可能并不会按照过去的模式发展，因此模型的预测可能不准确。此外，模型可能过于复杂，难以理解和使用，也可能过于简单，无法捕捉到真实世界的复杂性。

（六）API 监控

许多数字金融服务都是通过应用程序接口（Application Program Interface，API）提供的。通过监控 API 的使用情况，可以及时发现服务的问题，防止服务中断或数据丢失等风险。另外，API 是许多数字金融服务的关键组成部分，但 API 本身也可能存在安全风险。例如，如果 API 的安全控制不严密，可能会被黑客利用，导致数据泄露或服务中断。此外，过度依赖 API 可能导致系统的复杂性增加，影响系统的稳定性。

第三节 数字金融监管业务应用实践

一、数字化背景下银行业监管

（一）银行业数字化概述

在当前经济发展和科技进步的推动下，商业银行利用区块链、云计算、大数据、人工智能等数字科技实现了银行业务升级改进，它涉及通过网站、云服务器、移动应用程序、自助服务等设备将原有服务流程、服务内容转化为计算机可识别、分析、处理的数据，并以此创新各种金融交易和服务。这些服务贯穿于账户管理、支付转账、贷款申请、投资服务等全周期环节。银行业数字化的兴起是互联网技术发展到一定阶段的必然，不仅改变了传统银行业的运作模式，也为客户提供了更加便捷、高效的服务。

对于银行来说，为了提高服务效率，降低运营成本，有较高的标准化业务流程要求，客观上推动了存款、贷款、票据业务、中间业务、资产管理等银行业务数字化转型。其中，存款业务标准化程度极高，特别是在无现金社会的趋势下，绝大多数业务通过用户手机或者自动柜员机即可为客户提供服务。贷款业务在金融科技的加持下，风控管理持续增强，相关风控模型的准确率也进一步提高，使银行能更加严格地监控数据的内部使用情况以及用户的风险暴露，从而对渠道风险、业务风险和信息风险更加精细的管理，如当下的小额贷款领域，已经具备了很高程度的标准化和自动化审核贷款。电子票据的应用和推广，大大便利了银行业务的标准化和自动化，也缩短了银行的中间业务响应时间，企业、个人已习惯于通过电子支付、电子汇款、扫码支付等更为便捷的方式实施资金支付结算，全面开启从“客户跑腿”到“数据接棒”转变的新服务模式。

（二）银行业数字化与风险

1. 技术渠道风险

随着银行数字化转型的快速推进，网络化、信息化是当前银行业的重要特征，一方面部分银行主动积极拥抱数字化转型，另一方面也让部分银行被迫迎战，不同的银行之间会存在一定的技术代差，新技术不断的推陈出新，给银行增加的运营成本，也对银行的风险预防能力提出了挑战，一旦选择的技术方案落后，技术系统和客户终端的兼容性较差，影响传输效率，将会导致业务流程不畅，不仅会损失客户，还会失去市场拓展能力。同时，旧的技术方案如果忽视传输的安全性，信息加密等级不够，容易受到恶意代码攻击，威胁客户资金安全，一旦感染计算机病毒或者主机服务器宕机，病毒通过计算机传染整个网络，会造成严重的系统性风险。

2. 信用风险

一方面，数字金融的公民征信系统还未完善，内部共享程度也需要进一步提高。对于借款者的征信记录不完整，交易双方存在信息不对称的问题，借款者和平台的违约会给贷款者带来巨大的资金损失。另一方面，银行数字化的发展离不开信息系统的外包服务，进而涉及非银行的第三方机构，存在客户数据泄密的可能性，对用户的信息使用不当就会造成信用风险，进而严重影响银行的声誉。

3. 数据风险

银行数字化转型的一个重要表现就是数据数字化，没有大量的数据作为支撑，银行数字化就是一纸空谈。客户在移动终端通过网络提交材料，材料的真实性无法得到全面保障，当客户的行为数据、消费数据、征信数据不全面、不完善时，银行就很难准确地界定客户的风险状况和信用等级，一旦数据混入虚假错误的信息，可能导致大数据得出的研判与真实情况大相径庭，由此给银行带来巨大的经济损失。

4. 法律风险

银行数字化发展起步晚，但扩散速度快，转型过程中涉及各种复杂的法规和规定，容易出现过去传统的金融法规不适用，而对应的法规更新慢、发展不健全的问题。比如，银行业涉及大量电子合同，可能存在合同效力、履行等方面的问题。在合规性方面，数字化转型涉及多个领域，如虚拟货币、反洗钱、非法集资、消费者权益保护等方面法规，需要确保银行业务合规性，违反这些规定会导致严重的法律后果。

（三）银行业数字化与监管科技

由于数字化银行业务的特殊性，监管也面临着一系列挑战。监管机构需要持续跟进技术发展，并更新监管规则以适应新的业务形式。目前，许多国家和地区已经建立了专门针对数字化银行业务的监管框架，强调数据保护、网络安全和合规性等方面。同时，监管机构也在积极推动银行业与科技公司的合作，以利用先进的技术来提升监管效率和效果，如通过使用人工智能和大数据分析等技术来监测潜在的风险和违规行为。

我国近年来不断加大金融科技投入在银行业数字化转型的比重，不断完善金融科技治理体系，深化核心技术应用，建设更加先进的数字基础设施。中国人民银行、国家金融监管总局重视以大数据、云计算、人工智能、区块链为代表的新兴信息技术的研发，并在多个领域落实监管科技的落地应用。2019 年，中国人民银行等六部门为了推动金融科技安全有效发展，首次尝试引入监管沙盒理念及管理流程，并在随后的几年不断扩大创新监管试点范围和程度。银保监会（现为国家金融监管总局）通过加强监管数据质量专项治理，将非现场监管嵌入银行业金融机构业务经营、风险管理和内部控制的全流程。① 通过 1104 报表系统、客户风险数据报送（部分银行报送）、监管标准化数据系统（EAST 系统）实施数据有效监管。各地银保监会也在充分利用监管科技推动监管改革，如浙江银保监会成立金融综合服务平台，广东银保监会投入建设广东省中小企业融资平台，江苏银保监会成立监管科技研发中心。同时，银保监会也支持引导银行机构在风险可控的前提下，探索开展金融科技应用和模式创新，如在大数据技术及其应用上，中国工商银行构建的“融安 e 盾”企业级反欺诈平台，能够提升全面风险、市场风险、个人客户风险管理监控能力，实时阻断交易风险，“融安 e 控”则为内控合规管理、监督检查评价、案防操作风险、反洗钱管理等业务场景提供强有力的系统支撑。② 在人工智能技术及其应用上，中国建设银行通过智能推荐助力手机银行、“建行生活”精准触客营销，营销活动用户点击转化率提升超 200%。中国邮政储蓄银行智能图像配合信贷业务平台等 18 项工程，落地极速贷、邮享贷、移动展业等 20 余个场景应用，提供借据、结婚证等 15 类通用证件识别服务，支持每日近 34 万笔 OCR 文字识别和每日近 3 万笔智能稽核。③ 在云计算技术及其应用上，中国农业银行完成一云多芯技术栈建设，纳管超 4 万个服务器，承载超 1200 个应用模块，同时加大 IaaS、PaaS 及 SaaS 云部署力度，基于 PaaS 部署的应用比例达到 68%。④ 通过充分利用大数据、云计算、人工智能等新一代数字技术，推动金融与政务、工商、电力等领域数据融合运用，提升监管效能。

二、数字化背景下证券业监管

（一）证券业数字化概述

证券业在金融行业中属于数据密集型行业，积累了市场信息、客户信息、

① 巴曙松，朱元倩，等．金融监管科技［M］．北京：机械工业出版社，2022：105.

② 杨涛，赟圣林．中国科技运行报告（2023）［M］．北京：社会科学文献出版社，2023.

③ 杨涛，赟圣林．中国科技运行报告（2023）［M］．北京：社会科学文献出版社，2023.

④ 杨涛，赟圣林．中国科技运行报告（2023）［M］．北京：社会科学文献出版社，2023.

上市公司财务报表、交易数据等大量信息，伴随着时间积累、企业和客户数量的增减，一方面其数据呈现井喷式增长，另一方面无效冗余的数据也相伴而生，这些数据的分析和处理对投资者、券商乃至整个证券市场来说至关重要，也内生催动了新技术的不断发展，是新技术应用的积极拥护者和践行者。

随着科技的不断进步和互联网的普及，在互联网时代，证券业是在传统证券交易电子化基础上，利用互联网技术，实现产品营销、咨询、交易、结算等证券业务的线上化，是传统证券业务的延伸和扩展。随着互联网技术的进一步发展，区块链、云计算、大数据、人工智能等数字技术的广泛应用，证券业在用户网络注册、客户定制化服务、产品设计、账户管理、投资智能决策，风控合规、信息披露、监管技术等业务环节进行了数字化改造，变革了传统证券业务的组织形式和生产方式，推动了证券业务模式的整体代际跃迁。

通过数字化平台进行证券交易和管理，数字化证券业务涉及广泛，包括股票、债券、衍生品等，证券业数字化不仅在业务模式上进行创新，还通过区块链技术发行和交易数字资产证券，出现了以大数据分析、人工智能等技术应用于传统证券、基金、投资咨询业务而诞生的智能投顾，出现了以互联网为依托的股权众筹的新型股权融资方式。数字化证券业务使交易更为便捷，市场参与者的范围更广。

（二）证券业数字化与风险

1. 技术风险

数字化证券业务在提升交易效率和透明度的同时，也带来了一系列新的风险。首先是技术风险，包括系统崩溃、网络安全威胁以及技术更新带来的兼容性问题等，这些问题对技术的安全性和可靠性提出了更高的要求，处理不当造成的信息安全事件可能影响证券公司分类评级，给证券公司带来巨大经济损失。特别是高频交易由于证券业务的重要性，这些风险可能对整个金融系统的稳定性产生影响。《证券基金经营机构信息技术管理办法》、《证券期货业信息安全保障管理办法》（证监会第 82 号令）、《证券期货业信息安全事件报告与调查处理办法》对此有全面的要求。

2. 法律与合规风险

当下，证券业数字化发展突飞猛进，对于发展中出现的一些问题，通过证券公司强化内部管理措施和更新技术手段能够解决，但涉及责任主体的确定、客户个人隐私、信息披露制度，接入第三方信息系统带来的投资者适格、由于数据不在证券公司带来的场外配资以及第三方未经许可经营证券业务等问题，相应的配套法律法规还处于摸着石头过河的阶段，需要同步跟进。另外，第三方通道和信息系统在证券公司客户获取和客户服务中的运用日益显现，其新功能可能对证券监管和证券公司业务合规性造成冲击也是不能忽视的风险。

3. 市场风险

数字化证券的主要特点是其完全的数字化，其发行、转让和清算过程可以通过区块链技术、智能合约和自动化技术得以实现，依赖于强大的计算能力和先进的算法，能够在瞬间进行大量交易操作。由于数字化证券市场通常更为复杂和动态，利率、汇率、股指、商品价格、证券资产价格等市场价格的瞬间波动，可能增加证券公司的风险。

（三）证券业数字化与监管科技

对于数字化证券业务的监管，各国的态度和做法各不相同。有些国家已经开始制定相关的法律法规，以便更好地规范这一新兴业务。例如，一些国家已经明确了数字资产的法律地位，制定了数字资产交易的规则。

然而，数字化证券业务的监管还面临着许多挑战。首先，这是一个全球化的业务，需要国际间的协调和合作。其次，数字化证券业务涉及的技术在不断发展，监管者需要持续更新知识和工具，以便更好地理解和应对新的风险。最后，监管者还需要在保护消费者、维护市场公平性和鼓励创新之间找到平衡。

针对上述挑战，监管者在不断尝试并采取多种策略。首先，提高合规性和透明度，如通过加强信息披露要求以便投资者作出更好的决策。其次，许多监管者正在建立与数字化证券业务相关的专门监管机构，或者设立专门的部门更有效地监管这个行业。同时，一些国家也在加强国际合作，以便对跨境业务进行更好的监管。

另外，监管者也在尝试利用新技术进行监管。例如，使用大数据和人工智能动态和风险状况，从而进行更准确的风险预警和应对。这种以技术应对技术的策略，被称为“监管科技”。尽管监管者正在采取多种措施，但对于数字化证券业务的监管仍然存在很多不确定性。例如，如何确保数字化证券的所有权和交易记录的真实性、如何保护消费者隐私，以及如何对抗潜在的市场操纵和欺诈行为等。总的来说，随着数字化证券业务的快速发展，监管者需要持续研究并更新监管策略，以便在保护投资者和市场稳定的同时，鼓励金融创新。

我国为推动证券行业金融科技稳步发展，促进资本市场数字化转型，完善

资本市场数字化转型，完善资本市场金融科技监管机制，早在2015—2017年，证监会深圳监管局率先尝试构建了证券风险监测系统、资产管理业务报送及分析系统、私募基金监管信息平台，通过大数据技术完善监管体系，实现穿透式功能监管。上海证券交易所和深圳证券交易所，都在积极探索大数据、云计算、人工智能、机器学习等新技术实现监管科技落地，构建了大数据智能检察系统、风险监测预警，异常交易行为等监管科技手段，着力加强上市公司行为监管和市场行为监管。2021年，证监会在北京先行启动资本市场金融科技创新试点工作，形成证监会版的监管沙盒。[①] 同年10月，证监会制定并发布了《证券期货业科技发展"十四五"规划》，对前期证券科技监管的顶层设计、基础设施建设、IT治理等方面的经验及面临的挑战进行了缜密分析，确定了持续打造一体化的行业基础设施、推进科技赋能与金融科技转型、完善行业科技治理体制、塑造领先的安全可控体系、提高科技标准化水平、提升金融科技的研究水平六个方面的要求和任务。2023年，证监会着手制定了《证监会智慧监管IT战略规划》，做好监管智慧化的技术发展和系统建设的部署，提高科技服务监管能力；人民银行和证监会分别印发了《金融标准化"十四五"发展规划》《证券期货业金融科技标准规划(2022—2025)》，明确了"十四五"时期的标准建设目标和具体任务；作为行业自律组织的中国证券业协会发布了《证券公司网络和信息安全三年提升计划(2023—2025)》，为"十四五"时期证券公司的网络安全建设指明了具体方向。

【案例】"上证链—监管链"跨链对接项目[②]

在证监会科技监管局的指导下，上证链团队协调相关市场机构，与监管链对接，根据实际业务流程共同制定场外市场跨链数据模型，完善场外市场基础数据与监管数据标准，建立数据要素资源体系，确保数据生产与应用的一致性。"上证链—监管链"跨链对接项目立足科技创新，充分发挥区块链技术不可篡改的特性，构建了从市场机构到核心机构，再到监管机构的完整数据报送通道，确保数据流转的一致性，既实现了实时报送，又可以进行溯源验证。将私募基金从备案、管理、代销、购买、清算及信息披露的全链路业务流程通过上证链进行链上留痕，从单点存储转为链式存证，形成有效的证据链条，监管机构可通过跨链数据交互获取原始数据，实现穿透式监管。

---

① 杨涛，赉圣林. 中国科技运行报告（2022）［M］. 北京：社会科学文献出版社，2022.

② 杨涛，赉圣林. 中国科技运行报告（2023）［M］. 北京：社会科学文献出版社，2023.

三、数字化背景下保险业监管

（一）保险业数字化概述

随着数字科技的不断发展，传统保险业也正在经历一场数字化革命。保险公司依托网络数字技术开展在线订立保险合同、在线承保、在线核保、在线理赔等保险经营活动，也通过数据分析进行保险定价，以及利用物联网设备进行风险监控等。此外，一些新型的保险模型，如基于区块链的保险也在逐渐兴起。数字技术的应用已渗透传统保险业务经营管理的全生命周期。① 这些新型业务给保险业带来了诸多积极和正面的影响，不仅可以提高效率、降低成本，也可以通过大数据和机器学习等技术提供更为个性化的保险产品和服务，提高保险普惠面。面对数字技术驱动下，保险业需要在技术应用、竞争模式、潜力领域、企业文化等多方面创新发展，才能助力保险业高质量发展。

（二）保险业数字化与风险

1. 技术风险

保险业数字化转型是从保单设计、定价、销售到理赔等后续服务全过程的数字化。但数字网络和相关数字设备又具有较强的脆弱性和迭代性，脆弱性包括 IT 系统故障、硬件设备不完善、数据泄露、网络攻击、系统崩溃等问题，迭代性包括保险公司为了不断跟进最新技术，导致新技术与旧技术之间兼容性问题。这些问题可能会导致公司的业务中断，影响保险公司的声誉，甚至给保险公司和保险消费者带来巨大损失。

2. 数据隐私风险

大数据的运用提高了保险公司的精准营销能力，但数字化保险业务需要收集和处理大量的个人数据，如何确保大量数据敏感数据在获取、传输和处理过程中的安全是一个重要问题。一方面，黑客或不法分子窃取、篡改或者删除客户信息，不仅严重侵犯了客户隐私、投保人权益，引发客户信任危机；另一方面，也会影响保险公司的定价、销售和经营策略，对保险公司造成巨大的负面影响，严重情况下企业倒闭，给整个行业带来动荡。

3. 法律和合规风险

保险业数字化目前在国内还处于起步阶段，如随着数据保护法律的不断更新，保险公司在处理客户数据时需要遵守更多的规定。如果处理不当，可能会

---

① 杨涛，贲圣林．中国科技运行报告（2023）［M］．北京：社会科学文献出版社，2023.

面临法律纠纷。特别是新能源汽车的崛起，无人自动化驾驶技术所衍生出来的新兴纠纷和法律风险必然对传统保险业发起重大挑战，对其法律合规性考量是保障安全驾驶的重要因素。但当下保险业数字化发展过于迅猛，一定程度上存在监管不足的问题。

4. 道德风险

在投保过程中，投保人如实告知义务应被切实履行，但在数字化保险环境下，保险公司与客户无法面对面交流，投保人有可能利用这一缺陷隐瞒与保险标的有关的重要事实，而保险公司无法对客户作出适当的调查以及后续的查勘，导致缺乏详尽的客户资料，因此，保险公司难以辨别销售过程中的道德风险，以至于造成业务损失。

5. 流动性风险

由于数字化保险不再是单纯的线下面对面交易，越来越多地采取线上网络交易的方式，在范围上客户数量得以扩大，但这种线上交易存在严重的信息不对称问题，由于大多数客户并不是专业人士，其承受能力有限，一旦客户感觉遭受损失，恐慌情绪在网络上快速扩散，可能带来流动性风险，对保险稳定形成冲击。

（三）保险业数字化与监管科技

针对数字化保险业务的风险，各国的监管机构已经开始采取行动。许多国家都制定了关于数据保护和网络安全的法律和规定，以保护消费者的权益。

一些监管机构已经制定了数据保护和隐私保护的规定，要求保险公司在处理个人数据时需要遵守的规则。此外，为了应对网络安全风险，一些监管机构也要求保险公司必须建立并维护一套完整的网络安全防护系统。然而，数字化保险业务的监管仍然面临着许多挑战。一方面，由于技术的发展迅速，监管机构需要不断更新自己的知识和工具，以便更好地理解和管理新的风险。另一方面，由于数字化保险业务通常具有跨境性质，因此需要国际间的合作和协调。总的来说，随着数字化保险业务的发展，监管机构需要采取更加积极和前瞻的策略，以应对新的风险和挑战。

但监管机构执法受制于法律的严格规定，缺乏一定的灵活性，而网络安全保险作为一种更具灵活性和可操作性的手段越来越得到市场和监管部门的高度关注。在全球数字经济高速发展的背景下，针对网络安全的产业发展步入高速增长态势。《中国网络安全产业研究报告（2022 年）》公开披露的数据显示，2022 年我国网络安全产业规模近 2200 亿元，增速约为 13.9%。2022 年 9 月，上海银保监局指导上海市保险同业公会发布了国内首个网络安全保险服务团体标准——《网络安全保险服务规范》，为保险公司在承保、风控、理赔服务等各个环节开展网络安全保险业务制定了统一标准要求。2022 年 11 月，工业和信息化部发布《关于促进网络安全保险规范健康发展的意见（征求意见稿）》，该意见是国内第一个对外发布的以网络安全保险为主题、促进网络安全保险产业规范健康发展的指导性文件。2023 年 7 月，工业和信息化部与国家金融监督管理总局联合印发《关于促进网络安全保险规范健康发展的意见》（以下简称《意见》），为网络安全保险市场进一步走向规范健康发展提供了明确指导。

【案例】众安保险网络安全保险创新模式①

众安保险以“保险 + 科技 + 安全”的创新模式，为企业提供基于网络安全保险的主动安全合规、主动风险管理、主动安全运营等“一站式”服务。服务涵盖开展网络安全核查、风险评估、风险态势监测、风险提示、责任划分、定损评估及理赔等关键环节，具有投保模块化、服务系统化、理赔快速化等特点。同时，面向企业打造了以技术服务能力为支撑的网络安全运营中心，依托安全整改建设、风险量化评估、网络安全测评、日常实时监控、快速恢复方案、公关诉讼支持六项技术服务模块，提供事前预防、事中监测、事发响应及事后处理的全流程定制服务。目前，众安保险聚焦企业核心需求，提供“网络安全保险（中小企业版）”“网络安全保险（信息系统版）”“网络安全保险（综合定制版）”等标准产品。此外，众安保险还通过“标准产品 + 定制化的解决方案”，构建多层次的网络安全保险产品矩阵。

第四节　我国数字金融监管发展趋势与展望

一、金融监管发展趋势

2007 年美国的次贷危机爆发，对国际金融体系造成严重破坏，国际金融监管组织和各国金融监管部门深刻反省过往金融监管的思路和方式，反思新自由主义的缺陷，各国加强了监管介入，实施全面监管，从宏观审慎监管、行为监管、系统性风险角度对金融监管的理念、架构、规则启动了全方位改革。在国

---

① 杨涛，贲圣林．中国科技运行报告（2023）［M］．北京：社会科学文献出版社，2023.

际层面，巴塞尔银行监督委员会出台了《巴塞尔协议Ⅲ》，修改了监管资本要求，提高了资本充足率，强化了宏观审慎监管。作为危机中心的美国出台了《多德—弗兰克法案》，成立了金融稳定委员会，加强了系统性风险监管，严格资产证券化和金融衍生品的监管。

监管环境趋于严格，金融机构的合规成本飙涨，一定程度上抑制了全球金融创新活动的活跃度。但就像每次危机背后都会带来新的机遇一样，金融危机孕育了数字金融发展的土壤。随着大数据、AI、云计算、区块链和人工智能等技术推动了金融与数字技术的结合，也让金融活动的参与者在一定程度上绕开了监管。比如，比特币的发明和推广创造了一个去中心化的支付系统，数字资产变成数字黄金，在发展过程中不仅为金融范式转变奠定了基础，改变了人们感知和交易价值的方式，也为无数数字资产开辟了一条可追随的道路。各国的新型金融科技公司如雨后春笋般不断涌现，利用数字创新技术直接为消费者和企业提供金融服务，颠覆了金融业的传统生态格局，致使金融机构商业模式和合规环境发生了重大变化，也对世界各国的金融监管带来了重大挑战。

在数字金融背景下，跨行业、跨市场、跨时空的金融服务日益增加，不同业务之间和不同产品之间的交叉性和关联耦合日趋紧密，风险识别困难，风险隐蔽性增大，传统监管手段难以奏效。在此背景下，世界各国都开始研发基于大数据、人工智能、区块链等技术的金融监管平台和工具，也陆续出台了针对数字金融的相关法律法规，改革和完善金融监管体系框架。

英国 2013 年为了应对国际金融危机和欧洲主权债务危机，撤销了作为综合监管机构的金融服务局，创建了三个新的金融监管机构：金融政策委员会（Financial Policy Committee，FPC）、金融行为监管局（FCA）和审慎监管局（Prudential Regulation Authority，PRA），构建了旨在维护金融机构稳定和保护消费者权益的“双峰”监管架构。在新业态金融产品的对市场稳定性和消费者权利存在潜在风险情况下，“双峰”监管发挥着切实可行的监管作用。金融行为监管局于 2014 年通过“创新项目”以及 2015 年提出“监管沙盒”等监管创新鼓励数字金融企业的发展。2017 年金融行为监管局启动的“数字监管报告”（Digital Regulatory Reporting，DRR）使用了自然语音处理、智能合约和分布式技术将监管规范转换为机器可读和可执行的形式，有效缩小监管目的和法条释义之间的差距。

2009 年的欧洲主权债务危机让欧盟经济元气大伤，过于保守的金融监管政策，导致错过了数字金融发展的初期阶段。数字金融的快速迭代发展开始影响欧洲经济，由于欧洲主权债务危机的历史教训，欧盟当局逐渐重视了数字金融的发展影响，着手建立欧盟金融基础设施建设，以期能实现数字金融快速发展并反哺实体经济。相较于英国对于数字金融监管实施积极推动金融创新策略，欧盟除了提供了一个较为完善的监管生态体系，比较重视合规要求，同时看重欧洲公民的隐私权的保护和金融数据的共享。2018 年欧盟生效的《通用数据保护条例》，因涉及美国数字巨头数据垄断的问题，欧盟监管机构多次向这些企业开出了罚单。2022 年欧盟出台《数字市场法案》《数字服务法案》，前者旨在规范数字市场参与者交易行为，避免跨国科技巨头凭借垄断优势，在欧洲市场过度扩张；后者侧重从内容及形式等方面规范数字企业提供的服务，以此更好保护欧盟消费者。[①] 这两部法案进一步明确了数字领域企业的行为义务和禁区，扎紧了欧洲数字领域监管“篱笆”。

美国作为国际金融中心和金融创新的重要发展地，始终走在全球数字金融发展的前列。2007 年美国次贷危机后，出台了《多德—弗兰克法案》加强金融监管力度。但美国没有针对数字货币的全面监管框架，美国独特的金融监管体系由联邦和州两层级对各金融机构进行监管，同时实行“多头监管”的混业监管模式。这带来了金融监管体系的复杂性，存在不少监管重叠，不利于金融创新。在数字经济时代，为了推动美国数字金融监管现代化发展，美国众议院金融服务委员会 2019 年提交了《金融服务创新法案》，旨在联邦范围内建立专门监督和规范数字金融企业的金融服务创新办公室，但并未投票通过。2023 年 7 月，美众议院共和党推出《21 世纪金融创新和技术法案》，旨在为数字资产建立监管框架。该法案旨在为数字资产建立监管框架、保护消费者、促进创新，并将美国定位为金融和技术领域的领导者。

二、国内数字金融监管发展演进

随着国内金融市场蓬勃发展，金融监管体系也面对日益变化的挑战而不断变革着。为了规范国内金融体系发展，我国分别于 1992 年成立了证监会，1998 年成立了保监会，2003 年剥离央行监管职能成立银监会，确立了“一行三会”的分业监管框架。同时，《证券法》《保险法》《银行法》等金融法律法规也相继面世，为中国金融监管体制奠定了基础。银监会、保监会与证监会则各司其职，分工明确，分别负责银行、保险公司、券商基金等各类金融机构的业务合

① 严瑜. 欧盟给“谷歌们”再上“紧箍咒”[N]. 人民日报海外版，2022-04-28（006）.

规与运营能力监管。“一行三会”的分业监管框架在国内早期的金融发展阶段，能较好地维持国内金融市场稳定，驱动了各类金融机构聚焦主业发展与内部风险管理，孵化并拓展了银行、保险、证券等各类金融业态发展壮大。

我国金融业的进一步蓬勃发展也带来了金融创新不断深化，不同金融机构的产品和服务范围界限被逐渐淡化，银行、证券和保险等机构的业务越来越趋同，同一金融产品或服务有多种类型机构的参与。另外，2013 年我国掀起了一场以互联网金融为代表的金融创新热潮，P2P 网络借贷、互联网众筹及互联网理财等公司大量出现，但这些网贷平台并未通过监管机构发牌设立，绕开了传统监管框架，出现了监管主体和制度体系缺位的情况。① 监管机构无法理解新的产品市场和产业模式，导致金融监管对市场动态反应迟缓，造成了监管空白。2015 年 7 月，由中国人民银行、银监会等十部委发布的《关于促进互联网金融健康发展的指导意见》（以下简称《指导意见》）明确了我国互联网金融各业态的监管主体，这是对互联网金融监管的法治开端。《指导意见》指出将互联网支付交由中国人民银行监管，将股权众筹融资、互联网基金销售交由证监会监管，将互联网保险交由保监会监管，将网络借贷、互联网信托、互联网消费金融则交由银监会监管。但《指导意见》监管思路并未脱离传统的分业监管的模式，导致混业经营和分业监管的矛盾不断激化，出现系统性金融风险的可能性不断增大。

“一行三会”的行政级别相同，彼此之间只有建议权而无行政命令权，协调沟通和联合执法的时间与人力成本巨大，监管信息无法及时共享，容易导致监管空白，滋生金融企业监管套利的行为。2017 年 7 月，在北京召开的第五次全国金融工作会议上宣布设立国务院金融稳定发展委员会，开始统筹金融改革发展与监管，协调金融监管政策间、部门间及与货币政策、相关财政政策和产业政策等其他政策的配合。随后，2018 年“两会”通过了国务院机构改革方案，根据该方案，将银监会和保监会的职责整合，组建中国银行保险监督管理委员会（以下简称银保监会），作为国务院直属事业单位。同时，将银监会和保监会拟订银行业、保险业重要法律法规草案和审慎监管基本制度的职责划入中国人民银行，确立了“一行两会”的分业监管框架，这是根据当时情况对分业监管模式的优化，也是吸取了“双峰”监管的有益经验。同年 4 月，中国人民银行会同银保监会、证监会、国家外汇管理局等部门制定了《关于规范金融机构资

① 尹振涛．中国金融监管的新动向与重要意义［J］．人民论坛，2023（8）．

产管理业务的指导意见》，用以解决不同金融机构同类金融业务监管规则和标准不一致的问题，将同类金融业务纳入相同的监管标准，目的在于防范金融风险，消除监管套利的空间。“一行两会”的构架尽管在分业监管的过程中发挥了极大的作用，但仍有一些监管逻辑不够清晰。在数字经济新发展阶段，我国的金融监管面临挑战，过去的金融模式无法适应新的增长模式，因此进一步深化改革势在必行。

三、我国数字金融监管发展前景与展望

近年来，在数字化转型过程中，我国颁布了一些数据合规的法律体系，如《网络安全法》《数据安全法》《个人信息保护法》《关键信息基础设施安全保护条例》，加强了金融领域的配套规章制度，进一步规范了银行的业务行为、技术行为，构建了适应新发展格局的高质量、多层次的数字金融标准体系，推动金融科技标准化适配数字化转型要求，筑牢金融和科技风险的防火墙，划定金融机构与数字渠道合作方的安全基线和责任边界，为数字化转型在行业管理方面给出了中国方案。

中国人民银行、原银保监会也陆续发布了相关监管规则，《商业银行互联网贷款管理暂行办法》《网络小额贷款业务管理暂行办法》《征信业务管理办法》《互联网保险业务监管办法》陆续发布，扩大了金融信用信息基础数据库，为数字信贷和数字保险的规范化发展提供了制度性保障。2021 年，中国人民银行发布了《金融科技发展规划（2022—2025）》，提倡发展金融科技，明确把金融数字化转型作为目标，加快金融机构数字化转型。该发展规划指出，数字技术的快速演进为金融数字化转型注入充沛活力，要求不断强化数据能力建设、推动数据有序共享、深化数据综合应用、做好数据安全保护，开展金融科技健全治理体系，完善数字基础设施，促进金融与科技更深度融合、更持续发展，满足数字经济时代提出的新要求，推动金融科技迈入高质量发展的新阶段。2022 年 1 月 10 日，银保监会发布了《关于银行业保险业数字化转型的指导意见》，该指导意见更加具体地瞄准银行保险机构数字化转型的痛点和难点，对商业银行的数字化转型提出了具体要求，到 2025 年，银行业保险业数字化转型将取得明显成效，数字化金融产品和服务方式能够广泛普及，基于数据资产和数字化技术的金融创新有序实践，个性化、差异化、定制化产品和服务开发能力显著增强，金融服务质量和效率显著提高，数据治理更加健全，网络安全、数据安全和风险管理水平全面提升。

2023 年 2 月 27 日，中共中央、国务院印发《数字中国建设整体布局规划》提出，到 2025 年，基本形成横向打通、纵向贯通、协调有力的一体化推进格局，数字中国建设取得重要进展。紧接着 2023 年 3 月 7 日，十四届全国人民代表大会第一次会议举行第二次全体会议，审议国务院机构改革方案，根据国务院关于提请审议国务院机构改革方案的议案，组建国家金融监督管理总局，作为国务院直属机构，由此将形成以"一委一行一会一局"为特色的国家金融监管体制。从国务院的改革思路来说，面对新形式，传统的监管理念必须有所改变，从业务型监管、分业监管、运动式监管理念转向机构监管、行为监管、功能监管、穿透式监管、持续监管，从静态监管转向动态监管，从分散性的监管转向整体性的监管，使监管者及时了解金融创新的收益和风险，有能力通过运用人工智能、大数据等技术，提供一种以相称的风险为基础的方法，在获得管理数据的同时，对市场和市场参与者进行更细致、更有效的全域动态监管，使监管层从大量的事后处罚和执法监管活动转变为事先对风险的防范活动，未来为制定科学的监管制度提供借鉴。

【课程思政】

1. 学生学习本章之后，能够认识到完备有效的金融监管体系对防范和化解系统性金融风险、维护金融业平稳运行有着重要的现实意义，是构建中国特色社会主义现代金融体系的重要一环，是成为建设金融强国的必备要素。当下数字金融的快速发展，打造适应我国国情的数字监管手段，也是进一步完善我国金融监管体系的必然要求。

2. 学生学习本章之后，能够意识到金融风险始终伴随在金融活动之中。金融监管要落实好风险处置和维稳责任，风险处置过程中也要坚决惩治腐败，严防道德风险。通过本章学习要牢固树立社会主义核心价值观，建立正确的金融从业人员职业道德标准，"明镜高悬"，既要时刻有居安思危的防范意识，也要有对从事非法金融活动的敬畏之心，更要有确保我国金融安全的责任意识。

3. 学生学习本章之后，能够学会辩证看待数字金融创新对金融安全治理的两面性。数字金融创新借助人工智能、云计算、区块链等数字技术给人们提供更为便利的金融服务，但其具有跨领域、跨学科、跨地域的特征，带来了风险的复合化和跨界化，需要培养更适应数字金融发展的复合型金融人才。

【产教融合】

1. 有利于企业普及金融风险防范。该环节可以采取课堂教学与校园金融风险宣传为主，配合银行、证券、保险等金融机构风控部门和金融监管机构进校所做的金融风险防范宣传相结合，提升学生对金融风险的认知，培养金融从业必备的专业素养和对维护国家金融安全的责任意识。

2. 有利于结合数字金融监管的运用场景教学。该环节需要将理论与实践相结合，培养学生的知识分析能力和解决实际问题的能力。在该环节教学设计可以考虑课堂教学、实验室实践教学、行业导师进课堂、学生进入金融机构或者监管机构实习等不同教学方式，培养学生理论到实践、校园到企业的知识迁移和能力锻炼。

3. 有利于培养复合型的金融人才。此环节通过教师课堂教学，金融机构风控部门导师开展的课堂演讲和讲座相结合的教学方式，以金融监管需求为导向，结合实际案例，探讨当下的监管问题和金融科技的发展，提升学生金融监管需要多学科融合的意识，为培养复合型的金融人才打下基础。

【本章小结】

科技进步推动了数字金融的迅猛发展，银行、证券、保险等金融行业都在利用数字科技进行业务升级，结合数字技术的各种金融创新业务层出不穷，所带来新的金融业务风险则对经济发展产生了巨大冲击。

面对数字金融发展，如果还是按照传统方式不断修修补补，势必跟不上数字金融的快速迭代，面对新形势，需要变革数字金融的监管理念和规则体系，利用如大数据分析、人工智能和机器学习、区块链技术等数字金融风险评估与监控的技术手段重塑传统金融监管，以计算机算法为基础，以数据为核心，充分利用监管科技和沙盒监管等创新性监管模式，才能保持金融体系稳定、维护市场公平竞争和保护消费者权益，推动健康有序的数字金融治理体系建设。

【思考题】

1. 数字金融业务风险有哪些新特点？
2. 数字科技背景下，金融监管有哪些创新模式？
3. 请谈谈数字金融监管与传统金融监管的核心特征差异。
4. 数字金融风险评估与监控的技术手段有哪些？
5. 请谈谈数字化银行业务风险特征与监管。
6. 当前数字金融监理念应鼓励创新还是严格监管，为什么？

【参考文献】

［1］巴曙松，朱元倩，等．金融监管和合规科技：国际经验与场景应用［M］．北京：东方出版社，2021.

［2］巴曙松，朱元倩，等．金融监管科技［M］．北京：机械工业出版社，2022.

［3］保建云．百年变局下的全球数字治理变革及数字风险治理［J］．人民论坛，2023，763（12）.

［4］鲍曼君．全国首单两岸融合数字人民币债券发行［EB/OL］．中国经济网，http：//finance. ce. cn/bank12/scroll/202311/08/t20231108 _ 38783462. shtml.

［5］陈希凤，毛泽强．数字金融产品与服务的风险特征、监管挑战及目标工具［J］．西南金融，2020，470（9）.

［6］陈星宇．构建智能环路监管机制——基于数字金融监管的新挑战［J］．法学志，2020，41（2）：115－121.

［7］丁晓蔚．从互联网金融到数字金融：发展态势、特征与理念［J］．南京大学学报（哲学·人文科学·社会科学），2021，58（6）：28－44，162.

［8］方亚南，齐佳音．数字金融安全与监管［M］．北京：经济管理出版社，2021.

［9］郭树清．加强和完善现代金融监管（认真学习宣传贯彻党的二十大精神）［J］．中国金融家，2022（12）.

［10］郝志斌．数字金融的功能监管及其精准化实施［J/OL］．［2023－07－25］．行政法学研究，2023（5）：145－155.

［11］胡滨，程雪军．金融科技、数字普惠金融与国家金融竞争力［J］．武汉大学学报（哲学社会科学版），2020，73（3）：130－141.

［12］胡天姣．香港国际金融学会主席肖耿：以“精准数字监管”驱动前海破解大湾区双体系衔接障碍［N］．21世纪经济报道，2022－09－06（007）.

［13］黄益平．数字金融与数字治理［M］．北京：中国人民大学出版社，2023.

［14］钱海章，陶云清，曹松威，等．中国数字金融发展与经济增长的理论与实证［J］．数量经济技术经济研究，2020，37（6）：26－46.

［15］田彪．次贷危机后美国金融监管改革研究［D］．长春：吉林大学，2019.

［16］王瑞霞．我国数字金融监管法律问题研究［D］．石家庄：河北经贸大学，2022.

［17］吴卫明．数字金融法律实务与风险防范［M］．北京：中国法制出版社，2018.

［18］谢平，邹传伟．Fintech：解码金融与科技的融合［M］．北京：中国金融出版社．2017.

［19］许多奇．论数字金融规制的法律框架体系［J］．荆楚法学，2021（1）：146－160.

［20］闫晓丽．欧盟数字监管政策动向及其启示［N］．中国计算机报，2021－10－18（014）.

［21］严瑜．欧盟给“谷歌们”再上“紧箍咒”［N］．人民日报海外版，2022－04－28（006）.

［22］杨东．监管科技：金融科技的监管挑战与维度建构［J］．中国社会科学，2018，269（5）：69－91，205－206.

［23］杨涛，贲圣林．中国科技运行报告（2023）［M］．北京：社会科学文献出版社，2023.

［24］姚博．数字金融产业创新发展、传导效应与风险监管研究［M］．北京：经济管理出版社，2019.

［25］姚梅．金融科技全球治理法律问题研究［D］．上海：上海交通大学，2020.

［26］尹振涛．中国金融监管的新动向与重要意义［J］．人民论坛，2023（8）：64－67.

［27］张永亮．监管沙箱：制度本旨与中国适用［M］//中国银行法学研究会．金融法学家（第十辑）．北京：中国政法大学出版社，2018：24.

［28］张永亮．金融科技监管法律制度构建研究［M］．北京：法律出版社．2020.

［29］郑磊．去中心化金融和数字金融的创新与监管［J］．财经问题研究，2022，461（4）：65－74.

［30］中共中央、国务院印发《党和国家机构改革方案》［Z］．中华人民共和国国务院公报，2023（9）.

［31］中共中央国务院印发《数字中国建设整体布局规划》［N］．人民日报，2023－02－28（001）.

附录一 “数字金融”大事记

2003—2011年

2003年4月	银监会成立标志中国金融监管“一行三会”格局形成。
2003年10月18日	支付宝上线，随后一批第三方支付企业涌现。
2003年12月	中央汇金公司成立。
2004年1月6日	中国银行和中国建设银行实施股份制改造。
2004年1月18日	中国“银联”人民币卡在中国香港开通使用。
2004年7月16日	国务院发布《关于投资体制改革的决定》，该决定提出按照“谁投资、谁决策、谁收益、谁承担风险”的原则，落实企业投资自主权。
2005年4月29日	中国证监会发布了《关于上市公司股权分置改革试点有关问题的通知》，股权分置改革试点正式启动。
2005年7月21日	中国人民银行正式实施以市场供求为基础的、有管理的浮动汇率制度。
2005年10月27日	中国建设银行股份有限公司在香港联合交易所挂牌上市，是首家实现公开发行上市的中国国有商业银行。
2006年4月11日	中国人民银行和中国银监会联合发布《关于防范信用卡业务风险有关问题的通知》，以规范信用卡发卡和受理行为，保障银行资金安全。
2006年6月26日	财政部发布公告，从7月1日至15日发行2006年第一期储蓄国债（电子式），最大发行额为150亿元。
2006年11月11日	国务院通过《中华人民共和国外资银行管理条例》，人民币业务对外资银行全面开放。
2007年1月29日	中共中央、国务院发出《关于全面深化金融改革促进金融业持续健康安全发展的若干意见》。
2007年10月15日	中国共产党第十七次全国代表大会在北京召开。
2008年3月19日	《中国人民银行　中国银行业监督管理委员会　中国证券监督管理委员会　中国保险监督管理委员会关于金融支持服务业加快发展的若干意见》出台，要求金融机构继续深化改革，加大对服务业发展的金融支持力度。
2008年11月24日	国务院推出4万亿元经济刺激方案，这项计划持续到2010年底。
2009年3月31日	中国证监会发布《首次公开发行股票并在创业板上市管理暂行办法》。

续表

2009 年 5 月 29 日	中国银监会召开 2007 年金融创新监管工作会议。
2009 年 6 月 10 日	中国证监会正式公布《关于进一步改革和完善新股发行体制的指导意见》。
2009 年 10 月 23 日	我国创业板市场正式启动。
2010 年 1 月 7 日	中国银监会正式批准北京银行、中国银行和成都银行作为主要出资人筹建消费金融公司。
2010 年 6 月 21 日	《关于进一步做好中小企业金融服务工作的若干意见》出台。
2010 年 7 月 15 日	中国农业银行内地挂牌，并将于翌日在香港挂牌。至此，四大国有商业银行均顺利完成上市。
2011 年 5 月 18 日	中国人民银行正式发放第三方支付牌照，向 27 家第三方支付公司发放支付牌照，支付宝、财付通、快钱等民营第三方支付获得牌照。
2011 年 7 月	国内第一家众筹平台上线。
2011 年 8 月 22 日	中国人民银行会同五部委发布《关于扩大跨境贸易人民币结算地区的通知》，将跨境贸易人民币结算境内地域范围扩大至全国。

2012—2018 年

2012 年 1 月 6 日	全国金融工作会议在北京举行，强调要坚持金融服务实体经济的本质要求，牢牢把握发展实体经济这一坚实基础，防止出现产业空心化现象。
2012 年 4 月 28 日	证监会制定并发布《关于进一步深化新股发行体制改革的指导意见》。
2012 年 5 月 26 日	银保监会印发《关于鼓励和引导民间资本进入银行业的实施意见》。
2012 年 8 月 3 日	证监会有关部门负责人宣布，经国务院批准，决定扩大非上市股份公司股份转让（俗称“新三板”）试点。
2012 年 9 月 17 日	经国务院批准，中国人民银行、银监会、证监会、保监会、外汇局共同编制的《金融业发展和改革“十二五”规划》公开发布。
2013 年 3 月 29 日	中国银监会发布《关于深化小微企业金融服务的意见》。
2013 年 6 月	支付宝推出增值服务平台“余额宝”。
2013 年 7 月 5 日	国务院发布《关于金融支持经济结构调整和转型升级的指导意见》，要求金融机构更好发挥对经济结构调整和转型升级的支持作用。
2013 年 9 月	北京银行首次建立直销银行，传统银行的电子银行部纷纷“升级”为互联网金融部。
2013 年 12 月 5 日	中国人民银行等四部委发布《关于防范比特币风险的通知》。
2014 年 2 月 19 日	中国银监会发布《商业银行流动性风险管理办法（试行）》。
2014 年 3 月 5 日	政府工作报告首提促进互联网金融健康发展。
2014 年 5 月 9 日	国务院印发《关于进一步促进资本市场健康发展的若干意见》。
2014 年 10 月 16 日	蚂蚁金融服务集团正式宣告成立。
2014 年 12 月 16 日	全国首家民营银行深圳前海微众银行正式获准开业，也是中国首家互联网银行。

续表

2015 年 1 月 6 日	国务院印发《关于促进云计算创新发展培育信息产业新业态的意见》。
2015 年 1 月 9 日	证监会发布施行《股票期权交易试点管理办法》及《证券期货经营机构参与股票期权交易试点指引》。
2015 年 7 月 1 日	国务院印发《关于积极推进“互联网 +”行动的指导意见》。
2015 年 7 月 18 日	中国人民银行联合十部委正式发布《关于促进互联网金融健康发展的指导意见》。
2015 年 9 月 3 日	国务院办公厅印发《“三网”融合推广方案》。
2016 年 5 月 20 日	中共中央、国务院印发了《国家创新驱动发展战略纲要》。
2016 年 5 月 21 日	国务院印发《关于深化制造业与互联网融合发展的指导意见》。
2016 年 8 月 25 日	《网络借贷信息中介机构业务活动管理暂行办法》正式发布。
2016 年 7 月 28 日	国务院办公厅印发《国家信息化发展战略纲要》。
2016 年 8 月 8 日	国务院出台《“十三五”国家科技创新规划》。
2017 年 5 月 4 日	中国保监会发布《关于保险业支持实体经济发展的指导意见》。
2017 年 5 月 15 日	中国人民银行成立金融科技（FinTech）委员会。
2017 年 6 月 8 日	中国人民银行、银监会、证监会、保监会、国家标准委联合发布《金融业标准化体系建设发展规划（2016—2020 年）》。
2017 年 7 月 14 日	全国金融工作会议在北京召开，会议决定设立国务院金融稳定发展委员会。
2017 年 8 月 7 日	中国人民银行支付结算司发布《关于将非银行支付机构网络支付业务由直连模式迁移至网联平台处理的通知》。
2018 年 1 月 28 日	民生银行自主研发的分布式核心金融云平台成功上线，成为国内第一家成功上线分布式核心账户系统的银行。
2018 年 4 月 18 日	中国建设银行设立金融科技公司，成为首家内部科研力量整体市场化运作的商业银行。
2018 年 5 月 21 日	中国银保监会发布了《银行业金融机构数据治理指引》。
2018 年 7 月 12 日	浦发银行发布业内首个 API Bank（无界开放银行）。
2018 年 9 月 30 日	中国银行、中信银行、民生银行联合研发的基于“分布式架构、业务环节全上链、系统衔接全自动”的区块链福费廷交易平台成功上线。

2019—2022 年①

2019 年 1 月 21 日	互联网金融风险专项整治工作领导小组办公室、P2P 网贷风险专项整治工作领导小组办公室联合发布《关于做好网贷机构分类处置和风险防范工作的意见》。
2019 年 3 月 8 日	中国人民银行金融科技委员会召开 2019 年第一大会议。会议指出，强化金融科技创新规范引导，推进人工智能、云计算、大数据等新一代信息技术在金融领域合理应用，不断提升金融科技应用与管理水平。

① 部分内容转引自：《中国数字金融创新发展报告（2021）》《中国数字金融创新发展报告（2023）》。

续表

2019 年 3 月 8 日	北京银行设立北银金融科技有限责任公司，成为首家设立金融科技子公司的城市商业银行。
2019 年 3 月 30 日	国家互联网信息办公室发布第一批境内区块链信息服务备案编号，包括蚂蚁金服旗下区块链科技公司、陆金所、微众银行、浙商银行等机构的 197 个服务获得备案。
2019 年 4 月 18 日	中国人民银行 2019 年科技工作会议在贵阳召开。会议指出中国人民银行科技支撑服务水平还有提升空间，金融科技应用规划监督有待加强，风险防控能力有待改进。
2019 年 5 月 8 日	中国工商银行全资子公司工银科技有限公司在雄安新区正式开业。
2019 年 5 月 28 日	国家互联网信息办公室发布《数据安全管理办法（征求意见稿）》，面向社会公开征求意见。
2019 年 6 月 24 日	中国银行业协会、香港科技大学、深圳大学、建行大学签署中国银行业“金融科技师”认证合作备忘录，构建行业首创的金融科技人才认证体系。
2019 年 8 月 22 日	中国人民银行发布《金融科技发展规划（2019—2021 年）》提出，到 2021 年，建立健全我国金融科技发展的“四梁八柱”。
2019 年 9 月 3 日	光大银行将原电子银行部更名升级为数字金融部，成为业界率先成立数字金融部的银行。
2019 年 10 月 9 日	中国人民银行就《个人金融信息（数据）保护试行办法初稿）》向部分银行征求意见。
2019 年 10 月 24 日	中共中央政治局就区块链技术发展现状和趋势进行第十八次集体学习。习近平指出，区块链技术应用已延伸到数字金融、物联网、智能制造、供应链管理、数字资产交易等多个领域。
2019 年 12 月 5 日	中国人民银行发文，启动金融科技创新监管试点工作。北京市地方金融监督管理局宣布，在中国人民银行指导支持下，北京市在全国率先启动金融科技创新监管试点，探索构建包容审慎的中国版“监管沙盒”。
2019 年 12 月 11 日	国家金融科技测评中心在中国（深圳）金融科技全球峰会上正式成立，致力于开展金融科技应用测评、风险监测以及监管科技与合规科技建设。
2020 年 1 月 21 日	互联网金融风险专项整治工作领导小组办公室、P2P 网贷风险专项整治工作领导小组办公室联合发布《关于做好网贷机构分类处置和风险防范工作的意见》。
2020 年 2 月 5 日	新修订的金融行业标准《网上银行系统信息安全通用规范》（JR/T 0068 - 2020）由中国人民银行正式发布。
2020 年 4 月 22 日	《商业银行互联网贷款管理暂行办法》经中国银保监会 2020 年第四次委务会议通过。
2020 年 7 月 2 日	《数据安全法（草案）》发布，共 7 章 51 条。
2020 年 7 月 13 日	中国人民银行完成对百行征信有限公司的企业征信业务经营备案，百行征信成为国内唯一的持有个人征信与企业征信业务双牌照的征信机构。
2020 年 7 月 22 日	中国人民银行下发《推动区块链技术规范应用的通知》及《区块链技术金融应用评估规则》，这是国内首次由最高权威机构颁发的区块链相关规范文件。
2020 年 8 月 7 日	全国金融标准化技术委员会发布关于审查《分布式数据库技术金融应用规范》等 15 项金融行业标准（送审稿）的通知。

续表

2020 年 9 月 18 日	中国人民银行发布《中国人民银行金融消费者权益保护实施办法》。
2020 年 10 月 11 日	深圳首次开展了数字人民币红包试点活动，“礼享罗湖数字人民币红包”活动主办方通过摇号抽签，抽出了 5 万名中签个人。
2020 年 11 月 2 日	中国银保监会、中国人民银行下发《网络小额贷款业务管理暂行办法（征求意见稿）》，对外公开征求意见。其中，明确网络小额贷款公司的注册资本、杠杆率、贷款金额、联合贷款出资比例、展业范围等。
2020 年 11 月 3 日	《中共中央关于制定国民经济和社会发展第十四个五年规划和二〇三五年远景目标的建议》公布，提出“提升金融科技水平”。
2020 年 12 月 11 日	中国人民银行开展第二次数字人民币试点，苏州发放人民币 2000 万元数字红包，首次面向少数中签者开放了“双离线支付”体验，首次引入线上场景。
2020 年 12 月 14 日	中国银保监会发布《互联网保险业务监管办法》，办法于 2021 年 2 月 1 日起正式实施。
2020 年 12 月 29 日	数字人民币北京冬奥试点应用在北京地铁大兴机场线启动，首次亮相冬奥特色数字人民币可穿戴设备钱包。
2021 年 1 月 29 日	中国人民银行金融科技委员会召开会议研究部署 2021 年重点工作，会议强调 2021 年要以深化金融数据应用为基础，以强化金融科技监管、加快金融数字化转型为主线，以风险技防能力建设为保障，全面提升金融科技应用和管理水平。
2021 年 2 月 1 日	《互联网保险业务监管办法》正式实施。本办法所称互联网保险业务是指保险机构依托互联网订立保险合同、提供保险服务的保险经营活动。
2021 年 2 月 6 日	数字人民币在电费网银对公电力交费场景完成功能上线并验证成功。
2021 年 3 月 12 日	《中华人民共和国国民经济和社会发展第十四个五年规划和 2035 年远景目标纲要》提出，稳妥发展金融科技，加快金融机构数字化转型；强化监管科技运用和金融创新风险评估，探索建立创新产品纠偏和暂停机制。
2021 年 3 月 17 日	北京国家金融科技认证中心将成立，与重庆国家金融科技认证中心形成一体两翼格局，共同服务国家金融科技监管。
2021 年 3 月 26 日	中国人民银行正式发布金融行业标准——《人工智能算法金融应用评价规范》。该规范规定了人工智能算法在金融领域应用的基本要求、评价方法、判定准则，适用于开展人工智能算法金融应用的金融机构、算法提供商、第三方安全评估机构等。
2021 年 7 月 6 日	国务院金融稳定发展委员会召开第五十三次会议，会议强调发展绿色金融、数字金融，促进金融、科技、产业良性循环。
2021 年 8 月 3 日	全球数字经济大会举办中国数字金融应用论坛，聚焦数字金融的发展与应用实践。
2021 年 9 月 1 日	《中华人民共和国数据安全法》正式施行。
2021 年 9 月 27 日	中国人民银行正式发布《数字函证金融应用安全规范》（JR/T 0234—2021）、《数字函证银行应用数据规范》（JR/T 0235—2021）两项金融行业标准。
2021 年 10 月 13 日	区块链技术助力数字人民币电费缴纳试点应用成功落地。
2021 年 11 月 4 日	全国首批数字人民币线上异地缴费社保医保场景落地。

续表

2021 年 12 月 28 日	中国银保监会发布《加强金融消费者权益保护提升金融服务适老化水平》，大力发展适应老年人的金融科技。
2021 年 12 月 30 日	中国银保监会印发《银行保险机构信息科技外包风险监管办法》，以进一步加强银行保险机构信息科技外包风险监管，促进银行保险机构提升信息科技外包风险管控能力。
2021 年 12 月 31 日	中国人民银行、工业和信息化部、中国银保监会、中国证监会、国家网信办、国家外汇管理局、知识产权局发布《金融产品网络营销管理办法（征求意见稿）》公开征求意见。
2022 年 1 月 5 日	中国人民银行印发的《金融科技发展规划（2022—2025 年）》提出新时期金融科技发展指导意见，明确金融数字化转型的总体思路、发展目标、重点任务和实施保障。
2022 年 1 月 6 日	《国务院办公厅关于印发〈要素市场化配置综合改革试点总体方案〉的通知》提出，推动资本要素服务实体经济发展。
2022 年 1 月 12 日	国务院印发的《"十四五"数字经济发展规划》提出，坚持金融活动全部纳入金融监管，加强动态监测，规范数字金融有序创新，严防衍生业务风险。
2022 年 1 月 26 日	中国银保监会发布的《关于银行业保险业数字化转型的指导意见》提出数字化转型工作目标，到 2025 年，银行业保险业数字化转型取得明显成效。
2022 年 2 月 8 日	中国人民银行、国家市场监管总局、中国银保监会、中国证监会发布《金融标准化"十四五"发展规划》，提出稳妥推进法定数字货币标准研制。
2022 年 2 月 22 日	《中共中央　国务院关于做好 2022 年全面推进乡村振兴重点工作的意见》，即 2022 年中央一号文件发布，提出强化乡村振兴金融服务。
2022 年 3 月 17 日	中国人民银行批准了中信金融控股有限公司（筹）和北京金融控股集团有限公司的金融控股公司设立许可，这是央行首次颁发金融控股公司牌照。
2022 年 4 月 19 日	中国证监会发布《碳金融产品》金融行业标准（JR/T 0244—2022），为碳金融产品规范有序发展提供了依据。
2022 年 5 月 10 日	北京市经济和信息化局印发《北京市关于加快打造信息技术应用创新产业高地的若干政策措施》，加快云计算、区块链领域发展路径规划，通过"揭榜挂帅""赛马"等机制推动相关技术研发攻关，支持构建基于信创云、信创链的完整技术生态。
2022 年 5 月 23 日	我国首个区块链技术国家标准《区块链和分布式记账技术参考架构》正式发布，进一步加快了我国区块链标准化进程，为区块链的互联互通提供了指引。
2022 年 7 月 30 日	2022 全球数字经济大会数字金融论坛，探讨新时期我国数字金融产业发展面临的新机遇、新挑战，打造具有全球影响力的数字金融科技论坛。
2022 年 8 月 12 日	科技部等六部门印发《关于加快场景创新以人工智能高水平应用促进经济高质量发展的指导意见》的通知，鼓励银行、保险等金融机构研发面向中小企业场景创新的金融产品，为中小企业推动场景项目建设提供资金支持。
2022 年 8 月 18 日	中国互联网金融协会联合招商银行、浦发银行、平安银行等单位共同发起建设的"基于区块链的金融机构反欺诈风险信息共享系统"，正式上线运行。

续表

2022 年 10 月 26 日	香港金融管理局联合国际清算银行（香港）创新中心、泰国中央银行、中国人民银行数字货币研究所以及阿联酋中央银行，正式发布《多边央行数字货币桥项目：以央行数字货币连接经济》。
2022 年 11 月 14 日	中国证监会发布《证券期货业数据安全管理与保护指引》。
2022 年 11 月 21 日	中国人民银行等八部门印发《上海市、南京市、杭州市、合肥市、嘉兴市建设科技金融改革试验区总体方案》。
2022 年 11 月 22 日	首个科技金融指数武汉科技金融指数发布。
2022 年 11 月 30 日	中国银保监会发布新版《银行保险机构公司治理监管评估办法》，其中首次将消费金融公司纳入监管范围。
2022 年 12 月 7 日	中国金融认证中心（CFCA）发布《2022 中国数字金融调查报告》。
2022 年 12 月 8 日	资本市场金融科技创新试点（上海）专项工作组发布通知，对首批 26 个资本市场金融科技创新试点项目进行公示。
2022 年 12 月 13 日	2022 年度（第八届）北京金融论坛在京召开，本次论坛以“金融数字化拾级而上”为主题。
2022 年 12 月 14 日	兴业消费金融成功发放首笔数字人民币消费贷款。
2022 年 12 月 19 日	国务院发布《关于构建数据基础制度更好发挥数据要素作用的意见》，对于数据产权制度、数据交易制度、数据收益分配和安全治理制度进行了纲领性指导。

2023 年

2023 年 2 月	中共中央、国务院印发了《数字中国建设整体布局规划》，擘画了建设数字中国的宏伟蓝图，部署了加快数字中国建设的重点任务，为数字中国建设体系化布局提供了纲领性指导。
2023 年 2 月 1 日	全面实行股票发行注册制改革正式启动。
2023 年 2 月 2 日	中国工商银行基于 GaussDB 实现大型业务系统数据库转型。
2023 年 2 月 28 日	党的二十届二中全会审议通过《党和国家机构改革方案》，对金融管理体制进行了重大改革，决定设立中央金融委员会，组建中央金融工作委员会，调整金融管理部门职责。
2023 年 3 月 10 日	党的二十届二中全会通过《党和国家机构改革方案》，对金融监管体系的调整是其中的重要内容。根据该方案，组建中央金融委员会，加强党中央对金融工作的集中统一领导，建立以中央金融管理部门地方派出机构为主的地方金融监管体制。
2023 年 3 月 16 日	中共中央国务院印发《党和国家机构改革方案》。
2023 年 4 月 6 日	中国农业银行信用卡分布式核心系统（OVC）顺利投产，标志着其第一代信用卡核心系统全面建成。
2023 年 5 月 18 日	国家金融监督管理总局正式挂牌，银保监会退出历史舞台，国内监管格局由“一行两会”转变为“一行一局一会”。

续表

2023 年 7 月 7 日	金融管理部门披露了一批罚单，被处罚对象涉及蚂蚁集团、腾讯财付通两家平台企业以及邮政储蓄银行、平安银行、人保财险等。此次处罚代表“靴子”落地，标志着平台企业金融业务整改基本完成，金融管理部门工作重点从推动平台企业金融业务的集中整改转入常态化监管。
2023 年 7 月 14 日	《中共中央国务院关于促进民营经济发展壮大的意见》发布，要求持续优化民营经济发展环境、加大对民营经济政策支持力度、强化民营经济发展法治保障，引导民营企业通过自身改革发展、合规经营、转型升级不断提升发展质量，促进民营经济做大做优做强。
2023 年 10 月 25 日	国家数据局正式挂牌。
2023 年 10 月 30 - 31 日	中央金融工作会议在北京召开。此次中央金融工作会议提出要加快建设金融强国，加快建设中国特色现代金融体系。
2023 年 11 月	金融行业引领隐私计算互联互通取得突破性进展。
2023 年 11 月	中信银行关键信息基础设施实现全面自主可控。
2023 年 11 月 1 日	国家金融监督管理总局发布《商业银行资本管理办法》（以下简称《资本办法》），以进一步完善商业银行资本监管规则，推动银行强化风险管理，提升服务实体经济质效。
2023 年 11 月 9 日	金融领域首次实现量子优势，投资组合优化方案量子计算速度超越经典计算。
2023 年 11 月 10 日	人保集团发布“人保大模型”，积极引领大模型技术在保险领域的创新发展和落地应用。
2023 年 12 月 15 日	国家数据局发布《“数据要素 ×” 三年行动计划（2024—2026 年）（征求意见稿）》提出数据要素应用场景广度和深度要大幅度拓展。
2023 年 12 月 17 日	《非银行支付机构监督管理条例》正式公布，将加强和提升对非银行支付机构的监管，推动非银行支付市场规范经营、防范风险，促进互联互通，实现健康发展。

附录二　党和国家机构改革方案[1]

党的十八大以来，以习近平同志为核心的党中央把深化党和国家机构改革作为推进国家治理体系和治理能力现代化的一项重要任务，按照坚持党的全面领导、坚持以人民为中心、坚持优化协同高效、坚持全面依法治国的原则，深化党和国家机构改革，党和国家机构职能实现系统性、整体性重构，为党和国家事业取得历史性成就、发生历史性变革提供了有力保障，也为继续深化党和国家机构改革积累了宝贵经验。

面对新时代新征程提出的新任务，党和国家机构设置和职能配置同全面建设社会主义现代化国家、全面推进中华民族伟大复兴的要求还不完全适应，同实现国家治理体系和治理能力现代化的要求还不完全适应，同构建高水平社会主义市场经济体制的要求还不完全适应，需要在巩固党和国家机构改革成果的基础上继续深化改革，对体制机制和机构职责进行调整和完善。

深化党和国家机构改革，目标是构建系统完备、科学规范、运行高效的党和国家机构职能体系。党的二十大对深化机构改革作出重要部署，对于全面建设社会主义现代化国家、全面推进中华民族伟大复兴意义重大而深远。必须以习近平新时代中国特色社会主义思想为指导，以加强党中央集中统一领导为统领，以推进国家治理体系和治理能力现代化为导向，坚持稳中求进工作总基调，适应统筹推进“五位一体”总体布局、协调推进“四个全面”战略布局的要求，适应构建新发展格局、推动高质量发展的需要，坚持问题导向，统筹党中央机构、全国人大机构、国务院机构、全国政协机构，统筹中央和地方，深化重点领域机构改革，推动党对社会主义现代化建设的领导在机构设置上更加科学、在职能配置上更加优化、在体制机制上更加完善、在运行管理上更加高效。

一、深化党中央机构改革

（一）组建中央金融委员会。加强党中央对金融工作的集中统一领导，负责

---

① 本文转引自中华人民共和国国务院公报（2023 年第 9 号）。

金融稳定和发展的顶层设计、统筹协调、整体推进、督促落实，研究审议金融领域重大政策、重大问题等，作为党中央决策议事协调机构。

设立中央金融委员会办公室，作为中央金融委员会的办事机构，列入党中央机构序列。

不再保留国务院金融稳定发展委员会及其办事机构。将国务院金融稳定发展委员会办公室职责划入中央金融委员会办公室。

（二）组建中央金融工作委员会。统一领导金融系统党的工作，指导金融系统党的政治建设、思想建设、组织建设、作风建设、纪律建设等，作为党中央派出机关，同中央金融委员会办公室合署办公。

将中央和国家机关工作委员会的金融系统党的建设职责划入中央金融工作委员会。

（三）组建中央科技委员会。加强党中央对科技工作的集中统一领导，统筹推进国家创新体系建设和科技体制改革，研究审议国家科技发展重大战略、重大规划、重大政策，统筹解决科技领域战略性、方向性、全局性重大问题，研究确定国家战略科技任务和重大科研项目，统筹布局国家实验室等战略科技力量，统筹协调军民科技融合发展等，作为党中央决策议事协调机构。

中央科技委员会办事机构职责由重组后的科学技术部整体承担。

保留国家科技咨询委员会，服务党中央重大科技决策，对中央科技委员会负责并报告工作。

国家科技伦理委员会作为中央科技委员会领导下的学术性、专业性专家委员会，不再作为国务院议事协调机构。

不再保留中央国家实验室建设领导小组、国家科技领导小组、国家科技体制改革和创新体系建设领导小组、国家中长期科技发展规划工作领导小组及其办公室。

省级党委科技领域议事协调机构结合实际组建。

（四）组建中央社会工作部。负责统筹指导人民信访工作，指导人民建议征集工作，统筹推进党建引领基层治理和基层政权建设，统一领导全国性行业协会商会党的工作，协调推动行业协会商会深化改革和转型发展，指导混合所有制企业、非公有制企业和新经济组织、新社会组织、新就业群体党建工作，指导社会工作人才队伍建设等，作为党中央职能部门。

中央社会工作部统一领导国家信访局。国家信访局由国务院办公厅管理的国家局调整为国务院直属机构。

中央社会工作部划入民政部的指导城乡社区治理体系和治理能力建设、拟订社会工作政策等职责，统筹推进党建引领基层治理和基层政权建设。划入中央和国家机关工作委员会、国务院国有资产监督管理委员会党委归口承担的全国性行业协会商会党的建设职责，划入中央精神文明建设指导委员会办公室的全国志愿服务工作的统筹规划、协调指导、督促检查等职责。

省、市、县级党委组建社会工作部门，相应划入同级党委组织部门的“两新”工委职责。

（五）组建中央港澳工作办公室。承担在贯彻“一国两制”方针、落实中央全面管治权、依法治港治澳、维护国家安全、保障民生福祉、支持港澳融入国家发展大局等方面的调查研究、统筹协调、督促落实职责，在国务院港澳事务办公室基础上组建，作为党中央办事机构，保留国务院港澳事务办公室牌子。

不再保留单设的国务院港澳事务办公室。

二、深化全国人大机构改革

（六）组建全国人大常委会代表工作委员会。负责全国人大代表名额分配、资格审查、联络服务有关工作，指导协调代表集中视察、专题调研、联系群众有关工作，统筹管理全国人大代表议案建议工作，负责全国人大代表履职监督管理，统筹全国人大代表学习培训工作，指导省级人大常委会代表工作等，承担全国人大常委会代表资格审查委员会的具体工作，作为全国人大常委会的工作委员会。

三、深化国务院机构改革

（七）重新组建科学技术部。加强科学技术部推动健全新型举国体制、优化科技创新全链条管理、促进科技成果转化、促进科技和经济社会发展相结合等职能，强化战略规划、体制改革、资源统筹、综合协调、政策法规、督促检查等宏观管理职责，保留国家基础研究和应用基础研究、国家实验室建设、国家科技重大专项、国家技术转移体系建设、科技成果转移转化和产学研结合、区域科技创新体系建设、科技监督评价体系建设、科研诚信建设、国际科技合作、科技人才队伍建设、国家科技评奖等相关职责，仍作为国务院组成部门。

将科学技术部的组织拟订科技促进农业农村发展规划和政策、指导农村科技进步职责划入农业农村部。将科学技术部的组织拟订科技促进社会发展规划和政策职责分别划入国家发展和改革委员会、生态环境部、国家卫生健康委员

省、市、县级乡村振兴机构职责划入同级农业农村部门。

（十六）完善老龄工作体制。实施积极应对人口老龄化国家战略，推动实现全体老年人享有基本养老服务，将国家卫生健康委员会的组织拟订并协调落实应对人口老龄化政策措施、承担全国老龄工作委员会的具体工作等职责划入民政部。全国老龄工作委员会办公室改设在民政部，强化其综合协调、督促指导、组织推进老龄事业发展职责。

中国老龄协会改由民政部代管。

（十七）完善知识产权管理体制。加快推进知识产权强国建设，全面提升知识产权创造、运用、保护、管理和服务水平，将国家知识产权局由国家市场监督管理总局管理的国家局调整为国务院直属机构。商标、专利等领域执法职责继续由市场监管综合执法队伍承担，相关执法工作接受国家知识产权局专业指导。

四、深化全国政协机构改革

（十八）优化全国政协界别设置。全国政协界别增设“环境资源界”。将“中国共产主义青年团”和“中华全国青年联合会”界别整合，设立“中国共产主义青年团和中华全国青年联合会”界别。优化“特别邀请人士”界别委员构成。

五、优化机构编制资源配置

（十九）精减中央和国家机关人员编制。中央和国家机关各部门人员编制统一按照5%的比例进行精减，收回的编制主要用于加强重点领域和重要工作。中央垂管派出机构、驻外机构不纳入统一精减范围，根据行业和系统实际，盘活用好存量编制资源。

地方党政机关人员编制精减工作，由各省（自治区、直辖市）党委结合实际研究确定。县、乡两级不作精减要求。

各地区各部门要站在党和国家事业发展全局高度，充分认识党和国家机构改革的重要性和紧迫性，深刻领悟“两个确立”的决定性意义，增强“四个意识”、坚定“四个自信”、做到“两个维护”，自觉把思想和行动统一到党中央决策部署上来，坚决维护党中央决策部署的权威性和严肃性，坚定改革信心和决心，加强组织领导，落实工作责任，不折不扣把机构改革任务落到实处。

在中央政治局常委会领导下，中央全面深化改革委员会统筹党和国家机构改革组织实施工作。地方机构改革由省级党委统一领导，改革方案报党中央备案。中央层面的改革任务力争在2023年年底前完成，地方层面的改革任务力争在2024年年底前完成。推进机构改革情况和遇到的重大问题及时向党中央请示报告。

附录三　中央金融工作会议在北京举行[①]

新华社北京10月31日电　中央金融工作会议10月30日至31日在北京举行。中共中央总书记、国家主席、中央军委主席习近平出席会议并发表重要讲话。中共中央政治局常委李强、赵乐际、王沪宁、蔡奇、丁薛祥、李希出席会议。

习近平在重要讲话中总结党的十八大以来金融工作，分析金融高质量发展面临的形势，部署当前和今后一个时期的金融工作。李强对做好金融工作作了具体部署。

会议强调，金融是国民经济的血脉，是国家核心竞争力的重要组成部分，要加快建设金融强国，全面加强金融监管，完善金融体制，优化金融服务，防范化解风险，坚定不移走中国特色金融发展之路，推动我国金融高质量发展，为以中国式现代化全面推进强国建设、民族复兴伟业提供有力支撑。

会议指出，党的十八大以来，在党中央集中统一领导下，金融系统有力支撑经济社会发展大局，坚决打好防范化解重大风险攻坚战，为如期全面建成小康社会、实现第一个百年奋斗目标作出了重要贡献。党中央把马克思主义金融理论同当代中国具体实际相结合、同中华优秀传统文化相结合，努力把握新时代金融发展规律，持续推进我国金融事业实践创新、理论创新、制度创新，奋力开拓中国特色金融发展之路，强调必须坚持党中央对金融工作的集中统一领导，坚持以人民为中心的价值取向，坚持把金融服务实体经济作为根本宗旨，坚持把防控风险作为金融工作的永恒主题，坚持在市场化法治化轨道上推进金融创新发展，坚持深化金融供给侧结构性改革，坚持统筹金融开放和安全，坚持稳中求进工作总基调。这些实践成果、理论成果来之不易。同时要清醒看到，金融领域各种矛盾和问题相互交织、相互影响，有的还很突出，经济金融风险

---

① 本文转引自新华网（2023年10月31日），http：//www.news.cn/politics/leaders/2023 - 10/31/c _ 1129951150.htm.

隐患仍然较多，金融服务实体经济的质效不高，金融乱象和腐败问题屡禁不止，金融监管和治理能力薄弱。金融系统要切实提高政治站位，胸怀“国之大者”，强化使命担当，下决心从根本上解决这些问题，以金融高质量发展助力强国建设、民族复兴伟业。

会议强调，当前和今后一个时期，做好金融工作必须坚持和加强党的全面领导，以习近平新时代中国特色社会主义思想为指导，全面贯彻党的二十大精神，完整、准确、全面贯彻新发展理念，深刻把握金融工作的政治性、人民性，以加快建设金融强国为目标，以推进金融高质量发展为主题，以深化金融供给侧结构性改革为主线，以金融队伍的纯洁性、专业性、战斗力为重要支撑，以全面加强监管、防范化解风险为重点，坚持稳中求进工作总基调，统筹发展和安全，牢牢守住不发生系统性金融风险的底线，坚定不移走中国特色金融发展之路，加快建设中国特色现代金融体系，不断满足经济社会发展和人民群众日益增长的金融需求，不断开创新时代金融工作新局面。

会议指出，高质量发展是全面建设社会主义现代化国家的首要任务，金融要为经济社会发展提供高质量服务。要着力营造良好的货币金融环境，切实加强对重大战略、重点领域和薄弱环节的优质金融服务。始终保持货币政策的稳健性，更加注重做好跨周期和逆周期调节，充实货币政策工具箱。优化资金供给结构，把更多金融资源用于促进科技创新、先进制造、绿色发展和中小微企业，大力支持实施创新驱动发展战略、区域协调发展战略，确保国家粮食和能源安全等。盘活被低效占用的金融资源，提高资金使用效率。做好科技金融、绿色金融、普惠金融、养老金融、数字金融五篇大文章。要着力打造现代金融机构和市场体系，疏通资金进入实体经济的渠道。优化融资结构，更好发挥资本市场枢纽功能，推动股票发行注册制走深走实，发展多元化股权融资，大力提高上市公司质量，培育一流投资银行和投资机构。促进债券市场高质量发展。完善机构定位，支持国有大型金融机构做优做强，当好服务实体经济的主力军和维护金融稳定的压舱石，严格中小金融机构准入标准和监管要求，立足当地开展特色化经营，强化政策性金融机构职能定位，发挥保险业的经济减震器和社会稳定器功能。强化市场规则，打造规则统一、监管协同的金融市场，促进长期资本形成。健全法人治理，完善中国特色现代金融企业制度，完善国有金融资本管理，拓宽银行资本金补充渠道，做好产融风险隔离。要着力推进金融高水平开放，确保国家金融和经济安全。坚持“引进来”和“走出去”并重，稳步扩大金融领域制度型开放，提升跨境投融资便利化，吸引更多外资金融机构和长期资本来华展业兴业。增强上海国际金融中心的竞争力和影响力，巩固提升香港国际金融中心地位。

会议强调，要全面加强金融监管，有效防范化解金融风险。切实提高金融监管有效性，依法将所有金融活动全部纳入监管，全面强化机构监管、行为监管、功能监管、穿透式监管、持续监管，消除监管空白和盲区，严格执法、敢于亮剑，严厉打击非法金融活动。及时处置中小金融机构风险。建立防范化解地方债务风险长效机制，建立同高质量发展相适应的政府债务管理机制，优化中央和地方政府债务结构。促进金融与房地产良性循环，健全房地产企业主体监管制度和资金监管，完善房地产金融宏观审慎管理，一视同仁满足不同所有制房地产企业合理融资需求，因城施策用好政策工具箱，更好支持刚性和改善性住房需求，加快保障性住房等"三大工程"建设，构建房地产发展新模式。维护金融市场稳健运行，规范金融市场发行和交易行为，合理引导预期，防范风险跨区域、跨市场、跨境传递共振。加强外汇市场管理，保持人民币汇率在合理均衡水平上的基本稳定。防范化解金融风险，要把握好权和责的关系，健全权责一致、激励约束相容的风险处置责任机制；把握好快和稳的关系，在稳定大局的前提下把握时度效，扎实稳妥化解风险，坚决惩治违法犯罪和腐败行为，严防道德风险；对风险早识别、早预警、早暴露、早处置，健全具有硬约束的金融风险早期纠正机制。

会议指出，加强党中央对金融工作的集中统一领导，是做好金融工作的根本保证。要完善党领导金融工作的体制机制，发挥好中央金融委员会的作用，做好统筹协调把关。发挥好中央金融工作委员会的作用，切实加强金融系统党的建设。发挥好地方党委金融委员会和金融工委的作用，落实属地责任。要坚持政治过硬、能力过硬、作风过硬标准，锻造忠诚干净担当的高素质专业化金融干部人才队伍。要在金融系统大力弘扬中华优秀传统文化，坚持诚实守信、以义取利、稳健审慎、守正创新、依法合规。要加强金融法治建设，及时推进金融重点领域和新兴领域立法，为金融业发展保驾护航。

会议强调，习近平总书记的重要讲话，科学回答了金融事业发展的一系列重大理论和实践问题，是习近平经济思想的重要组成部分，是马克思主义政治经济学关于金融问题的重要创新成果，为新时代新征程推动金融高质量发展提供了根本遵循和行动指南。各地区各部门要深入学习领会、自觉贯彻落实。要完善金融宏观调控，准确把握货币信贷供需规律和新特点，加强货币供应总量和结构双重调节。加强优质金融服务，扩大金融高水平开放，服务好"走出去"

和“一带一路”建设，稳慎扎实推进人民币国际化。健全金融监管机制，建立健全监管责任落实和问责制度，有效防范化解重点领域金融风险。着力做好当前金融领域重点工作，加大政策实施和工作推进力度，保持流动性合理充裕、融资成本持续下降，活跃资本市场，更好支持扩大内需，促进稳外贸稳外资，加强对新科技、新赛道、新市场的金融支持，加快培育新动能新优势。

会议要求，各地区各部门特别是金融系统要进一步把思想和行动统一到习近平总书记重要讲话精神和党中央决策部署上来，坚持目标导向、问题导向，全面加强党对金融工作的领导，扎实做好加强金融监管、防范化解金融风险、推动金融高质量发展等重点工作，加快建设金融强国，抓好会议精神宣传贯彻，加强金融干部人才队伍建设，确保工作部署落实落地。

何立峰作总结讲话。中国人民银行、金融监管总局、中国证监会、北京市、辽宁省、湖北省、四川省负责同志作交流发言。

中共中央政治局委员、中央书记处书记，全国人大常委会有关领导同志，国务委员，最高人民法院院长，全国政协有关领导同志出席会议。

中央金融委员会委员，各省区市和计划单列市、新疆生产建设兵团，中央和国家机关有关部门、有关人民团体、中央军委机关有关部门，中央管理的金融机构、部分企业主要负责同志等参加会议。

附录四　防范化解金融风险增强服务实体经济能力[①]

金融是现代经济的核心，直接关系高质量发展和国家安全。习近平总书记指出，“金融是实体经济的血脉，为实体经济服务是金融的天职，是金融的宗旨，也是防范金融风险的根本举措”，强调要“增强金融服务实体经济能力，坚决打好防范化解包括金融风险在内的重大风险攻坚战，推动我国金融业健康发展”。金融治理体系与治理能力现代化是中国式现代化的题中应有之义。坚持党中央对金融工作的集中统一领导，完善金融治理，既充分体现出金融工作的政治性，也是我国金融高质量发展的特色和优势所在。面对新时代新征程提出的新任务、新要求，《党和国家机构改革方案》（以下简称《方案》）要求坚持稳中求进工作总基调和问题导向，深化金融等重点领域机构改革，组建中央金融委员会、中央金融工作委员会等，对全面提升金融工作的战略地位、坚持党对金融工作的集中统一领导、建立健全中国特色金融监管体系、践行以人民为中心的价值取向、凸显现代金融体系的资本市场功能等均具有重大意义和深远影响。

全面提升金融工作的战略地位。随着信息技术进步和经济社会发展，金融及其衍生的风险问题和安全问题不可避免地影响到社会生活的方方面面。其一，作为资源配置和宏观调控的重要工具，现代金融有力地助推了工业革命以来科技创新、产业演进和全球化分工体系构建，已经像血脉一样渗透到实体经济方方面面并对现代经济起着全面推动和核心支撑的重要作用。其二，随着金融借助数字技术越来越广泛地渗透到现代社会，其可能诱发的金融风险及其危害性必然呈指数级上升态势，如果不能得到准确识别、及时应对和妥善处置，很可能外溢为社会风险。其三，金融是国家重要的核心竞争力，金融安全是国家安全的重要组成部分，金融制度是经济社会发展中重要的基础性制度。立足于推

① 本文原载于《学习时报》（2023 年 7 月 17 日，第 1966 期），作者为刘永彪。

进中国式现代化进程，《方案》进一步明确金融工作在我国经济社会发展中的重要地位，组建中央金融委员会、中央金融工作委员会、国家金融监督管理总局，既涉及横向上重构“证券业之外的金融业监管”体制改革，也涉及纵向上调整地方金融监管体制改革，还涉及中国人民银行分支机构体系优化。

坚持党对金融工作的集中统一领导。经济建设是党的中心工作，金融是现代经济的核心。党的十八大以来，以习近平同志为核心的党中央坚持和加强对金融工作的集中统一领导，对深化金融改革作出全面部署，坚持金融为实体经济服务，严厉惩治金融领域腐败，有效化解重大金融风险，我国金融业发展取得新的成效。只有坚持和加强党对金融工作的集中统一领导，才能更好地完善金融宏观调控决策机制、统领金融与财政全方位协作机制，继而才能主动消除风险隐患、及时防控金融风险及推动金融更好地服务实体经济和高质量发展。一方面，通过组建中央金融委员会，更好地从顶层设计层面加强金融工作一体化，保证金融改革发展正确方向，管控金融风险、加强金融稳定、保障金融安全，切实地把党领导金融工作的制度优势转化为治理效能，确保走中国特色的金融发展之路。另一方面，通过组建中央金融工作委员会，统一领导金融系统党的工作和指导金融系统党的建设，更加有利于从党员干部思想政治方面加强党对金融工作的集中统一领导，充分体现党的领导和我国社会主义制度的政治优势。

建立健全中国特色金融监管体系。金融持续健康发展，离不开构建与社会发展阶段相匹配的金融监管体系，以便于主动消除风险隐患、及时防控金融风险，为金融更好地服务实体经济打牢坚实的基础。党的十八大以来，习近平总书记高度重视防范化解重大经济金融风险，明确把强化监管、提高防范化解金融风险能力作为做好金融工作的重要原则之一，强调防范化解金融风险特别是防止发生系统性金融风险，是金融工作的根本性任务。当前和今后一个时期，我国金融领域尚处于风险易发高发期，尽管未发生系统性风险，但潜在风险和隐患正在积累，关联性和复杂性增加。为巩固国家金融安全，保障中国式现代化顺利推进，我们坚持稳中求进工作总基调，加快构建中国特色金融监管体系，实现对各类金融活动的全面监管，提高金融监管质效。其一，组建国家金融监督管理总局，与中国人民银行、中国证券监督管理委员会一起形成“一行一局一会”的全覆盖、全流程、全行为金融监管新格局，从根本上理顺了机构监管和功能监管、宏观审慎和微观审慎、审慎监管和行为监管之间的关系。其二，深化地方金融监管体制改革，强化“建立以中央金融管理部门地方派出机构为主的地方金融监管体制”，体现了党中央对金融监管工作的“垂直管理”导向、确立了金融工作的中央事权重心；明确“地方政府设立的金融监管机构专司监管职责”，压实了地方政府防范和化解地方金融风险责任。其三，将中国证券监督管理委员会由国务院直属事业单位调整为国务院直属机构，强化资本市场监管职责。这不仅彰显了党中央推动直接融资加快发展的坚定决心，还体现了党中央对资本市场领域金融风险的高度重视，释放了党中央加大金融风险防范力度的重要信号。

践行以人民为中心的价值取向。当金融成为国家层面资源配置和宏观调控的重要工具时，其价值取向便直接服务于国家政治制度和经济发展需要。以人民为中心的价值取向，直接决定了我国金融工作的政治性和金融事业的人民性。金融发展必须始终坚持以人民为中心，要深刻领会金融工作的政治性、人民性，增强金融报国情怀和事业心责任感。在金融监管工作中必须努力把维护最广大人民群众根本利益作为金融监管工作的出发点和落脚点。深入践行以人民为中心的发展思想，服务和保障中国式现代化建设顺利推进，必须坚持问题导向，统筹职能优化和机制调整两个方面，强化金融消费者权益保护，加强风险管理和防范处置。一方面，明确国家金融监督管理总局统筹负责金融消费者权益保护，将原来处于“多头管理”状态的金融消费者和投资者保护职责归集到一个部门。这有利于健全金融消费者权益保护监管和保障机制，消除部门监管职能交叉，降低监管取证成本，提升金融消费者权益保护的协同性和精准性。另一方面，深化地方金融监管体制改革，在强化金融监管领域中央事权的同时，明确地方政府设立金融监管机构专司监管职责，不再加挂金融工作局、金融办公室的牌子。这不仅为地方政府金融监管机构强化监管职能、提升监管专业性指明方向，也为压实地方政府金融监管机构防范地方金融风险、维护金融安全责任，保障金融消费者和投资者权益提供地方层面的组织保障。

凸显现代金融体系的资本市场功能。经济是肌体，金融是血脉，两者共生共荣。经济兴，金融兴；经济强，金融强。纵观历史，金融一旦脱离实体经济，就是无源之水、无本之木。服务实体经济是金融的天职、宗旨、本源。不能就金融谈金融，更不能搞脱实向虚的过度衍生交易。要始终把金融服务实体经济发展放在第一位，摆正金融工作位置，促进经济和金融良性循环、健康发展。金融高质量发展既有助于促进先进制造业发展、推动实体产业转型升级，也有助于推动“科技—产业—金融”良性循环、实现高水平科技自立自强。深化金融供给侧结构性改革要以金融体系结构调整优化为重点，优化融资结构和金融机构体系、市场体系、产品体系，为实体经济发展提供更高质量、更有效率的金融服务。建设规范、透明、开放、有活力、有韧性的资本市场，完善资本市场基础性制度。实现公司（企业）债券发行审核工作统一，优化债券市场和股票市场协作机制，提升公司（企业）综合融资效率。

附录五　我国数字经济与实体经济融合发展的理论逻辑和关键路径①

摘要：在贯彻新发展理念、构建新发展格局中，推动数字经济与实体经济深度融合对推进供给侧结构性改革、转变经济发展方式、实现经济高质量发展等均具有十分重大的意义。基于内生增长理论框架，揭示数据要素驱动下的数字经济加速发展机制，探索式地论证我国数字经济与实体经济融合发展的广阔空间。以此为基础，结合我国创新驱动发展战略，重点围绕顶层设计、数据治理、数据安全、分类融合和人力资本等方面，提出驱动数字经济与实体经济深度融合的政策建议。

关键词：数据生产要素　人力资本　知识　内生增长理论

数字经济事关国家发展大局。党的十八大以来，党中央高度重视发展数字经济，将其上升为国家战略。实体经济是数字经济发展的基石，数字经济的健康发展，离不开其与实体经济的融合发展。2021 年 10 月 18 日，习近平总书记在中共中央政治局第三十四次集体学习时指出，"要推动数字经济和实体经济融合发展，把握数字化、网络化、智能化方向，推动制造业、服务业、农业等产业数字化，利用互联网新技术对传统产业进行全方位、全链条的改造，提高全要素生产率，发挥数字技术对经济发展的放大、叠加、倍增作用"。这表明，加快推动数字经济与实体经济深度融合发展，已成为新时代高质量发展的重要标志、构建新发展格局的重要引擎、建设现代化经济体系的重要抓手、构建国家竞争新优势的关键举措。

在此背景下，郭晗围绕数字经济与实体经济的深度融合展开研究，探讨两者融合的主要特征和制约因素并提出相关政策建议。但由于缺乏对大数据属性的多维度剖析及对数据要素进入增长理论框架的深刻把握，该文既未能给予数

① 本文原载于《金陵科技学院学报》（社会科学版，2022 年第 36 期），作者为李忠海、刘永彪、后雨萌。

据作为第五大要素①进入生产函数界定相对清晰的范畴，也未能将数据要素嵌入生产函数并构建自洽性的内在逻辑。有鉴于此，本文立足我国全面进入数字经济新阶段的时代背景，廓清融合发展背景下数据要素的内涵和外延，构建“数据与人力资本和知识”联动的内生增长分析逻辑框架，揭示大数据背景下数据要素驱动经济增长的内生机制，为我国推动数字经济与实体经济深度融合发展提供理论支撑和逻辑基础。

一、数字经济与实体经济融合发展的作用效果和内在机制

数字经济与实体经济融合发展以新一代信息技术应用和数据生产要素深入参与为基础，但由于实体经济涵盖面广、不同区域及产业的信息通信技术（Information and Communications Technology，ICT）投入集约度②差异大，数字经济影响实体经济发展的作用效果及其内在机制相应存在异质性和动态变化等特征。

（一）数字经济与实体经济融合发展的基本内涵

1. 数字经济界定

作为随互联网而兴起的经济形态，早期数字经济的概念主要与电子商务相联系。随着信息通信技术的进步和新产业新业态新模式的涌现，数字经济不断赋予经济活动新内涵。2016 年 9 月，G20 杭州峰会将数字经济界定为，“使用数字化的知识和信息作为关键生产要素、以现代信息网络作为重要载体、以信息通信技术的有效使用作为效率提升和经济结构优化的重要推动力的一系列经济活动”。2021 年 6 月 3 日，国家统计局发布了《数字经济及其核心产业统计分类（2021）》，文件指出：“数字经济是指以数据资源作为关键生产要素、以现代信息网络作为重要载体、以信息通信技术的有效使用作为效率提升和经济结构优化的重要推动力的一系列经济活动。”

2. 实体经济界定

2008 年国际金融危机之后，“实体经济” 概念广泛受到关注。由于美国金融危机主要发生于房地产市场和金融衍生领域，美联储便将实体经济（Real Economy）界定为经济体中剔除房地产和金融业以外的所有行业总和。尽管这种划分方法比较符合美国当时的背景，但却回避了金融业和房地产业提供专业金融服务和房地产服务并参与社会生产的基本事实，与现代产业发展新体系的内涵不

① 2020 年 3 月 30 日，中共中央、国务院公布首份关于要素市场化配置的文件——《关于构建更加完善的要素市场化配置体制机制的意见》，将数据与土地、劳动力、资本、技术并列为五大生产要素。

② 产业中涉及 ICT 的设备资产总额占设备资产总额的比例，比例越大，集约度越高；反之亦然。

一致。立足我国正处于高质量发展的关键时期，综合服务社会发展的功能定位和承载商品或服务的生产活动定位，实体经济宜界定为：剔除因“空转、套利、投机”等行为而不产生实际社会价值之后的现代产业总和。

3. 融合发展内涵

从以上基本概念界定可以看出，数字经济和实体经济之间并非截然分开，而是一种以数据要素流转为核心驱动的相互依存关系（见图 1）。一方面，数字经济更强调挖掘数字资源价值、发挥数字生产要素对实体经济发展的正向促进作用；另一方面，实体经济既是数字经济加快发展的良性方向（避免“空转”）和最终归宿，也为数字经济发展壮大提供技术创新、高端装备和金融服务等综合支持。可见，实体经济为数字经济发展提供基础支撑和终极方向，数字经济为实体经济高质量发展开辟新领域、培育新动能、打造新引擎。

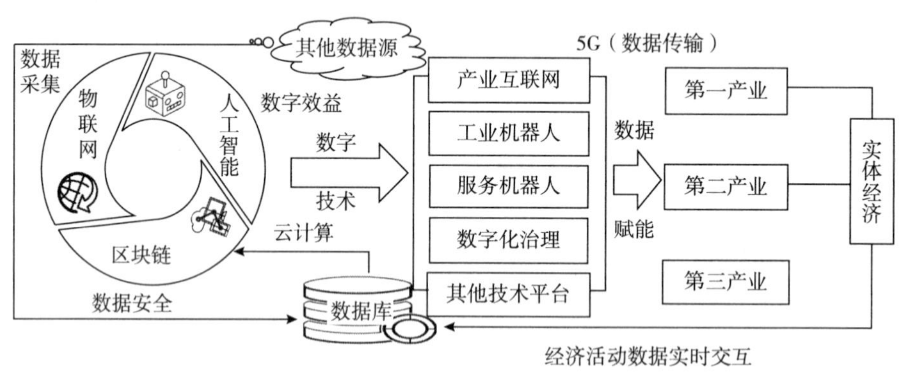

图 1　数字经济与实体经济融合发展基本逻辑框架

（二）数字经济与实体经济融合发展带来的典型作用效果

随着数字经济与实体经济融合发展，不少文献研究了数字经济（金融）对实体经济（企业）的促进作用。在宏观经济层面，数字经济对实体经济发展有显著的影响，且不同区域呈现异质性特征。在中观产业层面，数字经济对工业绿色全要素生产率具有显著的提升作用，继而推动工业绿色发展。在微观层面，数字经济有助于提升企业全要素生产率和市场运行效率，其背后核心驱动因素便是 ICT 技术投入加大。与此同时，作为数字经济与实体经济融合发展的重要体现，平台头部企业“马太效应”凸显，致使其利用垄断地位威胁良性市场环境。囿于产业基础和资源禀赋等方面的差异，数字经济与实体经济融合发展过程中仍可能存在一定的“挤出”效应，且该效应因实体经济发展水平不同而存在异质性特征。

数字经济与实体经济融合有助于加快推动实体经济融合发展，其中产生的垄断效应和挤出效应具有一定客观性和阶段性。一方面，新一代信息技术加快发展引致的“马太效应”诱发数据加速向平台集中并出现垄断是必然结果，具有典型的自然垄断特性，亟须引入产业规制政策予以矫正；另一方面，部分区域或行业的“挤出”效应，既是技术更新换代的必然过程，也是产业转型升级的自然结果。因而，从数字经济与实体经济融合发展的可持续性来看，新一代信息技术引致的平台垄断和“挤出”效应，需要辅以相应的产业政策予以适当校准。

（三）推动数字经济与实体经济融合发展的主要作用机制

不少文献在研究数字经济与实体经济融合发展的同时，还多角度探讨了其外生作用机制。大数据技术的采用有助于增强整合社会资源和监测环境的能力，支撑数字经济推动实体经济实现绿色发展。王开科等引入数字经济效率系数并证实了其生产效率内涵，揭示了数字技术通用性提升是数字经济与实体经济融合发展的关键。葛和平等利用改进的 Feder 两部门模型，揭示了数字经济与实体经济融合发展的直接机制和间接机制。赵涛等基于数字经济引致的创业活跃度增加和创新环境优化观察视角，证实“激发大众创业”是推动数字经济与实体经济融合发展的重要作用机制。但无论是数字技术及其通用性机制，还是经济效率和创业激发机制，均未能揭示两者融合发展的内在作用机理。以经济效率提升和经济结构优化为例，葛和平等利用 Feder 两部门模型证实间接机制的存在，但却未能揭示该机制如何与数字经济联系并产生相应的提升和优化。与之类似，赵涛等证实“激发大众创业”作用机制的存在，但这种机制如何在数字经济与实体经济融合中起到作用并未得到理论层面的阐释。

也有理论研究认为，数据生产要素通过驱动知识生产影响经济增长。Agrawal 等构建了“基于组合”的知识生产函数，研究了数据要素驱动下的知识产生过程及其对经济增长的促进作用。Aghion 等通过引入企业异质性，证实了数据要素驱动下的“先发”优势可能降低创新活力，继而对经济增长产生负面作用（挤出效应）。数据生产要素短期积累可能会获得递增的回报，但长期来看其回报率仍可能存在递减的情况。除此之外，还有不少文献着重探讨数据生产要素影响微观企业运行的内在机制。在我国，中国信息通信研究院（以下简称信通院）进行了持续多年的相关研究[①]，并于 2020 年提出涵盖数字产业化、产业数

① 2017 年以来，信通院持续发布“数字经济白皮书”，不断深化我国数字经济范畴界定。2017 年，信通院提出数字经济主要由数字产业化和产业数字化组成；2019 年，增加了数字化治理；2020 年，增加了数据价值化，形成了涵盖数字产业化、产业数字化、数字化治理和数据价值化的“四化”版本。

字化、数字化治理和数据价值化的数字经济“四化”版本。这也表明，国内相关研究也逐渐将“数据生产要素”作为切入点，研究数字经济与实体经济融合发展的内生作用机制。

尽管以数据生产要素为切入点研究数字经济与实体经济融合发展的作用机制已成为共识，但学术界因在概念界定、核心内涵和理论框架等方面难以达成一致，至今仍未能就数字经济与实体经济融合发展形成自洽性的理论逻辑。在数据概念界定方面，不少文献仅就数据谈数据，即忽略了数据自身“5V”特征及数据背后的知识积累过程。在内涵挖掘方面，大多数文献未能有效区分数据既能优化生产关系，又能提升生产力的“双重”属性，忽略了不同知识类型下的数据价值异质性。在理论框架方面，鲜有文献将数据纳入经济增长理论框架并与知识和人力资本相关联，构建内生增长框架的数据要素驱动模型。

二、内生增长视角下数字经济与实体经济融合发展的微观机制

（一）知识、人力资本与数据生产要素

1. 数据生产要素的界定与特征

根据不同研究视角和观测背景，可将“数据”定义划分为三类观点。（1）功能定位观。数据是指“被用于形成决策或者发现新知的事实或信息”[①]，或者指“进行各种统计、计算、科学研究或技术设计等所依赖的数值”[②]。（2）技术驱动观。数据被理解为“可以被编码为一系列 0 和 1 组成的二进制序列的信息”。（3）生产指令观。数据被视为信息中不包含创意（Idea）和知识（Knowledge）的部分，即能够被用于生产经济物品的指令。

上述定义分别从不同视角或维度界定了数据，但却难以准确刻画大数据时代我国加快发展数字经济的时代背景。比如，功能定位观强调了数据在社会经济发展中的决策价值，但却忽略了大数据时代的数据二进制编码技术内涵；技术驱动观突出了大数据时代的数据技术特性，但却忽略了数据自身的内在价值取向；生产指令观更多从生产过程提炼数据价值，忽略了数字经济时代“数据无处不在”的大数据内涵。因此，本文将数据界定为：可被编码为二进制序列、能被用于决策参考、具有潜在社会经济价值的事实或信息。

---

① 参见《牛津英语词典》（2020 版）。

② 参见《现代汉语词典》（第七版）。

2. 大数据时代数据要素的主要特征

作为依托其他生产要素载体才能释放效应的要素（技术），数据要素具有典型的“使能技术”[①] 特征，即尽管数据要素本身价值可能并不大，但其潜在的带动作用和关联效应却相当大且远远超过自身规模体量。徐翔等立足数据进入生产过程的价值承载，归纳出数据生产要素的七大主要特征，即虚拟性、非竞争性、排他性、规模报酬递增、强正外部性、产权模糊以及衍生性。与之基于经济学视角不同，国际知名咨询机构 IBM 咨询公司侧重于立足大数据自身的物理特性，提出涵盖数据量大（Volume）、多样化（Variety）、价值密度低（Value）、增长速度快（Velocity）、准确度可查证（Veracity）等 5V 特征。

本文立足我国数字经济产业基础、重点方向和发展趋势，在综合数据要素经济视角特征和物理视角特性的基础上，围绕数据要素嵌入内生经济增长逻辑提炼出六大特征。（1）知识价值性，是指突出数据要素的需求导向性，强调数据转化为知识的实用性和应用性。（2）网络伴生性，是指数据更多的是行动和结果的映射，具有多种社会网络关系综合作用的伴生结果。（3）组合多样性，是指数据与数据之间以多种“算法”进行组合，几乎能够形成“无穷无尽”的数据要素组合。（4）动态时效性，是指不少数据具有典型的时效性，且这种时效性直接影响或决定其潜在价值。（5）密度价值低，是指与大数据的规模体量相比，特定用途以外的绝大多数数据价值较低且潜在增值空间不大。（6）附属公共性，是指更新维护具有一定的非强制性和显著的外部性。

3. 数据要素驱动知识积累的优势与局限

随着新一代信息技术加速应用，所有历经“数字化→数据化→大数据→数据分析”转化过程的信息都可能成为知识，其过程见图 2。因此，本文基于服务社会经济发展的广义视角，将知识界定为“为人类社会经济生产、生活和消费等提供支持”的信息总和。随着越来越多的组织机构运营过程被以数字化方式记录，每天都有超过 2.5EB 的数据不断产生，相当于美国国会图书馆（Library of Congress）藏书量的 16.7 万倍。持续增长的大数据推动知识积累过程不断加速，形成差异维度大、复杂性高、更新频率快、涉及面广的海量知识库，为知识积累自我增强和促进创新活动加速奠定夯实的基础。

---

① 使能技术是指一项或一系列应用面广的具有多学科特性的为完成任务实现目标的技术，其特点是具有带动作用。

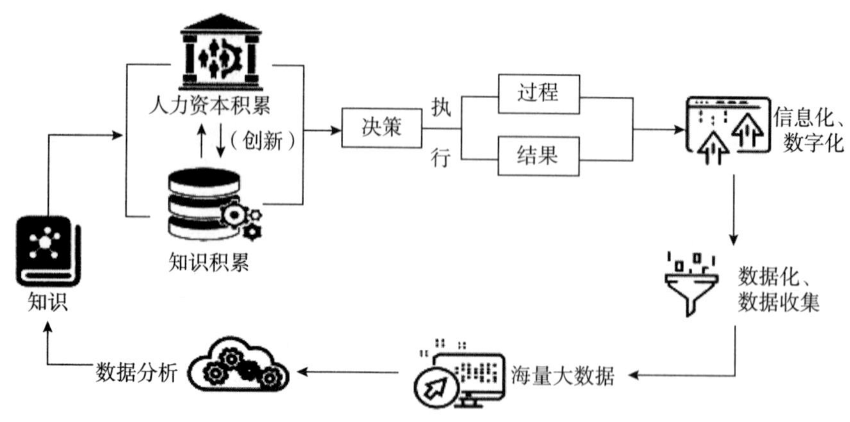

图 2　基于数据要素视角的知识形成过程

由于创新活动的复杂性、特殊性和层次性，不同类型的创新模式所需要的存量知识和人力资本存在较大差异。一般来说，基于存量知识的创新更多是以引进消化吸收再创新和集成创新为主，难以产生科学、技术、工艺等领域的原始创新。这表明，尽管每天所产生的海量数据经过转化都能形成数以亿计的知识增量，但却难以形成或产生超常规默示知识，难以为原始创新提供不可或缺的存量基础支撑。因此，数据要素驱动下的知识积累和人力资本积累更可能大幅度激发甚至促进消化吸收再创新和集成创新，但对原始创新可能难以产生类似程度的促进作用。

（二）数据要素激发创新活力的内生增长逻辑

经济持续增长有赖于不受收益递减规律约束的可积累的生产要素或生产要素组合的存在。与其他生产要素相比，人力资本和知识无疑能够满足这一条件并成为推动经济持续增长的动力。其中，内生增长理论便是利用生产函数设计上的创新，将经济增长集中于创新（新的产品设计不断出现），构建了同时纳入知识和人力资本的一般均衡模型，创造性地建立了知识和人力资本积累驱动创新、推动经济持续增长的理论逻辑。在该模型中，研发部门知识生产函数为 $\Delta A = \delta H_A A$，最终制造业部门生产函数为 $Y = H_Y^{\alpha} L^{\beta}(\sum_{1}^{A} x_{\alpha}^{\gamma})$。前一个公式中，$\Delta A$ 为新增产品设计数量，即代表创新；A 为现有产品设计总数，代表存量知识；H_A 表示研发部门研发人员数，代表人力资本；δ 表示研发效率参数。在后一个公式中，Y 代表制造业部门产出；H_Y^{α} 代表该部门人力资本（管理者）；L 代表从事生产的低技能劳动力；x_{α} 代表专业化资本品。根据研发部门知识生产函数和制造业部门生产函数，知识（A）和人力资本（H_A）的不断积累有助于增加新增产品设计数量（ΔA）并推动创新能力提升、促进经济持续增长。这表明，只要数据生产要素驱动知识和人力资本加速积累，必将促进创新能力快速提升和创新活动不断涌现，继而推动经济实现内生增长。

数字技术的全面渗透和广泛应用，为数据要素驱动知识和人力资本积累提供了有力支撑。一方面，海量的数据要素不断驱动知识加速积累，并利用多维度知识自我积累效应，不断增加专业深度、拓宽覆盖广度和提高增量速度；另一方面，人力资本通过教育和“干中学”实现积累，成为推动经济增长的“引擎”，比如，科研人员能够通过更加便捷的网络渠道、丰富的线上资源和快捷的在线反馈，加快专业知识学习和业务经验积累，快速提升自身的人力资本。与此同时，知识积累与人力资本积累相互促进并形成良性循环，更是成倍放大数据要素对知识和人力资本积累的推动作用。

尽管知识和人力资本在非竞争性和排他性方面存在显著不同，但二者的积累均能够对经济持续增长产生巨大的影响。随着大数据时代的到来和我国数字经济加速发展，海量的数据要素必将驱动知识和人力资本加快积累，推动创新水平不断提高和实体经济实现持续增长。一方面，数据要素驱动明示知识和常规型默示知识加快知识积累进程，增强创新活力并推动实体经济增长；另一方面，数据要素推动人力资本加快积累，为挖掘“超常型默示知识”、增强原始创新能力奠定基础。因此，数字经济与实体经济融合发展的微观机制是以数据生产要素为基础，驱动知识和人力资本加快积累，促进创新水平提升并推动经济实现内生增长。

（三）持续增长的数据资源夯实数字经济与实体经济融合发展的基础

回顾“十三五”时期，我国大力推动数字中国建设和数字经济健康发展，形成并积累了海量数据资源。展望“十四五”时期，我国将构建数字经济发展“四梁八柱”，加快推动数字经济高质量发展，为数字经济与实体经济深度融合发展提供雄厚的支撑基础和有力的资源保障。

1. 我国数据资源存量规模庞大、增量渠道丰富

中国信通院联合中国网络空间研究院发布的《国家数据资源调查报告（2020）》显示，截至 2019 年底，我国数据总存量约为 332EB，全球占比 11.9%，略低于同期 16% 的全球 GDP 占比。与此同时，我国数据资源以多个渠道和维度快速增长。2019 年，我国数据产量总规模为 3.9ZB，同比增长 29.3%。其中，行业机构数据产量达到 3ZB，全国占比 76.9%。

2. 全球领先的基础设施推动数字技术快速渗透

国家互联网信息办公室发布《数字中国发展报告（2020年）》显示，我国建成全球规模最大的光纤网络和4G网络，固定宽带家庭普及率由2015年底的52.6%提升到2020年底的96%，移动宽带用户普及率由2015年底的57.4%提升到2020年底的108%。第37次和第47次《中国互联网络发展状况统计报告》显示，我国网民规模由2015年底的6.88亿人增长到2020年底的9.89亿人，互联网普及率由2015年底的50.3%提升到2020年底的70.4%。

3. 以政务部门为引领的数据资源加速开放应用

《国家数据资源调查报告（2020）》显示，截至2020年底，全国地方政府共上线142个数据开放平台，开放有效数据集约9.9万个。其中，开放数据集动态更新比例平均为15.7%，数据可机读率平均为75.8%，关键数据集覆盖率平均为38.6%，常见数据集覆盖率平均为69.9%，开放数据集部门覆盖率平均为73.2%。

4. 不断完善的制度环境保障数据资源持续丰富

《“十四五”数字经济发展规划》明确要求“充分发挥数据要素作用”。2022年3月12日发布的《政府工作报告》首次将数字经济（数据要素）单独成段描述。与此同时，上海、浙江、深圳等纷纷出台数据条例，为数据要素开发利用提供法制保障。

三、我国数字经济与实体经济融合发展的基本判断与关键路径

前文基于内生增长理论框架，揭示了涵盖数据要素驱动知识和人力资本加速积累的数字经济与实体经济融合发展内生增长机制。以此为基础，结合我国数字经济发展正处于重要时期和数据要素资源正处于日益丰富阶段，就加快推动数字经济与实体经济深度融合发展提出以下基本判断和关键路径。

（一）数据要素驱动下数字经济与实体经济融合发展的基本判断

1. 数字经济与实体经济融合发展具有内生增长持续性

从宏观经济增长视角看，数字经济与实体经济融合最终必定推动实体经济实现内生增长和高质量发展，因数据“马太效应”引致的阶段性挤出效应和平台垄断导致的不良现象并不足以影响两者深度融合发展的主导方向。凭借丰富的存量资源和扩展的增量资源优势，我国数字经济与实体经济融合发展依然具有广阔的空间，必将为我国高质量发展提供源源不断的动力支撑。

2. 数字经济与实体经济融合的关键在于数据开放质量

从内在微观机制驱动看，数字经济与实体经济融合发展以数据生产要素为核心基础，驱动知识和人力资本加快积累并实现创新能力增长和经济增长。因此，在坚持总体国家安全观的前提下，拓宽数据开放维度、细化数据开放颗粒度，引导业务数据有序开放，不断提升数据开放质量和力度，是推动数字经济与实体经济深度融合发展的关键支撑。

3. 数字经济与实体经济融合需要精心设计知识产权保护制度

随着数据要素加快知识和人力资本的积累，创新活动必将涌现并带来大量知识产权。严格的知识产权保护固然保护了首创者利益，但可能迫使经济发展过程中的整体创新步伐放缓。考虑到与日俱增的海量数据催生创新活动不断加速，亟须精心设计的知识产权制度和操作规则平衡创新者私人收益和社会收益，助推社会创新活动蓬勃发展和经济持续增长。

4. 数字经济与实体经济融合离不开高质量人力资本的支撑

作为数字经济与实体经济融合的重要支撑，人力资本提升并非“自然而然”的积累过程，而是个体立足所处环境及其多种因素而实现自我提升的复杂过程。与知识相比，人力资本的积累更具有稀缺性、紧迫性和根本性。因此，数据开放和数字经济基础设施应优先向个体倾斜，引导个体充分利用便捷信息设施、廉价数据资源和海量知识存量，进一步提升人力资本价值。

5. 数字经济与实体经济融合需统筹数据确权规范与放权规则

与其他要素不同，数据要素生命周期过程具有独特的复杂性。数据要素的密度价值较低和动态时效性意味着数据确权未必就有经济价值，而知识价值性和组合多样性表明存在巨大的价值变现机会，网络伴生性和附属公共性从本质上说明数据确权存在天然的难度且维护成本较高。因此，数据确权应该结合业务需求和特殊场景，以释放经济价值为核心选择更加适宜的数据价值管理规则。

（二）推动我国数字经济与实体经济融合发展的关键路径

1. 增强大局意识，提升数字经济与实体经济融合发展能级

数字经济事关国家发展大局。推动数字经济与实体经济融合发展亟须增强大局意识，不断提升战略定位和发展能级。一是提升数字经济与实体经济融合能级定位，将数字经济与实体经济融合发展纳入国家“实施创新驱动发展战略，巩固壮大实体经济根基”的重要内容。二是强化数字经济与实体经济融合顶层设计，设立国家层面组织推动数字经济与实体经济融合发展工作的专职机构。三是营造数字经济与实体经济融合舆论氛围，重点面向制造业、服务业、农业

等产业数字化领域，加大数字经济与实体经济融合发展示范工程推广和典型案例宣传的力度。

2. 强化数据治理，畅通数字经济与实体经济融合落地通道

数据治理是释放数据生产要素价值的基础保障。因此，推动数字经济与实体经济融合发展落地离不开完善数据治理体系、提高数据治理意识、健全数字治理工具。一是组建国家层面治理专业委员会，引导政府部门、科研院所和龙头企业等多方力量协同推进专业领域数据治理能力建设工作。二是聚焦“量大面广”重点领域，分类编制一批符合产业发展规律的国家层面数据治理技术标准和规范体系。三是发挥行业龙头示范作用，分行业分区域重点支持行业龙头实施数据治理能力提升战略，分别面向元数据管理、主数据治理、企业中台架构等典型场景打造一批应用示范工程。

3. 突出安全管理，夯实数字经济与实体经济融合数据基础

多元、立体、海量的数据资源是充分释放数据生产要素价值的核心基础。因此，推动数字经济与实体经济融合发展亟须在坚持总体国家安全观的前提下，不断拓宽数据开放维度、细化数据开放颗粒度、提升数据资源总体质量水平。一是健全数据资产管理制度体系，推动各政府机构出台数据开放管理规定，推动业务数据分级脱敏开放，不断提升数据资源质量。二是引导行业龙头实施数据开放计划，优先支持平台企业和核心企业开发专业数据产品、开放数据资源。三是完善数据资源交易体系，以上海数据交易所为引领构建多层次数据交易体系，丰富数据质量认证认可、全过程监督和安全管理等治理功能。

4. 把握重点方向，引导数字经济与实体经济分类融合发展

遵循产业数字化转型规律，分类推进数字经济与实体经济融合发展。一是“一链一策”，推动重点产业链数字化转型，优先支持“链主”企业实施协同采购、协同制造、协同配送的应用解决方案，实现下单、计划、生产、交付、品控、物流等关键环节数据的互联互通和在线协同。二是“一行一策”，促进优势产业集群数字化转型，重点发展中央工厂、协同制造、共享制造、众包众创、集采集销等新模式，促进大中小企业融通发展，带动中小企业数字化转型。三是“一企一策”，引导行业龙头加快数字化转型，引导制造业单项冠军（单项冠军产品）企业、“专精特新”企业、独角兽企业等实施数字化、网络化、智能化技术改造，提高生产管控、精益制造能力和智能制造水平。

5. 彰显创新驱动，强化数字经济与实体经济融合人才支撑

高质量的人力资本是数据生产要素释放创新驱动活力的重要保障。因此，

加快数字经济与实体经济融合发展离不开培育造就一批面向数字经济领域的高素质、多层次、复合型人才团队。一是加大专业人才培养力度，推动科研院所与行业龙头组建产业学院，优先面向数字经济领域培养一批多层次人才梯队。二是搭建数字经济人才库，遴选一批数字贸易、数字金融和工业互联网等重点领域从业人员并加大数字经济专题轮训力度，培养一批精通行业领域、熟悉数字技术、理解转型方向的复合型人才。三是提升人力资本价值，优先支持个体依托便捷的信息设施、低成本的网络服务和海量的数据资源及知识存量提升人力资本价值。

【参考文献】

[1] 习近平在中共中央政治局第三十四次集体学习时强调：把握数字经济发展趋势和规律，推动我国数字经济健康发展 [N]. 人民日报，2021-10-20 (1).

[2] 郭晗．数字经济与实体经济融合促进高质量发展的路径 [J]. 西安财经大学学报，2020 (2)：20-24.

[3] 徐康宁，倪宁宁．实体经济四问及阐释 [J]. 现代经济探讨，2017 (10)：1-6.

[4] 姜松，孙玉鑫．数字经济对实体经济影响效应的实证研究 [J]. 科研管理，2020 (5)：32-39.

[5] 肖远飞，姜瑶．数字经济对工业绿色生产效率的影响研究 [J]. 现代管理科学，2021 (8)：100-109.

[6] 黄群慧，余泳泽，张松林．互联网发展与制造业生产率提升：内在机制与中国经验 [J]. 中国工业经济，2019 (8)：5-23.

[7] 林子樱，韩立新．数字经济下平台竞争对反垄断规制的挑战 [J]. 中国流通经济，2021 (2)：26-36.

[8] 周小亮，宝哲．数字经济发展对实体经济是否存在挤压效应？[J]. 经济体制改革，2021 (5)：180-186.

[9] 许宪春，任雪，常子豪．大数据与绿色发展 [J]. 中国工业经济，2019 (4)：5-22.

[10] 王开科，吴国兵，章贵军．数字经济发展改善了生产效率吗 [J]. 经济学家，2020 (10)：24-34.

[11] 葛和平，吴福象．数字经济赋能经济高质量发展：理论机制与经验证据 [J]. 南京社会科学，2021 (1)：24-33.

[12] 赵涛，张智，梁上坤．数字经济、创业活跃度与高质量发展 [J]. 管理世界，2020 (10)：65-76.

[13] 徐翔，厉克奥博，田晓轩．数据生产要素研究进展 [J]. 经济学动态，2021 (4)：142-158.

[14] 经济合作与发展组织．数据驱动创新：经济增长与社会福利中的大数据 [M]. 北京：电子工业出版社，2017.

［15］方竹兰，于畅．知识经济与宏观管理新视角［J］．经济研究参考，2020（22）：36－45.

［16］谢丹阳，周泽茜．经济增长理论的变迁与未来［J］．经济评论，2019（3）：30－39.

［17］Tambe P. Big Data Investment，Skills，and Firm Value［J］. Management Science，2014（6）：1452－1469.

［18］Agrawal A.，McHale J.，Oettl A. Finding Needles in Haystacks：Artificial Intelligence and Recombinant Growth［EB/OL］.（2018－04－30）［2022－01－22］. https：// www. nber. org/papers/w24541.

［19］Aghion P.，Bergeaud A.，Boppart T.，Klenow P. J.，Li H. A Theory of Falling Growth and Rising Rents［EB/OL］.（2019－11－30）［2022－01－22］. https：//www. nber. org/papers/ w26448.

［20］Farboodi M.，Veldkamp L. Long Run Growth of Financial Data Technology［J］. American Economic Review，2020（8）：2485－2523.

［21］Farboodi M.，Veldkamp L. A Growth Model of the Data Economy［EB/OL］.（2021－02－25）［2022－01－22］. https：//www. nber. org/papers/w28427.

［22］Jone C.，Tonetti C. Nonrivarly and the Economics of Data［J］. American Economic Review，2020（9）：2819－2858.

［23］Luo Y.，Tung R. International Expansion of Emerging Market Enterprises：A Springboard Perspective［J］. Journal of International Business Studies，2007（4）：481－498.

［24］Rebelo Sergio. Long Run Policy Analysis and Long Run Growth［J］. Journal of Political Economy，1991（3）：500－521.

［25］Romer Paul M. Endogenous Technological Change［J］. Journal of Political Economy，1990（5）：71－102.

［26］Lucas Robert E. Jr. On the Mechanics of Economic Development［J］. Journal of Monetary Economics，1988（1）：3－42.

后 记

2019年12月，我从地方金融监管部门转至高校工作，这让我得以更好地系统梳理30多年来从事经济管理、金融监管等工作的所思所悟，增强了以学术研究服务地方社会经济发展的信念，以及新文科背景下跨学科融合的金融应用型本科人才培养的迫切心情与信心。到金陵科技学院工作后，作为省会城市地方应用型大学的负责人，我高度重视产教融合、科教融汇，尤其是教学与科研、理论与实践的相辅相成、有机融合，多次邀请金融机构一线从业专家和国内外知名金融学者参与授课，引导广大师生关注国内外金融市场、掌握金融动态及金融研究重点方向。

2013年，我到南京市金融办任职后，就对彼时刚兴起的区块链技术产生浓厚兴趣，随即组织相关人员学习与研究这一世界前沿技术，后与中国人民银行数字货币研究所、中国人民银行南京分行、南京大学、江苏银行、南京江北新区等单位共同筹建数字货币研究中心、南京数字金融产业研究院。2020年初，我着手组建团队，以区块链技术应用和产业创新发展研究为切入点，围绕数字中国、数字经济、数实融合等重点方向开展一系列研究工作。截至2023年底，已成功组建江苏省数字技术与产业经济应用工程研究中心等2个省级和1个市级数字经济科研平台，主持完成省、市级数字经济专题领域研究项目16项，在国家及省、市党报党刊和内参刊发数字经济主题成果20余项，获得省、市有关领导批示10余次，并向省市有关领导及相关部门专题汇报和共同探讨江苏省和南京市数字经济发展现状。总体来看，我们团队近年来围绕数字经济开展的研究及取得的相关成果已受到同行广泛关注，收获了良好的社会反响。

2022年下半年，我到北京参加（中国）公共经济研究会换届会议期间，在与来自中央党校（国家行政学院）、中国社会科学院、中国人民大学、中国金融出版社等单位的专家学者交流中，了解到金融领域数字化虽已成为推进数字经济发展、推动数实融合、服务实体经济的重要举措，但缺乏相对系统的、理论与实践相结合的专业教材，这在某种程度上极大地制约了数字金融的发展及其人才梯队的培养。与会专家希望我在《南京金融：传承与创新》专著的基础上再接再厉，发挥“金融老兵”的优势，带领数字经济研究团队重点开展金融领域数字化发展暨数字金融研究，并建议先期可以组织团队编写一本面向应用型本科高校的数字金融专业教材。经过多次走访政府主管部门、行业协会，调研金融机构及同类高校，我们下决心结合江苏省省级金融学一流专业学科的建设工作，组织金陵科技学院数字经济研究团队和商学院金融系青年骨干教师共同编撰本书，重点以2023年10月召开的中央金融工作会议精神为根本遵循，紧扣金融强国建设、中国式现代化、中国特色现代金融体系构建重大部署，重点归纳、梳理、提炼我国数字金融发展重点、特色和趋势。

本书整体编撰始于2023年2月，7月完成第一稿，10月完成第二稿。二稿毕，我们邀请金融领域知名专家和一线金融机构从业人员、专业人士座谈交流，共同参与书稿篇章结构、内容体例、文字表述等修订工作。在编撰期间，我主要承担全书大纲规划、统稿审校和组织管理工作，同时参与部分章节撰写。全书具体内容分工如下：第一章由刘永彪教授撰写，第二章由刘永彪教授、李忠海副教授、孙武军副教授（南京大学）撰写，第三章由李忠海副教授、宋沫飞副教授（东南大学）、何纳思撰写，第四章由吴敏副教授和姚佩怡高级经济师（南京银行）撰写，第五章由贺群副教授和孙含林副总裁（华泰证券）撰写，第六章由陈浩博博士和原江苏保监局副局长王宝敏撰写，第七章由马凌副教授和丁毅行长（中国银行南京江宁支行）共同撰写，第八章由吴慧娟博士和陈帅副教授撰写，第九章由刘晓曦博士和施志晖高级工程师（苏商银行）撰写，第十章由高蓉蓉副教授撰写，第十一章由印鹏撰写，附录主要由李忠海副教授、陈浩博博士、杜新征整理。

我们得到中国人民银行江苏省分行行长郭新明、中国金融出版社原总编辑郭建伟、财政部江苏监管局局长臧雪涛、江苏省地方金融监督管理局局长查斌仪、南京扬子国投集团董事长王伟、南京银行董事长谢宁、中国银行江苏省分行行长刘小宇等业内专家的精心指导和大力支持。此外，金陵科技学院副校长顾晓燕、商学院院长刘磊，哈佛大学金融系研究生刘天源同学，YipitData公司数据分析师张晟嘉女士也积极参与相关工作，尤其是金陵科技学院商学院金融系主任汪浩教授、李忠海副教授全程参与本书启动、策划和推进事宜，协助我做了大量组织协调、过程跟进和编审校核等具体工作，商学院金融系笪钰婕博士协助我负责全书编校工作，为本书的如期出版作出了重要贡献，在此一并致谢。

这里，尤其要感谢第十三届全国政协委员、中共中央党校中国式现代化研究中心主任张占斌教授、南京大学裴平教授、东南大学刘晓星教授、南京财经大学闫海峰教授、江苏省金融研究院副院长骆祖春研究员，他们不仅启发了我带领团队编撰数字金融教材，而且无私提供他们本人及其团队近年来大量前沿的、宝贵的研究成果，并多次抽出宝贵时间拨冗参与讨论和指导，为本书最终成稿花费了大量的心血、付出了智慧与辛劳。

最后，要特别感谢南京大学范从来教授。范教授在百忙之中不辞辛劳专门抽出时间评阅，为本书重点章节结构优化，主要内容契合主流，前沿方向廓清、厘定做了大量有价值的指导工作，并亲自为本书作序，让我们团队收获颇丰、受益匪浅。

由于本人见识水平和资料收集上的不足，本书肯定还会有不成熟或不完善之处，恳请业内同行专家批评指正，让我们能在再版时使本书更加完善。

刘永彪

2024 年 5 月 20 日于南京方山南麓